“十二五”普通高等教育本科国家级规划教材

电子文件管理学

金　波　丁华东　主编

上海大学出版社
·上海·

图书在版编目(CIP)数据

电子文件管理学/金波,丁华东主编. —上海:上海大学出版社,2015.3
ISBN 978-7-5671-1575-0

Ⅰ. ①电… Ⅱ. ①金… ②丁… Ⅲ. ①电子档案-档案管理-高等学校-教材 Ⅳ. ①G276

中国版本图书馆 CIP 数据核字(2015)第 020611 号

责任编辑 焦贵平
左希超
封面设计 施羲雯
技术编辑 金 鑫
章 斐

电子文件管理学

金 波 丁华东 主编

上海大学出版社出版发行

(上海市上大路 99 号 邮政编码 200444)

(http://www.shangdapress.com 发行热线 021—66135112)

出版人:郭纯生

*

南京展望文化发展有限公司排版

上海华业装璜印刷厂印刷 各地新华书店经销

开本 787×960 1/16 印张 29 字数 519 千字

2015 年 3 月第 1 版 2015 年 3 月第 1 次印刷

印数:1~5 100

ISBN 978-7-5671-1575-0/G·1769 定价:45.00 元

目录

绪　论

20世纪中叶以来，以计算机技术为核心的"信息技术革命"浪潮席卷全球，推动着人类社会由电气化时代迅速向信息化时代迈进。信息技术革命引发并带动了人类社会的管理革命和记录革命，使电子文件这一新生事物以其无可争议的生命力成为社会记录、传达、留存信息的重要工具和未来社会文件的主导形态。建立完善的电子文件管理理论和方法，把电子文件管理好、开发利用好，使人类活动的真实记录在数字时代得以长期保存，是档案工作者义不容辞的时代责任。

一、信息技术对电子文件管理的影响

自1946年世界上出现第一台数字计算机ENIAC以来，尤其是在20世纪80—90年代以后，信息技术的发展可谓日新月异，呈现出"信息传递、交换的网络化、高速化、双向化、多媒体化，信息存储的大容量化，信息处理的实时化与智能化"趋势。与此同时，其应用也愈加广泛，渗透到人类活动的各个领域，它日益作用和改变着人们的工作方式、生活方式甚至思维方式，逐渐成为现代社会正常运转不可缺少的工具和条件之一。

21世纪以来，信息技术已经成为高科技的强大引擎，带动着高科技的发展，拓展了人类信息的处理技术、传播渠道和存储方式。在信息技术的牵引下，信息基础设施建设正在飞速发展，如网络技术增强了信息传播的能力；多媒体技术丰富了信息的种类；嵌入技术扩展了信息技术渗透的领域；云技术扩大了信息的存储范围；大数据技术改变了信息的处理能力和服务方式。由此可见，信息技术推动着整个信息业的变革和发展，同时也给电子文件管理带来了深远的影响。其主要表现在：

1. 数字档案资源日益丰富

随着计算机技术、网络技术、数字化技术等的蓬勃发展和普遍应用，信息的生产、存储和传递方式发生了革命性的变化，改变了信息资源的存在形态，数字信息资源大量产生。数字化的触角深入到社会的各个方面，形成了越来越多的数字档案。数字档案资源主要来源于归档电子文件的接收、传统载体档案的数字化、数字档案信息的采集与捕获。

归档电子文件的接收。随着电子政务、电子商务、电子事物、计算机设计/制造、数码技术、网络技术的发展，电子文件大量产生，并成为社会活动记录新的档案形态，接收归档电子文件是数字档案资源建设的重要任务。档案部门应当根据档案的接收范围，建立电子文件归档接收制度和机制，从源头上保证数字档案信息的真实、完整、可用。2008 年底，据美国国家档案馆工作人员估算，布什政府电子档案存储量约为 1 亿 GB，如何保管这么大的电子档案是一个重大课题。

馆藏档案的数字化。传统载体档案数字化是数字档案资源建设的重要途径，传统载体档案要想借助现代信息技术和网络技术，实现档案信息的高速流动和资源共享，就必须转换成数字信息形式。传统载体档案的数字化主要包括纸质档案、照片档案、声像档案、胶片档案等，各级档案馆应通过数字化技术，将传统载体档案的模拟信息变成数字信息，将沉睡在档案库房中的社会记忆变为流动的信息和知识。

数字档案信息的采集与捕获。网络采集与获取的数字档案信息资源是馆藏档案资源的有效补充，是丰富档案信息资源的有效途径之一。通过网络链接政府信息资源库、各行业专业数据库、社会公共服务网站、个人网站及其他数字档案馆，动态地采集所需的数字档案信息；通过网络有针对性地捕获具有区域、地方特色的档案，以及关系公众利益的民生档案等，有利于馆藏特色档案、专题档案的建设。数字档案信息的采集与捕获是优化馆藏结构、丰富馆藏内容的一种有效形式。①

信息技术的广泛应用，使得以电子文件为代表的数字档案资源急剧增长，一方面数字档案信息在组织、传播、利用等方面表现出前所未有的便捷，另一方面数字档案信息在真实、完整和长期保存等方面受到前所未有的挑战。机遇与挑战并存，作为保管国家档案资源、为社会延续历史记忆、为公众提供档案信息服务的档案部门，必然要承担起这一历史责任和使命。

2. 电子文件管理系统广泛开发应用

电子文件管理系统(ERMS)建设成为每个形成和保管电子文件部门重要的工作内容。然而，在电子文件种类繁多、业务系统架构各异、包括人才在内的专业资源有限的情况下，如何建设适用的电子文件管理系统，成为文件和档案管理部门亟

① 金波：《论数字档案信息资源建设》，《档案学通讯》，2013 年第 5 期，第 45—49 页。

待解决的现实问题。国际档案理事会(the International Council on Archives, ICA)2008年颁布的《电子办公环境中文件管理原则和功能要求》,提供了业务系统中产生的文件的管理方案,分别为:(1)在业务系统内部实现文件管理功能;(2)将文件元数据输出到ERMS中,而文件还保存在业务系统中;(3)将文件及其元数据直接输出到ERMS中加以管理。

随着信息技术的发展,办公自动化、文档一体化系统得到广泛应用,各类电子文件管理系统的研制、开发和使用也广泛开展,使得电子文件管理系统的结构不断完善、功能不断增强、种类不断拓展。如北京量子伟业时代信息技术有限公司开发的"PDE数字档案管理系统"和"PDE数字档案馆平台V6.0"、清华紫光股份有限公司开发的"电子档案系统"、上海中信信息发展股份有限公司开发的"光典档案信息资源管理软件"、南京大学档案馆开发的"南大之星档案管理软件"等电子文件管理系统在政府部门、金融机构、企业单位、高等学校等档案部门广泛应用。电子文件管理系统开发使用为电子文件的形成捕获、鉴定归档、整序保管、开发利用等业务活动提供了管理平台,电子文件只有依赖电子文件管理系统才具有生命力,才能安全保管,才能有效发挥作用。

3. 电子文件信息存储技术不断完善

随着信息化的进程,档案数据库面临的存储空间问题日益严峻。在档案数据库使用过程中,类似于传统档案管理中的"胀库"问题不断出现,对电子文件的存储与备份提出了巨大的挑战。数字技术高速发展的时代,信息存储技术也在飞速发展,涌现出存储区域网络、网络附属存储、云存储、磁盘阵列、磁带库、光盘塔、光盘库等新型存储技术和存储设备,呈现出信息存储功能强、容量大、存取速度快、性价比高等特点,从而极大地推动了电子文件信息存储和备份工作的开展。

云计算作为当前最热的信息技术,为电子文件的存储提供了新的解决方案,通过集群应用、网络技术和分布式文件系统等功能,将网络中大量不同类型和存储设备通过应用软件集合起来协同工作,共同对外提供存储和业务访问功能,即实现电子文件的云存储。采用云计算技术,电子文件存储的日常维护工作,如备份、数据复制或是增加存储设备等都由云存储提供商负责,此外,云存储还能够提供电子文件的容灾备份、系统分析等功能,提升电子文件信息存储的质量与效率。

4. 电子文件利用传播方式便捷多元

进入20世纪90年代,档案管理部门的计算机应用由以往的单机使用向网络化方向发展,网络把办公室、档案室、档案馆有机地联系在一起,把不同行业、不同地区的档案工作有机地联系在一起。特别是随着互联网的应用,世界各国各级各类档案馆和档案组织都在互联网上建立起网站，将馆藏档案和档案目录输入计算机，实现了档案的远程在线检索和利用。现代信息技术在档案管理领域的应用改变了档案工作传统的作业方式，促进了档案信息资源的开发利用，推动了世界档案事业的发展。

数字时代，信息流动速度加快，信息交流便捷，信息传播方便，数字信息以其“积极”、“动态”、“便捷”的特性，改变着长期以来信息的传播、利用和管理方式，给利用者带来前所未有的轻松和便利，有利于建立数字信息资源共建共享体系，推动整个社会信息化进程的加快。随着博客、微博、社交网络、移动通讯等新媒体的出现，信息传播的速度更加简便快捷、传播的方式更加灵活多样、传播的内容更加丰富多彩。为此，档案部门需要充分利用新媒体的优势，通过各种媒介（如报刊、图书、音像、展览、广播电视、网站、移动通讯等）进行多途径、多形式、多层次、大范围地传播，扩大电子文件信息的传播途径，改善电子文件信息的利用服务方式，提高电子文件信息的传播质量和传播效果，实现电子文件信息资源的社会共享。

多媒体技术的发展，白纸黑字的统治地位正在受到冲击，与此相对应，多媒体信息更能有效地反映现实世界。一是现实世界本来就是图文声像并茂的多媒体世界，利用多媒体方式获取、存储、传递和表达信息当然最生动有效，也更具直观性和原始性。二是多媒体技术正在迅速普及，其使用日益趋于便捷性、大众化，普通百姓可以利用照相机、摄像机、手机等设备随时随地记录工作、生活中发生的事件，许多珍贵、瞬间的镜头成为馆藏档案的稀缺资源。三是多媒体信息主要记录声音和图像，具有直观、强烈的视听效果，深受用户的欢迎。

大数据作为一种新兴的理念与技术，正在改变世界，是“正在到来的数据革命”。大数据也是一种服务变革，具有大量（Volume）、速度（Velocity）、多样（Variety）、价值（Value）等4V特征。用户需求是信息服务机构的原动力和逻辑起点，代表着信息服务的价值取向，也决定着信息服务机构的未来。数字时代，档案工作只有在保证资源丰裕度、凝聚度的同时，于服务上不断创新，为用户提供高质量的信息服务，才能更好地促进自身的发展。如何帮助用户从海量的档案信息资源中快速发现、提取所需信息资源；如何深度挖掘用户行为特征，提供个性化、智能化的信息服务；如何从档案信息与用户的各种关联中获得洞察力，并进行有效的利用预测等，大数据技术的应用为数字档案信息资源价值的提升、满足用户的信息需求提供了一条解决之道。

5. 数字档案馆建设全面推进

20世纪90年代以来，随着计算机技术、数字存储技术与网络技术的迅速发展，档案信息的记录方式、存储方式、利用方式、传播方式都发生了根本性的变化。

同时，随着电子政务、电子商务、电子事务的广泛开展，电子文件大量产生，数字档案信息资源急剧增长，给传统的档案信息资源组织和管理带来了巨大冲击，使建立在档案实体管理基础上的档案馆建设难以适应数字时代的要求。为适应这些变化，满足数字档案信息资源有效管理和在线开发利用的要求，数字档案馆建设在我国国家综合档案馆率先启动并逐步推开。深圳、青岛是我国最早进行数字档案馆建设项目规划和试点的两个城市，完成数字档案馆基础设施和系统平台建设后，开始对传统档案进行数字化处理，并取得了大量的实践经验和研究成果。此后，北京、上海、天津、浙江、福建、江苏、重庆等省市先后开展数字档案馆的规划和建设，逐步形成“试点突破、全面发展”的良好局面。

数字档案馆是随着现代信息技术发展而出现的新型档案信息管理模式和组织形式，是未来档案馆的发展方向，关系到档案馆在档案事业中的主体地位及功能发挥。在现代信息技术深刻影响和社会信息化全面推进的时代发展格局中，数字档案馆建设已成为我国档案事业发展的重点和关键性工作，在档案事业发展规划、档案工作年度部署上不断得到强化，并正在稳步实施。《全国档案事业发展“十二五”规划》将“加快数字档案馆及电子文件（档案）备份中心建设，完成国家数字档案馆建设总体规划的编制工作，对电子档案进行安全有效的管理”作为主要目标之一。国家档案局杨冬权局长在 2010 年全国档案馆长局长会议上，提出“要把数字档案馆建设作为档案信息化建设的重要任务，有计划、有步骤地向前推进，实现档案工作与信息社会的同步发展”；要加快传统载体档案数字化步伐，“各级国家档案馆要争取在‘十二五’期间把馆藏重要档案基本数字化，建立数字档案馆”。

信息技术的发展，不仅给电子文件管理带来新的技术和思路，也引发了新的挑战，如电子文件的安全保密问题、管理风险问题、长期保存问题等，这些都需要我们不断探索思考，深化研究对策方案。

二、电子文件管理学的创建

面对现代高新信息技术的挑战，档案学界不能手足无措，更不能“恐慌”，我们应该采取积极的对策，一方面要坚持基础理论、应用理论与技术的研究，另一方面要完善档案学学科体系建设。在这一时代背景下，创建电子文件管理学这门新学科已成为历史的必然。

1. 建立电子文件管理学的必要性

(1) 建立电子文件管理学是信息技术发展的必然趋势

计算机及其相关信息技术的运用已把大量新问题摆在档案工作者面前。在计算机辅助档案管理时期，由于主要是运用计算机模拟人工管理，因而对档案学理论的冲击还不那么剧烈。随着信息技术的广泛应用，在改善人们的工作方式和手段、提高工作效率的同时，也为人类带来了新的“附产品”、“衍生物”：一是电子政务、电子商务、电子事务等的开展促使电子文件大量产生，电子文件的记录方式、记录载体与传统纸质文件完全不同，只能由计算机生成、读取、检索、加工和处理，成为档案部门管理的“新物种”。二是信息技术在档案工作领域应用的范围全面扩展，档案工作的管理方式、技术方法发生了一些质的变化，随之而来的是原有的一些理论、模式将被重新审视，原有的管理思想、管理原则、管理流程也将得到更新或补充。这是电子文件大量形成的时代，是档案管理技术方法更新的时代，也是档案学理论需要发展的时代。

（2）建立电子文件管理学是档案学专业人才培养的时代要求

信息技术对档案事业的影响尚难精确测定和描绘，但可以肯定的是这种影响必将逐步加深。因此我们不仅要关注、研究这种影响，更应该去培养适应这一社会发展趋势的人才，自觉地融入到信息技术的发展中去。如荷兰档案学院副院长T·托马森所言：“在信息和传播技术的相对重要性迅速增长的时期，档案学校应当向档案工作者提供在档案机构内部涉及自动化领域所需的知识和技能，以及产生作用的资料和研究者使用计算机的信息技术。”①可以说，在档案学专业教育中增加信息技术知识以及电子文件管理知识，乃时代的急务。我们必须培养学生获得鉴别、存取、管理电子文件所必需的专业知识和技能，完成数字时代档案学专业教育和人才培养的转变和突破。

（3）建立电子文件管理学，保护电子记忆，是档案工作的历史使命

档案工作是维护历史真实面貌的重大事业，有着同其他信息学专业不同的特点，那就是：“我们不单了解保护信息的重要性，而且还深知保护信息产生的来龙去脉的重要性，保护昔日‘证据’的重要性，保护历史真迹的重要性。”②因此，档案工作必须完全承担起对文件形成演化过程中出现的电子文件这一最新成果的管理职责。在这一领域我们面临的任务是艰巨的，我们必须充分掌握电子文件信息的形成积累、整序保管、利用传播等方面的管理理论与技术，才能在电子文件管理领域发挥作用并能对电子文件管理系统实施有效的管理；才能保证档案工作者在数字

---

① [荷兰] T·托马森：《获取你的电子高速公路驾驶执照》，《第十三届国际档案大会文件报告集》，中国档案出版社，1997年版，第240页。

② [加拿大] M·斯威夫特：《本世纪末的档案工作——回顾与展望》，《第十三届国际档案大会文件报告集》，中国档案出版社，1997年版，第41页。

时代管理和保护具有永久保存价值的数字信息；才能全面地规划和控制档案管理的业务活动，履行和完成档案工作的历史使命。信息时代，电子文件作为当代社会的电子记忆，是记录历史、传承文明的主要载体，也是社会的宝贵财富。保存电子记忆、传承数字文化，档案部门只能迎接，无法逃避。

(4) 建立电子文件管理学是档案学理论和学科建设的内在需要

档案学理论不是一套永恒不变的固定规则，档案学者也不是超越多种实践范围固守固定原则的捍卫者。档案学理论是不断发展变化的，以便适应文件性质、文件形成结构、文件保管系统和文件利用传播等方面的剧烈变化。"档案学理论是一棵大树，不合时宜的理论原则是这棵大树掉下的落叶，而新理论的产生则是它萌发的枝芽。"①信息技术的应用、电子文件的产生，要求档案学理论随时代和技术的进步作出相应的调整和发展。"既然管理对象发生了如此深刻的变化，管理方法、管理模式以至管理思想的更新当然就是不可避免的了。"②

在这种情况下，迫切需要建立一门系统的电子文件管理学，在为越来越普遍的电子文件管理工作实践提供理论指导的同时，充实和完善原有的档案学学科体系，使档案学焕发出勃勃生机。

2. 建立电子文件管理学的可行性

电子文件管理学是根据电子文件的特点和形成规律在传统文件、档案管理的理论基础上构建而成的，是以档案学的视野来投射和考察电子文件的管理。传统文件、档案管理的理论为电子文件管理学的建立提供了理论指导和参考性的框架，电子文件管理的理论与实践研究也为电子文件管理学的建立创造了条件。

(1) 有大量的电子文件管理研究文献和较为成熟的理论为基础

20 世纪 90 年代以来，关于电子文件研究的文章如雨后春笋般出现在报刊杂志上。尤其是中国人民大学冯惠玲教授的博士论文《拥有新记忆——电子文件管理研究》，更是电子文件研究具有开创性的系统之作。同时国内也出版了许多研究电子文件管理的著作，如国家档案局的《电子文件归档与电子档案管理概论》，国家档案局外事办公室的《永久保护真实的电子文件国际学术报告会报告集》，冯惠玲的《电子文件管理教程》、《政府电子文件管理》、《电子文件管理国家战略》、《电子文件风险管理》和《中国电子文件管理：问题与对策》，刘越男的《建立新秩序——电子文件管理流程研究》，刘家真的《电子文件管理导论》、《电子文件管理理论与实

---

① 窦晓光：《高新信息技术对档案学理论的挑战与对策》，《档案学通讯》，1998 年第 1 期，第 4—7 页。
② 冯惠玲：《认识电子文件》，《档案学通讯》，1998 年第 1 期，第 44—48 页。

践》和《电子文件管理——电子文件与证据保留》，张正强的《电子文件管理》，王萍的《电子档案管理基础》，丁海斌的《电子文件与电子档案管理》、《电子文件管理基础》和《电子文件管理基础教程》，麻新纯的《基于理性思维的电子文件管理》，姚乐野的《电子文件归档与管理》，何嘉荪的《办公自动化系统与电子档案管理》，董永昌的《电子文件与档案管理》，冉立新的《电子文件的管理》，刘萌的《信息化与电子文件管理》，赵卫东的《CAD 电子档案管理实务》；以及台湾出版的陈光华的《电子文件自动处理之研究》，邱炯友的《〈档案电子储存管理办法〉之研究》，黄明祥的《电子档案储存安全之认证研究》，赖国华的《电子文件档案管理与应用之研究》等；在数字档案馆研究领域也发表出版了一批学术成果。此外，国家和地方各级各类电子文件研究课题开始立项，形成了一批研究成果和实践案例。这表明档案学界高度关注电子文件管理理论的创建以及电子文件对档案工作实践带来的影响和挑战。

（2）有电子文件管理实践的支持

国家档案局于 1996 年成立了电子文件归档和电子档案管理研究领导小组，以此组织力量，开展电子文件归档和电子档案管理研究，指导我国电子文件管理工作实践。同时，国家档案局还开展电子文件管理标准研制工作，颁布了一批标准和规范，用来指导和规范电子文件和电子档案的管理工作，如《CAD 电子文件光盘存储、归档与档案管理要求》(GB/T 17678—1999)，《CAD 电子文件光盘存储归档一致性测试》(GB/T 17679—1999)，《CAD 电子文件管理》(GB/T 17825—1999)，《电子文件归档与管理规范》(GB/T 18894—2002)，《电子公文归档管理暂行办法》(国家档案局令第 6 号，2003 年 7 月 22 日公布)，《基于 XML 的电子公文格式规范》(GB/T 19667—2005)，《公务电子邮件归档与管理规则》(DA/T 32—2005)，《电子文件归档光盘技术要求和应用规范》(DA/T 38—2008)，《文书类电子文件元数据方案》(DA/T 46—2009)，《版式电子文件长期保存格式需求》(DA/T 47—2009)，《基于 XML 的电子文件封装规范》(DA/T 48—2009)，《党政机关公文格式》(GB/T 9704—2012)，《电子文件管理系统通用功能要求》(GB/T 29194—2012)等。

此外，全国各地开展了大量的电子文件管理实践和试点工作，探索电子文件管理经验，制定适合本地区要求的电子文件管理办法。如 1999 年上海市档案局发布了《上海市电子文件归档管理办法》(暂行)，2006 年天津市颁布了《天津市电子公文管理元数据表(试行)》，2006 年北京市档案局印发了《办公自动化系统电子文件管理功能需求指南》，这些地方电子文件管理的行政法规有力地对推动了本地区的电子文件管理工作。

近年来，档案部门积极开展电子文件的收集与管理工作，数字档案馆(室)建设全面铺开，电子文件中心建设积极探索，电子文件备份中心建设广泛展开，成效显著。这些实践经验为电子文件管理学的创建提供了宝贵的实践支持。

(3) 可借鉴国际上相关的管理理论、经验和方法

其一，国际档案理事会成立了专门的电子文件委员会，该委员会在成立后的四年时间里取得了三项成果——出版了《电子文件项目：1994/1995 调查报告》、《电子文件的文献评述》和《从档案角度管理电子文件的指南》(即《电子文件管理指南》)，表现出对电子文件的极大关注。其二，从 20 世纪 80 年代至今的历次国际档案大会、档案圆桌会议、国际性及地区的专题研讨会都对电子文件和电子档案进行了积极的探讨，形成了一批有重要价值和探索精神的研究成果。其三，在世界各国，电子文件和电子档案管理问题也受到各国政府和档案部门的高度重视，在充分研究的基础上，制定了相关政策和措施。如英国公共档案馆制定《电子文件管理指南》；美国国家档案与文件署(National Archives and Records Administration, NARA)发布《电子邮件管理规范》；澳大利亚档案馆颁布电子文件管理策略：《管理电子文件——共同责任》和《电子消息文件管理政策与实施细则》等。

通过中外档案界的努力，关于电子文件管理的各方面理论正在逐步形成，有的已经较为完善。现在我们要做的就是继续研究尚不成熟的部分，并将已较为完善的部分加以总结，使之系统化。而这正是我们创建电子文件管理学的宗旨所在。

三、电子文件管理学的研究对象和任务

1. 电子文件管理学的概念

为电子文件及其归档后的电子档案管理研究创立一门新学科的构想，早在 20 世纪末就有学者提出，但由于视角不同，提法因之各异。商平安等从工程学的角度来论述和构思这门学科，认为“计算机科学与档案学融合给予电子文件独特的定义、特性、概念，以及归档电子文件和管理电子档案的方法和理论，由此形成一门新兴交叉性学科，称‘电子档案工程学’(Electronic Archives Engineering)”①。张晓霞则提出构建“电子档案学”②。前者过分突出了计算机技术作为手段的作用，却忽视了电子文件是在社会的各项活动中产生的，与档案学的学科归属不相称，存在视角的偏差；后者外延过大，由此会衍生出一系列电子文件的分支学科，所以也不太现实。

---

① 商平安等：《关于“电子档案工程学”的对话》，《北京档案》，1999 年第 5 期，第 16—18 页。

② 张晓霞：《关于构建电子档案学的设想》，《北京档案》，2000 年第 4 期，第 22—23 页。

有鉴于此，我们认为比较科学的命名应该是“电子文件管理学”，它既可以避免因偏重技术而造成不必要的混乱现象，也可以使电子文件管理学内涵与外延名实相符，精准地反映电子文件管理的实践活动和理论需要，其含义如下：

电子文件管理学是研究电子文件运动规律及其组织管理的原则与方法的一门学科。

2. 电子文件管理学的研究对象

学科是适应人们社会实践发展的需要而产生和发展的。一般地说学科的对象就是所需揭示的事物发展的客观规律。具体地说，某一门特定学科的研究对象就是所需揭示的某一特定事物发展的客观规律。电子文件管理学是为适应电子文件工作实际的需要而产生和发展的。社会实践和电子文件工作实践发展的客观需要，为电子文件管理学提出和规定了特定的研究对象。电子文件管理学的研究对象是电子文件和电子文件管理。

电子文件从本质上和纸质档案、声像档案等一样，“也是我国社会经济、政治、科技、文化及其他各方面的真实记录，必须作为国家的机读档案加以管理。只有建立机读档案，才能保障此种载体上信息像纸质档案一样得到科学管理，使它们对于维护党和国家历史的真实面貌发挥出重要作用”①。尽管电子文件是在计算机环境下生成的，但计算机部门往往只注重信息技术的发展，忽视了人们工作活动、社会活动中产生的原始信息的管理和保护。因此，这一职责必然要落到档案部门肩上。由于电子文件的生成、归档、处理、保管、存储、利用、传递、销毁等等，均与传统的纸质文件、纸质档案存在较大差异，必然要产生一门新学科来解释电子文件的特性、原始性、耐久性等电子文件的档案学属性；提出电子文件和电子档案管理的理论与方法；对传统档案学理论进行完善和发展等等。总之，电子文件管理学正是根据实践需要和电子文件的运动规律来确定自己的研究对象的。

3. 电子文件管理学的研究任务

电子文件管理学研究的基本任务是：在研究电子文件的形成、特点和价值的基础上，依据和利用现代信息技术环境，总结电子文件管理工作实践经验，探索电子文件管理规律，建立电子文件管理的基本理论和基本方法，建构电子文件管理学理论体系，指导电子文件管理工作实践，从而保证电子档案的真实性、完整性、有效性和安全性，最大限度地发挥电子文件的作用。

电子文件和电子文件工作是不断变化和发展的，电子文件管理学的研究必须

---

① 邓绍兴、和宝荣主编：《档案管理学》，中国人民大学出版社，1989年版，第473页。

与电子文件和电子文件管理工作的发展要求相适应。目前,电子文件管理学研究的具体任务主要有:(1)加强电子文件宏观管理研究,形成有效的电子文件运行机制和管理机制,确保电子文件管理规范化、制度化;(2)全面认识和把握电子文件产生的领域和范围、存在的形式和特点,掌握电子文件的特性和形成规律;(3)建立电子文件管理的理论框架及工作体系,围绕电子文件的形成与捕获、鉴定、积累与归档、整序、保管、利用等业务环节,建立新的管理方法、标准和要求;(4)健全和完善档案学理论体系和电子文件管理学应用理论体系,推动档案学学科建设;(5)培养一支高素质的电子文件管理研究队伍,并完成档案管理人员由管理传统档案向适应管理多种载体档案的过渡。

四、电子文件管理学的学科性质

电子文件管理学的学科性质是指它在科学分类体系中的归属和地位。由电子文件管理学的研究对象和任务可以看出,电子文件管理学具有以下性质:

1. 电子文件管理学是档案学的一门分支学科

电子文件及其归档后形成的电子档案虽然对当前档案学理论和实践产生了诸多冲击和挑战,但学者们研究后认为,电子文件的出现并不意味着当前的档案学理论需要全面修改。如加拿大国家档案馆凯瑟琳·贝利女士在《档案理论与电子文件》一文中提出:“电子文件的产生只波击档案管理实践,但不会颠覆档案理论。”①这一观点在1996年与2000年分别召开的第十三、十四届国际档案大会上得到了大多数专家学者的认同。档案学从载体形态上划分,主要分为档案管理学(重点研究纸质档案管理)和电子文件管理学两类。因此,档案学理论仍然对电子文件管理学具有指导意义,电子文件管理学理应纳入档案学范畴中加以建设和研究,以推动档案学整体水平的提升。

2. 电子文件管理学是一门综合性学科

电子文件是人类社会实践的产物,但同时又是技术的产物,具有较强的技术性。“保证电子文件的档案学价值是社会科学的使命,但保证电子文件和电子文件价值的存在是科学技术的使命”。电子文件管理学在其创建和发展过程中需要利用多种学科理论和方法,从不同侧面去解决某些复杂问题。如在保证电子文件的法律证据价值时,既需要法学的解释,又需要技术的保证。“当它揭示电子文件具

① 黄霄羽、申琰:《波及档案实践,但不会颠覆档案理论》,《档案与建设》,2000年第5期,第8—10、13页。

有档案学属性时，在自然科学和人文科学之间建立了和谐的、依赖的、密切的联系。”电子文件管理学是各种学科和知识的汇集，与文件管理学、档案管理学、档案保护技术学、档案法学、信息资源管理、计算机技术、网络技术、现代信息技术等学科都存在着密切的联系。因此，电子文件管理学是一门具有综合性质的交叉学科，需要不断地从相关学科中吸取营养和智慧。

3. 电子文件管理学属于应用学科，具有较强的实践性

电子文件管理学不是纯粹的理论研究，而是一门有理论基础的应用性学科。研究电子文件管理学不仅是为了认识电子文件的运动规律，更是为了指导电子文件的管理实践，而且后者更为重要。作为一门应用性学科，电子文件管理学侧重于对一整套电子文件管理方法与管理技术的研究，显得较为实际和具体。即使是对基础理论的研究，也人多是带有根本性的实际问题的理论研究，如对电子文件生命周期的研究是为了在文件的不同运动阶段采取不同的管理措施。电子文件管理学的理论、方法和技术，必须谨慎地采用和实施，只有经过实践检验是适用的才能使用，否则后果不堪设想。据介绍，美国的档案工作者对电子文件的研究大量且深入，但从它们的应用情况来看，一些不成熟的理论、方法和技术，均暂未采用。采用不成熟的理论、方法和技术造成严重后果将是档案部门的严重失职。

五、电子文件管理学的研究方法

毛泽东在论及方法对于完成任务的作用时曾指出：“我们不但要提出任务，而且要解决完成任务的方法问题。我们的任务是过河，但是没有桥或没有船就不能过。不解决桥或船的问题，过河就是一句空话。不解决方法问题，任务也只是瞎说一顿。”①在电子文件管理学的研究中，必须重视和善于运用科学的研究方法。只有这样才能加快学科研究进程，加深对电子文件管理实践及其本质规律的认识，促进电子文件管理学更快、更好地发展。

适合于电子文件管理学的研究方法主要有：

1. 唯物辩证法是电子文件管理学研究的方法论准则

电子文件管理学产生于电子文件管理实践，马克思主义唯物辩证法作为人们认识自然和社会的一般方法论准则，完全适用于人们对电子文件管理活动的研究与认识。在电子文件管理研究中，首先就涉及到运用什么样的观点来看待电子文件及其管理过程中的各种现象。如电子文件是否具有物理(Physical，或译“实体”)

---

① 《毛泽东选集》，人民出版社，1964年版，第125页。

形态，是否具有物质性？有些外国学者认为电子文件已“由一个实态文件变成作者和读者理性的或虚拟的概念”，“在计算机终端瞬间看到的虚拟或逻辑数据窗口”，电子文件把我们带进了一个“虚拟文件”和“虚拟档案”时代，在这个时代，传统档案学论述中极为重要的实态文件已不复存在。然而我国学者研究后认为：“电子文件也是信息与载体（媒体）的统一体，它不仅是理性的或概念的，而且具有物理形态，即实态。”电子是一种运动着的物质，而非意识，只是它们与纸质文件书写和阅读的方式不同、信息存储的载体不同而已。总之，只有用唯物辩证主义的观点来思考问题、观察客观事物，我们才能得出更为准确的结论，唯物辩证法是我们研究电子文件管理学的方法论准则。

2. 继承与创新相结合的方法

在研究电子文件管理学时，我们应当首先承认现实档案学理论的合理性，有一种对现实存在合理性的坚信。电子文件（档案）是文件（档案）的一个种类，我们要用现在的档案学理论来稳定当前的档案工作实践，并在此基础上构建电子文件管理学。档案学理论中的基本观点，比如档案是历史记录（或称“社会记忆”、“国家记忆”等）、档案的证据与情报价值等等，仍然是电子文件管理的指导原则。

档案管理中的业务环节以及管理的技术与方法，将根据电子文件的特点和运行规律进行合理的创新和发展，应当承认“后保管模式”也是一种合理的预见。但必须注意的是，电子文件管理中各业务环节的技术与方法，绝不是完全否定现有档案管理各业务环节的技术与方法，而是必须沿着继承与创新的辩证法的路径前进。完全抛弃现有的档案管理业务技术与方法而另起炉灶的想法既不切实际，也相当不利。

3. 理论与实践相结合的方法

理论与实践的结合是人文社会科学研究普遍遵循的研究思路，在电子文件管理学研究中，更显必要。一方面，电子文件管理学是一门应用性学科，具有较强的实践性，其学科理论体系的创建，必须紧密结合电子文件管理工作的实践，在全面总结实践经验的基础上，再进行理论分析、综合研究和理论转化，形成电子文件的管理理论和管理方法，提升人们对电子文件管理的认识；另一方面，我国电子文件管理实践、管理工作开展较为广泛，研制开发出各种类型的电子文件管理系统，系统异构、标准异构、格式异构现象普遍存在，迫切需要整体规划、顶层设计和理论支持，来指导电子文件管理实践。因此，理论与实践相结合也是电子文件管理学研究的基本方法。

4. 吸收、借鉴科学研究的一般方法

科学研究的一般方法是指适用于一切学科的研究方法，包括分析方法、实验方法、观察方法、调查方法、历史方法、比较方法、数学方法、系统论方法、控制论方法、信息论方法等等，这些方法在电子文件管理学研究中都有一定意义。如系统分析方法是从系统观点出发，着重从部分与部分之间、整体与部分之间、整体与外界之间的相互联系、相互作用、相互制约的关系中，综合地、精确地考察对象，以达到最佳解决问题的一种方法。电子文件管理本身就是个系统，根据管理功能或文件生命周期理论分成若干个子系统（或部分环节），只有对各个子系统、各个部分都采取有力的措施，才能确保电子文件的真实性、完整性、有效性、安全性。如果某一环节出现错误，就可能功亏一篑。

再如，比较方法是把某种有联系的事物加以对照，区别其异同的思维方法，包括横向比较和纵向比较。在电子文件管理学研究中，我们可以运用横向比较的方法，将电子文件的管理与传统纸质档案的管理、缩微影像档案的管理加以对照，设立参照物，从中吸取有益的经验和知识作为电子文件管理学的理论借鉴，从而去构建电子文件管理学的理论体系。

5. 引进移植的方法

电子文件管理学是一门综合性的应用学科，其研究与应用范围必然要涉及到多学科领域。在研究中，应主动加强学科间的横向联系，加强同相关学科、部门的合作，注重学习汲取相关学科的理论成果与实践经验，丰富学科知识。如研究电子文件物理载体的保护，应当吸取物理学、化学、光学等方面的成果；研究电子文件内容信息的保护，应当吸取计算机信息安全、网络信息安全等方面的成果；研究电子文件信息的长期存取，应当吸取计算机技术、图书信息资源存取等方面的成果。

研究电子文件管理学还应关注国外的理论与实践研究成果，合理引进移植国外电子文件的管理方法和实践经验。我国关于电子文件的研究是在国外电子文件管理研究传入我国以后才逐步开展和丰富的，或译介国外的成果、经验、措施，或在国外已有电子文件管理思想的基础上加以继承和发展。近年来，我国也设立了一些国家级、地方级的研究课题，展开独立的相关研究。同时也参加一些国际性电子文件管理研究课题组，开展国际合作。我们要以开放的心态，虚心向国际同行学习，引进他们的先进经验和成果，根据我国的国情，加以吸收、消化，从而使我们的研究跟上世界和时代的步伐。

上述电子文件管理学的研究方法既相对独立，又彼此相互关联，灵活运用科学的研究方法从理论到实践都是一个复杂的问题。对此我们应有清醒的认识，并努力去探索、尝试，从而推动电子文件管理学学科体系不断完善。

第一章 电子文件概述

随着现代信息技术的发展和广泛应用，电子文件实实在在地进入了我们的生活和工作中。作为人类记忆的管理人，档案工作者被赋予了管理这一新型文件的神圣职责。那么作为新生事物的电子文件，其来源如何，有什么样的结构、特点和作用，它与传统纸质文件之间有何区别，如何看待其形成规律和生命周期……这些基本问题是学习和研究电子文件管理学的逻辑起点。我们要首先对它们有一个较为清楚的认识和把握，之后才能逐渐去寻找电子文件管理的方法和措施。

第一节 电子文件的概念和种类

一、电子文件来源

现代信息技术的应用早已超出原有的科研、军事、工业等传统的应用范围，深入到农业、交通、能源等国民经济各部门以及医疗、教育、金融、商务活动和社会服务等各个领域，并渗透到人类生活的各个方面，成为现代生活不可缺少的一部分。信息技术的应用使得电子文件取代了手写文件，CAD 取代了手工绘图，E - mail 取代了信件，电子商务取代了合同货单，信用卡、银行卡取代了存折、存单。电子文件是现代信息技术应用的产物，凡是有信息技术应用的地方都会有电子文件的生成。综观当前电子文件的生成领域，其来源主要有以下几方面：

（一）办公自动化过程中产生的电子文件

办公自动化（Office Automation，OA）系统是指对办公信息进行自动操作的数字处理系统，它包括计算机、通讯设施和其他数字设备。办公自动化系统是一个动态的、开放的、发展的系统，从最简单的文档数字化处理到无纸办公以及文件网络传输的实现，办公自动化系统的功能随信息技术的发展不断增加。

20 世纪 80 年代中后期，我国已有不少政府机关使用单机起草文件、制作文件目录等，以辅助人工事务性劳动。20 世纪 90 年代，机关内部局域网的建立，使更多单位利用办公自动化系统中的文字处理与文件管理功能来取代传统办公室公文起草、传阅、审批等工作，这些在办公自动化系统中形成的各类文件数据均属于电子文件。1999 年，为推动和促进我国国民经济和社会生活的信息化，实现信息资源共享，提高政务效率和透明度，中国政府启动了“政府上网工程”，中央各部委，各省、市、区、县政府纷纷上网，在有力推进办公自动化和电子政务（Electronic Government）的同时，也使各类政务电子文件的数量急剧增加。由此形成的各种数据、文件、社会经济数据都以数字形式存储于网络服务器中，能够网上实时传送，可通过计算机检索系统快速查询，即用即调。

（二）生产领域中产生的电子文件

生产领域为了提高企业生产效率和效益，广泛运用计算机等现代化设备，这些设备的应用同样产生了大量的电子文件。生产领域中产生的电子文件主要是指计算机辅助设计与制造（CAD/CAM）文件。

计算机辅助设计（Computer Aided Design，CAD）与计算机辅助制造（Computer Aided Manufacturing，CAM）是指计算机辅助技术在工程或产品设计与制造领域中的应用。它们从根本上改变了过去的手工绘图、发图、凭图纸组织整个生产过程的技术管理方式，转为在图纸工作站上交互设计，用数据文件发送产品定义，在统一的数字化产品模型下进行产品的设计打样、分析计算、工艺计划、工艺装备设计、数控加工、质量控制、编印产品维护手册、组织备件订货供应等。CAD/CAM 系统通常包括三个部分：一是设计用的交互图形系统和支持软件；二是数控编程工序、工艺设计程序、夹具设计程序及其他辅助生产用的程序；三是能为设计和制造服务的公共数据库。

CAD 技术发明于 1963 年。20 世纪 60 年代，航空和汽车工业较早地引入了 CAD 技术。美国通用汽车公司、洛克希得飞机制造公司等大型企业都是率先使用 CAD 技术的企业。到 20 世纪 90 年代，大型波音 777 客机的设计、制造、装备、试验，全面使用 CAD/CAM 技术，实现了 100%的数字化和无纸化设计，将研制周期缩短到原来的 50%以下。采用 CAD 技术进行产品设计，不仅可以使设计人员“甩掉图板”，而且能够更新设计理念，建立全新的生产管理体制，提高劳动生产率。如今，CAD/CAM 技术已广泛应用于企业生产中，并进入人们的日常生活，在电影、动漫、广播和娱乐等领域大显身手。

CAD/CAM 作为计算机应用的一个重要组成部分，是企业缩短工期、产品开发周期，加速产品更新换代，节约成本，提高质量，增强企业竞争力的有效手段。CAD 的设计对象包括工程设计和产品设计，产生产品定义数据文件；CAM 的对象主要是产品制造，产生面向制造数据文件。它们都直接关系到科技文件的产生与运行过程，包括设计、绘图、分析、制造和保存产品记录等。

（三）电子商务过程中产生的电子文件

电子商务（Electronic Commerce）是指在互联网（Internet）、企业内部网（Intranet）和增值网（VAN，Value Added Network）上以电子交易方式进行交易和相关服务的活动，是传统商业活动各环节的电子化、网络化。它具有无纸支付、营运成本低、价格竞争力强、用户范围广、无时空限制以及能同用户直接互动交流等特点。

电子商务中的电子支付（Electronic Payment）是在开放网络环境下取代传统支付工具（如现金、票据）的电子信息传递。电子支付是电子商务活动中最核心、最关键的环节，是电子商务得以进行的基础条件。因特网环境下的电子支付方式主要有四种：银行卡、电子货币、电子支票和网上银行。

20 世纪 90 年代以后，全球范围内的电子商务开始登场。1996 年，日本成立"电子商务促进会"；1997 年 4 月，欧盟发布"欧洲电子商务倡议"，提出政府必须为促进电子商务发展提供一个良好的环境；1997 年 7 月，美国政府发表"全球电子商务框架"白皮书；1998 年 4 月，新加坡政府发布"电子商务政府框架"。在各国的积极推动下，联合国国际贸易法委员会、经合组织、世界贸易组织、世界知识产权组织、欧盟以及亚太经合组织都在加速电子商务建设，以满足电子商务的需要。

我国电子商务近年来发展很快，如 1998 年 6 月，我国原外经贸部发出通知，要求到 2000 年所有外贸企业必须从因特网上申请配额，并逐步实现以电子方式领取配额许可证。如今电子商务已经十分普及，如网上贸易、网上购物、网上银行等，人们在电子商务活动过程中产生了一系列的电子合同、电子订单、电子发票等，这些都属于电子文件。随着电子商务的快速发展，大量的电子商务文件也随之产生。

（四）个人社会活动中产生的电子文件

随着信息技术的发展，个人计算机、数码照相机、数码摄像机、手机等数字设备越来越普及，成为人们学习、生活和其他社会活动必不可少的工具。在这一背景下，人们在社会活动中形成的文件大多是电子文件。

随着数字设备的广泛使用，人们可以随时随地将美好的瞬间或片段记录下来，在日常生活中也能产生大量的电子文件。如"突发事件",往往第一时间都是个人最先拍摄和发布的,所以大量的有价值的信息在社会、在民间;同样,人们在社会活动中,利用社交媒体(如 Twitter、微博、微信、YouTube、优酷等)报道一些典型的社会现象,往往被公众大量转发,从而在社会上产生很大的影响,也会形成有价值的电子文件。

除上述介绍的电子文件来源外,计算机程序设计与地理信息系统(GIS)、遥感技术、条形码技术、卫星系统等也是产生电子文件较多的领域。

二、电子文件定义

面对不同来源的电子文件,如何下一个较为科学的定义,准确把握电子文件的内涵,是研究电子文件的基础理论问题,也是管理电子文件的实践需要。

(一)"电子文件"名称的出现

"电子文件"作为一新名称的出现,是人们认识不断提升的结果,在此之前一般称为机读文件(或机读档案)。

机读文件最早产生于 1890 年,当时美国联邦政府统计局用穿孔卡片盒和一个制表设备来处理当年的某些数据。1890 年到 1930 年,美国联邦政府机构不断地使用办公机械并产生机读文件。到了 20 世纪 40 年代末到 50 年代初,电子计算机的产生及其在联邦机构中的应用导致了机读信息数量的稳步增加。随后的几十年,信息处理技术和存储技术的发展更加丰富了机读文件的家族。

人们用"机读"文件来概括各种有别于传统纸质的文件。早期如美国学者罗佛斯的观点是强调离开机器就不能阅读,而不是指借助机器来帮助阅读。他据此区分了缩微胶片和机读文件的不同,"缩微胶片需要借助机器,但从本质上讲它是人工可识读的"。这种对机器的绝对依赖性将机读文件界定在与计算机有关的各种介质材料之上,这一材料从 1890 年至今分为纸基和磁性材料两种。罗佛斯提出,由于穿孔卡片和纸带这一类纸质机读材料已经不会被用以存储档案,所以档案人员可以放心地使用"机读文件"作为磁性介质机读文件的委婉表达。①

但罗佛斯当时并没有意识到录音磁带也必须依赖机器才能识读,所以后来人们通常将穿孔卡片、录音录像材料、计算机磁性介质材料等统称为机读文件。在 20 世纪 80 年代末以前,国际档案理事会制定的档案术语中,把"机读文件"定义为:"通常以代码形式记录于载体,如磁盘、磁带或穿孔卡片上的文件,它的内容只

① 于丽娟:《机读档案与电子文件辨析》,《档案与建设》,1998 年第 5 期,第 11—12 页。

有用机器才能存取。与数据档案不同之处是，它按来源原则进行整理，这就是机读文件。”此处“机读”包括了机械阅读，而不只是计算机阅读。

机读文件这一概念一直用到20世纪80年代末，20世纪90年代电子文件才开始被广泛使用。目前所知最早提出“电子文件”这一名称的是1988年美国纽约州档案馆出版的《纽约州政府管理和保护电子文件战略规划》报告。此后，1993年国际档案理事会电子文件委员会的成立、《美国联邦文件管理术语手册》第二版的出版、1995年澳大利亚《记录未来——电子文件管理的方针和政策》的出台等，都标志着电子文件作一正式术语而被广泛地使用。正如冯惠玲在《拥有新记忆——电子文件管理》(博士论文)中指出：早些时候，人们大多使用“机读文件”这一概念，近几年来渐渐被“电子文件”取代了。其原因大约有两方面：一是除计算机产生的文件之外，还有其他一些载体的文件也要借助机器才能阅读，如录音带、录像带等，用“电子文件”一词来专门表示由计算机产生的、数字式的文件更为明确和专指，这是主要原因；另一是国外有些专家觉得从字面上看，“机读”一词中没有“人”的作用，认为这种叫法和人有距离感，不太合适。

关于机读文件和电子文件的区别，于丽娟博士从两者产生的工作环境、对档案工作的影响程度、两者的身份、引发的研究内容、反映事物特点的深刻程度等五个方面进行了分析，并认为“电子文件”这一名词的产生是“两个时代的界碑”。① 不过，我国也有学者认为：“电子文件”或“电子档案”也会像机读文件一样，只是个过渡性的词汇，最终仍要回到文件或档案这样一些基本概念上来。②

在探讨和研究电子文件时，人们除主要使用电子文件外，还使用过诸如“虚拟文件”、“数字式(化)文件”、“数字记录”等概念。

(二) 电子文件定义的各种表述

电子文件这一新概念使用以后，国际档案理事会、一些国家的档案管理机构和广大档案学者纷纷对其加以解释，形成了众多的定义，其中较具影响的有：

1. 国际档案理事会电子文件委员会(1993年)：能够为数字电脑操作、传输和处理的文件。

2. 国际档案理事会《电子文件管理指南》(1997年)：电子文件是通过数字计算机进行操作、传递和处理的文件。

3. 国际文件管理基金会(IRMT)《电子文件管理导论》(1999年)：用计算机操

---

① 于丽娟：《机读档案与电子文件辨析》，《档案与建设》，1998年第5期，第11—12页。

② 王萍：《理解电子档案》，《档案学研究》，2000年第2期，第47—49页。

作、传输和处理的数字文件。

4.《美国联邦管理法规》(1992年)：电子文件包括数字的、图形的及文本的信息，它可以记录在计算机能够阅读的任何一种介质上，并且符合文件的规定。

5.《美国联邦文件管理术语手册》(第二版，1993年)：其存储形式只能由计算机处理的文件。

6. 澳大利亚《记录未来——电子文件管理的方针和政策》(1995年)：其记载信息的形式适合于用数字计算机进行检索、加工和交流的文件。

7.《澳大利亚文件管理标准》(1997年)：由电子计算机交流和维护的文件。

8. 我国国家标准《CAD电子文件光盘存储、归档与档案管理要求 第一部分：电子文件归档与档案管理》(GB/T 17678.1—1999)：能被计算机系统识别、处理，按一定格式存储在磁带、磁盘或光盘等介质上，并可在网上传送的数字代码序列。

9. 我国档案行业标准《档案工作基本术语》(DA/T 1—2000)：以代码形式记录于磁带、磁盘、光盘等载体，依赖计算机系统存取并可在通信网络上传输的文件。

通过上述定义，我们可以看出电子文件与传统文件一样，世界范围内至今尚未对其形成一致的看法。在不同阶段，人们对事物的认识是有其时代局限的，这些定义既反映出电子文件的发展过程，也反映出人们对电子文件认识的发展过程，需要我们详细分析，并从电子文件的内涵上去把握。

(三) 对电子文件概念内涵的理解

上述电子文件的定义，为我们把握电子文件这一概念的内涵提供了基础，我们认为对电子文件的定义应符合以下基本要求：

1. 电子文件首先是文件，它应满足文件的所有要求

我国学者指出，电子文件定义的思路有两类：一是从纯电子计算机的角度对电子文件进行定义；二是先研究电子文件出现后现代文件的概念，然后再给电子文件下定义。按照第一种定义方式，往往会造成电子文件的内涵脱离档案文件的性质，而使其外延过于宽泛。因为在电子计算机中除了属于档案范畴内的电子文件外，还有其他电子信息，如电子图书、电子杂志、电子消息、电子资料，甚至病毒、乱码等在计算机中都可以成为“文件”，显然这些电子信息不属于档案管理范围内的电子文件，不具有凭证价值。因此，更可靠的方式是从系统型的思路出发，先把握现代文件的一般属性和特征，然后定义电子文件，使其满足现代文件的所有要求。①

① 参阅董永昌、何嘉荪主编：《电子文件与档案管理》，百家出版社，2001年版，第3—5页。

国际档案理事会电子文件委员会于1994年至1995年曾对75个国家和地区的100个国家级或州(省)级公共档案馆，就电子文件管理问题进行了专项问卷调查，并对20世纪80年代至90年代国际档案界电子文件研究的文献进行了调研和分析，在此基础上，起草并出版了《电子文件管理指南》(1997年)，其中“电子文件”概念的定义即是以“文件”为出发点的。

2. 电子文件是以数字形式进行记录的，并可为电子计算机等设备所处理

电子文件是由计算机或各种数码设备生成的，其信息以二进制数字代码记录和表示，因此也被称为“数字(式、化)文件”。数字信息使用0和1两种数码的组合来记录信息，每一个0或1叫做一个比特，需要记录的信息用一串比特存储在计算机存储器中，可以为计算机处理，并通过通信网络进行传输。

在此值得一提的是，通过计算机或数码设备直接形成的数字信息，凡符合文件要求的称为电子文件是无疑的，但对传统文件通过模数转换而来的数字信息能否称电子文件值得思考。加拿大电子文件研究专家露西安娜·杜兰蒂也认为，电子文件是指正常的业务活动中，以数字形式利用、保留或存储的文件，而无论其是否以数字形式制作或接受。如果一份文件是以纸质文本形式收到的，扫描进计算机，并以数字形式利用和保留下来，那么这份文件就是电子文件。经数字化转换而生成的原文件的数字化副本，具有电子文件的特征和功能。① 然而，从档案学角度看，它们毕竟不是“原件”，也不是直接记录。

3. 电子文件的构成方式由内容、背景信息、结构三要素构成

国际档案理事会电子文件管理委员会出版的《电子文件管理指南》给文件所下的定义是：“文件是由机构或个人在其活动的开始、进行和结束过程中所产生或接受的记录信息，该记录信息由足以为其活动提供凭证的内容、背景信息和结构所构成，而不管其形式和载体如何。”②在这里，内容(Content)、背景信息(Context)和结构(Structure)成为构成文件的三种要素。

内容是指文件中所包含的表达作者意图的信息。背景信息是指描述生成电子文件的职能活动、电子文件的作用、办理过程、结果、上下文关系以及对其产生影响的历史环境等信息。包括文件产生各环节和责任者的信息以及为确保电子文件可理解性而保存的与文件内容有关的信息，如文件产生的原因、责任者、文件运作的过程和阶段、文件形成的最终结果，所依赖的软硬件、相关的其他档案文件名称、文

① 冯惠玲主编：《电子文件管理教程》，中国人民大学出版社，2001年版，第5页。

② International Council on Archives, Committee on Electronic Records:《Guide for Managing Electronic Records from an Archives Perspective》, ICA Studies 8, Paris, France. February 1997.

件的存储位置、文件之间的相互关系等。[1] 结构是指文件内容信息的组织表达方式，如文字的段落安排，电子文件所使用的代码、格式以及载体、附件等方面的信息。关于文件是其内容、背景信息与结构的统一体的观点，对于理解和管理电子文件十分重要，特别是背景信息，更是管理电子文件“不可或缺的元素”。

关于电子文件的概念，在此我们使用国家标准《电子文件归档与管理规范》(GB/T 18894—2002)中的定义，即电子文件是指“在数字设备及环境中生成，以数码形式存储于磁带、磁盘、光盘等载体，依赖计算机等数字设备阅读、处理，并可在通信网络上传送的文件”。

三、电子文件种类

根据不同的分类标准，电子文件有着不同的类型。电子文件种类目前主要有以下几种划分方法：

(一) 按电子文件的信息形式分类

按电子文件的信息形式可分为文本文件、数据文件、图形文件、图像文件、影像文件、声音文件、命令文件等。这是当前采用比较多的一种分类方法，也是国家标准《电子文件归档与管理规范》中采用的分类方法。其中：

文本文件(Text)，又称字(表)处理文件。它是使用文字处理软件生成的，由字、词、数字或符号表达的文件，存储内容由 ASCII 标准代码和 GB 2312—1980 标准汉字代码所构成。通常的公务文件一般都是文本文件。

数据文件(Data)，又称为数据库电子文件。它是指在事务处理系统中单独承担文件职责，或者作为文件的重要组成部分出现的数据库数据对象，也可以说是以数据库形式存在的具有文件属性的记录。一个数据库由若干记录，一个记录由若干字段(数据项)组成。机关、企事业单位和个人的各类信息都可以建成数据库。

图形文件(Graphic)是根据一定算法绘制的图表、曲线图，包括几何图形和物理量(如应力、强度等)用图标表示的图形，它是以图画的形式表示数据内在联系的图表、曲线图等。在 CAD/CAM 过程中形成的电子文件许多都属于图形文件。

图像文件(Image)是使用数字设备采集或制作的画面，如用扫描仪扫描的各种

---

① 参阅唐小燕：《背景信息——电子文件管理不可或缺的元素》，《档案学研究》，2001 年第 5 期，第 51—53 页。

原件画面、用数码相机拍摄的照片等。图像文件的分辨率与存储空间成正比，不同格式的图像文件不能任意进行交换使用。另外，通过高性能的显示器，可将传统的黑白图像转换成原来的色彩。

影像文件(Video)是指使用视影捕获设备录入的数字影像或使用动画软件生成的二维、三维动画等各种动态画面，如数字影视片、动画片等。传统的录像可通过视频设备将模拟影像转换成以数字影像。影像文件有不同的格式或标准，播放时需要使用相关的设备和程序。

声音文件(Audio)，又称数字语音。它是计算机对人的声音进行识别后，再将人的声音变成“0”或“1”的符号进行传输或存储而形成的文件。它广泛应用在电子邮递、办公自动化、语音记录等诸多领域。传统的录音、音乐可通过设备转换成数字声音文件。

命令文件又称计算机程序(Program)。它是为处理各种事务，用计算机语言编写的程序，是生成电子文件所依赖的操作系统文件和命令文件。

(二) 按电子文件的组成方式分类

按电子文件的组成方式可分为简单文件、复合文件和复杂文件。

简单文件仅仅是由一种格式所组成，在数据结构中每个记录之间没有逻辑关系。

复合文件是含有多个独立数据流和索引信息的文件。例如含有图形(如数字签名、标识语等)或数据(如统计数据与表格等)的文件就是一个复合文件；多媒体(Multimedia)文件是用多媒体技术把文本、图形、图像、音频和视频等多种信息有机地组合起来，形成图文声像并茂的多媒体信息，因此多媒体文件也属于复合文件。

复杂文件是含有多种数据类型，并由多个 OLE 服务器(对象连接与嵌入服务器)操作的文件。超文本文件、超媒体文件是典型的复杂文件。超文本(Hypertext)是用超链接的方法，将各种不同空间的文字信息组织在一起的网状文本；超媒体(Hypermedia)是超文本和多媒体在信息浏览环境下的结合，是对超文本的扩展，除了具有超文本的全部功能以外，还能够处理多媒体和流媒体信息。

除了上面两种主要分类方法外，我们尚可根据文件的功能，将电子文件分成主文件和支持性、辅助性、工具性文件；根据文件的属性，将电子文件分为普通文件、只读文件、隐含文件、加密文件、压缩文件等；根据存储载体，将电子文件分为磁盘文件、磁带文件、光盘文件等。这些分类可以加深我们对电子文件的认识。

第二节 电子文件的基本特点和作用

一、电子文件基本特点

电子文件是由比特构成的，能够为计算机操作、传输与处理的文件，因而它有许多与模拟方式形成的传统文件截然不同的特征。分析研究电子文件的基本特征，理解这些特征对电子文件管理的影响，可以引导出管理电子文件的基本方法和要求。

(一) 中外对电子文件特点的研究概述

电子文件(包括此前的机读文件)作为新生事物引起档案界的关注之后，中外学者从各自立场对电子文件的特点进行阐发。美国教授 David M. Levy 在对电子文件与纸质文件比较时，用 Stable(稳定)、Permanent(永久)、Static(静态)、Inactive(不积极)、Fixed 或 Rigid(固定、严格)等词语来描述纸质文件；而用 Unstable(不稳定)、Impermanent(非永久性的)、Dynamic(动态)、Active 或 Interactive(积极、交互式)、Fluid 或 Transformable(流动的、能改变)等描述电子文件，并形象地把两种文件的性格描绘为：一个安稳刻板，一个活泼好动；一个像是石板，一个像是河流。① 保罗·勒内·巴赞女士在 1988 年法国巴黎召开的第十一届国际档案大会上，将新型档案材料(此时是指机读文件、机读档案)的特点归纳为：通过技术手段获取信息、载体的脆弱和不稳定、信息和载体相分离、无限性地原样再生、成本高昂。法国国家档案馆总保管员 C·诺加雷在第十三届国际档案大会的报告中，对保罗·勒内·巴赞的观点又作了进一步的补充，指出除了这些特点仍然有效外，机读文件(档案)还具有所用技术的脆弱性和不稳定，信息的可变、易丢失、多形态性，以及信息的非物质性和普遍性。②

我国档案界最早对电子文件特点加以分析的是中国人民大学冯惠玲教授，在其博士论文《拥有新记忆——电子文件管理研究》中，对电子文件的特点进行了归纳，并指出“今天所描述的电子文件特性，只能是今天情况的近似反映，随着时光的

---

① 冯惠玲：《认识电子文件》，《档案学通讯》，1998 年第 1 期，第 44—48 页。

② [法] C·诺加雷：《信息技术对档案和档案工作的影响》，《第十三届国际档案大会文件报告集》，中国档案出版社，1997 年版，第 217—218 页。

推移，它可能在一些方面发生变化，但既然这个婴儿已经出生，许多禀性、特征是会伴其终生的”。在此之后，国家档案局电子文件归档与电子档案管理研究课题组在《电子文件归档与电子档案管理概论》中提出电子文件的八个特征①，即电子文件的数字化信息形态、电子文件对设备及标准的依赖性、电子文件载体的非直读性、电子文件的物理结构与逻辑结构关系的复杂性及对元数据的依赖性、电子文件的信息与载体相分离性、电子文件的信息共享性及不安全性、电子文件信息的易更改性、电子文件非实体归档的可能性。刘家真教授则提出了电子文件的虚拟性、数字信息的流动性、数字信息难以维持永久性的存取和数字信息的不稳定性等四个特点②。其他学者也有各自的表述。

（二）电子文件的特点

1. 信息的非人工识读性

电子文件使用了人们不可直接识读的记录符号——数字式代码，将输入计算机的任何种类的信息都转换成二进制代码。需要记录的信息用一长串“比特”存储于计算机存储器内，即使是前后相连、具有逻辑关系的数据，在计算机存储介质上的位置不一定相邻，且会时常发生变化。对于这种经过复杂编码的“比特”，人工无法直接破译它的含义，只有通过计算机特定的程序解码，使之还原为输入前的状态，人才能识读它。所以，现代信息技术形成的电子文件在给人类带来极大方便的同时，与人的关系也发生了某种疏远。

2. 系统的依赖性

电子文件对系统的依赖性包含两个方面。其一，从文件的制作、处理，以至归档后的全部管理活动都必须借助于计算机系统才能实现。离开计算机系统，人既无法识读，更无法对电子文件施加任何影响，管理活动便无法谈起。其二，不兼容的计算机和应用软件生成的文件在交换使用时会遇到很大困难。当生成文件的软件、操作系统和硬件更新换代与原系统不兼容时，我们需要保存老的系统，或者对老系统生成的文件进行迁移转换，确保老系统生成文件的可读性和可管理性。

3. 信息与特定记录载体之间的可分离性

电子文件中的信息不再具有固定的物理位置，也不再对特定记录载体“从一而终”，它可以根据需要随时扩展、缩小或改变其存储空间，也可以改变其在硬盘上的存址，或在不同存储介质之间转换。信息与载体之间的可分离性使电子文件不再

---

① 参阅国家档案局编著：《电子文件归档与电子档案管理概论》，中国档案出版社，1999 年版，第 12—28 页。

② 参阅刘家真编著：《电子文件管理导论》，武汉大学出版社，1999 年版，第 129—134 页。

具有物理意思上的“实体”状态，成为人们所形象指称的“非实体文件”或“虚拟文件”。

4. 信息的可变性

造成电子文件信息可变性的情况很多。首先，计算机系统中信息的相对独立性使得对信息的增删更改十分容易，而且修改之后看不出任何改动过的痕迹；其二，电子文件在制作、运行、管理过程中会形成大量的动态文档，而动态文档中的数据不断地被更新或补充，以反映最新情况；其三，存储载体和信息技术的不稳定性，新的信息编码方案、存储格式、系统软件不断出现，对电子信息的稳定性产生了巨大的冲击，新的系统要求将电子文件的原代码转换成某种标准格式或新的代码格式，往往造成电子文件信息的损失、变异。

5. 信息存储的高密度性

电子文件的存储密度大大高于以往各种人工可识读的信息存储介质。一张4.75英寸CD光盘(650 MB—750 MB)约可存储3亿个至4亿个汉字或A4幅面的文稿图像数千页，DVD光盘单面容量可达4.7 GB。随着存储技术的发展，电子介质的存储密度还将继续增大。

6. 多种媒体信息的集成性

纸质文件主要承载文字或图形信息，而电子文件可以将文字、图形、图像、影像、声音等各种信息形式加以有机组合，形成“多媒体文件”。多媒体文件图、文、声、像并茂，能够更加真实地再现当时的活动情况，从而强化了文件对社会活动的记忆和再现功能。在用多媒体技术制作的文件中，文字、图像、声音等各种信息都用二进制数字来表达，它和文本文件一样可以在屏幕上显示，可以输出，并可以通过网络传输。

7. 信息的可操作性

电子文件中的数字信息是动态、可变、积极的信息，它可以随时根据人们的需要加以改变，制作形成新的文件信息，而且十分便捷。如在文本文件中加上表格或图形，自动删除或更新某些数据，可将单媒体文件制成活动的多媒体文件。另外，随着网络技术的发展，身处异地的人们可共同制作一份文件，也可以对信息加以压缩，更加经济地存储和传输文件等等。①

(三) 对电子文件特点的评议

综观当前对电子文件特点的研究，认为有以下两点值得探讨：

---

① 参阅冯惠玲：《认识电子文件》，《档案学通讯》，1998年第1期，第44—48页。

1. 上述电子文件的特点,其理论与实践意义都是重大的。这些特点不仅加深了人们对电子文件的普遍认识,而且是探讨有关电子文件的各种理论和实践措施的基础。当然,人的认识是不断发展的,其后学者所提出的电子文件结构的二重性(即物理结构与逻辑结构的分离)、电子文件对背景信息和元数据的依赖性、数字信息难以维持永久存取等特点也值得重视。

2. 现有的电子文件特点的相关研究,仍有不少值得商榷之处。如关于电子文件的"虚拟性"和信息与载体的可分离性,是引起人们广泛争议的两个问题。对电子文件的虚拟性我们将在后面论述,这里先评议一下信息与载体的可分离性。

信息与载体的可分离性现已得到了广泛的认可,"电子文件可以在不同的计算机之间传递,也可以在不同的载体之间相互复制,而信息形态无任何变化"①。"在电子文件中,信息与载体之间的关系发生了变化。信息作为文件的本质属性和真正内涵,开始摆脱了对载体的专一性的依赖关系,开始实现信息自身的独立与自由"②。信息与载体的分离性不仅衍生、影响到电子文件的其他特点,也决定了电子文件的原始性不易被确认,以及用来判断档案真实性的传统观念发生了"瓦解",从而成为电子文件转化为档案的主要障碍。

从辩证唯物主义的观点看,一方面,电子是一种运动着的物质,而非意识。虽然人眼无法直接识读它,但它确实具有物理形态。电子文件不论是出现在显示屏幕的窗口上,还是拷贝在记录载体上,都是实实在在的信息与载体的结合物。电子文件信息具有流动性和可变性,可以通过光纤网络等进行传输。然而,正是由于光纤网络等特殊载体的承载,才使其在信息高速公路上的流动成为可能,而且它最终还是要与某一固定载体相结合。另一方面,在传统纸质文件时代,文件信息也可以通过手抄或复制等方式,使其脱离原载体,进行信息转移、传播,这是否也属于信息与载体的可分离性。如果是,则信息与载体的可分离性是文件的共性,而不是电子文件的特性。③

由此可见,电子文件是信息与载体的统一体,它不仅仅是理性或概念的,而且具有物理形态。我们所说的电子文件信息与载体的可分离性,是指电子文件信息与特定载体易于分离的特性,只是相对和有条件地利用这一特点来说明问题,而不是说电子文件真的可以脱离载体而存在。

---

① 邱晓威:《电子文件与电子档案的管理问题与对策》,《中国档案》,1999年第3期,第32—34页。

② 丁海斌著:《电子文件管理基础》,中国档案出版社,2002年版,第56页。

③ 参阅黄世喆、刘勇:《论电子文件信息与载体的可分离性》,《广西民族学院学报》,2001年第5期,第138—140页。

二、电子文件作用

电子文件有着不同于传统文件的诸多特征，对其管理和长期保存带来了新的挑战。同时，电子文件的出现，在改变人们的工作方式、生活方式和管理方式上发挥着传统文件无法比拟的积极作用。

(一) 改变办公方式，提高办公效率

长期以来，办公人员都是依靠纸和笔来完成文字工作的，诸如写文章、拟报告、发指示、出通知等。而要完成一份完善的文字材料，必须反复修改，修改后还要誊写，耗费大量的精力和时间。打字机的出现，虽然大大改善了誊清抄写工作，但修改打错的字也十分麻烦，尤其当几份文件中都有一部分相同的文字需要修改时，重复操作不可避免。20 世纪 70 年代微型计算机的出现并引入办公室，使办公方式有了根本的改变。不过，当时计算机单机操作的方式所带来的办公自动化，仅仅提高了个人工作效率，帮助处理文字和报表，以及进行简单的人事管理、财务管理等。

计算机技术、网络技术、多媒体技术的发展，使得“办公”再也不是仅仅束缚于办公桌上处理公文，而是可以利用现代信息技术在网上实现电子文件的制作、传递、处理和归档，实现网上办公，即在网络上全面实现办公的自动化和信息化。使用电子文件不仅使文件的存在形式发生了根本的变化，更为重要的是改变了办公的方式，引起了办公方式的一场革命。由于电子文件可以在网络中被传递和共享，所以传统的文书处理工作都可以在计算机网络中以数字化形式进行。利用收发文管理系统，可完成文件的接收、录入、传递、审批(阅)、签发和归档，还可实现多人或多个部门对同一份文件的同时会签。电子文件的出现，改变了人们对公文处理的制作习惯、签阅习惯、传递习惯、保密习惯和存储习惯等，对办公方式的改变是彻底的。逐步实现少纸化甚至无纸化办公，与传统办公方式相比，将大大提高办公效率和效益。①

(二) 有利于文档一体化管理工作的实现

文件是档案的前身，档案和文件是同一个事物在不同运动阶段的称谓。在传统办公和管理环境中，文件泛滥成灾，文书部门和档案部门各司其职，办公室与机关档案室或文件中心、档案馆等不能有效地联结，各自都承担着文件管理和档案管理工作。信息技术的应用使整个文件处理工作物化于以计算机为核心的信息化系统之中，实现电子文件信息处理的自动化，减轻了工作的压力。

---

① 参阅董永昌、何嘉荪主编：《电子文件与档案管理》，百家出版社，2001 年版，第 9—10 页。

利用计算机网络可以对电子文件从生成到归档、管理进行一体化操作，让文件与档案工作统筹规划，相互协调，两者在网络系统内衔接和利用，从而实现文件的一次性输入，多口、多途径的输出利用，达到文件与档案信息资源的最佳利用，使文件与档案工作成为一个完整的体系，使文件管理和档案管理实时联络，建立一条沟通的渠道，实现真正意义上的“无缝交接”，从而实现文件与档案的“一体化”管理。

(三) 实现信息资源共享

网络革命兴起于 20 世纪 90 年代，它发展了 20 世纪 80 年代以个人计算机为核心的科技革命。从单机用户到局域网络，进而向广域网络发展，信息传输的速度与规模正呈几何级数增长态势，使得人类一直苦苦追求信息资源共享的愿望轻而易举地实现了。尤其是 1995 年，Internet 逐渐趋于国际化，似乎一夜之间，一个崭新的世界——网络世界形成了。在这个世界里，信息“数字化生存”、“虚拟生存”代替了其原子(物理)生存。就像美国著名未来学家尼葛洛庞帝所说：“过去，大部分的信息都经过了人的缓慢处理，以书籍、杂志、报纸和录像带的形式呈现；而这，很快将被即时廉价的电子数据传输所取代。”“在新的形式中，信息将成为举世共享资源”①。因而，通过网络用户可以不受时空限制，随时随地查阅利用电子文件信息。电子文件正是以比特作为信息的 DNA(脱氧核糖核酸)，发挥着传统文件望尘莫及的信息高速传输与共享的优越性。②

(四) 能够集成多元化信息

文字、数据、图形、图像和语言等信息，在传统记录方式中很难有机结合在某一种介质上，并且只能以平面或单一途径显示。而电子文件就能使人们所熟悉的文件形式(如文字、照片、声音、影像等)集成存储在同一载体上，实现一体化管理。此外，还能实现对单媒体文件信息加工，集成多媒体信息。如尼葛洛庞帝所说：“很重要的一点是，不要只把多媒体视为个人世界的博览会，或是结合了影像、声音和数据的‘声光飨宴’。多媒体领域真正的前进方向，是能随心所欲地从一种媒介转换到另一种媒介。”③

(五) 有利于组建国家综合信息系统

衡量一个国家信息产业发展程度的一项重要指标就是这个国家所组建的信息系统的完整程度与综合程度。组建国家信息系统的思想源于 1950 年联合国教科文组织提出的“国家信息系统”思想。1974 年在巴黎召开的关于全面规划国家文

---

① ［美］尼葛洛庞帝著，胡泳、范海燕译：《数字化生存》，海南出版社，1997 年版，第 12 页。
② 参阅傅荣校：《论电子文件特性与管理的两种情况》，《档案与建设》，1999 年第 2 期，第 21—24 页。
③ ［美］尼葛洛庞帝著，胡泳、范海燕译：《数字化生存》，海南出版社，1997 年版，第 89 页。

献、图书馆和档案基础机构的世界科技信息大会上提出:“一项世界系统的科技信息服务工作是一项可行的目标,而这项工作又是需要得到国家信息系统的支持,以便建立在政府支持的关于文献、图书馆和档案服务规划的广泛基础之上,而且必须把服务规划设想为‘国家信息系统’。这个所谓的‘国家信息系统’主要涉及全部学科领域的文献、图书馆和档案服务。”由此可见,完善的国家信息系统,也有赖于档案信息系统的建立和完善。现代科技的发展,尤其是计算机和网络通信技术的广泛应用,电子文件大量产生,数字信息资源不断增长,使得国家信息系统的建立、完善和综合变成可能。①

此外,电子文件还能实现全文检索、网络检索和以海量方式存储等,可以缩小存储空间,提高信息处理和传播能力,提升利用效能。

第三节　电子文件的原始性与法律证据效力

电子文件的原始性与法律证据效力是电子文件管理学研究中无法回避的一个基本理论问题,它直接关系到电子文件作为档案管理对象的社会根源。

一、电子文件原始性

(一) 传统文件的原始性

传统文件(以纸质文件为代表)及其转化而成的档案,之所以具有法律上的凭证价值或证据价值,就其实质而言是由于它们属于原始的历史记录。“原始记录”是人们在实践中直接记述客观事物、人类思维和各种活动的文献资料和信息载体(或称广义上的“文件”)。② 其产生的主要原因和直接目的,并非为了形成档案以供众多的人去阅读,最初只是作为记录和办事工具,为了处理当时某些事务的需要而产生的。因此,它客观地记录了以往的历史情况,是令人信服的历史证据。正如恩格斯所说:“对于事态的真相,现在不可能提出文件来作证据。只有在事情本身成为历史陈迹的时候,这些证据才会出现。”③作为历史陈迹的传统档案文件具有

① 参阅傅荣校:《从技术革命的本质看电子文件的两面性》,《档案学通讯》,2000 年第 3 期,第 22—24 页。

② 吴宝康主编:《档案学概论》,中国人民大学出版社,1988 年版,第 32 页。

③ 《马克思恩格斯全集》第 13 卷,人民出版社,1962 年版,第 672 页。

无可质辩的证据作用。传统文件的原始记录性，已作为档案文件的本质属性得到社会的普遍认可，同时，也是档案与图书、情报等资料区别的根本特性。

对于纸质文件来说，内容的原始性附着在形式的原始性上，借助形式的原始性来证实和确认内容的原始性。原始性体现为内容与形式的统一，原件就成为集两种原始性于一身的统一体。原件的基本条件包括特定的内容、载体、字迹材料、体例、格式以及有法定效力的签署、印章等，其中任何一项发生变化，人们都有理由对它的原始性表示怀疑。原件还必须是由特定的作者、在特定的时空条件下制作完成，时间和空间的差异也可以作为否认其原始性的依据。因此，传统文件的原始性是不能随意改变的，是保证其具有法律凭证的关键。

（二）电子文件原始性认定的困难

电子文件的内容与形式是相对独立的，不仅内容易于变化，而且失去了固定的形式，在许多方面给其原始性认定带来了困难。

1. 电子文件易于修改，而且改动后可以不留任何痕迹。虽然已有一些技术可以防止伪造电子文件和在“原稿”上增删改动，但其内容发生变化的可能性总是比纸质文件要大得多，从而使人们感到把握其内容原貌的困难。此外，在网络上传递的电子文件也有可能被非法截获或更改。

2. 电子文件制作过程的“虚拟化”使得对其原件的界定难以实现。电子文件制作不一定像制作纸质文件那样必须制作出一份或一批原件来行使其职责，有时只是制作一个“窗口”，将必要的信息集中起来，并在需要的时候将其输出。这个“窗口”可在众多的电子计算机上显示，也可被不同的“收文者”拷贝到自己的计算机存储器上。利用者可以在不同时间、不同地点获得同一内容的文件，且毫无区别，人们无法区分其中哪个是“原件”，哪个是“复制件”。

3. 电子计算机软硬件技术的不断更新换代，迫使电子文件必须不断地“迁移”，以适应新的“生存环境”。“迁移”会改变电子文件自身的结构和格式，从而使其原始性无法得到维护。

4. 电子文件不再具有固定的存储载体，根据管理和利用需要，人们可以采用不同的方式输出。对于长期保存的电子文件，还需要定期复制，转换载体，防止信息损失。电子文件没有了固定的载体，也就无法通过载体来判定电子文件的原始性。

5. 电子文件不再具有特定的字迹，人们可以根据需要以不同的字体、字号将电子文件输出，无法从字迹上分辨其原始性。

6. 目前电子文件的签署技术还不普及，我们还不能为每一份电子文件盖印或亲自签名,也就无法借助印章或签署的字迹来判断一份电子文件是否为原件。

电子文件的这些特点使我们无法以纸质文件的标准和方法来判断它的原始性,传统强调的原始载体和原件概念,对电子文件已经没有什么意义。因此,需要我们为电子文件建立一个新的"原始性"概念。

(三)重新界定"原始性"

在人类社会历史上,语言、文字的出现使得人类可以超越事物的具体特性,以标准化的信息形式开展交流,从而使得人类的信息交流和知识生产得以摆脱时空的限制,并能够形成信息和知识的积累,有学者将之称为第一次"脱媒"运动。① 信息技术的发展带来了第二次"脱媒"运动,即信息编码和记录方式向标准化方向进一步迈进。通过信息数字化,对传统的编码信息如语言、文字、图像等进行"再编码",极大地提高了人类处理、传输和存储信息的能力和效率。由此,电子文件的出现是符合人类社会生存发展的逻辑,或者可以说是历史的必然。

电子文件已经不太可能再通过原始的记录载体和记录方式来确认其承载信息的原始性,但这并不能因此否定电子文件信息的"原始性"。国家档案局《电子文件归档与电子档案管理概论》编写组研究认为:对于一份电子文件来说,只要它的内容确确实实是当时的,由原作者撰写或制作出来,此后从未修改过,我们就应该承认它是原始的,尽管它没有固定的载体,没有实在的物理形态,甚至因转换而失去了原来的格式。这种"原始性"概念与纸质文件原件的区别主要在于,它抛弃了文件形式上的原始性,即允许文件字体、字迹、格式等表现形式发生变化,仅以文件中所含信息的真实、准确,即内容的原始性为唯一标准。② 目前,在电子文件管理中一般用"真实性"来代替电子文件的"原始性"。

上述电子文件"原始性"的观点已经得到档案界的广泛认同。根据现代信息技术的特点和社会各方面对电子文件的需要,对电子文件"原始性"予以重新界定是必要的,它将是电子文件转化为档案,全面行使"历史记录"和"社会记忆"功能的根据,是电子文件、电子档案具有凭证作用和法律证据效力的基础。当然,要维护电子文件内容的原始性,还需要一系列的法规、管理和技术措施。

(四)国外对电子文件原始性(或原件)的确认方法

目前,各国都在努力探索电子文件原件问题的解决之道,从国际上和国外有关法律法规看,典型的做法有以下三种:

---

① 方莹芬、陈继杰:《数字时代的档案原始性问题及其应对》,《档案与建设》,2002 年第 11 期,第 6—9 页。

② 国家档案局编著:《电子文件归档与电子档案管理概论》,中国档案出版社,1999 年版,第 31 页。

1. 对"原件"的扩大解释。如美国联邦证据规则第 1001 条(3)规定："原件。文字或录音的'原件'即该文字或录音材料本身，或者由制作人或签发人使其具有与原件同样效力的副本、复本；照相的'原件'包括底片或任何由底片冲印的胶片；如果数据储存在电脑或类似设备中，任何从电脑中打印或输出的能准确反映有关数据的可读物，均为'原件'。"

2. 功能等同法。如联合国国际贸易法委员会 1996 年颁布的《电子商务示范法》第 8 条的规定：根据原件的功能是对信息的认证以维护其真实可信度，规定只要能证明电子文件的信息内容自首次以最终形式生成，不管是直接输入计算机的，还是最初是书面文件而后才输入计算机的，该信息保持了完整性，且要求信息展示时就可以展示给别人看，就满足了"原件"的要求。

3. 置换"原件"法。如加拿大《1998 年统一电子证据法》第 4 条第(1)款规定："(在任何法律程序中)通过证明如下电子记录系统——其中记录或存储有数据的那一电子记录系统或者借助其数据得以记录或存储的那一电子系统——的完整性，最佳证据规则即告满足。"该法用电子记录系统的完整性来代替最佳证据规则中的"原件"要求，只要能满足系统完整性的条件即可。①

从上述国际组织和国外对电子文件"原件"问题的处理方法上可以看出，他们承认电子文件的"原始性"及其证据价值，同时也突破了传统的局限，为电子文件的档案化管理和进一步研究提供了实践基础。

二、电子文件法律证据效力

电子文件能否作为司法实践过程中的证据，即是否具有法律证据性，是在分析电子文件原始性之后需要我们进一步探讨的问题，它直接关系到电子文件在当代与未来人类社会生活中的价值和地位。

(一) 电子文件法律证据效力的含义

当前，在讨论电子文件的法律证据性时，人们使用了诸多不同的概念来表达，如"证据价值作用"、"凭证价值作用"、"法律凭证价值"、"法律证据价值"、"法律效力"、"法律证据效力"等等。这些概念有很大的内在关联性，都是在探讨电子文件能否在法律程序范围内作为可接受的凭证材料的问题。但作为学术探讨，我们更倾向于使用"法律证据效力"，因为它不仅涉及到电子文件是否具有法律证据性(即

① 参阅王绍侠：《电子文件产生证据效力的困难及其对管理的启示》，《档案学研究》，2003 年第 3 期，第 54—58 页。

作为证据的可采纳性)，而且还涉及到电子文件作为证据的证明效力与证据地位。

值得注意的是，很多学者在讨论这一问题时直接使用了“法律效力”这一概念，而按法理学的解释，法律效力是指“法律及其部分派生文件、文书所具有的，以国家强制力为保证的，在所适用的时间、空间范围内，赋予有关主体行使其权利或职权的作用力以及约束有关主体履行其义务或职责的作用力之总和”①。因此，文件的法律效力是其对收文机关及公众的约束力或执行力，并非指法律证据效力。对电子文件法律证据性在宽泛的意义上可称为“法律效力”，而对其真正意义，我们应当明确。

(二) 电子文件作为法律证据的可采纳性

所谓证据的可采纳性(Admissibility)是指证据资料在法律上允许其作为证据的资格。传统的纸质文件由于真实地反映了文件形成和使用者的活动，是以往历史的真实写照，而且其自身保留着真切的历史记录，因此，在法律上往往具有不容争辩的法律证据价值。

电子文件是计算机技术发展的产物，从理论上说，它也是产生于人们各种社会实践活动，是各种社会实践活动的原始记录，具有原始记录性，能够作为司法证据应该是毫无疑问的。但由于电子文件自身的特点，就证据价值而言，电子文件与传统文件相等同的观点“还没有成为公认的准则”②。不过我们也可以看到，目前许多国际组织和一些国家都在努力排除现行立法中阻碍电子文件作为证据资格的障碍。

普通法系国家遵循传闻证据和最佳证据的规则。按其规定，电子文件被归属为传闻证据，而传闻证据通常是不予采纳的。为此，普通法系国家通过传闻证据和最佳证据的例外来承认电子文件的证据效力。如英国的《民事证据法》(1968 年)规定，具备下列条件的计算机输出文件可视作“第一手”传闻证据予以采纳：(1) 来自使用者正常使用的计算机；(2) 在数据输入时计算机运行良好；(3) 文件所包含的信息是表述或者来自输入计算机的数据。此外，还要求与业务活动和使用计算机有关的人向法院提供认定该项目书面材料的证明书、制成方式说明与软件。③英国标准协会(BSI)制定了三个关于电子文件法律证据价值的标准：《录制可能被要求作为证据的文献用光盘系统管理推荐方法》(BS 7768—1994)规定了光盘系统

① 李步云主编：《法理学》，经济科学出版社，2000 年版，第 287 页。

② [法] C·诺加雷：《信息技术对档案和档案工作的影响》，《第十三届国际档案大会文件报告集》，中国档案出版社，1997 年版，第 218 页。

③ 参阅黄志文：《电子文件的法律证据价值初探》，《档案学通讯》，2000 年第 2 期，第 24—27 页。

管理标准，以保证记录的文件符合证据要求（该标准后来被 DISC PD 0008—1999 替代）；《电子信息存储的法定资格和凭证权重的实施规范》（DISC PD 0008—1999）是一部有关电子化存储信息的法律可采性和证据价值的惯例法；《电子存储信息的法定资格和凭证权重实施规范》（DISC PD 0009—1999）是一部被设计用于支持组织实施《电子信息存储的法定资格和凭证权重的实施规范》（DISC PD 0008—1999）的业务手册。澳大利亚于 1995 年通过的《民事证据法》，其中就规定了文件的法律可采纳性。制定这些法律时都考虑到了电子文件的特有性质。①

除此之外，有些国家在电子文件管理的法律法规中，也有限度地承认了电子文件的法律证据效力。美国国家档案与文件署在 1990 年制定的《电子文件》手册中明确规定：当有效的文件管理要求得到贯彻实施时，与书面文件和缩微片文件相比，除了对纸张文件有专门的法规或条例的要求外，并没有对电子文件提出更高的保证法律证据效力方面的要求。美国联邦管理法规中有关电子文件的管理条例就明确指出："如果全面制定了文件管理系统中有关操作及控制的文件，保证电子文件的可靠性，则电子文件可以在联邦法院的诉讼案件中出庭作证。"

正如维恩·哈里斯所言：在中心国家（相当于第一世界国家）中电子文件的可采性已经不再是问题，或者说至少这一问题已不再是老大难。在这些国家中，人们所形成的电子文件不再混乱无序，正从确保法律可采性转变到提高电子文件在法庭上的证据地位。但对于电子文件依然存在"荒芜的未知领域"，作为"证据"的电子文件法律地位还无法确定。②

（三）电子文件作为法律证据的证明力

证明力是证据对查明事实所具有的效力。不同证据制度对证明力的认定方法是不一样的。如形式证据制度规定不管客观事实存在与否，证据有无证明力要看法律上是否预先对此规定，根据法律的规定确定证明力的大小；自由心证制度则规定证据证明力的大小取决于法官对证据分析判断时内心确信的程度，即由法官的心证判断证据的真伪和证明力的大小。然而，不管是形式证据制度，还是自由心证制度，都要求证据必须具有客观性和相关性。客观性是指证据来自客观事实而非伪造、猜测，是真实而非虚假的。证据的客观性是证据是否具有证明力的决定性因素。相关性是指证据与案件事实之间的内在的逻辑联系，它是证据证明力大小的

① ［南非］维恩·哈里斯：《法律、证据和电子文件：对世界周边国家的战略展望》，《第十四届国际档案大会文集》，中国档案出版社，2002 年版，第 72—73 页。

② ［南非］维恩·哈里斯：《法律、证据和电子文件：对世界周边国家的战略展望》，《第十四届国际档案大会文集》，中国档案出版社，2002 年版，第 74 页。

决定性因素。因此，即使电子文件具备了作为证据的可采性，也不一定意味着就具有证明力，它必须经过严格的真实性和相关性评价。

同样，在不同的证据制度下，对于证据的审查判断也有所差异。如欧洲委员会建议法律制定的账册和文件资料，在符合法定条件时制定并保存的电子文件准确地再现了原始文件和相关信息（除非证明了相反的情况存在），即只要当事人证明了基础事实，就可以推定电子文件作为证据的真实性。在某些国家，法律不确定电子文件证据的真实性和重要程度，而由司法机关依靠其自身掌握的证据自由评价电子文件证据的真实性和重要程度。另一些国家已经通过有关法律，对电子文件的证明力做出了一些规定。如南非的《1983 年计算机证据法》、澳大利亚的《计算机和证据法》、意大利的《通过公共服务部门以电子手段传递的单证可具有一定的法律价值》法案等。①

我国 2005 年 4 月 1 日起施行的《中华人民共和国电子签名法》第三条规定："当事人约定使用电子签名、数据电文的文书，不得仅因为其采用电子签名、数据电文的形式而否定其法律效力。"第四条规定："能够有形地表现所载内容，并可以随时调取查用的数据电文，视为符合法律、法规要求的书面形式。"第五条规定："符合下列条件的数据电文，视为满足法律、法规规定的原件形式要求：（一）能够有效地表现所载内容并可供随时调取查用；（二）能够可靠地保证自最终形成时起，内容保持完整、未被更改。但是，在数据电文上增加背书以及数据交换、储存和显示过程中发生的形式变化不影响数据电文的完整性。"第十四条规定："可靠的电子签名与手写签名或者盖章具有同等的法律效力。"

此外，还有部分学者认为电子文件应属于间接证据，不能单独直接地证明待证事实，但对于查明事实真相，解决争端是非常重要的。在无法提供直接证据的法定情况下，电子文件也可成为断案的主要证据。当然，随着技术的发展和法律、制度的完善，电子文件也许能像纸质文件一样，成为直接证据。

（四）电子文件的法律证据地位

电子文件归属于何种证据形式，我国立法界、司法界与法学界尚未达成一致意见。比较典型的看法有四种：

1. 书证说。我国《合同法》第十一条已将数据电文纳入书面证据形式中，这为将电子文件（如电子合同）采纳为书证提供了有力的支持。②《电子签名法》第四条

① 参阅黄志文：《电子文件的法律证据价值初探》，《档案学通讯》，2000 年第 2 期，第 24—27 页。

② 梅绍祖主编：《电子商务法律规》，中国财政经济出版社，2005 年版，第 227 页。

规定:“能够有形地表现所载内容,并可以随时调取查用的数据电文,视为符合法律、法规要求的书面形式。”在全国首例以电子邮件作为定案根据的劳动争议案中,上海市浦东新区公安局公共信息网络安全监察处出具了一份《电子邮件书证意见书》,就是将电子邮件视为书证。

2. 视听资料说。2001 年 8 月 6 日通过的《北京市高级人民法院关于办理各类案件有关证据问题的规定(试行)》第三条第七款规定:“视听资料包括录音、录像资料和电子数据交换、电子邮件、电子数据等电脑储存资料。”

3. 独立证据说。2013 年 1 月 1 日起施行的《中华人民共和国民事诉讼法》第六十三条规定:“证据包括:(一) 当事人的陈述;(二) 书证;(三) 物证;(四) 视听资料;(五) 电子数据;(六) 证人证言;(七) 鉴定意见;(八) 勘验笔录。”可见,电子证据在司法活动中将起到越来越大的作用。

4. 传统证据的演变说。中国人民大学法学院《电子证据法研究》课题组认为电子证据绝非是一种全新的证据,根据电子文件作证时的属性或特征,应分别纳入现有的 7 种法定证据种类中,如非法入侵计算机系统中留下的使用计算机的“痕迹”是电子物证;以电子文件中记载的信息内容来证明案件事实的就是电子书证;电子形式的音像资料就是电子视听资料;电子聊天记录就是电子证人证言等。①

上述四种观点目前在档案学界有关电子文件的研究中均有所反映,如何看待这四种类型仍值得我们去分析、探讨。陈永生教授曾著文分析了视听资料说、书证说和传统证据的演变说(即分别归类说)的不足,并指出“电子文件不宜随计算机或电子证据被归为现有的某种或某几种证据类型”,“电子文件既不能为现有的任何一种证据形式所包括,更不能被分解为各种证据形式,而是应该被赋予独立的证据地位”②。

一种新记录方式的法律证据效力的确立,需要一定的时间和条件。电子文件的历史还不算长,其法律证据效力在认识、管理、技术、法律理论等方面还存在障碍,是可以理解的。这一问题已经得到世界上许多国家政府和各方面人士的关注,相信在不久的将来会得到妥善解决。

---

① 何家弘主编:《电子证据法研究》,法律出版社,2002 年版,第 27—30 页。

② 陈永生:《由“此”未必能及“彼”——电子文件应具有独立证据地位》,《中国档案》,2003 年第 12 期,第 38—39 页。

第四节　电子文件的形成规律和生命周期

一、电子文件形成规律

电子文件的形成规律是指电子文件从制作到生成的过程中所表现出来的种种内在规律性。作为电子文件管理方法的依据，电子文件形成规律研究具有十分重要的意义。

作为信息化社会实践活动的伴生物，电子文件本身就打上了技术与社会的双重烙印。因此，电子文件在形成过程中的内在联系并不完全取决于电子文件本身，而是还决定于与电子文件相关的业务活动、人员、文件系统、文件管理制度等要素。这些要素的共同作用及其在电子环境中发生的变化，使电子文件的形成具有了一些明显区别于纸质文件形成的特点。

1. 电子文件的形成与业务活动的开展同步进行

文件以业务活动为对象，按照业务活动的程序逐步形成相应的文件，业务活动过程即文件的形成过程，这是文件形成的一般规律。但在电子环境下，这一规律表现出不同的形态，特别是在电子文件管理系统开发中，就要注意系统和业务流程的紧密结合，跟踪整个文件流转过程，记录文件创立、登记、修改、审核、签署等过程。这是一种嵌入式的实现方式，即将电子文件管理系统嵌入到电子事务系统中，以电子事务处理系统为母体，将电子文件管理功能需求和所使用的技术措施嵌入其中。

“电子文件的形成与业务活动的开展同步进行”这一规律还表现在新的信息化业务活动将导致新类型电子文件的产生。如随着业务活动网络化，各机构开始通过网络接收和发布文件，Internet 文件和 Intranet 文件的管理正逐步提上议事日程。

2. 电子文件的形成依赖于系统

电子文件的形成是在系统中进行的，系统是文件从形成到销毁整个生命周期无法离开的环境。因此，电子文件的种种特点，如非人工识读性、信息与载体的可分离性、信息的可变性、信息的可操作性等，其实是系统对文件的规定性。同时，电子文件的形成依赖于系统，这对其管理也提出了许多新的要求。有效的管理方式既依据系统对文件的规定性，又要利用系统管理电子信息的能力。如人们认识到背景信息的重要性，为了保证电子文件的真实性，应将背景信息随文件一并记录下来并实施有效的控制，从而导致著录环节的前移和“著录单”这一新的文件的形成。

3. 电子文件信息形成与存储分散化

就同一份电子文件而言，其信息一般由操作系统和应用程序共同生成，比如文件创建者、创建时间、修改时间和存取时间等由操作系统记录，文件的内容信息则由应用程序完成。如果该文件在 Internet 上公布，还需要经过 HTML 语言编辑器或其他可视化的网页编辑程序进行加工，加工过程又会形成标签（Tags）等新的信息。这些信息之间彼此相对独立，处于分散状态。

计算机给人们提供了方便的复制、调用功能。比如，一份关于某城市交通情况的报告，其数据来源于其他数据库，因此关于该报告的信息，可能分存在不同的系统、机器甚至地区。生成该报告的应用程序只保存这些数据的地址和其他内容信息，相应的数据仍然保存在原来的数据库系统中，而生成报告的应用程序并未保存同样的数据。当这些文件需要脱机保存的时候，如何保证其信息的完整性便成了一个难题。

4. 数据类型与文件格式多样化

数据类型多样化是指电子文件中的信息可以多种形式存在，包括文本、图形、照片、声音、影像等。在电子环境下，人们可以在同一份文件中集成多种媒体的数据信息。另外，在不同的业务系统，人们在利用不同的软件起草文件时，软件的差异也导致了文件在格式、编码、读取方式和编辑手段方面的诸多不同。系统异构、数据格式异构现象普遍存在，从而影响电子文件跨平台阅读和利用。

5. 电子文件信息生成的动态性

电子文件信息生成动态性是由文件之间动态联系的增多表现出来的。所谓动态联系是指文件与文件之间变化着的联系，一般是通过链接操作而建立起来的，一旦文件与某一对象之间建立链接，对象发生的任何变化都可以自动反映在文件中，因此文件具有动态特征。①

上述规律并不包括电子文件转化成档案的规律。如果从文件生命周期理论看，电子文件转化成档案有其自身规律，即电子档案的形成规律，对此仍需探讨。现在有学者提出了电子文件向电子档案转化过程中的两个特殊规律：即完整意义上的电子档案应包括归档电子文件和元数据两部分；电子文件转化为电子档案不

① 参阅刘越男：《电子文件形成规律探究》，《北京档案》，2001 年第 5 期，第 26—29 页。

是单一的不可逆的线性过程，也没有明确的标志。① 为电子档案形成规律的研究提供了参考。

二、电子文件生命周期

文件生命周期理论是在20世纪文件数量急剧增长的专业背景下提出的。文件生命周期理论的形成意味着现代档案学的成熟。1940年，美国档案学者菲利普·布鲁克斯最早提出了“文件生命周期”概念。其研究发端于国外档案学者对文件和文件中心的理论解释，后来扩大到了文件的整个运动过程以及对这一过程的全面管理，成为国际档案界具有广泛影响的主要理论之一。

文件生命周期理论是研究文件从最初形成到最终销毁或永久保存的整个运动过程、研究文件属性与管理者主体行为之间关系的一种理论，是对文件——档案运动过程和规律的客观描述和科学抽象。文件生命周期理论的基本内容可以概括为三个方面：文件从形成到销毁或永久保存是一个完整的运动过程；这一过程依据文件价值形态的变化可以划分为若干阶段；文件在每一阶段因其特定的价值形态而与服务对象、保存场所和管理形式之间存在一定对应关系。文件生命周期理论“不仅仅是为文件中心提供理论基础”，更重要的是“为了发现是什么原因促使文件从一个阶段向另一个阶段过渡，以及分析我们要遇到的各种因素，这样可以获得一种具体标准——即每个文件阶段所包括的期限，并避免使用一种毫无区别的尺度去概括各种文件现象”。②

电子文件及其管理引起世人关注之后，档案界已普遍认识到文件生命周期理论对指导电子文件管理有着特别重要的意义，并为此展开了研究。

（一）国际档案理事会对电子文件生命周期阶段的划分

国际档案理事会电子文件委员会在1997年的《电子文件管理指南》中提出“电子文件生命周期”（The Life Cycle of Electronic Records）概念，并将其划分为三个阶段：概念阶段（Concept Stage）、产生阶段（Creation Stage）、维护阶段（Maintenance Stage）。其中，概念阶段是指电子信息系统的设计、开发和安装阶段，在这一阶段完成对机构内部信息流和信息处理的分析，以及对适当的技术的挑选、获取和安装；产生阶段是指具体的电子文件在这种可靠的电子信息系统环境中的制作与生成，是电子文件产生并作为真正的“文件”保管起来的阶段；维护阶段是指文件产生

---

① 石磊：《认识电子档案的形成规律》，《中国档案》，2002年第6期，第41—42页。

② 韩玉梅主编：《外国现代档案管理教程》，中国人民大学出版社，1995年版，第16—25页。

之后直至它被销毁或永久保存的整个过程。①

对于这样三个阶段的划分，我国学者分析后认为它突出了对电子文件管理极为重要的“设计”和“形成”阶段，强调对电子文件的管理应实行“超前控制”，一些管理要求应在设计阶段尽可能落实到系统中去，这是很有必要的。但“设计——形成——维护三段论从技术角度描述了行为人对电子文件实施的行为，而不是每一份文件自身的生命过程”②，它实际上表现的是电子文件管理系统的生命周期。而且这种划分方法对电子文件正式形成以后的运动过程根本没有进行划分，而是笼统称之为“维护”阶段，对指导电子文件形成以后的管理活动意义不大。③

（二）何嘉荪对电子文件运动阶段的阐释

目前，在我国比较流行的是将整个文件运动过程划分成四个阶段（简称为“四分法”），以文件价值的变化规律为基础。何嘉荪教授在其主编的《电子文件与档案管理》一书中，对电子文件生命周期进行了系统的研究，提出文件的生命在于运动、文件运动的整体性等观点，指出“我国学者陈兆祦教授和阿根廷国立科尔多瓦大学档案学院的曼努埃尔·巴斯克斯教授分别提出可以将整个文件运动过程划分成四个阶段。第一阶段，文件的设计、制作、形成阶段；第二阶段，文件的现实使用阶段；第三阶段，文件的暂时保存阶段；第四阶段，文件的永久保存或历史阶段”。他根据文件生命过程中这种价值形态变化的规律，对电子文件的运动阶段进行了划分，并对四个阶段进行了阐释：

第一阶段：文件的孕育形成阶段。这是文件制作者从设想、设计，到最终草拟、制作、正式形成文件的过程。它同时也是一个研究、计划、筹措、规范管理行为和积累、记录信息、表达思想、意图，赋予文件以现行价值的过程。这一阶段又可细分为“孕育期”和“形成期”两个运动层次。孕育期表现为人们对文件的产生所进行的计划，包括文件自身在人们筹划行将办理的事务过程中得到孕育和人们对文件管理行为或文件系统的设计；形成期是人们根据社会活动的需要，借助电子信息系统，形成文件的雏形。随着文件被签署（或者以法律承认的其他方式）生效，形成期和整个电子文件的孕育形成阶段也就宣告结束。

第二阶段：文件的现实使用阶段，即现行阶段。这一阶段是电子文件正式生效后被其制作者投入传递渠道，送达文件接收者，开始文件为完成其内容规定的任

① International Council on Archives, Committee on Electronic Records. Guide for Managing Electronic Records from an Archives Perspective, ICA Studies 8, Paris, France. February 1997.

② 冯惠玲主编：《电子文件管理教程》，中国人民大学出版社，2001 年版，第 6 页。

③ 参阅何嘉荪：《电子文件运动阶段管窥》，《档案与建设》，2001 年第 1 期，第 16—20 页。

务或达到形成其目标而发挥作用的阶段。这一阶段文件的第一价值最强，第二价值虽弱，但已同时存在。

第三阶段：文件的暂时保存阶段。这一阶段也称“休眠”阶段，它是文件经过现实使用，其内容所规定的任务已完成，现行性已随之消失。一部分文件因失去保存价值而遭删除；另一部分仍有利用价值而进入“暂存”阶段，文件的形成者、承办者对其利用仍有相当频率。这一阶段文件的第一价值逐渐减弱，而第二价值逐渐增加。

第四阶段：文件的保存阶段或历史阶段。这一阶段文件的第二价值占绝对统治地位，文件信息中的精华由各级各类档案馆控制，可用来向整个社会提供信息服务。

上述电子文件运动的四个阶段，是一种可以适用于所有各种类型文件运动过程的划分方法。但并非所有文件都能一次走完四个阶段的历程，在特殊情况下，某些文件还会做逆向运动，甚至跳跃式向前运动。①

（三）佛兰克·厄普沃德的“循环周期论”

澳大利亚档案学者佛兰克·厄普沃德(Frank Upward)等从另一角度对电子文件生命周期理论进行了描述：“往复运动于生成到处置的连续体中的一个过程。”他认为这种“模型”打破了原来文件生命周期理论中阶段之间截然分开的界限，取而代之的是连续保管模型，其意义在于说明电子文件各阶段的相互关联、相互影响以及相互转化的可能性，提示文件、档案工作者以整体的、联系的观念管理电子文件，尽早参与或介入电子文件管理工作。厄普沃德的观点为我们提供了新的研究视角，这种视角与“文件连续体理论”直接相关。

三、文件连续体理论

文件连续体(The Records Continuum)理论是20世纪80年代由澳大利亚档案学者伊恩·麦克莱恩和佛兰克·厄普沃德在吸收借鉴英国著名社会学家安东尼·吉登斯的结构化理论的基础上，融合传统档案学理论而提出的一种新型文件管理理论或概念模型。

文件连续体是指“从文件形成（包括形成前文件管理系统的设计）到文件作为档案保存和利用的管理全过程中采用连贯一致的管理方式”。② 文件连续体理论

① 董永昌、何嘉荪主编：《电子文件与档案管理》，百家出版社，2001年版，第14—18页。

② 安小米：《文件连续体模式及对电子文件最优化管理的启示》，OA系统和电子档案管理国际研讨会论文，2001年11月。

的核心是文件连续体模型，该模型借助数学中的坐标系将文件的结构化过程清楚地展示出来，如图 1－1。

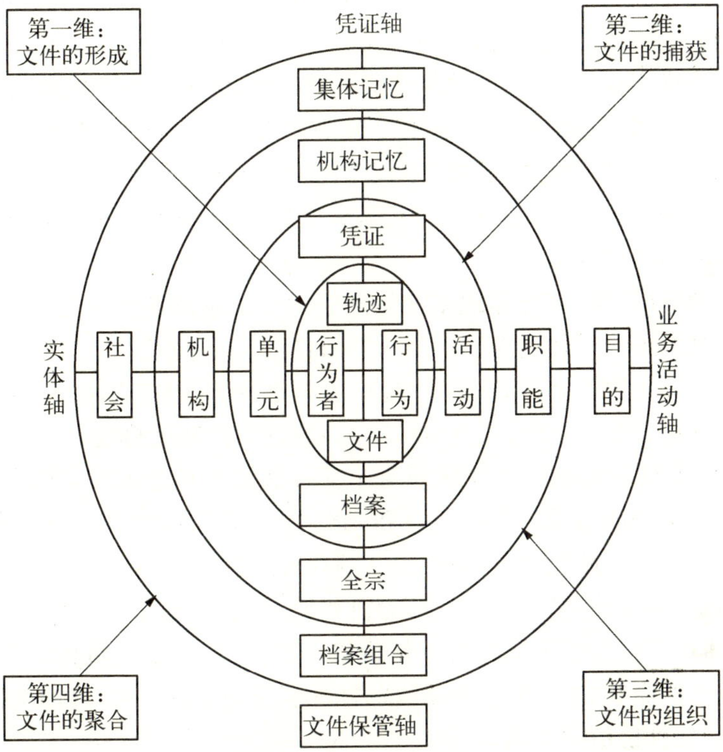

图 1－1　文件连续体模型

文件连续体理论的基本内容非常丰富，主要表现在构建一个多维坐标体系来描述文件的运动过程，包括四个坐标轴：

一是文件保管轴：该轴用来储存记录人类活动信息的过程，它的四个组成部分是文件、档案、全宗、档案组合，表明了文件形式“数”的变化。

二是凭证轴：该轴是由行为的过程、文件提供的证据和它们在机构和社会记忆中的角色组成，表明文件凭证作用的扩展方向——最后具有构成社会凭证与记忆的属性。

三是业务活动轴：该轴上的四个坐标分别是行为、活动、功能和目的，代表文件形成者的行为、活动以及文件体现的功能和目的。强调业务活动轴的目的在于把文件管理纳入到业务活动中，使其成为业务活动的一个组成部分，表示了文件的工具性倾向。

四是实体轴：即形成者轴，用来揭示文件的来源，体现了形成者、与形成者相联系的单元、与单元相联系的机构以及整个社会的联系，认为与文件形成有关的机构和个人的业务活动形成了文件，并赋予了文件凭证和记忆的价值，同时也说明与文件来源相关的因素之间是统一且密切联系在一起的。

在这一多维坐标体系中，文件保管轴是核心轴，因为它的变化带动了其他坐标轴的相应变化。为了进一步解释各个组成要素之间的互动，文件连续体理论引入了“维”的概念。文件连续体的“维”不仅以时间为基础，而且以空间为基础。从文件形成的那一刻起，文件既是现行的又是历史的，因此在时间和空间范围上，文件永远和过去的时间相连。

文件连续体的“维”充分体现了文件保管各个要素的联合和互动，对于文件连续体模型四维的解释具体包含以下几个方面：

第一维：文件的形成。根据文件管理系统的要求，捕获文件的内容、结构以及形成文件的详细背景，并储存文件，保证文件的真实性和完整性。

第二维：文件的捕获。主要体现对于文件凭证价值的赋予，根据文件管理系统的要求捕获文件的运动的背景信息和元数据，以保证文件作为社会和业务活动证据的价值。在这一阶段，轨迹被捕捉并整合成为档案。

第三维：文件的组织。主要是针对机构而言，它包含了一个组织所有文件的处理过程，体现了一个组织机构的记忆价值，反映了特定组织机构的职能和作用。机构根据自己的需要，在文件管理系统的标准和规则下，制定自身的文件管理计划和目标，保证文件价值的实现。

第四维：文件的聚合。它“涉及档案被带入一个综合的框架来为机构的社会目的和个人和团体的角色提供集体的、社会的、历史的、文化的记忆”。这里主要涉及社会和文化的使命使文件根本的证据有社会记忆的功能，体现了社会范围内文件的利用和保存。第四维的作用主要是从宏观上把握文件管理，作为组织者发起文件管理系统的设计和建立。①

文件连续体理论与文件生命周期理论都以“大文件”观作为概念基础，并体现出文件价值的变化和文件运动的连续性与整体性。但文件连续体理论更强调两点：其一，强调文件管理的连贯性或无阶段性，认为文件是一个连续的无明显分界的现象，“文件可以在多个背景和用途范围内同时存在和积累，而非一定要按人为

① 参阅傅荣校、王相华：《理论核心问题：原则与内容——文件生命周期理论与文件连续体理论比较研究之二》，《档案学通讯》，2004 年第 4 期，第 18—21 页。

划分的生命周期的时间顺序运动或积累”。① 档案工作者应该对文件的形成、维护、保管和利用整个过程负责；其二，强调研究视角的多维性，把视线放到了“业务活动”和“与档案活动有关的结构来源、权力和职责”等，站在更广阔的立场上多视角、多层面地研究文件。因此，作为文件管理的概念模型，“其目的在于在连续性行动流过程中对文件的特征加以把握，并利用‘反思性监控’，不断地反映其中与预期目标相偏离之处，并采取相应的措施，通过再生产的过程使之得到逐步地补充和完善”。②

文件连续体理论是我国档案学界为解决电子文件管理问题而引进的一种新的档案学理论。它对研究各类文件，特别是电子文件的管理问题具有重要的意义，能够实现“电子文件的最优化管理”。但也有学者认为，这一理论是一种理想化的理论，从理论上说有许多优越性，实际意义却是有限的。③

第五节　电子档案

玛格丽特·海兹乔姆(Maryaret Hedstrom)和戴维·比尔曼(David Bearman)认为，通过把档案人员的工作重点由对档案馆中文件进行实体保管转变成对所有政府计算机联网系统中的文件进行远距离控制，就会导致全面地“重新创造档案”。在数字时代，档案人员更关心的是对机构保护“记录”的行为进行集中管理，而不仅仅是对传统的文件实体进行保管。④ 这里不仅提出了一种新的管理思想，同时也提出了一种新的档案概念。

一、电子档案名称与定义

(一)“电子档案”名称的演变

电子档案与电子文件一样，最初也被称为机读档案。机读档案作为一种专业术语是1976年在华盛顿举行的国际档案大会上，由莱奥内尔·贝尔在其报告中提

① 安小米：《文件连续体模式及对电子文件最优化管理的启示》，《档案学通讯》，2002年第3期，第52—55页。

② 张宁：《文件连续体理论之比较研究》，《21世纪的社会记忆——中国首届档案学博士论坛论文集》，中国人民大学出版社，2001年版，第17页。

③ 参阅何宝梅：《对“文件连续体理论”的若干思考》，《北京档案》，2002年第10期，第26—27页。

④ [加拿大] T·库克：《1898年荷兰手册出版以来档案理论与实践的相互影响》，《第十三届国际档案大会文件报告集》，中国档案出版社，1997年版，第160页。

出的，报告分析了机读档案所涉及的各种复杂问题，以及由此引起的技术、人才和心理问题。但似乎由于当时档案学领域所面对的问题比“机读档案”更为重要，所以一直到1988年它都没有成为国际档案界思考的中心问题。1988年巴黎国际档案大会的主题是“新型档案材料”，这时人们对保管机读档案的必要性不再怀疑，并开始关心机读档案能否经受档案学原则和实践检验的考验。

20世纪80年代末之后，“电子文件”一词开始使用，出于职业习惯，人们也开始使用“电子档案”这一名称。1996年第十三届国际档案大会上，戴维·比尔曼作了题为《虚拟档案(Virtual Archives)》的报告，一时间“虚拟档案”一词被广为使用。除此之外，也使用“数字(化、式)档案”、“电子文档”、“归档电子文件”等术语。现在人们对电子档案已经接受，并广泛使用。

(二) 电子档案的定义

作为人类步入信息社会而在档案领域出现的概念，“电子档案”概念的确立只是近几年的事情。在国际档案理事会电子文件管理委员会1997年出版的《电子文件管理指南》中，把作为“档案”而可由档案部门接收和保存的电子文件称之为“具有档案性质的电子文件”；1995年美国国家档案馆重印的《电子文件管理指南》中，把由档案馆接收和保存的电子文件直接称“电子文件”。

造成电子档案没有权威性解释的原因是多方面的，其中之一是尽管档案部门像接收和保存“档案”那样接收和保存经过鉴定的电子文件，然而电子文件的法律证据价值至今仍在探索中，作为“档案保存的电子文件”其凭证价值还未取得与传统档案一样的法律地位。尽管如此，档案部门又不能等到这些问题全部解决之后再来接收电子档案，否则，就会造成人类记忆的流失。因此，在这种情况下把由档案部门接收和保存的电子文件称之为“具有档案性质的电子文件”，是有其深刻含义的。

我国最早明确电子档案定义的是1999年颁布的国家标准《电子文件光盘存储、归档与档案管理要求　第一部分：电子文件归档与档案管理》(GB/T 17678.1—1999 CAD)，将电子档案定义为：“具有保存价值的已归档的电子文件及相应的支持软件产品和软、硬件说明。”当然，也有一些学者主动对电子档案重新定义，如电子档案是“具有保存价值的已归档的电子文件”①；电子档案为“由电子文件形成的档案”②；国家档案局“电子文件归档与电子档案管理概论”编研组认为“电子文件

① 项文新：《关于电子文件定义之我见》，《档案学研究》，2001年第2期，第38—39页。
② 徐富荣：《谈电子档案原始性认定问题与对策》，《档案学研究》，2001年第6期，第48—50页。

归档后即形成电子档案"①;电子档案"其本质仍然是具备证据性、具有情报价值以及被认为主观选择加以保存的记录材料"②等等,这些定义都是简释性的,基本上按传统文件与档案的关系推究而来。

2012 年,国家档案局印发的《电子档案移交与接收办法》中,定义电子档案"是指机关、团体、企事业单位和其他组织在处理公务过程中形成的对国家和社会具有保存价值并归档保存的电子文件"。

(三) 关于"电子档案"名称适用性的思考

在中外档案学研究中,与"电子文件"的使用频率相比较,"电子档案"一词显得偏低。在国外学者的著述中,较多使用的是电子文件,但也有少数人使用"具有档案性质的电子文件"(Archival Electronic Records)或"电子档案"(Electronic Archives)。国际档案理事会电子文件管理委员会 1994 年至 1995 年对全世界 100 个档案馆关于电子文件管理的问卷调查,凡作为"档案"接收和保管的电子文件均被称为"电子文件",而不是"电子档案"。国家标准《电子文件归档与管理规范》中实际上是把电子档案称之为"归档电子文件"。我国也有部分学者为与国际接轨,或避免电子文件、电子档案的混淆,有意回避使用"电子档案"。有学者认为"电子档案"尚未取得档案资格,目前把"电子档案"视为或列入档案的认识或做法都不是科学的态度,建议慎用或不用"电子档案"这一说法,将按归档方法管理的电子文件暂时叫做"电子资料",待各方面条件成熟后再正式使用"电子档案"名称。③

电子档案作为一种社会现象或新兴事物已经出现,回避甚至反对使用"电子档案"这一概念值得审慎思考。"电子档案"这一名称自有其客观适应性,主要表现在三个方面:

1. "电子档案"这一概念反映出档案所蕴含的社会价值意识

文件和档案两者本质属性相同,却长期并存使用,其根本原因即在于我们对文件和档案的价值意向不同。"文件更加强调其现行性或半现行性,而档案则更加强调其历史性"④,即档案强调的是历史凭证价值。"档案"这一概念所包含的社会价值意识,是在以实践为基础的认识逐步深化的历史过程中积淀而成的。"电子档案"正是对档案所具有的社会价值意识的继承,反映着计算机工作环境中形成的原始记录的社会价值期待和价值承担。在社会档案意识逐步提高的今天,我们更应

① 国家档案局编著:《电子文件归档与电子档案管理概论》,中国档案出版社,1999 年版,第 3 页。
② 王萍:《论电子档案管理》,《档案学研究》,2001 年第 2 期,第 50—51 页。
③ 邹吉辉:《关于"电子档案"的理性思考》,《浙江档案》,2003 年第 5 期,第 7—8 页。
④ 王英玮:《关于档案本质属性的思考》,《档案学通讯》,2001 年第 2 期,第 32—35 页。

该以“电子档案”这一概念来凝固社会的档案价值意识。

2. “电子档案”这一概念体现了档案内涵及其形态演变的连续性

“档案”一词一经出现，就以其极强的生命力得到了广泛使用，而且其内涵也在逐步演变：从非原件到原件；从产生于公务领域到公私事务活动；从立卷归档到不受立卷归档的限制；从传统载体到现代载体的转变。这些连续性的变化，是我们对档案认识不断深化的结果。电子环境中形成的原始记录，使档案的内涵体现出新的连续性，即由固态信息向动态信息的转变和延续。因此，我们应当从档案历史连续性的角度来使用“电子档案”，这样才能有效把握档案内涵演变的历史逻辑过程，也才能更具体地看待从甲骨档案到电子档案这一档案形态演变的历史过程。

3. “电子档案”这一概念满足了档案学研究的理论需要

电子文件的管理与研究涉及到许多领域，以维护历史真实面貌为己任的档案学专业有着不同于其他信息专业的特点，保护电子记忆是档案学专业的历史使命。从当前对电子文件的管理实践和理论研究两个方面看，档案学专业实际上发挥了主力军的作用，而且理论研究依然继承了传统档案学的合理内核。正如加拿大国家档案馆凯瑟琳·贝利所指出的那样，电子文件的产生只波及档案管理实践，不会颠覆档案理论。① 在这种情况下，我们使用“电子档案”对于保持档案学术领域概念的有机联系，凝聚和积累学术成果，推动档案学整体水平的提高都具有重要意义。

美国社会学家、符号互动论的代表人物布鲁默曾经提出，社会科学领域的概念不是“决定性的概念”，而只属于“触引性概念”（或译为启发性概念），这些概念没有绝对清晰的定义或度量准则，对社会研究人员来说这些概念只起着引导性的作用，令他们知道自己研究的对象和路径，社会科学研究人员要不停地接触经验世界，在研究过程中不断地回顾这些概念的意义，反思他们与研究对象的关系，这样才能使社会科学成为扎根现实世界的经验科学。布鲁默的观点虽遭到不少的反对，但也被誉为强调社会科学独特性的一大贡献。“触引性概念”的观点对我们领会和运用“电子档案”这一概念是颇具启发意义的。

二、虚拟档案与电子档案（文件）虚拟性

（一）虚拟档案

第十三届国际档案大会报告中有多处提到“虚拟档案”。加拿大国家档案馆特

① 黄霄羽、申琰：《波及档案实践，但不会颠覆档案理论》，《档案与建设》，2000年第5期，第8—13页。

里·库克(也称 T·库克)指出:"电子文件很像彼得·斯科特的思想一样,把我们带进了一个'虚拟文件'和'虚拟档案'的时代。在这个时代,传统档案论述中极为重要的实态文件已不复存在。""一份文件的定义将因此由一份实态文件变成作者和读者的一种理性的或虚拟的概念。"①美国电子文件研究专家戴维·比尔曼在题为《虚拟档案》的报告中,论述了虚拟档案的保管要求,并指出"现在以保管为基础的实态档案库将成为虚拟档案的联结点,虚拟档案还包括那些不存放在档案馆却在档案馆控制之下的文件。"②第十三届国际档案大会报告中有关虚拟档案的提法和论述对我国档案学界产生了深刻的影响。

虚拟(Virtual)是指一种概念性的感觉或效应,这是非实际的事物。虚拟档案是用来区别于一些客观存在的档案实体,虚拟档案是指将实体档案信息以字节、比特的方式表示并使之在电脑网络上流动,只有引入正确的软件、硬件与足够的背景细节,这些字节与比特方可随机定位到用户所在的网络终端,以可被人脑理解的文字、数字、图像、图表、符号等,显示出用户所需求的档案实体的真实信息。

一般而言,我们把"虚拟档案"作为"电子档案"的同义词或代用词,两者特性相同,范围却不同。电子档案是指那些在计算机环境中形成与运行的并作为档案保存的电子文件;虚拟档案不仅包括电子档案,同时还包括传统档案的数据化产物以及通过网络链接的数字档案信息。因而,虚拟档案比电子档案有更为广泛的信息来源,它可以囊括各种类型的档案信息。

(二) 电子档案的虚拟性

近年来,电子档案(或虚拟档案,也包括对电子文件虚拟性的认识)的"虚拟性"问题受到人们的质疑。不少学者从辩证唯物主义立场出发,指出电子文件、电子档案不是"虚拟"的。因为电子是一种运动着的物质,而非意识,人眼虽不能直接看到它,但它确实具有物理的形态。电子文件、电子档案的形成和再现过程是先将声音、图像、数据、文字等信息转换为电信号记录在存储载体上,再现阅读时又把电信号转换成可视、可听的信息。这一过程是一个电子运动的过程,这个过程形成的电子文件是实实在在的物质形态,而非"虚态"的。③"电子档案绝不是'虚'的,它是实实在在地由微观物质微粒组成的,而且与载体密切结合在一起的'实物'。既具有

① [加拿大] T·库克:《1898 年荷兰手册出版以来档案理论与实践的相互影响》,《第十三届国际档案大会文件报告集》,中国档案出版社,1997 年版,第 160—161 页。

② [美] 戴维·比尔曼:《虚拟档案》,《第十三届国际档案大会文件报告集》,中国档案出版社,1997 年版,第 120 页。

③ 麻新纯:《电子文件是"虚拟文件"吗》,《档案管理》,1999 年第 6 期,第 6—7 页。

宏观物质性，又具有微观物质性，其载体为服务器的磁性存储器，其记录符号为微观粒子组成的数字符号，把这样实实在在的物质客体叫做‘虚拟’的，往往造成虚无缥缈的假象”①。因此，电子文件、电子档案与传统文件、档案一样都具有物理实态，只是它们的书写、阅读方式和信息载体不同而已。

作为一种档案的具体形态，电子档案的问世不可能改变档案学的基本原则，档案管理的一般规则也适用于电子文件。只是在档案的价值鉴定、著录、保管及开发利用等方面需建立新的标准，采用新的技术措施，并进行深入的理论探索。然而，一旦将电子文件、电子档案等同于“虚拟文件”、“虚拟档案”，就相当于割裂了档案的历史性、实践性和物质性的统一，使之成为一种独立于档案本质之外的“怪胎”，这显然对电子档案和档案学的理论研究与发展不利。

当然，对档案的虚拟性，学界也有不同的看法。“在传统档案事业中，档案和档案工作中的某些要素也具有‘虚拟’特征，如传统档案所使用的各种符号（包括文字）就是‘虚拟’活动的创造者；再如档案分类活动及其所形成的档案分类方案，本身就是虚拟思维活动或虚拟物，属于规则虚拟的范畴。而电子文件将这种虚拟提升到了一个新的高度”②。对此，读者可作进一步的思考。

三、电子文件与电子档案

传统档案学理论认为档案是由各种文件材料转化而来的，文件是档案的前身，档案是文件转化的结果。这种观点已为大众所接受，成为一种具有普遍意义的理论。在这一理论下，文件和档案是两种在功能、时间和空间上相对独立，但又有密切联系的社会事物。

20 世纪 90 年代以后，随着“大文件”观的提出和文件生命周期理论的流行，文件与档案的关系出现了复杂的变化。“大文件”观认为，文件是贯穿于从形成到销毁或永久保存的整个过程，包括各种记录方式和载体形式，不论其价值形态如何的记录材料。从“大文件”观的角度看，档案只是文件整体运动过程中某个特定阶段的称谓，即文件生命周期中的永久保存阶段的文件。文件与档案的关系呈现出从属关系，或者说文件线型运动过程中整体与特殊的关系。

文件与档案的这种关系自然反映到电子文件与电子档案的关系上，同时由于电子文件具有“往复运行”等特点，使两者关系日益复杂，连中外档案学专家都普遍

---

① 石魁光：《电子档案学的研究还是应坚持辩证唯物主义的思维方法为宜》，《档案学研究》，2003 年第 5 期，第 50—53 页。

② 丁海斌、卞昭玲主编：《电子文档管理基础教程》，辽宁大学出版社，2011 年版，第 38 页。

感到两者的界限纠缠不清。近来有学者提出将“电子文件”作为未来档案学的研究对象，这种提法值得商榷。档案学有自己独特的研究对象，即档案和档案工作，以电子文件为研究对象是否意味着“档案学”成了“壳牌”，或是要重新改写其研究对象。如其不然，那么电子文件与电子档案的关系又如何定位？

为此，在电子文件与电子档案的关系上，我们仍应遵循谨慎的保守主义原则，从社会档案价值意识承担、档案学专业的责任承诺和文件价值形态的转变出发，承认文件运动的规律性，同时也认为那些具有长期或永久保存价值的，经过归档而实行档案化管理的电子文件为“电子档案”。实际上，电子档案就是“归档电子文件”，依然是由电子文件转化而来的。因此，本书在后文将在这个意义上使用电子档案，这既符合档案学研究的需要，也符合社会的需要。

第二章　电子文件管理

在当代社会，随着电子工作环境的日趋普遍化和电子文件的大量生成，以电子文件为管理对象，保存人类社会记忆的电子文件管理工作已逐步形成并得到社会的广泛重视。电子文件管理是传统文件、档案管理在新时代的延续，但由于电子文件自身的运行规律和特点，它在给文件和档案管理人员带来福音的同时，也提出了严峻的挑战。因此，探讨并建立一套符合电子文件管理要求的原则方法、技术标准和理论体系既是实际工作的迫切需要，也是一项长期艰巨的任务，对电子文件管理的理论建设和实践发展都有重要意义。

第一节　电子文件管理内容

一、对电子文件管理内容的阐释

电子文件的出现是一场记录革命，也引发了包括文件、档案管理在内的记录管理的革命，这场革命具体反映在管理技术、方法、体制、原则、理念等各个层面。与传统的文件、档案管理相比，电子文件、档案的管理具有相关因素增多，各因素之间的相关度增高，变量增多，目标复杂化，技术含量更高、更新、更快等新的特点，从而对管理活动提出了更高的要求，需要在科学的管理思想指导下，从政策、制度与技术方法的不同层面共同采取新的对策。① 因此，电子文件的管理是一项系统工程，其管理内容丰富而且复杂，目前学术界对其有不同的理解和归纳。

---

① 冯惠玲主编：《电子文件管理教程》，中国人民大学出版社，2001年版，第12页。

第一种是将电子文件管理分为狭义和广义两种。认为狭义的电子文件管理仅指电子文件形成单位的电子文件管理工作，这种理解在一些西方国家较为普遍。广义的电子文件管理除了电子文件形成单位的电子文件管理工作外，还包括档案馆等电子文件长期保存单位的工作。从电子文件管理实施时间看，广义的电子文件管理包括电子文件形成阶段的管理、电子文件归档阶段的管理和电子文件长期保存阶段的管理。其中电子文件形成阶段的管理业务主要包括版本控制、处理流程设定和控制、编号、分类、元数据管理等；电子文件归档阶段的管理业务主要包括电子文件的识别、捕获、分类、鉴定、利用、处置、元数据管理等；电子文件长期保存阶段的管理业务主要包括收集、格式转换、迁移、存储、利用、元数据管理等。根据全程管理、前端控制、集成管理等原则，在信息系统的支撑下，三个阶段的管理活动正走向交叉融合，一些归档阶段和长期保存阶段的管理活动被提前到形成阶段统一完成，如编号、分类、格式转换等。①

第二种是将电子文件管理分为宏观和微观两种。认为宏观层次的电子文件管理是指国家相关主管部门对所有机构电子文件管理工作的管理，包括建立电子文件管理体制，制定电子文件管理法规、标准，监督检查法规、标准的执行等。微观层次的电子文件管理是指文件形成机构内的电子文件管理，包括业务层、系统层、支撑层三个相互依存的层次。其中：① 业务层为电子文件管理活动层，主要包括电子文件的识别、版本控制、捕获、分类、鉴定、处置、移交、长期保存、检索、利用等。电子文件管理活动涵盖其整个生命周期，因此电子文件管理活动也相应涉及到电子文件形成单位和保存单位，两种管理业务也有所区别。② 系统层为电子文件管理的系统建设工作，包括电子文件形成系统（业务系统）、电子文件管理系统、电子文件长期保存系统的设计或采购、系统实施、系统运行维护等。电子文件管理只有在系统中才能够实现，电子文件管理的业务方法要依赖系统才能实现。③ 支撑层为电子文件管理业务和系统建设提供支撑，其主要工作内容包括制定文件管理规划、建立文件管理制度、设置合适的组织结构、开展文件管理培训等。②

第三种是将电子文件管理分为宏观、中观、微观三种。安小米教授等在考察国外电子文件管理的基础上，从三个层面提出国外电子文件的管理经验和发展走向，涉及到电子文件宏观、中观、微观三种不同层次的管理。一是“微观管理信息化与集成化”，将电子文件管理要求纳入电子文件系统和电子信息系统构建，为电子政

---

① 冯惠玲主编：《电子文件管理 100 问》，中国人民大学出版社，2014 年版，第 53 页。
② 冯惠玲主编：《电子文件管理 100 问》，中国人民大学出版社，2014 年版，第 36 页。

务与电子商务提供保证电子文件真实性及其长久保存的技术解决方案和支持。二是“中观管理合作化与规范化”，采纳或引用ISO 15489文件管理国际标准，全社会广泛推广应用国际化文件管理最佳实践，机构全员参与和全过程参与文件管理。在区域性范围内，采用了局部标准化的协调管理，通过制定统一的标准和规范，逐步替代各国原有的制度，从而实现管理活动规范化的目标。三是“宏观管理社会化与法制化”，将电子文件管理纳入政府公共管理法规体系，以保证电子文件控制力；纳入事务活动法规体系，以保证电子文件证据力；纳入信息利用法规体系，以保证电子文件服务力。①

以上三种不同理解和归纳，为我们从不同角度揭示、观察和思考电子文件管理的基本内容提供了有益的启示，在此基础上，我们将电子文件管理的基本内容概括为宏观管理和微观管理两大部分。

二、电子文件的宏观管理

电子文件宏观管理是指文件和档案的行政与业务管理部门以电子文件管理为客体对象，运用法律法规、制度办法、规划标准等对电子文件管理工作中的组织和人员加以指导和控制，并提供相应的技术和条件支持，以形成有效的运作机制和管理机制，使电子文件微观管理工作科学化、规范化和制度化，确保电子文件完整保存的历史责任得以实现。

在我国，纸质等传统档案的宏观管理较为完善，已建立了一套较为完整的法规、制度和标准。这些法规、制度、标准是长期实践经验的总结，对建立国家规模的档案事业产生了重要的作用。但这些宏观措施在电子文件及其档案管理中，只有部分适用，甚至完全不适用。自20世纪末以来，面对电子文件管理日趋紧迫和严峻的形势，许多机关、团体、企事业单位对电子文件管理无章可循、束手无策，纷纷呼吁国家有关部门尽快研究制定相关的政策、法规、制度和标准，改变电子文件管理的混乱无序的状况。国家有关部门也认识到电子文件管理的重要性，第十三届国际档案大会一结束，并于1996年9月18日成立了电子文件归档与电子档案管理研究领导小组。随后，原国家科委又与国家档案局、国家质量技术监督局、原建设部、原机械工业部等政府部门联合组织力量共同对CAD电子文件管理、归档及其形成电子档案的管理进行认真研究。这些研究活动取得了许多成果，同时也制定了有关的管理标准，对实际工作产生了一定的促进作用。但我们应当看到，建立

① 安小米等：《国外电子文件管理机制及借鉴研究》，《档案学研究》，2008年第2期，第58—62页。

完整、配套的电子文件宏观管理措施仍任重道远。一方面，由于我们没有电子文件管理方面的长期实践经验；另一方面，电子文件所涉及的技术和设备又在不断地发展变化。因此，制定电子文件管理的法规、制度、标准难度很大。《电子文件归档与电子档案管理规范》(报批稿)于 1999 年 8 月即已形成，直到 2002 年 12 月才正式成为国家标准《电子文件归档与管理规范》，并于 2003 年 5 月 1 日实施，由此可见一斑。即使是已颁布实施的标准、制度，由于各单位电子文件管理工作基础、设备条件、人员素质的不同，这些措施的实际效果和操作程度仍然存在巨大差异，仍然需要在宏观层面上加强对电子文件的顶层设计、风险管理和制度管理。

电子文件管理的顶层设计是一种自上而下的设计，也是宏观管理的一种体现。从涉及范围而言，是以国家层面为起点，统领地区、行业、机构层面的电子文件管理，构建涵盖全国范围的电子文件管理网络体系；从实现路径而言，是以总体框架为起点，指导、带动具体对策问题的研究和实施，构建全方位的电子文件管理实施方略。因此，从总体上说，顶层设计是一种战略设计和战略实施，旨在确定国家电子文件管理的发展方向、基本格局和推进步骤；顶层设计又是一种全面设计，涵盖管理层、空间、流程、功能等诸多方面，可以提供国家电子文件管理的基本指针和发展蓝图。① 顶层设计关系到从国家层面对电子文件管理进行统筹规划和集中管理，从方针政策、发展规划、管理体制、管理制度、管理标准、项目保障等各个层次制定电子文件管理的基本框架，从根本上提高国家对电子文件信息的实际控制能力和对电子文件管理的调控能力，确保国家数字档案信息资源的现实安全和长久真实，因而通常被称为电子文件管理国家战略。

电子文件风险管理是对电子文件管理所面临的风险进行识别、评估、分析，并在此基础上有效地处置风险，以最低成本实现最大安全保障的科学管理方法。它是对一般电子文件管理的有效补充，是采用逆向思维的方式来指导电子文件的管理，即通过查找风险及时地告知机构可能面临的问题，如果不采取措施加以解决，将会遭受何种损失。电子文件风险管理是将风险管理的一般性方法与电子文件管理的特殊性需求相结合，并移入特定的管理环境当中加以运用。② 冯惠玲教授认为：风险管理并不是电子文件管理的附加内容，而是其中不可分割的组成部分。实施风险管理对于提升电子文件管理效果和水平具有重要的实践价值：第一，唤起风险意识，在电子文件管理中明确纳入风险管理方法，可以经常地、有效地提示

① 冯惠玲、钱毅：《关于电子文件管理顶层设计的若干设想》，《中国档案》，2007 年第 4 期，第 7—9 页。
② 张宁：《电子文件风险管理：识别与应对》，《电子政务》，2010 年第 6 期，第 24—30 页。

所有参与生成、管理和使用电子文件的人树立风险意识，避免风险事故，承担风险责任，逐步形成与电子文件管理规律相适应的管理观念；第二，建立风险管理体系，使电子文件得到全方位的、安全、有效的保护；第三，把握风险应对的防范重点，借助风险管理获取创新灵感，全面提升管理水平，完善电子文件管理。①

制度管理也称制度化管理，是以制度规范为基本手段，优化、协调管理主体行为的管理方式。制度管理不仅强调科学地制定制度规范，同时也强调制度规范的完整配套和实际执行效果。电子文件因其特殊的生成和存在形态，传统的文件管理制度规范难以适应其管理需求，需要探索建立一套新的制度规范体系，确保电子文件得到科学有效的管理，切实维护电子文件信息的真实性、完整性、有效性、安全性。原中共中央办公厅主任王刚同志曾批示指出："随着信息化的深入发展，电子计算机在党和政府工作中得到广泛应用，电子文件的长久保存、集中管理和有效利用正成为国家档案工作的重要组成部分。近年来，我国档案部门对电子文件的归档管理工作进行了积极探索，取得了明显成效，积累了宝贵经验。面对新形势新任务，国家档案局要商有关部门深入研究，全面规划，积极推动电子文件管理规范化、法制化进程，努力建立有中国特色的电子文件管理体系，更好地为党和人民的事业服务。"②客观地说，自电子文件管理实施以来，档案领域就认识到制度管理的重要性，并努力研制各种制度规范，颁布了一系列的规范、标准、制度、办法，形成了诸多有利于电子文件长久保存的制度要求，如电子文件归档制度、异地异质备份制度、国家电子文件管理部际联席会议制度、馆室联动制度、统一支撑平台制度等等③，为电子文件管理提供了初步的制度保障。但这方面工作还远远不够，需要继续探索深化，并在实践检验中构建完善的电子文件管理制度体系。

电子文件的宏观管理十分必要，许多问题需要进一步深入探讨，将在第十二章作专门论述。

三、电子文件的微观管理

电子文件微观管理，也称"电子文件管理业务活动"或"电子文件管理业务层"，是指文件和档案管理人员以电子文件为客体对象，运用一定的技术方法对其加以组织和控制，形成有序、系统的电子文件信息资源，维护电子文件信息的真实性、完

---

① 冯惠玲：《论电子文件的风险管理》，《档案学通讯》，2005 年第 3 期，第 8—11 页。

② 施芳、尹晓宇：《积极推动电子文件管理规范化、法制化进程》，《人民日报》，2007 年 4 月 27 日，第 4 版。

③ 王良城：《我国电子文件管理基本制度述略》，《中国档案》，2012 年第 3 期，第 65—67 页。

整性、有效性、安全性,并向社会提供利用服务。

(一) 电子文件微观管理内容及其变化

电子文件微观管理也涉及到传统文件、档案管理的主要环节,主要内容包括形成与捕获、鉴定、积累与归档、整序、保管、利用等,但它并非是传统文件、档案管理环节的简单组合,它们在内容和形式上都有诸多不同。

首先,电子文件微观管理的环节顺序不再是传统文件、档案管理的线性排列或线性流程,许多环节都存在着"提前"和循环往复的流动,而且有些环节(如安全性保护等)需要贯穿于文件管理的全过程,使管理环节更为复杂。不仅如此,电子文件微观管理还增加了一些新的环节,如文件孕育期对文件管理系统的设计、文件归档后组织电子文件信息数据库等。这些都是传统文件与档案管理所没有的。

其次,电子文件微观管理诸环节在内容与形式上与传统文件、档案管理有很大区别。如对电子文件的收集,不仅要收集文件本身,还要收集背景信息与元数据;不仅要收集电子环境中相对静态的、正式的文件信息,还要收集那些极具流动性的、动态的文件信息;再如对电子文件的归档,既可直接实体归档,也可网络归档等等。

再次,电子文件微观管理各环节都对信息技术与信息管理系统有着根本的依赖性,离不开技术和设备。这不仅意味着它比传统手工环节的科技含量高,同时也意味着需要对计算机软硬件及其网络环境进行管理。因此有学者称电子文件的管理实质上是"一项复杂的系统技术工程"。

电子文件微观管理虽然复杂,但不是不可以分解和解释的,后面我们将根据电子文件管理流程的相对顺序对电子文件管理各环节加以介绍。当然,电子文件管理是一项新的管理活动,究竟如何管理更好还没有准确答案,正处于研究、摸索过程中,因此,不少内容尚属于探讨性的,不够完善之处在所难免。

(二) 电子文件微观管理流程

电子文件管理是以传统文件、档案管理为基础的,并在传统纸质文件、档案管理环节上新增了一些新的环节。这些新增环节具体包括:一是参与电子文件的形成,在这个环节中提出电子文件、电子档案的管理要求,使电子文件在设计、形成阶段就体现出电子档案的管理要求;二是建立电子文件信息数据库,这是电子文件管理最关键的环节之一,各立档单位应归档的电子文件,可采用多种途径进入档案馆的电子文件信息数据库;三是电子文件长期保存,必须采取各种有效措施才能得以实现。对于电子文件及其归档的各管理环节,可通过示意图(图 2-1)大致反映出来。该示意图较好地体现出电子文件管理各环节的关系,当然后面的论述也许与此图略有不同。另外,我国国家标准《CAD 电子文件光盘存储、归档与档案管理要

求 第一部分：电子文件归档与档案管理》(GB/T 17678.1—1999)也给出了“CAD电子文件归档流程图”(图2-2),可供参阅。

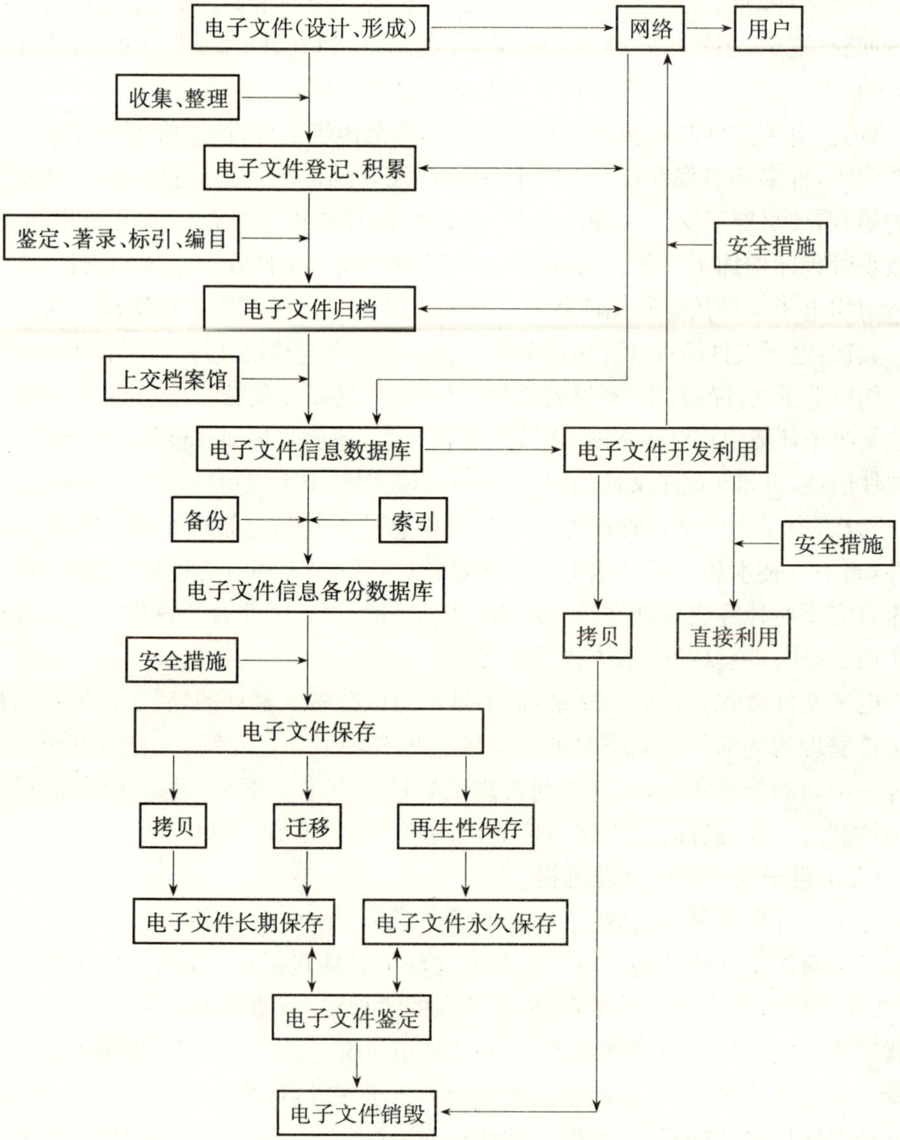

图2-1 电子文件管理流程图①

① 参阅徐义全:《电子文件归档与电子档案管理概述》,《北京档案》,2001年第1期,第14—15页。

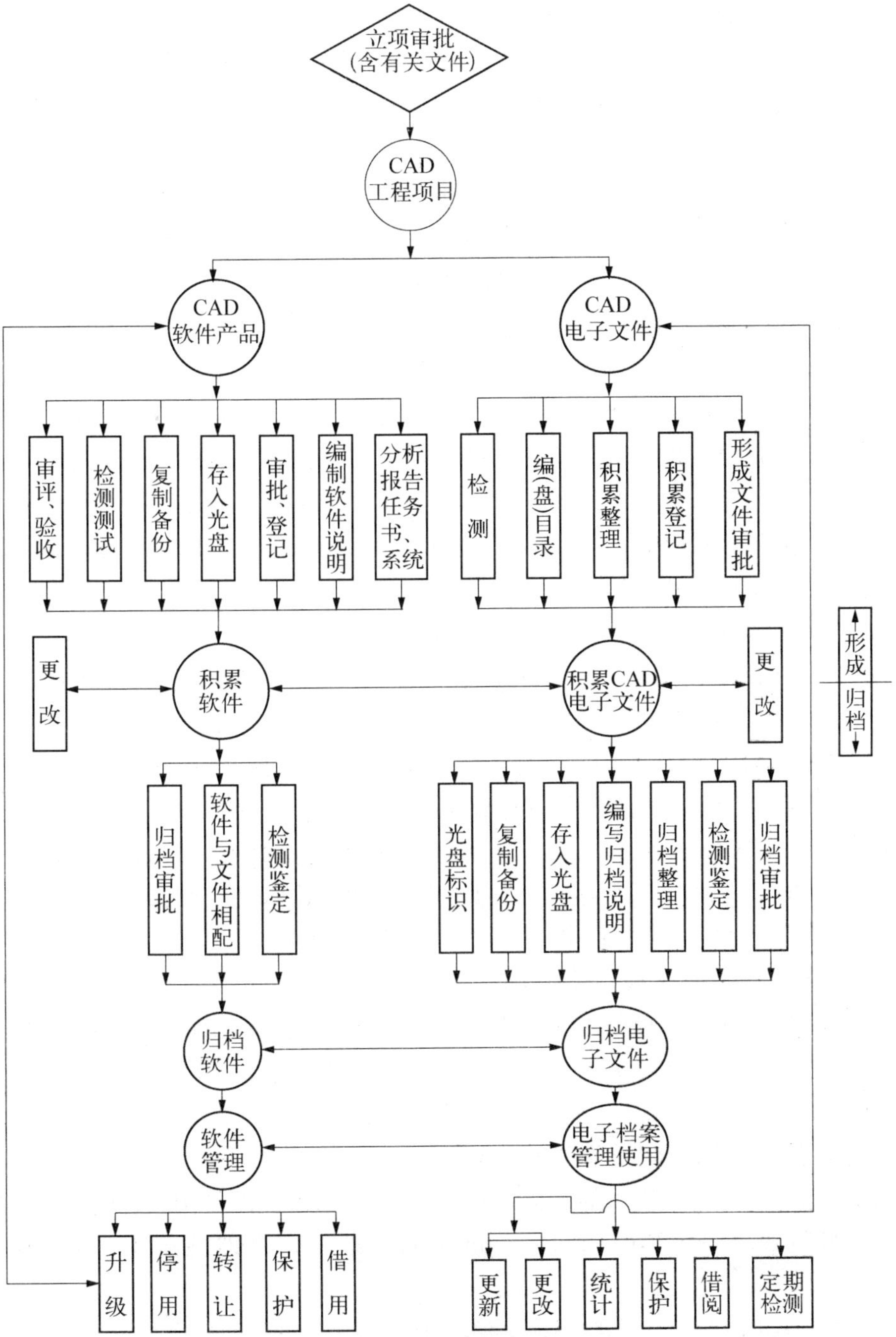

图 2－2　CAD 电子文件归档流程图

文件管理流程是指整个文件生命周期中一系列有联系的文件管理活动，包括形成捕获、鉴定归档、整序保管、开发利用等多项业务环节的内容。与纸质文件管理流程相比，电子文件管理流程在时间、内容和顺序等方面都发生了变化。

1. 电子文件管理流程在时间上的变化

电子文件管理流程在时间上的变化主要体现在时间的提前和延长上。提前是所有电子文件管理流程变化中最明显也是最普遍的一种表现。考虑到电子文件信息易更改、易流逝，如果还像过去一样，按照生成、积累、立卷、鉴定、归档、分类、著录等顺序按部就班地管理电子文件，那么很可能在很多工作还未来得及开展之前，电子文件就已经被更改甚至删除了，导致电子文件流失、失真等，并会出现重复劳动、额外劳动。因此，需要把归档、鉴定、著录等环节提前到电子文件形成阶段，尽早实现电子文件管理的功能需要。文件管理环节提前是“前端控制”原则的体现和基础。延长是指一些原来只在某一个时间点上完成的工作，现在需要在一个连续的时间段上完成，这个时间段有时甚至跨越电子文件的整个生命周期。如著录将贯穿于电子文件的生成、处理、归档、利用等整个过程。

2. 电子文件管理流程在内容上的变化

电子文件管理流程在内容上的变化既使一部分工作简化，也使许多环节工作更加复杂化、集成化。利用计算机高速运算和高密度存储等优点，文件管理者将大大减小对电子文件实体管理的强度，只要对脱机保存的磁带、磁盘、光盘等简单归类即可。但是，电子文件管理在信息整理、鉴定、著录、长期保存等方面更为复杂化，特别是长期保存，不仅要考虑载体的寿命，还要考虑技术和设备的寿命。电子文件业务流程也存在集成化，如归档与鉴定、归档与检索、保护与其他环节等内容存在一定的交互性，一项业务的完成可以实现另一项业务的部分功能。

3. 电子文件管理流程在顺序上的变化

电子文件管理流程顺序上的变化是时间变化和内容变化综合作用的结果。其具体表现为由串行向并行发展，许多业务活动互相穿插、互相衔接，不仅十分复杂，而且各环节之间相互影响，一环有失，则功亏一篑。①

（三）电子文件管理“业务流程重组”

面对电子文件管理流程的变化，我国已有不少学者试图借用企业管理的“业务流程重组”（Business Process Reengineering）和公共管理领域中“政府再造”

---

① 参阅刘越男：《电子文件管理流程的变化及其引发的思考》，《中国档案》，2002 年第 7 期，第 41—44 页。

(Reinverting Government)思想，提出对电子文件管理业务流程进行“重组”或“再造”，从整体上去重新组织和设计文件管理流程，并依次对个别管理环节进行改造。冯惠玲在其博士论文中首先提出了“文件管理的‘业务流程重组’”。周毅曾撰文指出要对文件管理流程进行“一种彻底性的变革”，“运用信息技术和管理方法重新整合被分割得有些‘破碎’的文件管理业务流程。”①刘越男在分析电子文件管理流程的变化及其原因后认为：“电子文件管理流程的改革，如同‘业务流程重组’和‘政府再造’一样，要从机构管理的整体进行根本性考察，不能拘囿于某个细节或局部，要对全部电子文件管理活动进行系统分析和科学整合。这种‘彻底的思想’是‘重组’的基本特征。”②

上述学者虽然提出了电子文件管理流程重新“组合”或“再造”的思想，但对于如何组合，重新整合以后是什么样子，仍缺少完整的构建，有待进一步研究完善和实践检验。

第二节　电子文件管理的指导思想和原则

一、电子文件管理的指导思想

根据《电子文件归档与管理规范》的规定及相关论述，电子文件管理的指导思想可概括为以下三点：

(一) 辩证唯物主义是电子文件管理的根本指导思想

我们对“虚拟文件”、“虚拟档案”的性质进行了分析，就其实质而言，它们并非是“虚态”的，而是“实态”的，具有微观物质性。“承认不承认电子文件的物理形态及物质性，实质上是以辩证唯物主义还是以形而上学来观察客观事物的方法论问题”③。

从结绳记事、甲骨刻文、金石镌字、竹简缣帛到纸张胶片的书写印刷、化学显影等，人们在实践中不断改变着载体和记录材料的质量、信息的记录方式、记录符号。在这些不断变化中，文件形成要素的先进与落后的矛盾，既对立又统一，在斗争中

① 周毅：《信息技术运用与文件管理流程的重组》，《档案学通讯》，2001 年第 1 期，第 19—22 页。
② 刘越男：《电子文件管理流程的变化及其引发的思考》，《中国档案》，2002 年第 7 期，第 41—44 页。
③ 李晨生：《电子档案的方法论》，《中国档案》，1998 年第 3 期，第 36—37 页。

逐渐产生量变，再经质变到新的量变，进行着否定之否定的变革，以至于发展到今天的电子文件和电子档案。电子文件的形成只表明采用了不同的技术手段和方法、不同的载体类型和记录方式来形成文件，并不构成对哲学上物质第一性观点的挑战，"辩证唯物主义的思想方法仍然是研究电子档案或电子文件的思想基础和唯一正确的思想方法"①。

以辩证唯物主义思想为指导，一是要求我们把电子文件、电子档案作为人类社会活动的真实记录，长期加以保存，维护社会记忆的真实性、完整性、有效性、安全性；二是要求我们在管理中探索并采取符合电子文件管理实际的方法措施，不断推进电子文件管理实践向前发展。

（二）电子文件与传统文件管理共存与互动的思想

随着电子工作环境的普遍化和电子文件的迅猛增长，人们对未来的办公环境和文件管理做出了许多预测，如"无纸办公"、"电子政府"等，并使用了许多带有革命性的词汇。然而从现实来看，以纸质文件为代表的传统文件不仅没有减少，反而在大量增加，这是由于技术以及社会活动的复杂性和习惯、文化传统等因素共同影响的结果。较符合实际的情况是电子文件与传统文件将长期共存，并相互转化。

电子文件与传统文件二元格局不仅意味着我们不能完全抛弃传统文件、档案的管理理论、方法，不能一谈电子文件管理就无视纸质文件的管理，更为重要的是它还意味着我们在电子文件管理中如何对待传统文件、档案的管理理论和方法。

纸质等载体文件、档案的管理方法与技术，是经过长期实践、不断丰富，才成为一门完整的管理科学。电子文件出现后，曾有许多人对此产生怀疑，要求对档案学理论进行一场彻底的革命。然而，随着研究的深入，更多的人认为电子文件的管理不能脱离档案管理的基本原则。加拿大国家档案馆凯瑟琳·贝利女士指出电子文件只波及档案管理实践，但不会颠覆档案理论②；英国威尔士国家图书馆萨里·麦克尔尼先生认为电子文件管理是"旧瓶装新酒"③；美国学者琳达·J·亨利分析了谢伦伯格理论在网络时代的生命力，也指出："正如其他新型载体档案的管理一样，电子文件问题的正确解决办法首先源于对已有知识的反思和利用，而不是全盘否定传统。档案工作者只有汲取传统原则与理论的合理之处，并重构电子世界的概

① 石魁先：《"虚拟文件"不能反映电子文件的本质——简述电子文件的本质属性》，《档案》，2001年第6期，第34—35页。

② 黄霄羽、申琰：《波及档案实践，但不会颠覆档案理论》，《档案与建设》，2000年第5期，第8—13页。

③ [英]萨里·麦克尔尼，张宁编译：《电子文件的管理：旧瓶装新酒》，《山西档案》，2000年第5期，第10—14页。

念，才可能掌握住未来……”①因此，应从档案学的基础理论和原则出发，根据电子文件的特点，去创建电子文件的管理理论与方法。那种完全抛弃现有的档案业务的理论、方法、技术，而另起炉灶的想法既不切合实际，也是不利的。纸质文件与电子文件及其管理长期共存互动是我们研究电子文件和管理电子文件必须要明确的。

(三) 注意防止两种倾向

在电子文件管理之前，一些文件与档案管理机构和人员往往表现出两种倾向。

一种倾向是不顾主客观情况，认为电子文件将要取代纸质文件、档案，为迎合潮流或解决库房狭小的需要，盲目地将大量纸质档案数字化，忽视或放弃对纸质文件、档案的管理，这不仅会造成不必要的浪费和档案信息的损失，而且还会给档案的长期保存带来许多问题。这种放弃对纸质文件、档案的管理是对历史不负责任的做法。

另一种倾向是认为电子文件的法律证据价值还未完全确立，而忽视对电子文件的管理，片面强调纸质文件、档案的管理，让生成的电子文件处于失控状态，自生自灭。这种不作为的消极态度会造成电子文件的无法弥补的流失，也是对历史不负责任的做法。

为防止上述两种倾向的发生，档案行政管理部门应根据实际情况，予以指导，并积极采取措施，逐步让各级各类文件与档案管理机构承担起电子文件的管理职责。

二、电子文件管理的基本原则

(一) 全程管理原则

全程管理原则是指根据电子文件的特点和管理要求，建立一个完整的管理体系，对电子文件从产生到永久保存或销毁的整个生命周期进行全程管理与监控。国家标准《电子文件归档与管理规范》在总则中规定：“应对电子文件的形成、收集、积累、鉴定、归档等实行全过程管理与监控，保证管理工作的连续性。”

电子文件全程管理有三个方面的深刻含义：其一，全程管理是一种全面的管理，涉及电子文件的流程、管理规则、管理方法以及质量要求，从而建立一个涵盖电子文件全部管理活动的目标体系、程序体系和技术方法体系；其二，全程管理是一

① [美]琳达·J·亨利，刘越男译：《谢伦伯格理论在网络时代的生命力》，《档案》，2001年第2期，第35—38页。

种系统的管理，建立在“大文件”的概念基础之上，注重电子文件生命周期内各个阶段所有管理活动和管理要素的统筹兼顾，强调各项管理内容和要求的系统整合和总体效应；其三，全程管理是一种过程管理，是通过过程控制实现结果控制，在过程管理中，所有有助于说明电子文件重要属性和有效管理过程的信息都被记录在案，以证实电子文件在管理系统中的运转状况，确保电子文件的管理质量。①

1994 年至 1997 年，加拿大不列颠哥伦比亚大学和美国国防部在关于电子文件真实性的联合研究项目中提出电子文件全程管理的框架模式，认为应由以下措施构成电子文件的管理链条：(1) 根据预先确定的标准格式和模板编辑文件；(2) 根据文件的类型和用途，使用预先确定的方法认证文件；(3) 根据一个人的资格及其权限，确定他接触电子文件的权力；(4) 在系统中嵌入“工作流程”，只向有关人员呈现有关文件；(5) 使用磁卡、密码和指纹识别等方式限制对某些技术的接触；(6) 在系统内设计审计跟踪功能，记录对系统的任何接触及其结果(如文件被修改、删减和增添等)。这一模式在北美地区的电子文件管理实践中得到了应用和完善。

电子文件的全程管理从根本上说是文档一体化在电子文件管理中的实现模式，只不过其理论基础发生了变化，从文件生命周期理论转向文件连续体理论。②

(二) 前端控制原则

所谓“前端控制”是指针对电子文件的管理，从文件形成之时甚至形成之前(即电子文件管理系统设计阶段)一直到归档整个过程给予全盘规划，把可能预先设定的管理功能纳入系统之中，并在文件形成和维护阶段进行监督。前端控制将文件、档案看成同一事物的前后两个阶段，强调档案工作者要改变以往只关注“后端”的做法，将注意力放到“前端”。

前端控制思想有着深刻的理论渊源和现实基础，是近一个世纪以来档案界不懈努力的结晶。从 20 世纪 30 年代中国国民党政府提出的文书档案连锁法，到 40～50 年代英美提出的文件生命周期理论、60 年代我国档案学者启用的档案形成规律、80 年代以后全球范围内的文档一体化运动，都在不断强调文件与档案是同一事物的两个不同阶段，应对文件阶段施加控制和影响，以提高档案工作效率。③ 20 世纪 90 年代，面对电子文件的管理，法国档案学者 C·诺加雷指出：“档案工作

---

① 冯惠玲主编：《电子文件管理教程》，中国人民大学出版社，2001 年版，第 13 页。

② 傅荣校、周林女：《电子文件管理中的热点理论问题研究类举》，《上海档案》，2002 年第 6 期，第 24—27 页。

③ 参阅刘越男：《从一个新的视角审视“前端控制”思维》，《浙江档案》，2001 年第 7 期，第 22—24 页。

者要重新考虑他们在文件生命周期中进行干预的时机，甚至重新思考这种生命周期本身。”①国际档案理事会电子文件委员会颁布的《电子文件管理指南》提出，将“干预的时机”确定在电子文件管理系统的设计阶段，把原来纸质文件管理系统中的许多“后控制”手段提到最前端，主张“在文件形成前采取行动”。在此基础上，冯惠玲教授明确提出了“前端控制思想”，并称之为“电子文件时代新思维”。②

前端控制的内涵包括两个方面：一是整体规划。即将文件管理与档案管理中涉及的所有因素都统筹加以考虑，并纳入电子文件管理系统，以功能合理的文件管理系统作为管好电子文件的先决条件。二是业务环节提前。即在对电子文件生命周期的全过程通盘规划的基础上，把某些分散在各个业务环节，关系到电子文件真实、完整、有效和带有一定重复性的作业提前实施，保障电子文件的安全可靠，有效地减少重复作业。例如，凡是可能在文件形成时生成的数据(包括描述文件内容、结构、背景、版本、文件生成环境、存在状态等各方面的信息)均在当时采集、存储下来，文件在运转、保管、利用过程中的数据则进行实时追加，所有数据均一次采集，终身使用，从而保证用于描述文件、检索文件和系统维护所需数据的完整齐全、真实可信。

前端控制是实现电子文件全程管理的重要措施和保障，具有充分的必要性，目前已在我国部分机关范围内不同程度地实施，但仍有待全面深化。

(三) 真实性、完整性和有效性保障原则

真实性、完整性和有效性是电子文件管理的基本要求和目标导向。《电子文件归档与管理规范》总则第一条即指出：“电子文件自形成时应有严格的管理制度和技术措施，确保其真实性、完整性和有效性。”

1. 真实性

电子文件的真实性是指对电子文件的内容、结构和背景信息进行鉴定后，确认其与形成时的原始状况一致。

前面在谈到电子文件的原始性时，我们曾指出由于电子文件自身的生成环境和特点，其原始性已难以确立，需要建立原始性的新概念：即一份电子文件，只要它的内容确确实实是当时由原作者撰写或制作出来，此后从未修改过，就应该承认它是原始的。因此，可以将电子文件的真实性理解为“原始性”。③

---

① [法] C・诺加雷：《信息技术对档案和档案工作的影响》，《第十三届国家档案大会文件报告集》，中国档案出版社，1997 年版，第 149 页。

② 冯惠玲：《电子文件时代新思维》，《档案学通讯》，1998 年第 6 期，第 45—49 页。

③ 冯惠玲主编：《电子文件管理教程》，中国人民大学出版社，2001 年版，第 47 页。

电子文件的真实性与原始性存在着高度的一致性，它是保证电子文件行政有效性和法律证据效力的基础，是电子文件反映历史面貌、构成社会价值，得以作为社会记忆长期保存的前提。鉴于认证和维护电子文件真实性的复杂性和困难，已引起国际档案界的极大关注，由三十几个国家和地区专家参与的国际研究项目InterPARES（The International Research on Permanent Authentic Records in Electronic Systems——"永久保护真实的电子文件国际研究"，详见第十三章第四节）从不同角度就电子文件的真实性认证和维护提出了对策。我国《电子文件归档与管理规范》也就保证电子文件的真实性提出了四条措施：(1) 建立对电子文件的操作者可靠的身份识别与权限控制；(2) 设置符合安全要求的操作日志，随时自动记录实施操作的人员、时间、设备、项目、内容等；(3) 对电子文件采用防错漏和防调换的标记；(4) 对电子印章、数字签署等采取防止非法使用的措施。

2. 完整性

电子文件的完整性是指电子文件的内容、结构、背景信息和元数据等无缺损。

电子文件的完整性包括两个方面的含义：一是作为记录社会活动真实面貌的具有有机联系的电子文件及其他形式的相关文件完整齐全；二是每一份"电子文件的内容、结构、背景信息和元数据等无缺损"。第一点是对一般文件管理的要求，第二点是对电子文件的特殊要求。

刘家真在对电子文件与传统文件的完整性要求对比后认为，对于电子文件，保证其完整性的充分与必要的职能格式是：(1) 时序时间；(2) 当地时间：由当地时间与地点构成；(3) 文件寄发处的始发地址；(4) 作者或撰写人在文件上签署的证明；(5) 指定收文人名；(6) 实际收文人名；(7) 标题与主题；(8) 作者意向：用来验明文件所涉及到活动的作者意向。① 这些"职能格式"多数是与背景信息相关联的。除背景信息外，电子文件的完整性还包括描述电子文件数据属性的元数据，如文件的格式、编排结构、硬件和软件环境、文件处理软件、字处理和图形工具软件、字符集等数据。

完整性是电子文件价值的重要保障，文件和档案管理人员必须掌握电子文件的形成规律、社会活动状况和电子文件的构成要素等，采取相应的管理和技术措施，保护人类活动记忆不受损失。

3. 有效性

有效性是指电子文件应具备的可理解性和可被利用性，包括信息的可读性、存

① 刘家真编著：《电子文件管理导论》，武汉大学出版社，1999年版，第147页。

储系统的可靠性、载体的完好性和兼容性等。有效性保障的目的是使电子文件经过存储、传输、压缩、加密、媒体转换、技术迁移、设备更新等处理后,能够以人们可以识读、可以理解的方式输出,并加以利用。在有效性保障中,可读性或者可识别性、可理解性是目的、根本;存储系统的可靠性、载体的完好性和兼容性是条件,是为维护电子信息的长期可存取、可识别服务的。它们共同构成确保电子文件信息存在和发挥作用的基础和条件。

由于电子文件的系统依赖性,计算机软件和硬件更新换代,新的信息编码方案、存储格式、系统软件的推出,以及计算机病毒的侵害等,都会造成原有的电子文件信息无法识读或丢失。保存完好的数字信息若在当时设备中无法读出,实际上与该信息被损毁没有区别,而这种情况却经常发生。加拿大电子文件专家露西娅娜·杜兰蒂女士认为:"过去十年产生的信息远远超过了人类历史上任何一个时代。但具有讽刺意味的是,信息时代产生的绝大部分信息比任何时代都难以提供利用。"因此,保障电子文件的有效性是区别于传统文件、档案管理的一项极为重要的任务。

电子文件管理的真实性、完整性和有效性之间,以及它们同全程管理、前端控制之间都存在着极为密切的联系。只有做到全程管理、前端控制,才能保障电子文件的真实性、完整性和有效性;只有满足和实现电子文件管理的真实性、完整性和有效性的要求和目标,才是完善的、理想的电子文件管理。

(四) 安全保密原则

安全保密原则就是"按照国家有关法律法规和规范标准的要求,采取有效技术手段和管理措施,确保电子文件信息安全"。①

2008 年我国汶川发生特大地震;2010 年 7 月"维基解密"网站公开 9.2 万份驻阿美军秘密文件,2010 年 10 月再解密近 40 万份美军伊战文件;2013 年 6 月,美国前中情局(CIA)职员爱德华·斯诺登向外界爆料美国"棱镜"窃听丑闻等等,无论是自然还是人为因素,都向人们敲响了电子信息安全的警钟。据媒体报道,2007 年美国国家安全局(NSA)和联邦调查局(FBI)启动了一个代号为"棱镜"的秘密监控项目,又称"棱镜"计划(PRISM),直接进入美国微软、雅虎、谷歌、苹果等在内的 9 家国际网络巨头的中心服务器中挖掘数据、收集情报,监控范围包括数据电子邮件、视频和语音交谈、影片、照片、VoIP 交谈内容、档案传输、登入通知,以及社交网络细节等,由此美国国家安全局可以接触到大量个人聊天日志、存储的数据、语音

① 《电子文件管理暂行办法》(中办国办厅字〔2009〕39 号)。

通信、文件传输、个人社交网络数据。据悉，在 2012 年的美国综合情报文件“总统每日简报”中，有 1 477 个计划使用了来自棱镜项目的资料。

“棱镜门”事件折射出信息疆域安全问题。“我国计算机及网络信息系统使用的主要操作系统和芯片、数据库、路由器等核心技术，以及互联网领域的核心基础服务等也都掌握在美国手中。”目前，国内政府部门和企业对外国品牌的电子产品、信息技术产品过分依赖，然而不知不觉间，这些外国厂商却成了我国信息安全的重大隐患。据报道，涉及“棱镜门”的思科产品在国内 163、169 两大主干通信网络中占了 70%以上份额，把持了所有超级核心节点。北京邮电大学互联网治理与法律研究中心主任李欲晓说，“我们所有的数据都要流经网络设备，外国的信息服务提供商通过向中国市场提供服务，从中获得大量信息，虽不一定带来损害，但是存在风险。如果我们意识不到安全风险的存在，将对公民权益保障乃至国家安全带来巨大威胁”。①

2009 年 12 月 18 日，国家档案局局长杨冬权全国档案局馆长会议上提出“两个体系”建设：“建立覆盖人民群众的档案资源体系和方便人民群众的档案利用体系”；2010 年 5 月 12 日，国家档案局局长杨冬权在全国档案安全体系建设工作会议上提出“建立确保档案安全保密的档案安全体系”，体现了档案安全在档案工作中地位的上升。档案安全体系作为“三个体系”建设的重要组成部分予以强力推进，并确立“安全第一”战略，要求“始终抓住档案的安全保密不放松，把安全保密作为第一责任和基本职责，全面提升安全保障能力，确保档案安全保密万无一失”。②而由斯诺登事件（或称“棱镜门”事件）和“维基解密”事件所引发的电子文件信息安全问题远未结束，需要我们深入地思考和应对，在电子文件管理过程中，采取积极有效的防范措施，真正“确保档案安全保密万无一失”。

三、“后保管模式”思想

后保管模式是相对于长期以来实行的以实体为中心的“保管模式”而言的，是一种以来源为中心，以知识为中心的文件、档案管理思想或管理理念，是对整个档案管理活动规律的重新思考与认识。

后保管模式是加拿大档案学家 T·库克 1996 年在第十三届国际档案大会的报告中提出的，他将未来档案事业的关注焦点概括为七个转变，即：

---

① 《“棱镜门”引爆信息安全“保卫战”》，《发明与创新》，2013 年第 8 期，第 10—12 页。
② 杨冬权：《在全国档案局长馆长会议上的讲话》，《中国档案》，2011 年第 1 期，第 18—25 页。

1. 从文件实体转向文件的形成过程。

2. 从分析个别文件的性质和特征转向更好地了解导致文件产生的业务职能、活动、任务、事务处理和工作流程。

3. 从根据文件内在价值或研究价值进行鉴定转向宏观鉴定形成者的主要职能、计划和活动，并挑选出反映它们的最精炼的文件永久保存。

4. 从文件实体的整理、编目和保管转向了解信息系统和形成者的相关文献之间的有机联系。

5. 从档案馆作为一个希望与文件形成机关合作的"恳求"机构转变为一个监督形成者、维护和保管在其管理下的档案文件活动的审计机构。

6. 从档案馆建筑作为文件保管基地转变为一个便于公众利用数百个由形成者控制的系统内各种文件的中央信息中心。

7. 从以等级结构中原始文件产生部门为中心的实际来源转变为以变动、临时甚至"虚拟"的机构中文件形成者的职能和业务活动为重点的概念来源。

所有这些转变的核心可以归结为："从由此产生的文件或产品转向背后的创造活动或创造意图。""将传统理论对实体保管对象——实态文件的关注转变成对文件、文件形成者及其形成过程有机联系、目的、意图、相互联系、职能和可靠性的关注。"①

后保管模式虽或多或少地受到后现代主义思潮的影响，但从档案事业的自身看，它更多的是对电子文件出现之后给档案学理论带来冲击所作出的一种反思和回应。如 T·库克所言："电子文件给档案人员带来的严峻挑战是只有通过抛弃许多传统的理论才能维护档案专业的相关理论和核心原则"，"电子文件向我们提出的现实挑战使我们能够回顾一下本世纪的记述……但我们还面临着档案思想从根本上发生变化的需求"。电子文件的种种特性迫使档案工作者把注意力从它本身转向它的过程，从实体转向它所包含的信息，从个体管理转向宏观管理，从事后管理转向前端控制。唯有如此，档案人员才能获得主动，才能真正把握住电子文件。

后保管模式的重大理论意义在于为电子文件时代的档案管理"建立一个新的范例"②，或者说推动档案管理范式的变革，即从保管范式转向后保管范式。在后保管范式中，重视档案文件中所包含的有效信息——知识，要甚于文件实体；重视文件的形成和运转经过，要甚于已经形成的文件本身；重视联系，要甚于每一份具

---

① ［加拿大］T·库克：《1898 年荷兰手册出版以来档案理论与实践的相互影响》，《第十三届国际档案大会文件报告集》，中国档案出版社 1997 年版，第 163 页。

② "范例"一词的英文为"Paradigm"，在其他学科通常译为"范式"。

体的文件;重视文件所体现的职能,要甚于研究人员对文件的各种需求。① 通过这种后保管的重新定向,档案人员、档案馆和国际档案理事会将能够应对信息时代的许多挑战。T·库克认为"正如澳大利亚的佛兰克·厄普沃德巧妙地要求档案专业不要太依恋于保管档案的象征程序,不要将我们占据支配地位的希望固定在消逝的论述模式上。相反,应让我们的'记忆宫殿'反映出适合于新世纪的新'后保管'秩序"。②

第三节 电子文件管理模式

电子文件与纸质文件的不同特点,不仅导致了其管理原则、方法和技术上的一系列变化,同时引发了对文件保管机构的职责和管理体制的思考。探索并建立合理的电子文件管理体制与模式,对提高电子文件管理效率和质量有着重要意义。电子文件的管理有不同层次,机构内部、档案馆和国家范围内的电子文件管理模式与体制应分别建构。

一、机构内部电子文件管理模式

电子文件产生并首先使用于各类机关、企事业单位,地区性、全国性电子文件管理系统是以这些组织机构的电子文件管理系统为基础建立的。由于业务范围、电子文件种类、内容的差异,在不同组织机构内部电子文件的具体管理模式不尽相同。目前,在机构内部,电子文件管理主要存在档案室、信息中心两种管理模式。

(一) 档案室管理模式

档案室是各机关(包括党、政、军机关,企业、事业单位,各种社会团体、社会组织)统一保存和管理本机关档案的内部机构,是整个机关的组成部分。档案室的基本任务就是集中统一地管理本机关各部门形成的各种门类和载体的全部档案,为本机关各项工作服务,也为国家积累档案资源。

电子文件作为机关活动的电子记录,同传统纸质文件并无本质不同。基于机关档案室的职责任务和文档之间的内在关系,在电子文件产生后,其管理活动首先

① 参阅冯惠玲:《电子文件时代新思维》,《档案学通讯》,1998 年第 6 期,第 45—49 页。

② [加拿大] T·库克:《1898 年荷兰手册出版以来档案理论与实践的相互影响》,《第十三届国际档案大会文件报告集》,中国档案出版社,1997 年版,第 163 页。

由档案室来承担，而且国家在多项规范、制度中也确立了档案室管理归档电子文件的要求。2002 年的国家标准《电子文件归档与管理规范》规定："文件形成部门或信息管理部门应定期把经过鉴定符合归档条件的电子文件向档案部门移交，并按档案管理要求的格式将其存储到符合保管期限要求的脱机载体上"；2003 年施行的国家档案局 6 号令《电子公文归档管理暂行办法》要求："电子公文一般应在办理完毕后即时向机关档案部门归档"；2010 年中办国办发布的《电子文件管理暂行办法》（中办国办厅字〔2009〕39 号）规定："电子文件形成单位应当根据国家有关规定明确电子文件归档范围和保管期限，并对具有保存价值的电子文件及时进行归档，由本单位档案部门负责管理。"这些规定中虽然没有明确说明单位"档案部门"就是档案室，但鉴于我国档案管理的传统和现有体系，可以肯定档案室仍是机关电子文件管理的主体和核心。

档案室管理电子文件是档案室功能的新拓展、新任务，"管理能力较差与管理的较高质量要求之间的矛盾是档案室电子文件管理的特点"。"一般说来，档案室更注重电子文件的收集。由于它在收集电子文件后一定时间内要移交给档案馆。因此，它的档案存储功能要求也不高，不需要分级存储管理和网络存储，应用简单的直接附加存储即可满足要求。不永久保存电子文件意味着它基本不用考虑数据迁移问题，实际上它要做的就是尽可能将电子文件的内容信息、表示信息、保存描述信息等收集齐全，按照与档案馆制定的提交协议将内容信息及其相关信息组成移交档案馆所需的 SIP，这实际上就是档案室自己的 DIP"①。

（二）信息中心管理模式

信息中心（或称信息技术中心、档案信息中心等）是一些大型企业单位在原有图书机构、档案机构或情报机构基础上设立的，旨在实现图书、情报、档案一体化管理的信息管理实体机构。这类机构设置的初衷就是要发挥信息技术和信息管理系统的优势，达到各类信息的有序整合和有效利用。

信息中心是单位的"档案管理部门"，必须承担机关电子文件管理的职责，同时，也属于上述国家规范、制度中规定的"档案部门"之列。信息中心管理电子文件能够更好地发挥技术优势，将电子文件信息与中心原有的图书、情报、档案信息进行有机集成，统一管理，整体优化。

信息中心电子文件管理模式在我国企业的设计部门表现尤为明显。如中航工

---

① 李泽锋：《基于 OAIS 电子文件管理系统体系研究》，中国出版集团、世界图书出版公司，2010 年版，第 133—138 页。

业成都飞机工业（集团）有限责任公司、中国电子科技集团公司第38研究所等单位，为防止信息资产流出，规定设计部门的所有图纸最后都必须由信息中心（具体由档案人员负责）控制输出，实现“集中出图”。设计人员完成设计任务后，通过网络或送交载体的方法将CAD文件先行集中到信息中心归档，由档案管理人员打印底图送给主管人员签署，签署后的底图晒印成蓝图后分发给生产部门。这种实时归档的集中方式，保证了CAD电子文件的齐全和完整，即时集中了设计成果，便于企业信息中心在此基础上通过组织数据库、开发检索系统等措施，尽快实现设计信息在企业内的共享。

无论机构采用何种电子文件管理模式，有两个方面基本是一致的：

其一是对电子文件实行统一管理。在电子文件产生初期，大多数机关生成的电子文件往往只具有“草稿”性质，作为非正式文件使用，对电子文件的重要性尚无明确的认识，也未建立归档管理制度，电子文件形成使用后，都保存在文件形成部门与形成人员手中，处于分散保管的状态，容易造成电子文件信息的丢失与无效。随着电子文件管理的不断发展，人们对电子文件的认识不断提高，各种管理规范和制度相继出台，电子文件集中统一管理的要求再次得到充分体现，机构内部电子文件管理也逐步由分散走向集中。2003年7月，国家档案局颁布的《电子公文归档管理暂行办法》明确规定：“电子公文形成单位应指定有关部门或专人负责本单位的电子公文归档工作，将电子公文的收集、整理、归档、保管、利用纳入机关文书处理程序和相关人员的岗位责任。”2010年7月，中办国办颁布的《电子文件管理暂行办法》，更是将“统一管理”作为电子文件管理的一条原则加以实施，要求“对具有保存价值的电子文件实行集中管理”。

其二是实行文件、档案一体化管理。尽管在纸质文件、档案时期，人们就提出了“文档一体化管理”理论，但在传统管理环境下，从未形成一个文档一体化的无缝系统。在计算机信息系统中，文件与档案的界限难以截然分清，电子文件的大量出现及其长久保存的需要将促使多年提倡的文档一体化管理进入实质性阶段。在电子工作环境中，对机构内电子文件、电子档案工作实行一体化管理，机构内计算机软硬件的配置、网络和节点的布局、文件格式和数据库结构的确定以及索引的编制等可以从文件设计形成阶段统筹规划与设计，电子文件的归档、鉴定、整序、著录、生成元数据和背景信息等大量的“档案管理性工作”也可以在文件形成或运转阶段予以实施，从而可以从整体上来组织控制文件、档案信息。这样，既可以加强档案部门对文件形成与管理的超前控制，又能保证进入档案室（馆）电子文件信息的整体质量，减少重复劳动，节约人力与物力，提高管理效率。

电子文档一体化管理的最佳实现方式是建立功能涵盖电子文件生命周期全部管理活动的电子文件管理系统。如北京五洲设计院的电子文件管理系统，从设计工作的开始阶段，设计人员必须完成由档案部门设计的著录单（记录设计项目的名称、时间、来源、责任者、设计者等），方可进入设计系统的界面开始设计工作。这种由文件形成者进行的著录，便于著录信息的及时采集，为后续的 CAD 电子文件管理打下基础，真正成为一个“无缝连接”的过程。

二、档案馆电子文件管理模式

档案馆电子文件的管理模式也可称为档案馆电子文件（或电子档案）保管的组织模式。从目前世界范围来看，档案界普遍认为档案机构对归档电子文件的管理责无旁贷，但在管理过程中采取什么样的方式来进行保管，即是将电子文件集中到档案馆统一管理控制，还是分散保存在各形成机关内，由档案馆指导控制，仍是一个争论较多的问题。这两种方式分别得到了一些国家档案学者和档案机构在理论与实践上的支持。

（一）分散保管模式

所谓分散保管模式（或称为分布式保管模式）是指政府机构以及各种社会组织产生的电子文件不集中在各级档案馆保存，而采用分布式管理方法，将其保存在产生这些文件的机构内，由档案馆对电子文件信息加以控制，并对其保管加以指导和帮助。

分散保管的理论基础是“后保管模式”。所谓“后保管模式”是指以来源为中心，以知识为中心的管理，是超越于长期以来实行的以实体为中心的管理模式，而作出的档案管理战略转变。

分散保管的思想在虚拟档案馆理论方面也有所体现，甚至可以说是直接相关的。戴维·比尔曼指出：“由于电子文件的存放位置与它们的使用几乎毫无关系，所以我们无论在哪儿都能容易地利用任何文件，这样一来，现在以保管为基础的实态档案库（Physical Repositories of Archives）将成为虚拟档案的连接点，未来的虚拟档案馆不再用收集、保管和提供现场利用的办法来管理，而是用控制有关文件信息及其利用的方法来确保它们的保存、处置和利用。”①

对电子文件采用分散保管的国家主要有澳大利亚、德国、俄罗斯等国。作为惯

① ［美］戴维·比尔曼：《虚拟档案》，《第十三届国际档案大会文件报告集》，中国档案出版社 1997 年版，第 120 页。

例，澳大利亚档案馆仅接收以下具有持久价值的电子文件实体进行保管：(1) 形成该电子文件的部门将不存在，或已经不存在，或电子文件的形成部门不能成为该电子文件职能的继承者；(2) 档案馆与电子文件的形成部门订有保管电子文件的协议。除此之外，所有联邦机构形成的电子文件皆保存在其形成机构内。澳大利亚的档案工作者对这种模式作了充分的解释。

澳大利亚档案馆的格雷格·奥谢和新南威尔士档案局的戴维·罗伯茨已经接受并着手实施后保管模式，他们把电子文件的档案管理政策和战略的发展过程划分为三个阶段：非保管阶段、保管阶段和后保管阶段。后保管阶段提供文件管理不再是档案馆的“特权”，而是贯穿于文件连续体的全过程之中，他们的理由是：“电子文件一旦脱离了生成它们的原始环境，由档案馆负责保管这些具有软件依赖性的文件，存在着很多实际困难。主要是技术支持的问题，档案馆不可能也没有能力接收大批的电子文件入馆，我们无法保证电子文件的长期可利用性和凭证的完整性。”他们认为：“根据我们多年从事档案工作的经验，单单依靠档案馆自身无法保证电子文件的价值。只要能使文件正确地生成并将其中有价值的部分保存下来，提供给用户利用，至于保存在哪里并不重要。理论上的争论只能是纸上谈兵，关键是要落在实处，加强工作中的交流与合作。”

另一位档案工作者史蒂夫·斯塔基也围绕这一问题阐述了自己的观点。他认为：“澳大利亚档案馆是最早开展电子文件管理工作的机构之一，积累了丰富的实践经验……任何关注计算机发展的人都会发现一个有趣的现象；计算机技术的更新速度超乎想象。很早以前，我们就发觉库房中充斥了大量过时无法解读的电子文件。20 世纪初，我们开始着手硬件的保存工作，用它们来读那些与之相匹配的电子文件。由此，我们认为：第一，安装和保管硬件设备并配备相应的技术人员，这笔开销简直是个天文数字，档案馆无论如何也负担不起；第二，当产品生产线改变后，设备制造商不再提供设备支持；第三，档案馆没有能力复制各个机构中已经存在的技术环境，这种做法违背逻辑而且是资源的极大浪费。根据有关法律的规定，联邦机构要对国会和人民负责。因此，它们有责任正确地生成和保管文件，并将它们视为机构的记忆保证其真实性。这样澳大利亚档案馆和联邦机构就文件的生成和保管问题达成一致，进行合作，档案馆负责制定相关的政策、标准和提供范例，机构在其指导下具体地执行。”斯塔基接着又引用了戴维·比尔曼的观点，指出问题的关键不是保管，而是文件的生成、捕获及凭证利用。如果文件没有被正确地生成、捕获到文件保管系统并保证其可利用性，那么，就没有人会保管它。澳大利亚档案馆抛弃了这种舍本求末的做法，实施分散的后保管模式来管理有限的电子文件，有效地保证其独一无二的价值。①

（二）集中保管模式

所谓集中保管模式是指将具有永久价值的电子文件传送到档案馆集中保存，即对电子文件实体和信息实行双重控制。实行集中保管是基于以下方面考虑：

1. 电子文件生成机关不具有保管电子文件的法律责任，容易造成电子文件的损毁

美国的西奥多·赫尔说："一些学者提出档案馆已没有必要对电子文件进行实体保存的观点。持这一观点的学者似乎忘了这样一个事实，即电子文件和其他档案性文件一样，生成机关对其进行实体保存的法律义务是有一定的时限的。因此，我们可以预测，电子档案馆在未来将会仍然承担对具有历史价值的电子文件进行保存和提供服务的角色。"②美国国家档案与文件署的蒂博多认为电子文件还是应该由档案馆来保管，如果把它们交给生成机构自行管理的话，机构很难对失去现行使用价值的文件给予足够的重视，从而危及档案的生存。因此，最好的解决方法就是将档案置于档案馆的保护伞之下，尽可能地减少档案的改变和损毁，把档案局限在生成机构的狭小空间内是一种目光短浅的做法。

2. 从文件生命周期理论来说，电子文件理应由档案馆集中管理

哥伦比亚大学的路西亚·德伦提和麦克尼尔是集中保管思想的主要倡导者。他们认为两阶段的文件生命周期理论在电子环境中仍具有生命力，伴随文件由现行阶段进入非现行阶段，管理文件的职责也应随之转移，文件管理必须有明确的职责分工，即生成机构与档案馆各司其职，这样才能对文件实施完整的职能控制，保证文件的可靠性和真实性。机构凭借程序和技术手段去保证文件的真实性，而档案馆则是通过整理和著录两个环节来实现。如果割裂了档案馆与集中保管场所之间的联系，那么就无法履行詹金逊所说的保管责任，即道德捍卫。道德捍卫与实体捍卫密不可分。

3. 从组织机构和人员的稳定性来说，形成机关分别管理会影响到档案管理长期政策的制定

爱德华·希格斯根据自己管理现行文件的经验，也认为把档案交给生成机构长期保管是一种极为冒险的行为。机构中的组织调整、人员变动都会给档案的保存带来不利，而且会影响到档案管理长期政策的制定；档案工作者与文件生成者之

① 张宁编译：《电子文件保管模式之争》，《浙江档案》，2000年第8期，第41—42页。

② ［美］西奥多·赫尔，肖永英编译：《美国国家档案馆电子文件的参考服务工作》，《档案学研究》，2000年第1期，第70—73页。

间缺乏经常性的交流、合作，对于以经济利益为重的单位来说，这无疑是一个沉重的包袱，不会对它们的商业目标有任何帮助。

对电子文件采取集中管理模式的国家有美国、英国、瑞士、法国等。美国国家档案馆一直从事着有关电子文件、档案管理的研究、评述和具体的实施工作，在这方面积累了丰富的经验。1988年，美国国家档案馆就设立了电子文件中心(Center for Electronic Records)集中保管来自联邦机构的电子文件。1989年，该中心已接收了来自联邦机构的14 000多份数据文档。而为了应对数量上日益增多的、载体形式及数据格式多样化的电子文件，美国国家档案馆于1998年启动了ERA(Electronic Records Archives)项目，其目标在于永久保证联邦政府电子文件的真实，在保护隐私和敏感信息的同时保证公众的利用。截至2014年3月，ERA支持来自George W. Bush白宫、若干联邦机构及议会的电子文件超过380TB。

随着电子文件的大量生成和管理活动的逐步推进，人们越来越感到传统的文档管理模式难以适应新环境下产生的电子文件管理的功能需求，需要重新构建适合电子文件管理的新模式和新方法。在此背景下，2000年以后，我国一些省市档案部门将电子文件中心建设作为电子文件管理的突破口，并进行了积极探索。2004年10月，安徽省电子文件中心作为我国首家省级电子文件中心开始正式启动，该中心建设的总目标是：在省电子政务网络平台上，充分利用现有网络资源和硬件设备，对省直单位公务活动中产生的、对国家和社会具有保存价值和利用价值的各类电子文件，实行集中采集、实时归档、统一管理、在线利用，做到数据规范、安全保密、资源共享，为党政机关办公、决策和社会公众查询公开的政务信息提供利用服务，并确保电子文件能够像纸质文件一样长远保存。此外，江苏、天津、山东、上海、广东、四川等省市档案部门也开展了电子文件中心建设和电子文件管理工作，取得了一定经验。2007年4月，国家档案局主持召开了全国电子文件中心建设经验交流会，会议认为电子文件中心建设为建立有中国特色的电子文件管理体系找到了一种形式，是新形势下电子文件管理工作在体制机制上的一个创新。

在上述两种保管模式中，集中式虽然作为较为传统的管理方法，但目前在技术水平和管理经验上较易被人们接受。分散式保管在管理思想上有其先进性，但在技术、政策上尚缺乏许多经验可循，还处于探索阶段。不过不管采用何种保管模式，档案馆都在总体上控制着电子文件资源。即使在分散保管模式下，档案馆对各部门形成的电子文件进行登记，并对其可存取性加以控制，这也是集中统一管理思想的体现。“档案馆对保存在各部门的电子文件的可存取性随时随地进行审计、检查，对敏感的或机密的档案进行适当加密，以防非法存取。通过控制档案的存取权，达到集中统一管理电子文件的目的，使电子文件尽管并非存放在档案馆，却随时在档案馆的管理与控制之中。”分散式保管是人们目前所能预测到的较为理想化的方案，但其未来的最终结果如何，尚待实践去检验。不过有消息说，澳大利亚国家档案馆目前已改变了过去将电子档案分散管理的做法，开始将所有电子档案集中在档案馆保存①，似乎为电子文件集中式与分散式保管之争画上了一个句号，但分布式保管所提出的问题仍值得我们进一步关注。

我国对电子文件的管理基本采取集中式模式，这与我们的归档制度有着直接的联系。《电子文件归档与管理规范》中指出："对归档电子文件，应按有关规定进行认真检验。在检验合格后将其如期移交至档案馆等档案保管部门，进行集中保管"；《电子文件管理暂行办法》中再次强调了电子文件管理的集中管理，因此，后面有关电子文件保管工作的介绍中，我们主要是针对集中式管理，当然对电子文件信息的整序方面也有部分内容适合一些分散式的电子文件保管模式。

三、国家电子文件管理体制

国家电子文件管理体制是一个国家对电子文件管理工作的组织方式与组织制度。

从世界各国的档案管理体制情况看，既有集中制，也有分散制。我国在长期的档案工作实践中，逐步形成并建立了集中统一的档案管理体制，即"统一领导、分级管理"体制。

"统一领导、分级管理"既是我国档案工作的基本原则，也是建设我国国家档案管理体制的原则和指导思想，是我国档案管理体制中最根本的一项组织制度。这一体制包含着丰富的内涵：(1) 从中央到地方建立档案事业管理机关，在各级党委和政府领导下，统一地制定政策、法规、标准，对全国档案工作予以指导，分级、分专业地掌握全国、本地区、本专业系统的档案事务；(2) 按行政区域和中央条块管理体制，对国家全部档案进行分级、分类集中管理；(3) 实行党政档案和党政档案工作的统一管理。这一体制是我国档案工作历史发展的结晶，它是"从我国几十年建立和建设档案事业的经验和教训中总结、升华起来的一种理性认识，具有普遍的、理论的意义"②。它有力地指导和推动了我国国家规模档案事业的建设，有效维护了我国档案历史文化财富的完整与安全。

---

① 任遵圣：《国际档案理事会东亚地区分会电子档案管理对策研讨会纪实》，《档案与建设》，2000年第11期，第8—11页。

② 陈兆祦：《对"统一领导、分级管理"原则的认识》，《上海档案》，1998年第6期，第16页。

为了推动电子文件集中统一管理的制度落实，2009 年，我国建立了国家电子文件管理部际联席会议制度，即由中共中央办公厅牵头，国务院办公厅、国家发展和改革委员会、工业和信息化部、财政部、国家档案局、国家保密局、国家密码管理局、国家标准化管理委员会等相关部门为成员单位，负责组织协调全国电子文件管理工作。《电子文件管理暂行办法》中规定："国家电子文件管理部际联席会议的职责主要有五项：一是负责统筹规划和组织协调全国电子文件管理工作；二是研究制定电子文件管理方针政策；三是审定电子文件管理规章制度、重要规划、重大项目方案；四是组织起草相关标准；五是研究解决全国电子文件管理中的其他重大问题。"国家电子文件管理部际联席会议日常工作由中共中央办公厅承担。同时，《电子文件管理暂行办法》要求，县级以上党委、政府要结合实际，明确负责电子文件管理的部门，承担本地区电子文件管理工作的组织协调和监督检查。

国家电子文件管理部际联席会议制度的确立，标志着我国电子文件管理国家战略顶层设计的初步完成，为我国电子文件管理工作的统筹规划、组织协调、政策制定等提供了强有力的组织保障，为规范电子文件管理从而促进国家历史记忆传承、促进信息资源开发利用、推动国家信息化建设健康发展，奠定了坚实基础。部际联席会议制度的建立，是我国电子文件管理工作中一个具有划时代意义的事件，也成为我国电子文件管理工作的一项基本制度。①

第四节　电子文件管理的理论与实践问题

电子文件的大量产生，不仅促使传统档案学理论加速变革，也将电子文件管理这一现实问题摆在档案工作者面前。电子文件，这个人类记录历史上前所未有的巨大变迁交给我们的是一个时代性难题。冯惠玲教授曾指出：这是档案学更新的时代，也是档案理论发展的时代。这个时代需要，也可能造就出与缪勒、詹金逊、谢伦伯格等齐名，甚至贡献和影响更大的档案理论家。习惯手工管理案卷的档案工作者，不仅需要学习摆弄计算机键盘、鼠标以及磁盘、光盘等"新式武器"，还必须思考由此而产生的一系列理论与实践问题。

---

① 王良城：《我国电子文件管理基本制度述略》，《中国档案》，2012 年第 3 期，第 65—67 页。

一、电子文件管理的理论问题

信息技术应用及电子文件产生所引发的理论问题是我国档案界自20世纪末以来的重大学术课题，学者们有多种不同的思考和归纳。冯惠玲教授则就电子文件所引发的档案学理论思考进行了分析，提出了6个核心理论问题：① 原始记录性与档案的本质属性问题。电子文件易于修改，便于拷贝的特点使人们对其原始性失去了信任，虽然已有一些技术可防止伪造文件和在“原稿”上增删涂改，保证其内容的原始性，但电子文件在长期保存过程中需要定期复制，需要在新的软件中转换格式，这样“原件”的概念变得难以定义，如何认定电子文件的原始性和证据性便成为新的课题，成为电子文件能否转化为档案的关键。② 关于双套制问题。在电子文件的证据尚无有效保障的情况下，多数机关从方便工作的角度实行了双套制（即电子文件与纸质副本并行），这种做法在理论上如何成立，采用什么管理方法可以使两套材料互相关联又各尽所能，档案馆要不要承认和接受双套制等问题都需要我们搞清楚。③ 电子文件自身的特点决定了其管理方法有许多不同于纸质文件之处，如由于电子文件信息与载体的可分离性，“档案实体整理”可能被“概念整理”所取代，其实体单线排列的规定性也将被信息多元组合的可能性所取代。电子文件在归档的范围、方式，鉴定的内容、标准，保管的条件、要求等方面均有独特性，在这些应用理论和技术领域中疑题丛生。④ 来源原则又成为档案学者关注的理论热点。作为传统档案学理论的根基的来源原则在信息时代是否具有生命力，如何根据新的时代变化，丰富、发展来源原则，值得探索。⑤ 文档一体化与文件——档案工作流程重组问题。计算机的介入使传统的文档一体化管理设想得以实现，在计算机文档管理定位中，如何实现各业务环节重组，体现前端控制系统、协调的思想，必须重视。⑥ 文件管理体制和档案部门的职能变化问题。电子时代档案馆或许不再必须接收各机关、组织的“档案”，而主要是行使对分散的档案信息集中控制并使其便于公众利用的职能，即从档案文件的保管基地转变为档案信息的控制中心，档案员如何从保管员变为“审计员”，意义重大。[①]

窦晓光教授在《高新信息技术对档案学理论的挑战与对策》一文中，提出了要重点研究的7个问题：① 采用新技术处理档案的必然性、规律及其操作过程。档案越来越多而库房有限及不能满足现代社会信息处理的需要，哪些类型的文件需要从纸质形式转化为电子形式或其他新型载体形式。② 新技术对档案理论原则

---

① 冯惠玲：《档案技术革命带来的理论思考》，《中国档案》，1997年第1期，第36—37页。

的冲击。电子文件有没有生命周期，各种新型档案与档案的共性与个性问题，内部编列结构与对新型档案的过程控制与管理。③ 新技术对档案馆管理档案的冲击，即办公室电子文件直接进入档案馆档案管理领域与档案馆档案进入信息管理领域的问题。④ 档案信息实际利用的条件、障碍及政策保护问题，公共档案与私人档案数据利用的限制，档案信息交流和计算机网络的问题。⑤ 电子文件、光盘等新型档案材料的保护。⑥ 跨国数据系统与信息时代的档案专业教育研究，档案专业人员的知识结构，技术培训等问题。⑦ 我国明、清至近代档案文件的特性与管理，现代社会应从档案专业史中借鉴和继承哪些优良传统。①

以上两位学者提出的问题只是档案学共同体众多思考的代表。历经十余年的发展，以上问题有的已获得明确的答案，有的还正在寻求答案，但不论如何，我们可以看出电子文件产生所引发的记录革命和管理革命，冲击了整个档案界，其理论挑战是全方位的、根本性的，要求档案学术共同体做出不同于传统档案学理论的新解释。

二、电子文件管理的实践难点

与理论问题相比，电子文件管理的实践问题显得更具体、更直接。作为档案家族的新成员，在形成初期，人们对其管理更多地感到“束手无策”，或者“茫然无序”。经过20余年的实践摸索和经验积累，现在人们已初步掌握了电子文件收集、积累、归档、保管、利用等的一些基本方法，在一定程度上使电子文件得以有序管理和提供利用，但从社会发展和管理实践提高的角度看，电子文件管理仍存在诸多实践性难题。

（一）资源集成问题

电子文件是信息技术发展和使用的产物，随着数字技术和网络技术的飞速发展，现代信息技术在社会领域的运用越来越广泛、越来越多样，这必然导致电子文件生成领域的延伸和扩张。数码相机、数码摄像机、智能手机、POS机、GPS，微博、微信、客户端，等等，不仅使电子文件的生成方式由原来的单机生成模式向系统生成模式、网络生成模式拓展；而且使电子文件的生成主体由原来的组织机构型向个人社会型拓展，生成事由由原来的职能业务型向社会交往型拓展。电子文件生成领域“蔓延”和生成方式的转变，一方面促使电子文件产生速度加快、产生数量激增，它们可以随时随地产生，汇聚成“汹涌澎湃”电子文件信息流；另一方面也促使

---

① 窦晓光：《高新信息技术对档案学理论的挑战与对策》，《档案学通讯》，1998年第1期，第4—7页。

电子文件数据异构、业务流程异构、系统异构现象加重，它们各自分散存在在不同的系统中，保管困难，许多都处于“自生自灭”的状态。因此，面对“海量”异构的电子文件信息，探索如何建立电子文件信息资源集成体系，实现各类电子文件资源的集成共享和有效利用，是电子文件管理实践面临的一大难题。这一难题意味着电子文件管理不能仅局限于机构内部产生的文件，还需要注意社会领域产生的大量文件。当前，人们对社交媒体中产生的电子文件管理的关注和探讨，可以说是对这一难题的积极应对。

（二）真实性保障问题

从电子文件的产生看，它是在实践活动中产生的，具有原始性，为电子文件的真实性提供了基础，但并不意味着其真实性自然得到承认。由于电子文件内容与载体的易分离性，电子文件内容的易改动性且不留痕迹，电子文件载体的不稳定性和保存技术的迁移性等诸多因素，给电子文件真实性的确认造成了很大困难。虽然从电子文件管理研究之初，国内外档案界就关注并积极探讨电子文件的真实性保障问题，也实施了一些实践项目，但就目前情况看，电子文件的真实性保障仍然是档案领域面临的突出现实问题。有学者在对 InterPARES 项目分析时指出，对于电子文件真实性可靠性的保障“并不是一个一蹴而就的过程，这一过程需要档案工作者从文件生成开始对生命周期中的每一步进行设计和监管，包括文件本身和文件管理系统，每一次的迁移，物理安全，访问控制等等。这一过程中每一个环节的顺利执行才能保证每份文件的真实性”①。真实性是文件的根本，在电子文件真实性有效保障方面，档案部门仍任重而道远。

（三）法律证据问题

与真实性问题直接相关的实践难点就是电子文件的法律证据问题。虽然有些国家在法律法规中有限度地承认电子文件的法律效力，但我国对电子文件法律证据地位问题至今还没有明确的承认。

美国国家档案与文件署在 1990 年制定的《电子文件》手册中明确规定：当有效的文件管理要求得到贯彻实施时，与书面文件和缩微胶片文件相比，除了对纸张文件有专门的法规或条例的要求外，并没有对电子文件提出更高的保证法律效力方面的要求。美国联邦管理法规中有关电子文件的管理条例就明确指出：“如果全面制订了文件管理系统中有关操作及控制的文件，保证电子文件的可靠性，则电子

① 方昀、潘未梅：《InterPARES 项目对电子文件可靠性真实性保障的哲学基础和理论基础》，《档案学研究》，2013 年第 3 期，第 36—40 页。

文件可以在联邦法院的诉讼案件中出庭作证。"近年来，美国在诉讼活动中，利用电子文件作为庭审证据的案例不断增多。

我国在电子文件研究和管理初期，就注意到电子文件法律证据的重要性。1999年，电子文件归档与电子档案管理研究领导小组提出："加强立法，确认电子文件、电子档案的法律证据作用，确保国家档案管理部门依法管理电子文件、电子档案是极为重要的迫在眉睫的事情，必须引起国家立法及有关部门重视。"①但十多年过去了，有关电子文件法律证据问题研究不少，进展不大，其法律证据地位仍未明确得到法律认可。"尽管司法实践中已经有大量采信电子证据的案例，但是大多数电子文件的管理人员还是对电子文件的法律凭证能力表示极大的怀疑，也不能明确知晓保障其证据性的方式方法"；"更为重要的是，没有一部法律法规明确规定电子证据真实性鉴定的程序和标准"②。已成为电子文件管理发展的现实障碍。

（四）管理风险问题

风险是"损失的不确定性"③。美国著名经济学家迈克尔·曼德尔说："高风险的社会不会消失，如果说还有什么变化的话，那就是风险还要增加。"与社会的高风险一样，电子文件管理也是一项高风险的管理活动或管理领域。"大量事实表明，电子文件的风险已经超乎想象地遍布全世界各类机构，21世纪的'记忆黑洞'已经形成并日趋严重"。冯惠玲教授及其电子文件管理研究团队对电子文件的风险进行了专门的研究，她（他）们认为电子文件的管理风险广泛存在，"电子文件管理的目标既包括维护文件信息的真实、准确、完整、可读、可用等相对具体的质量目标，也包括支持科学决策、支持业务的连续性、维护社会记忆、保护社会合法权益等相对宏观的业务目标，任何与预期目标产生的偏差都可能存在电子文件风险"；"能够引发电子文件风险的因素发布也较为广泛，涉及技术、制度、文件业务、资金、观念、人员素质等多个方面，任何一个方面的不健全、不完备都可能导致电子文件管理风险"④。目前，在电子文件管理实践中，我们的风险意识和风险管理还不强，随着社会信息化和信息技术的发展，社会风险、技术风险等必然会进一步传导到电子文件管理中来，对电子文件管理构成重大挑战。

（五）长期保存问题

联合国教科文组织在《数字遗产保护章程》中指出，"全世界的数字遗产正濒临

---

① 国家档案局编著：《电子文件归档与电子档案管理概论》，中国档案出版社，1999年版，第39—40页。
② 冯惠玲、刘越男等著：《电子文件国家战略》，中国人民大学出版社，2011年版，第27页。
③ 冯惠玲等著：《电子文件管理风险》，中国人民大学出版社，2008年版，第3页。
④ 冯惠玲等著：《电子文件管理风险》，中国人民大学出版社，2008年版，第10页。

丢失的危险”。这既是电子文件管理面临的风险，也意味着电子文件管理的责任和使命、目标和方向，即如何让电子文件这类数字遗产得到永久性保存。

电子文件的长期保存是电子文件管理的核心和基础，现实活动中形成的电子文件如果不能长期永久保存或无法长期永久保存，不仅意味着电子文件的“管理失灵”，更意味着历史和社会记忆的“空白”。电子文件产生以来，由于对电子文件的特性不甚了解，或疏于管理，或由于技术障碍，导致电子文件管理事故频仍、灾难不断，一些记录重要历史事件的电子文件或丢失、损毁，或不可阅读，不仅严重影响到各类机构现行工作业务的质量和效率，更使历史无情化作一段段空白。冯惠玲教授指出：“在这样一个文明高度进步、技术高度发达的时代，我们却在社会记忆上留下许许多多的疮孔，这难道不会成为我们这一代人对后世的永久愧疚和社会的永久遗憾吗？”①避免造成“永久愧疚”或“永久遗憾”的唯一途径，就是将电子文件永久地保管起来。

由于对技术、系统的依赖性，电子文件长久保存问题难题重重。1998 年由加拿大英属哥伦比亚大学图书、档案与信息学院 Luciana Duranti 博士与 Terry Eastwood 教授领衔开展的 InterPARES 项目，汇聚了加拿大、美国、意大利、中国与香港等 15 个国家和地区的研究力量，形成跨国合作研究，凸显了电子文件永久保管问题的复杂性和艰巨性。Inter PARES 项目及其他国家性、地区性电子文件永久保管项目的实施，虽然取得一定进展，但并非彻底解决。

2007 年，中国科学技术协会“电子文件管理机制研究”课题组在对 55 家中央和国家机关及其直属企事业单位、35 家省级或副省级城市综合档案馆、30 家党政机关、企事业档案、专业软件公司的电子文件管理状况调查时发现，“34 家机构声称其系统具有长期保管功能，却有 21%已经出现 电子文件无法读取的情况”；“这说明我国中央和国家机关及其直属企事业单位尚无功能齐备的电子文件管理系统”②。

以上五个方面是电子文件管理领域所面临的全局性、整体性实践难题，在电子文件管理的各个具体环节中同样有各种难题出现，档案工作者必须面对挑战，迎难而上，从理论和实践上努力探索电子文件管理规律，具有历史的担当。如冯惠玲教授所言：“人类社会必须经受这一巨大变革所带来的关于社会记录利用能力、管理能力和保存能力的严峻考验。”③这可能是需要几代人才能完成的事业。

---

① 冯惠玲等著：《电子文件风险管理》，中国人民大学出版社，2008 年版，第 1 页。
② 冯惠玲、赵国俊等著：《中国电子文件管理：问题与对策》，中国人民大学出版社，2009 年版，第 112 页。
③ 冯惠玲等著：《电子文件风险管理》，中国人民大学出版社，2008 年版，第 1 页。

第三章　电子文件的形成与捕获

电子文件是现代信息技术环境下生成的新的文件形态。由于电子文件的特殊性，需要在电子文件运动整个生命周期对其实施管理，在形成阶段及时捕获电子文件，从而保证电子文件从文书部门到档案部门数据信息的完整、准确，有效保障电子文件内容的真实性、完整性、有效性和安全性，实现文档一体化管理。

第一节　电子文件的制作

一、电子文件的制作方式

在电子文件的制作方式中，由于 Microsoft Word 软件在编辑排版方面具有功能上的全面性、使用上的普及性和操作上的易用性，使其在桌面办公领域更具优势，大多数电子文件的制作都是在 Word 软件中完成。因此，掌握好 Word 软件编排电子文件技巧至关重要，本节利用 Word 2007 版本介绍电子公文制作的相关方法。

为提高党政机关公文的规范化、标准化水平，2012 年 6 月 29 日，国家质量监督检验检疫总局、国家标准化管理委员会发布了国家标准《党政机关公文格式》(GB/T 9704—2012)，该标准于 2012 年 7 月 1 日起正式实施。电子公文需要根据这一标准规范进行制作。

(一) 制作电子公文的模板

1. 打开空白 Word 文档

单击“开始”菜单，在“所有程序”中选择“Microsoft Office”，单击其中的

“Microsoft Word”，打开一个空白文档。

2. 页面设置

单击“页面布局”，在“页面设置”栏中选择“页边距”选项卡，将页边距设置成：上：3.7 厘米、下：3.5 厘米、左：2.8 厘米、右：2.6 厘米，方向为“纵向”，页码范围为“普通”；选择“纸张”选项卡，纸张大小为“A4”；选择“版式”选项卡，“页眉和页脚”为“奇偶页不同”；选择“文档网格”选项卡，“网格”为“文字对齐字符网格”，并将“字符数”下的“每行”设置成“28”个字符，“行数”下的“每页”设置成“22”行，再单击“字体设置”，“中文字体”为“仿宋”，“字号”为“三号”，最后单击“确定”按钮。这样就将版心设置成以三号仿宋字、每页 22 行、每行 28 个汉字的国家标准，如图 3－1 所示。

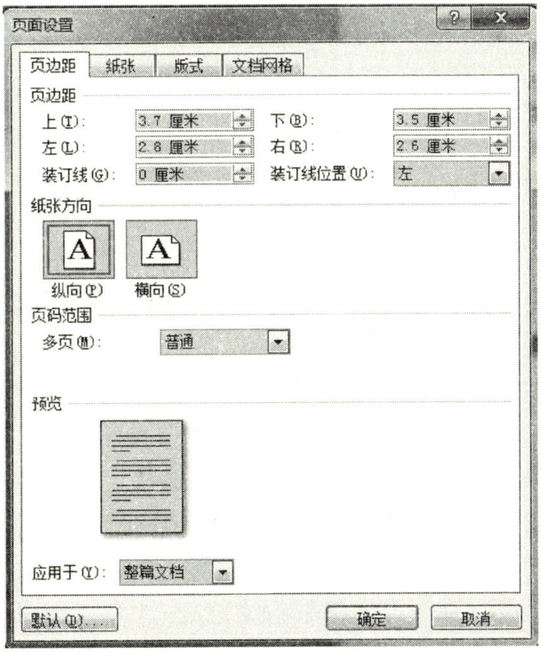

图 3－1　页面设置

3. 发文机关标志制作

单击“插入”，在“文本框”箭头下选择“绘制文本框”，在 Word 页面上绘制文本框，在该文本框内输入发文机关标志，输入完成后，选中该文本框，单击鼠标右键，“设置文本框格式”，在这里设置红头文件的属性。选择“颜色和线条”选项卡，填充颜色为“红色”，线条为“无线条颜色”。选择“大小”选项卡，“高度”设置成“2.64 厘米”，“宽度”设置成“15.6 厘米”。选择“版式”选项卡，“环绕方式”为“浮于文字上方”，“水平对齐”为“居中”；单击“高级”按钮，打开“高级版式”，“水平”栏选择“对齐方式”为“居中”，相对于“页边距”；“垂直”栏选择“绝对位置”为“2.5 厘米”(平行文标准)、“8.0 厘米”(上行文标准)，“下侧”设置为“页边距”；“选项”栏中“对象随文字移动”不选，其他全选，然后单击“确定”。选择“文本框”选项卡，左、右、上、下都设置成“0 厘米”，单击“确定”完成。文本框属性全部设置完成后，选中文本框内的全部文字，将颜色设置成“红色”，字体设置成“小标宋体”，字号根据文本框的大小设置成相应字号，但要尽量充满该文本框，这样，宽为 155 毫米、高为 20 毫米、距上 25 毫米的红头制作完成。

4. 发文字号制作

在发文机关标志下空两行位置，输入发文字号。发文字号由“发文机关代字”、“年份”和“发文顺序号”组成，其中年份、发文顺序号用阿拉伯数字标注；年份应标全称，用六角括号“〔 〕”括入；发文顺序号不加“第”字，不编虚位(即 1 不编为 01)，在阿拉伯数字后加“号”字。

若是平行文，则发文字号为三号仿宋、居中显示。若是上行文，则发文字号为三号仿宋、左空一个字的距离，“签发人”为三号仿宋字体，签发人姓名为三号楷体、右空一个字的距离。

注：文号的年份一定要使用六角括号。六角括号插入方法：选择“插入”→“符号”→“标点符号”选项卡，找到六角符号后，将光标置于准备插入的地方，单击“插入”按钮即可。

5. 分隔线制作

单击“插入”，选择“插图”中“形状”下的“直线”线条，鼠标会变成“十”字形，左手按住键盘上的 Shift 键，右手拖动鼠标从左到右画一条水平线，然后选中直线单击鼠标右键，单击“设置自选图形格式”。选择“颜色与线条”选项卡，“颜色”为“红色”，“虚实”为“实线”，“线型”为“2.25 磅”。选择“大小”选项卡，“高度”设置成“0 厘米”，“宽度”设置成“15.6 厘米”。选择“版式”选项卡，“环绕方式”为“浮于文字上方”，“水平对齐”为“居中”；点击“高级”按钮，打开“高级版式”，选择“图片位置”选项卡，“水平”栏选择“对齐方式”为“居中”，相对于“页边距”；“垂直”栏选择“绝对位置”为“7 厘米”(平行文标准)、“13.5 厘米”(上行文标准)，“下侧”设置为“页边距”；“选项”栏选择“允许重叠”和“表格单元格中的版式”两项，单击确定。

6. 页码制作

单击“插入”，在“页码”的下拉菜单中选择“页面底端”的“普通数字 3”(右对齐)，然后在页面上方的“选项”栏中选中“奇偶页不同”，这样即插入了右端对齐的奇数页码；再将光标放到任一偶数页，单击“插入”，在“页码”的下拉菜单中选择“页面底端”的“普通数字 1”(左对齐)，这样即插入了左端对齐的偶数页码。分别双击任一奇偶页码，在页码两边各加上一条全角方式的短线，并将页码字号设置成四号宋体；奇数页的页码设置成右空一个汉字，偶数页的页码设置成左空一个汉字。

7. 保存成模板文件

单击“Office 按钮”，选择“另存为”中的“Word 模板”(＊.dotx)。在“文件名”栏中给模板命名；在“保存位置”栏中确定模板所在路径(通常选择默认即可，也可自行选择)。点击“保存”，模板制作完成。以后所有属于此种类型的公文都可以调用该模板，直接进行公文正文撰写。

要对该模板进行修改，可以调出相应模板，方法是：单击“Office 按钮”，选择“打开”，找到相应的模板路径调出模板进行修改；若模板保存时按系统默认设置的，则单击“打开”按钮调出模板即可进行修改。

(二) 电子公文正文排版

1. 依据模板建立新电子公文

打开 Word 软件，点击“Office 按钮”，在“打开”的界面上选择电子公文模板所保存的文件夹，双击该模板文件，即可调出模板。

2. 制作电子公文正文内容

正文内容根据用户的实际需求，可以直接录入文字，也可以从其他文本中将文字复制进来。根据《党政机关公文格式》(GB/T 9704—2012)的相关要求，公文正文排版格式如下：

标题——二号小标宋体字，编排于红色分隔线下空二行位置，居中显示；

主送机关——三号仿宋字体，编排于标题下空一行位置，居左顶格，冒号使用全角方式；

正文——三号仿宋字体，编排于主送机关名称下一行，每个自然段左空二字，回行顶格；

发文机关署名和成文日期——三号仿宋字体，发文机关署名在成文日期正上方居中编排，成文日期一般右空 4 个汉字编排且用阿拉伯数字将年、月、日标全；

文号、签发人——按照模板定义的字体填写完整。

最后，将红头、红线、文号、签发人、标题、主送机关、正文、发文机关署名、成文日期、印发机关、印发日期、页码等相互位置调整好，如图 3-2。

二、电子文件的制作流程

电子文件的制作流程是文件形成机关利用计算机制发电子文件的过程，主要包括以下环节：草拟、审核、签发、复核等。

(一) 草拟

草拟，即拟制电子稿件的过程，是根据发文的目的及领导意图，将拟好的文稿录入、编排、修改，制作成较为规范的可修订格式公文，借助内部办公自动化系统送相关人员审稿之前的工作过程。具体内容可参见上文“(二) 电子公文正文排版”。

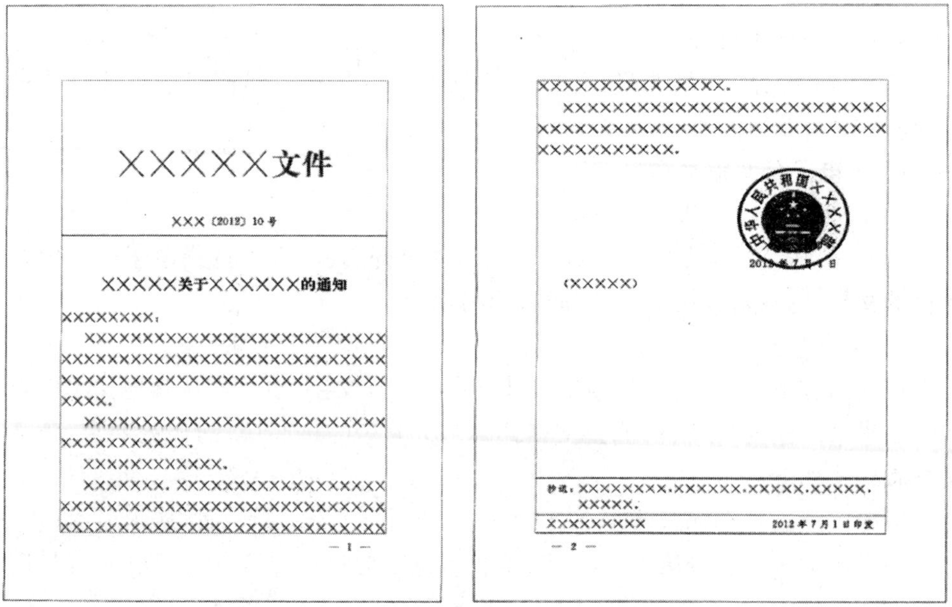

图 3-2 电子公文成文

（二）审核

审核是文件形成部门负责人根据审稿工作的基本要求，借助内部办公自动化系统，从内容到体式、文字进行审查，将审稿意见直接记录、批注或修订在电子文稿上，反馈给拟稿人。

（三）签发

签发是指领导核准文稿并通过办公自动化系统进行电子签名，签署同意发出的意见、姓名及日期。电子文稿一经领导签发即成为定稿。公文应当经本机关负责人审批签发；重要公文和上行文由机关主要负责人签发；党委、政府的办公厅（室）根据党委、政府授权制发的公文，由授权机关主要负责人签发或者按照有关规定签发。

（四）复核

已经发文机关负责人签批的公文，印发前应当对公文的审批手续、内容、文种、格式等进行复核。需作实质性修改的，应当报原签批人复审。经过复核，确认电子文稿从内容到形式准确无误后，可以将电子文件发出。①

① 丁海斌、卞昭玲主编：《电子文件管理基础教程》，辽宁大学出版社 2011 年版，第 158—168 页。

第二节　电子文件的收发

电子文件的收发主要是依托电子政务网络实现部门内部和部门之间文件的分发、接收、传阅等操作，以电子文件传输取代传统纸质文件传输的现代办公模式。电子文件的收发与纸质文件的收发有较大不同，具体体现在：一是载体的天然差异，电子文件的物理存在形式是数字符号，纸质文件的物理存在形式是纸张字迹；二是传输路径的特殊依赖，电子文件传递于系统网络中，纸质文件传递于物流网络中；三是不同的安全控制，电子文件根据系统环境设定，纸质文件根据物流环境设定。上述三点决定电子文件的收发具有不同的传输流程和操作要求，具体包括发文和收文两大环节。

一、电子文件的发文流程

电子文件的发文流程与传统文件的发文流程有很大不同。传统文件的发文流程一般包括：拟稿、会商、核稿、签发、复核、登记、印制、核发、用印、封发等环节①；而电子文件的发文流程主要包括发文前处理和文件发送两大过程。下面以电子公文为例加以介绍。

（一）发文前处理

发文前处理涉及的关键环节有以下几点：

1. 发文前的规范化编辑

电子文件在定稿形成后，按照文件规范格式进行编排，并进行文本格式转换，将 DOCX 格式转换为 PDF 格式、CEB 格式或 SEP 格式的电子公文。

2. 数字签名（电子印章）

传统的手写签名和印泥盖章在电子公文上无法进行，必须依靠电子技术手段来替代，并且要做到在电子公文传输过程中能够识别发文和收文双方真实身份，保证电子公文的安全性、真实性和可信性，起到与手写签名或盖章同等的作用。实践中的一般做法是将电子签名技术和公章图像技术结合在一起，加盖电子公章的过程，就是电子签名的过程，这个过程一般也叫做电子印章过程。目前，我国电子公文电子

---

① 周耀林等编著：《公文管理教程》，辽宁大学出版社，2013 年版，第 125 页。

签名的主要依据是 2004 年 8 月 28 日通过的《中华人民共和国电子签名法》。

实现电子签名的技术手段有多种，比较成熟的是数字签名，所以加盖电子印章过程往往也称为数字签名过程。数字签名是通过密码运算生成一系列符号和代码组成电子密码进行签名来代替书写签名或印章，是一个运用“非堆成密码系统”技术对发文者发出的电子公文进行加密和解密的过程。简单说，数字签名就是利用加密技术，验证签名者身份和公文内容。

3. 加密

由于网络环境的广泛性和复杂性，普通电子文件很容易在网络传输过程中被截取，因此加密是保障电子公文安全的一道防线。有加密就有解密，发文时加密，收文时解密，二者是一个互逆过程。以某一电子公文传输系统采用的加解密算法为例：在公文发送阶段，通过 DES 算法加密电子公文的正文，用收文单位公钥通过 RSA 算法加密 DES 的解密密钥，加密后的密文和密钥一起发送给收文单位。

（二）文件发送

1. 登录系统

登录电子公文收发系统，如图 3－3 所示；双击“发文系统”按钮，进入电子公文发送系统。

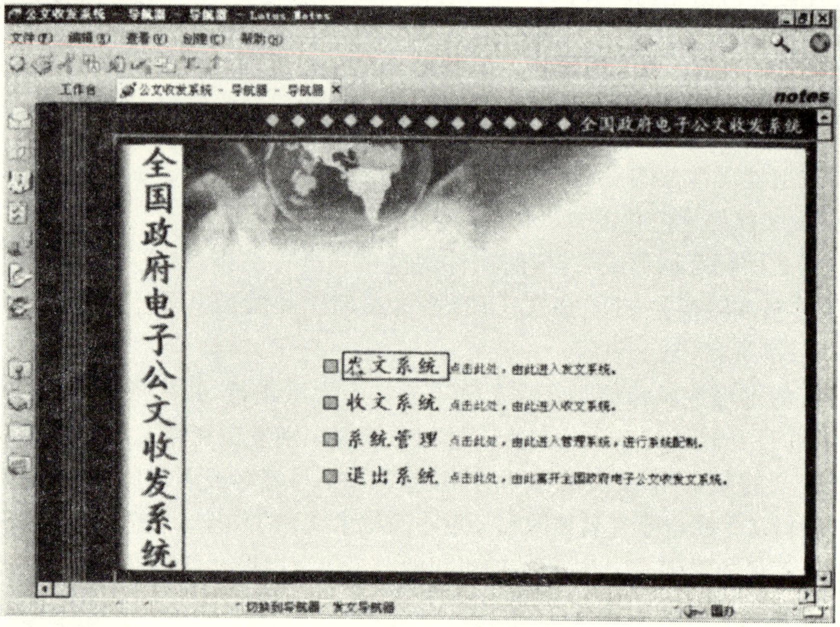

图 3－3　电子公文收发系统界面

2. 公文登记

公文登记是记录电子公文的基本要素，发文、收文、转发、归档都是以它为依据进行的。创建公文登记表时将公文标题、发文字号、秘密等级、公文附件、发文备注、签发人、使用印章等逐一登记，如图 3－4 所示。公文登记表还提供了浏览、保存功能，可确认待发文件的正确与否。同时可直接从数据库中调出公文进行修改、重发或发送已发过的文件。

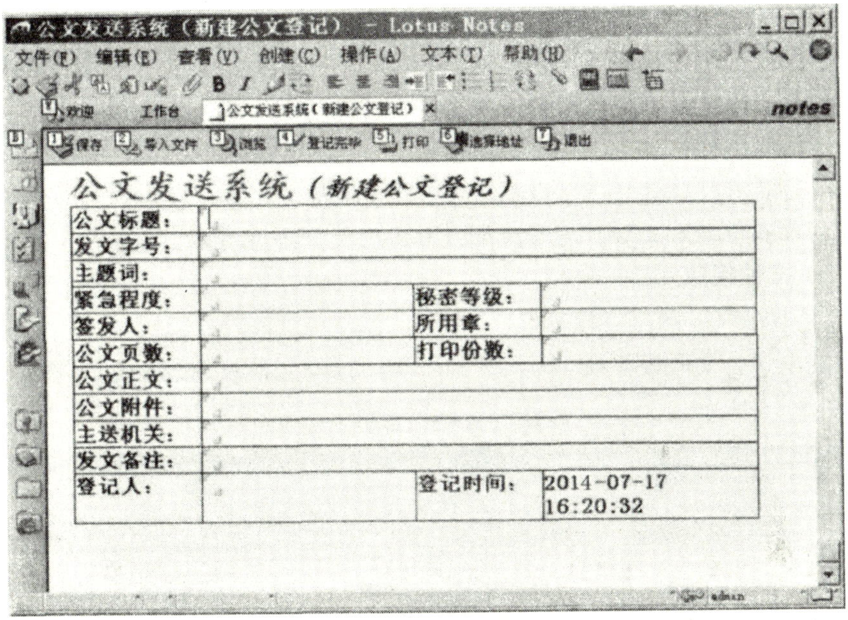

图 3－4 公文登记界面

3. 加密及发送

从公文登记表中调出待发送的公文，再次浏览无误后对需加密的文件加密后发送。

二、电子文件的收文流程

电子文件的收文流程与传统文件的收文流程也有很大的不同，传统文件的收文流程包括签收、登记、初审、承办、传阅、催办、答复等环节①。而电子文件的收文流程主要包括收文前处理和文件接收两大过程，下面以电子公文为例加以介绍。

① 《党政机关公文处理工作条例》(中办发〔2012〕14 号)。

(一) 收文前处理

收文前处理涉及的关键环节有以下几点：

1. 收文解密

针对前文提到的电子公文传输系统采用的加解密算法，在公文的收取阶段，收文单位收到密文和密钥后，首先用私钥对密钥进行 RSA 解密，获取密文解密密钥，再通过 DES 算法解密密文为明文。

2. 电子公文的签收和验证

收文单位解密收文后，用发文单位公钥对收文的电子签名验证，以确定收文的合法性并向发文单位发送签收回执或签收证明。

3. 原样打印输出

为了保证打印输出的文件是红头和红章，并保证公文内容和版式的原样复原，收文单位需要配备彩色印刷设备。打印份数一般由发文单位设定。

(二) 文件接收

1. 签收公文

登陆电子公文收发系统，双击图 3 - 3 中的“收文系统”按钮，进入收文工作界面，如图 3 - 5 所示。

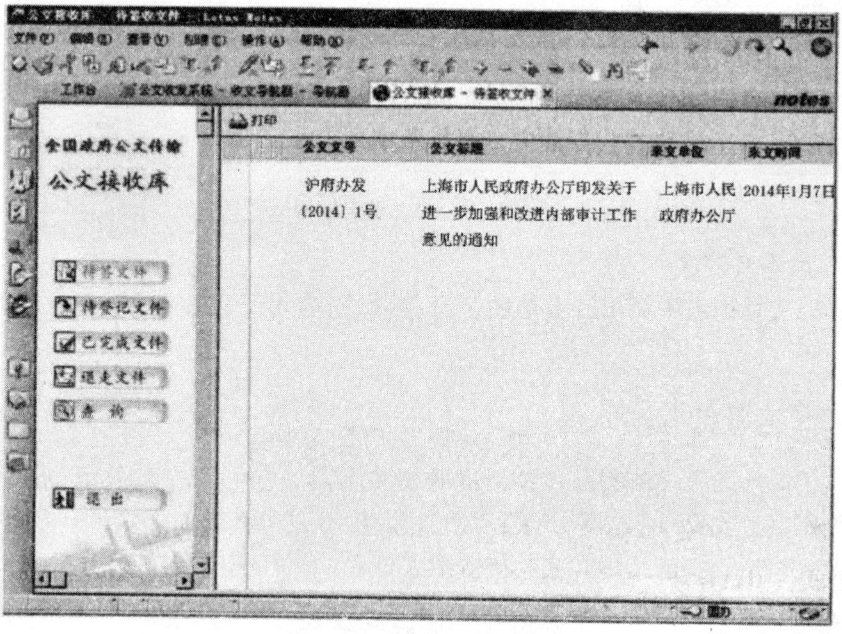

图 3 - 5　收文工作界面

在图 3－5 所示收文工作界面中，列出了“待签文件”、“待登记文件”、“已完成文件”、“退走文件”、“查询”等导航按钮。单击“待签文件”按钮，视图中显示了 2014 年 1 月 7 日文号为“沪府办发〔2014〕1 号”的收文。双击此文件，便进入图 3－6 所示的“待签收”界面。

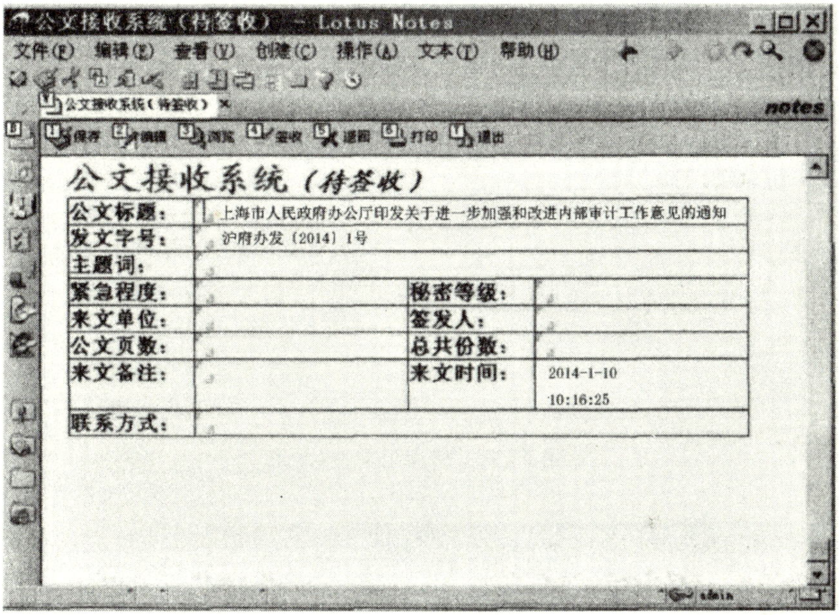

图 3－6　“待签收”界面

在“待签收”界面中，操作条中列出了“保存”、“编辑”、“浏览”、“签收”、“退回”、“打印”等按钮，若单击“签收”按钮，系统将弹出对话框提示输入密码，密码输入正确后，系统自动完成签收过程，并向发文单位自动发送回执。

2. 收文登记

当待签收文件签收完毕后，该文件即进入如图 3－7 所示的“待登记文件”界面。

在“待登记文件”界面中，列出了“刚刚”签收完毕的文号为“沪府办发〔2014〕1 号”的收文，双击该文件，进入图 3－8 所示的“待登记入库”界面。

在“待登记入库”界面中，设置好相关公文要素后，即可将该文件转换成“已完成文件”。

3. 浏览打印

在公文要素登记完成后，单击“浏览”按钮，系统要求输入密码，密码输入正确

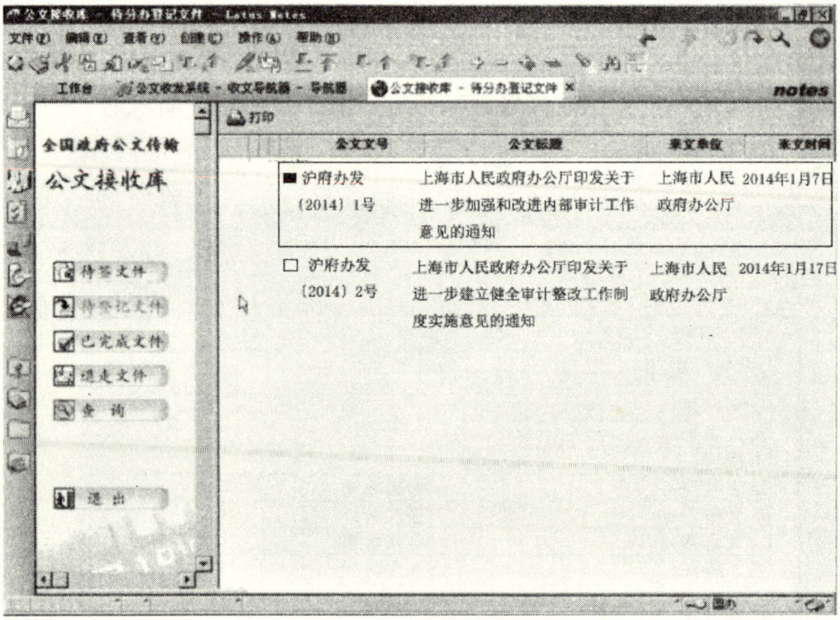

图 3－7 “待登记文件”界面

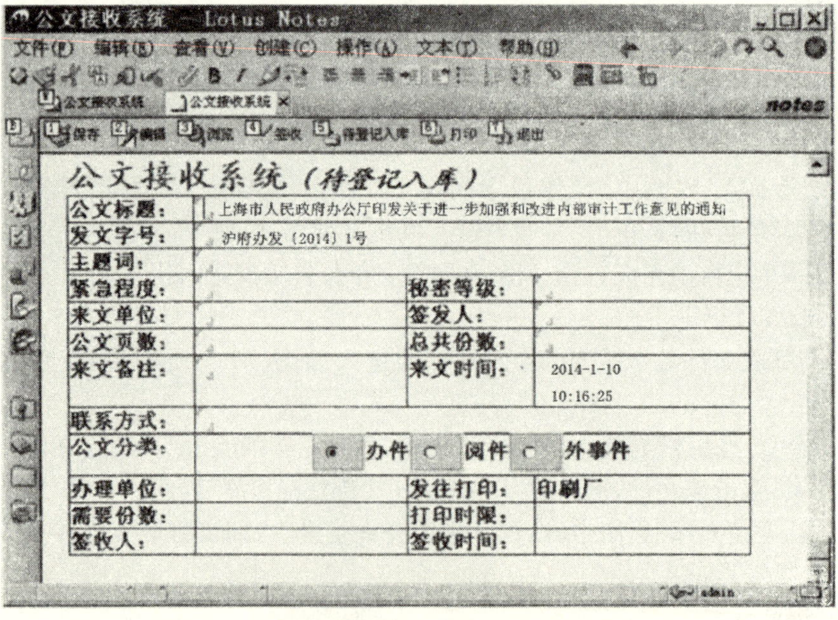

图 3－8 “待登记入库”界面

后，单击“确定”按钮，进入浏览界面。关闭浏览界面，即可进入打印输出界面进行打印。

4. 文件退回

如果收文单位收到不符合行文规则的文件，可以退回给发文单位。①

第三节 电子文件的捕获

捕获(Capture)是信息系统环境中使用的新术语，其字面意思是“抓取、捕捉”。目前，在电子文件管理系统(ERMS)功能需求规范文档中，对电子文件的采集和获取都使用了“捕获”一词。其中，国家标准《电子文件管理系统通用功能要求》(GB/T 29194—2012)指出：“捕获是按照既定要求将电子文件及其元数据纳入 ERMS 加以管理的过程”；国际标准 ISO 15489 指出：“捕获是决定生成并保留记录的过程，确保文件被捕获的方法包括分类和标引、整理、登记以及规范业务活动行为的系统。”②本节主要介绍电子文件捕获的要求、程序、方式和内容。

一、电子文件的捕获要求

根据《电子文件管理系统通用功能要求》关于电子文件捕获的相关规定，并结合国外对电子文件管理系统的捕获规定，电子文件管理系统的捕获要求可归纳如下：

1. ERMS 应支持文件管理员或授权用户定义和维护捕获活动中电子文件的捕获范围；修改应记入审计跟踪日志。

2. ERMS 应在捕获文件或文档时出现提示信息。

3. ERMS 应支持以原始格式捕获电子文件，不管其编码方法和技术特征如何。

4. 如果捕获的电子文件存在多种格式，ERMS 应能在不同格式之间保持有效的联系。

5. 如果捕获对象包含多个组件，且被当成一份复合文件加以捕获时，ERMS 应保留该文件内组件之间的关系。例如：a) 包含图片的网页；b) 带有附件的电子

① 柳新华主编：《电子公文写作：制作·传输·处理》，中国纺织出版社，2010 年版，第 199—206 页。

② ISO 15489 Information and documentation — Records management. International Organization for Standardization，2001.

邮件；c）带有工作表链接的年度报告；d）嵌入视频的工作总结。

6. ERMS应将复合文件中所有组件作为一个整体单元进行检索、显示和管理。

7. ERMS应将包含多文档的组合文件作为独立的单元进行检索、显示和管理。

8. 如果电子邮件和其附件作为不同的文档分别捕获，ERMS应自动将这些文档进行关联，并允许用户通过利用这些关联从电子邮件找到每一份附件或从任何一份附件找到电子邮件。

9. 如果多个文档作为一个组合文件加以捕获，无论ERMS将其作为一个整体进行捕获，还是分别捕获，都应要求：a）每份文档的组成要素之间的关系是确定的；b）上述关联被记录并保持。

10. ERMS应支持授权用户定义和维护能够捕获的文件格式类型，修改应被记入审计跟踪日志。

11. ERMS应能识别复合文件内各组件的格式类型，并将格式类型作为元数据予以捕获。

12. 当捕获的文件有多种版本时，ERMS应记录并维护不同版本之间的联系。

13. ERMS应提供自动捕获或人工辅助捕获功能；自动捕获即将符合捕获范围的文件自动提交到指定位置，通常是在文件生成时或生成后通过与电子文件形成系统的应用程序接口自动执行。

14. ERMS应提供主动的批量捕获功能和被动的批量接收功能。

15. 在实施批量操作时，ERMS应根据用户定制的文件捕获或接收规则，实施批量电子文件及其元数据的导入，并保持导入文件及其组成要素、元数据之间的关联以及文件之间的逻辑层次和相互联系。

16. ERMS应提供手工著录的捕获方式，手工著录是通过ERMS的录入界面将电子文件的元数据录入ERMS，手工著录时应根据元数据方案提供选择框、默认值等简化录入的功能。

17. 在批量导入时，ERMS应能导入文件的审计跟踪日志。

18. ERMS不应限定捕获文件的数量。

19. 当重复捕获同一文件或文档时，ERMS应发出警告。

20. 捕获不完全或尚未完成文件处理流程的文件时，ERMS应能发出警告。如：一份不具备有效的电子签名的发文，或者由未经认可的供应商提供的发货单。

21. ERMS应支持授权用户定义、维护、修改某些特定种类的组合文件的完整构成要素，以便捕获时检查验证；修改应记入审计跟踪日志。

22. ERMS 应在文件成功捕获之后为其打上捕获标记。

23. 任何用户在捕获过程中及其后均不得修改电子文件的内容。

24. ERMS 应能向特定用户或系统发出文件成功捕获的确认信息，以及不能被正确捕获的报告。

25. ERMS 宜按照要求将原始格式转化为目标格式。

26. 除了可以捕获脱机载体或指定位置中的电子文件外，ERMS 宜支持从各类文件形成系统中直接捕获文件，包括但不限于：a）桌面办公软件；b）工作流应用软件；c）电子邮件系统；d）电子商务及网络交易系统；e）图形和图像设计系统；f）条形码支持系统；g）多媒体应用软件等。

27. ERMS 宜允许以复合文件的形式捕获网页。①

二、电子文件的捕获程序

电子文件的捕获程序是指在一个电子文件管理系统中对电子文件进行采集、登记、分类、添加元数据和存储的过程。根据电子文件的自身特点与归档范围的相关规定，电子文件的捕获程序大致可分为五个基本步骤：一是采集文件的内容和结构；二是元数据的捕获；三是封装；四是文件锁定；五是增加和修改元数据。

（一）采集文件内容和结构

文件内容是文件自身所包含的信息部分，文件结构是文件所包含信息的组织格式。采集电子文件的内容和结构一般有三种方式：自动化采集、半自动化采集和手工采集。自动化采集主要是在有大量固定的业务实施时，系统遵循固定的工作流程，实现对电子文件内容和结构的自动探明与采集；半自动化采集主要是在业务无法作为固定的工作流程实施时，首先通过系统自动采集一些通用的基础信息，然后再结合人工方式对有价值的电子文件内容和结构信息进行采集，对需要人工提取的元数据予以录入；手工采集主要是人为从存储在计算机或网络上的文件中分拣和提取有用的电子文件，以及部分传统文件数字化后的内容和结构信息。

（二）捕获元数据

《电子文件归档与管理规范》将元数据定义为：“描述电子文件数据属性的数据，包括文件的格式、编排结构、硬件和软件环境、文件处理软件、字处理软件和图形处理软件、字符集等数据。”因此，捕获元数据对于电子文件的生成以及作为含有

---

① 《电子文件管理系统通用功能要求》(GB/T 29194—2012)。

证据意义的原始记录的归档保存都具有重要意义。根据 ISO 11179《信息技术——元数据元素的规范与标准化》的有关规定，元数据包括：Title（文件名）；Creator（创建者）；Subject（主题和关键词）；Description（说明）；Publisher（出版者）；Contributor（其他责任者）；Date（日期）；Type（类型）；Format（形式）；Identifier（文件标识符）；Source（来源）；Relation（关联）。

元数据按照来源可以分为五类：来自系统（From Application）、来自文件（From Document）、来自环境（From Environment）、来自工作流（From Workflow）和手工录入（Manual Entry）。从上述来源可以看到，大部分的元数据都将被自动捕获。因此，捕获元数据的方法主要依赖于电子文件管理系统（ERMS），其具体捕获方式如下：

取自系统。将元数据捕获机制嵌入电子文件管理系统中，依赖文件系统的元数据就能够自动地被系统生成。如所有产生于一个特定系统的文件会有相同的技术描述。

取自文档。有的元数据可以从文档自身获取，这是由应用程序决定的。如电子邮件的标题就包含了诸多信息：发件人、收件人、发送时间和日期以及文件的主题等。

取自环境。元数据可以从计算机环境中获取。特别是文件的创建者和创建时间（对文件的证据地位非常重要）能够通过智能卡，或者用户的注册时间，由产生文件的计算机获取。如取自技术环境的元数据，可以反映出文件是单机上生成、局域网上生成还是因特网上生成，不同技术环境就会有不同的元数据；取自行政环境的元数据，可以反映出文件生成时所遵循的法律、法规、制度和标准等。

取自工作流。工作流就是一系列的步骤。自动产生于工作流的文件拥有一个上下关系（如文件与工作流中其他文件的关系）。工作流中一个阶段的元数据录入就能够被工作流所携带，并且自动录入以后的文件中。如文件停留在某处并由相应人员进行处理时，系统会记录下工作人员对文件的操作过程。

手工录入。并不是所有元数据都是自动捕获的，元数据的捕获也可以通过文件制作者、文件管理人员或系统管理员进行手工录入。文件在某些处理过程中，工作人员也需要在相应的电子表格中做必要的登记，填写文件办理意见等，然后再由系统将这些补充内容导入文件元数据表中。

对于电子文件元数据的捕获就是以上方式的混合使用。

（三）封装

封装（Encapsulation），是将电子文件及其元数据按指定结构打包的过程。

电子文件封装实际上是基于可扩展标记语言 XML 技术进行的，其目的是利用标准的、与软硬件无关的 XML 语言将电子文件与其元数据按照规范结构封装在一个数据包中，以维护电子文件及其元数据的完整性，并保障两者之间的可靠联系，实现电子文件自包含、自描述和自证明。

电子文件封装结构模型如图 3－9 所示。

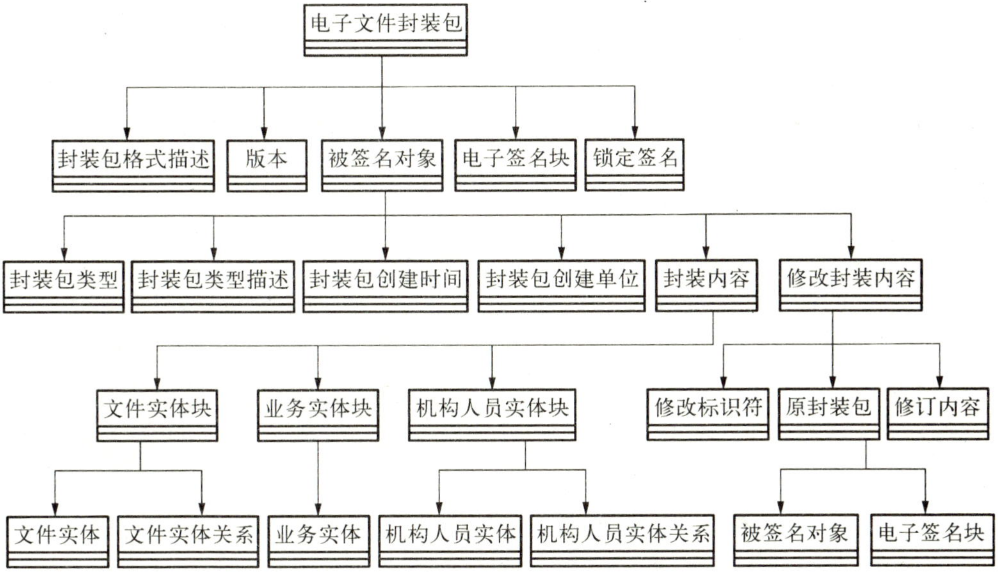

图 3－9　电子文件封装结构模型①

电子文件封装主要利用了 XML 技术的自我描述性与动态跟踪等优势。由于电子文件封装要求进行前端控制与全程管理，这一方面决定了应将元数据管理的某些要求预先设置于电子文件管理系统；另一方面，也决定了对电子文件元数据的生成与维护，应围绕其整个文件生命周期而展开。

（四）文件锁定

文件锁定（Record Locking）的过程即是对所产生的电子文件实施保护的过程，其目的主要是防止对电子文件进行非法改动。一般情况下有两种途径保护电子文件，分别为从系统入手和从文件入手。

从系统入手保护电子文件，主要是在受到保护的系统中，创建一个"仓库"（Vault）来存储电子文件。获取电子文件的唯一途径便是通过系统提供的访问机制获取信息，同时系统应保障电子文件的完整性。证明电子文件的完整性需要证

① 《基于 XML 的电子文件封装规范》（DA/T 48—2009）。

明系统一直保持完整，一是确保没有任何后门可以进入系统，二是能够证明管理员在文件管理和维护过程中所进行修改的记录的完整。因此，可以设置符合安全要求的操作日志，随时自动记录实施操作的人员、时间、设备、项目和内容等，并能实现对电子文件的操作者予以可靠的身份识别与权限控制。

从文件入手保护电子文件，主要是在电子文件上使用数字签名。为保护电子文件，基于系统自身的完整性需求已被简化，但针对电子文件的合法变更变得越来越困难。因此，为了验证数字签名，就需要获得公共钥匙的使用权限，并且拥有公共钥匙的一些数据库要保持一定的时期。同时，还需要对电子文件采用防错漏和防调换的标记，以保护电子文件不被非法改动。

（五）元数据的增加和修改

并不是所有的元数据都可以在创建的时候被捕获，因此，电子文件的捕获还要考虑元数据的增加和修改。元数据的增加部分主要指动态元数据，是随着信息对象的应用和操作而随之产生的元数据，如指南、图像分解、用户处理日志等，动态元数据能实时反映出数字信息对象的运行过程，为数字信息管理提供基础。元数据的修改部分主要指文件创建后所要变更其相关联系的元数据，如重新定义文件、增加额外的关键词或者描述符、变更标识符、给文件建立新的连接等。

同时，归档的过程也是一个元数据运动的过程，元数据不仅随着文件一起被转入电子文件信息数据库中，同时元数据也需要随之进行相应的存取和补充。电子文件进入电子文件信息数据库需要经过一系列的验证检查和归档处理，如加入数字签名或水印、档号、归档时间及归档说明等，这些过程和结果都将被补充进电子文件的元数据中。①

三、电子文件的捕获方式

按照捕获主体，捕获方式分为自动捕获和手动捕获；按照捕获后电子文件的存储位置，捕获方式分为物理捕获和逻辑捕获；按照捕获的时间，捕获方式分为实时捕获和定期捕获；按照捕获文件的数量，捕获方式分为逐份捕获和批量捕获。

（一）自动捕获和手动捕获

自动捕获是指 ERMS 通过应用程序接口（API）从产生文件的业务系统中自动捕获文件及其元数据，这需要事先在业务系统中定义好文件捕获的范围、规则，并

---

① 参阅石珂：《电子政务环境下的电子文件及其归档管理》，武汉大学硕士学位论文（2004），第 18—21 页。

实现自动提交的功能。

手动捕获是指文件形成者或者文件管理员手工捕获文件及其元数据，具体情况可以分为如下三种：第一，在业务系统中手动提交，这需要业务系统和 ERMS 相集成；第二，在 ERMS 中手工捕获登记文件，系统既可支持传统的目录下浏览的方式选择捕获对象，也可支持拖拽等新的方式；第三，通过离线客户端将文件捕获登记进 ERMS，如果机构 ERMS 应用存在网络难以访问的情况，则可通过离线客户端模块实现捕获登记，待到连线时，再将相关文件批量导入系统。

（二）物理捕获和逻辑捕获

物理捕获是指捕获之后文件及其元数据一起保存在 ERMS 中。按照文件由原存储位置传输到 ERMS 指定位置的渠道，物理捕获又包括在线捕获和离线捕获两种。

逻辑捕获是指捕获之后文件元数据（可能仅是部分）保存在 ERMS 中，但是其内容仍然存储在原业务系统中。在文件阅读环境较为特殊、文件跨部门利用较少等情况下，可以采用逻辑捕获。

从长远来看，能实现物理捕获的文件仍应尽量实现物理捕获；对于具有长期保存价值的电子文件，以物理捕获为最终的捕获方式。

（三）实时捕获和定期捕获

实时捕获是指文件产生或处理完毕之后立即捕获，定期捕获是指文件产生或办理完毕后一段时间再行捕获。选择实时还是定期，并没有固定之约，应该根据文件特点和业务需要选择适宜的归档时间点。例如：上海梅山钢铁股份有限公司在文书电子文件实时归档一段时间后，发现把刚走完文书处理流程的单一文件随时归档后，文件涉及的事宜经常还尚未办理结束，这给档案部门审核把关文件完整性带来困难，该单位据此要求各部门把相应的纸质文件和电子文件同步隔季归档，取得了较好的效果。①

（四）逐份捕获和批量捕获

逐份捕获是指每次捕获的文件数量为一份，批量捕获是指每次捕获的文件数量为多份。无论是自动捕获、手动捕获，还是物理捕获、逻辑捕获，都既可以逐份进行，也可以批量开展。实时捕获一般逐份进行，定期捕获一般批量开展。②

---

① 胡皖苏：《企业电子文件归档的实践与认识》，《上海档案》，2006 年第 7 期，第 19—21 页。

② 刘越男：《电子文件的捕获——基于电子文件管理系统的分析》，《中国档案》，2013 年第 7 期，第 68—70 页。

四、电子文件的捕获内容

为了保障电子文件的真实性、完整性和有效性，电子文件的捕获内容主要包括：内容和结构信息、背景信息、元数据三个部分。

(一) 内容和结构信息

内容信息是电子文件本身所表达的信息，如文字、数据、符号、影像、声音和图像等。结构信息是电子文件内容排列，各构成部分之间的连接方式、相关文件之间的关系及其在存储器中的构成等信息，如字段、实体、措辞、文体、页码与段落，链接和其他编辑设备间的关系，存储的类型和格式等。

(二) 背景信息

背景信息是指描述生成电子文件的职能活动、电子文件的作用、办理过程、结果、上下文关系以及对其产生影响的历史环境等信息。① 它可以从高层信息到更详细信息，如可以从文件形成部门名称、位置到文件所产生的数据。

在传统档案工作中收集到的文件背景信息大致分为两类：一类是与机构有关的背景信息，包括文件形成机构的标题或题录，机构中断的日期，机构的目的，行使职责与立法，机构所在地，机构的历史、发展、内部结构，以及与其他机构的关系等。另一类是与文件有关的背景信息，包括文件的日期范围，记录有同样的或类似的职能活动的文件系列，对该文件系列负有责任的、当前还在控制该文件的机构名称，曾保管过该文件的其他部门与个人的身份，相应的处置权与处置行为，与存取及允许使用该文件有关的决定等。②

电子文件的背景信息除了涉及上述传统文件的背景信息外，还涉及到识别与标记文件信息，涉及到电子文件所产生的自我描述信息等，如电子文件形成的硬件条件、软件条件、系统数据以及曾与电子文件有过关系的文件保存系统等。

(三) 元数据

元数据捕获的内容主要包括五个方面：载体、文件类型的外部元素、文件类型的内部元素、标注、背景环境。① 载体：载体的识别(现行载体、归档载体)、特征(类型、构成的物理材料、规格)、为接收信息所作的准备、存取类型及载体的存储密度与容量等。② 文件类型的外部元素：人类的惯用语言、显现特征(又名脚本原件，包括总体显现特征和具体显现特征，总体显现特征如文本、图形、图像、声音、多

---

① 《电子文件归档与管理规范》(GB/T 18894—2002)。

② 刘家真：《电子文件的捕获要求——澳大利亚电子文件管理策略》，《山西档案》，1999 年第 5 期，第 14—16 页。

媒体等)、专门符号、印记(如受托第三方的文件法律效力的认证、由受托第三方加盖的数字化时戳、电子化署名等)。③ 文件类型的内部元素:责任者的名称、来源的名称、按年月顺序排列的日期、文件形成的所在地的地名、收件者的姓名、被抄送者的姓名、活动(事务)的表达、活动(事务)的描述、执笔者的姓名、独立证明、署名的资格证明等。④ 标注:办文过程(文件传递的优先次序、文件传递的时间和地点、附件情况的说明等)、在处理与文件有关事务的过程中所作的附注(文件接收的日期与时间、处理办公机构的名称、需进行的活动或文件传递的日期与时间等)、为实现文件管理的目的而在文件管理中所作的附注(如归档日期、稿本或版本编号、成套或一类文件中的文件序号、成套文件编号、分类号、收发文登记号、文件形成者的姓名等)。⑤ 背景环境:法律行政管理方面的背景环境、来源方面的背景环境、活动过程方面的背景环境、文件方面的背景环境、技术方面的背景环境(包括计算机硬件,如主存储器、辅助存储器、第三存储器、中央处理器、网络、外围设备、结构体系等;计算机软件,如操作系统、系统软件、网络软件、应用软件等;数据,如文件结构、数据格式或文件格式等,系统模型和系统管理)。①

---

① 刘琼瑶:《国际档案界关于电子文件元数据之研究》,《四川档案》,2003 年第 2 期,第 34—35 页。

第四章　电子文件的鉴定

鉴定历来在文件和档案管理中极其重要，却又是难度很大的课题。对电子文件而言，这一点显得尤为突出。面对电子文件的海量信息、载体的脆弱性和信息的易逝性，如何挑选有价值的文件信息加以保管，给档案鉴定工作提出了新的挑战，它直接关系到能否为后人挑选和保存全面而准确地反映当代社会面貌的真实记录。与纸质文件、档案鉴定相比，电子文件鉴定的重要性，以及鉴定的内容、程序、方法、标准等存在诸多不同。“决定其保存价值的因素与纸质文件有所不同，鉴定工作的思路和内容也需要随之进行相应的调整”①。

第一节　电子文件鉴定的内容

一、电子文件鉴定工作重要性的提升

由于形成、传输和利用的便捷，电子文件的数量剧增，已远远超过纸质文件。尽管这些文件的储存空间小于纸质文件，但是，一则这些文件并非都具有长久保存的价值；二则数量巨大的电子文件会增加电子信息的负担，既降低系统响应检索提问的速度，也增加维护保管的费用。所以，为了把真正具有长久保存价值的文件保存下来，对电子文件价值进行鉴定仍是十分必要的。

电子文件鉴定是指根据有关规定鉴别电子文件的档案价值，确定其保管期限，删除、销毁已积累但无保存价值的电子文件。鉴定工作是电子文件管理中一项十

---

① 冯惠玲：《电子文件的双重鉴定》，《档案学通讯》，1998年第3期，第32—35页。

分重要而又颇具难度的工作，由于电子文件有着与纸质文件完全不同的特点，电子文件的鉴定在电子文件工作中的重要性得以提升。

传统的纸质文件管理中，鉴定同收集、整理、保管等工作一样，被视为诸环节之一。然而在电子文件管理中，网络化使得收集工作在文件形成时就可以同时进行，而高效率的检索也淡化了人们对整理中诸如立卷、编目的要求，高密度、大容量的介质的出现也为保管工作提供了便利。然而，海量的电子信息却给鉴定工作提出了新的要求，由于鉴定工作是人们主观地对档案客观价值的一种评价和估计，因此，它的完成不是计算机能够完全胜任的。鉴定工作者需要对计算机的鉴定系统不断地更新和完善，才能使被鉴定保存的档案最大限度地满足人们的利用需求，实现其社会价值。正如凯瑟琳·加沃尔在《电子文件引起的理论困惑》一文中所说："鉴定是全部档案工作职能中最具有生命力的一种职能。档案馆应把它们的重点放到电子文件的鉴定和收集政策的制定上。通过这样的加工，使文件的价值得到识别。"T·库克在《电子文件与纸质文件观念：后保管及后现代主义社会里信息与档案管理中面临的一场革命》一文中对鉴定在后现代档案管理中的地位进行了评价："我所提倡的后保管鉴定法（以职能活动为依据的宏观鉴定）和后保管著录法（描述多个立档单位职能关系），体现了后现代主义倾向。"[①]把后鉴定法作为后现代主义的倾向之一，正是对鉴定地位认识的一个飞跃。在电子文件管理中，文件一经产生，所经历的第一个环节就是鉴定，档案工作的其他环节都紧随其后。从这点上说鉴定在顺序上是居首位的，没有鉴定也就没有其他工作存在的必要。另一方面，鉴定工作又是控制文件质与量的关口，文件是否要作为档案予以保存，保存数量的多少和时间的长短都是由鉴定决定的。从这一点而言，鉴定在重要性上又是居第一位的。因此，把鉴定作为电子文件管理的控制核心，是对鉴定地位的重新认识。[②]

二、电子文件鉴定的内容、特点和程序

（一）电子文件鉴定的内容

1984年，法国档案学者哈罗尔德·瑙格勒（Harold Nanglar）在其研究报告《机读文件的鉴定》中深入分析电子文件鉴定与传统文件鉴定的差异，首次明确提出并系统阐述了电子文件双重鉴定的思想。他认为："机读文件的鉴定包括文件所含信

① ［加拿大］特里·库克著，刘越男编译：《电子文件与纸质文件观念：后保管及后现代主义社会里信息与档案管理中面临的一场革命》，《山西档案》1997年第2期，第7—13页。

② 参阅吴江华：《电子环境下档案价值鉴定》，《档案管理》2000年第1期，第10—11页。

息的鉴定(内容鉴定)和文件技术状况的鉴定。"这一思想在理论上为鉴定电子文件的保存价值建立了两个支点,得到各国档案学者的关注和认同。具体来说,电子文件鉴定的内容包括:

1. 内容鉴定

内容鉴定也称为内容价值鉴定或内容分析,是指根据电子文件自身的状况和信息内容来确定电子文件的档案价值和保管期限。即根据电子文件所含信息的有用性和社会需求,鉴定电子文件的实用价值和历史意义,并在此基础上确定其保管期限。这是传统鉴定工作的核心。

2. 技术鉴定

传统的鉴定工作基本上都把着眼点放在对文件内容的分析上,这种鉴定方法的重要前提是,人们可以直接从文件中获得它的价值。而被称为"记录革命"的电子文件因其对系统依赖性打破了人们直接获取价值的可能,二者之间出现了一个"中介"——计算机软硬件环境,离开了这个中介,保存下来的"文件价值"就无法为后人所获得。与电子文件保存、识读有关的技术状况是用户——系统——文件之间的链条能否不发生脱节和用户能否随时从文件中获取所需信息的决定性条件。因此,仅凭电子文件的内容难以支撑起它的保存价值,还需要一定的技术条件作为保障。"技术鉴定所承担的责任是对电子文件的各方面技术状况进行全面的检查,包括对信息真实、可靠、完整和可读性的认定和对文件载体性能的检测"①。技术鉴定是指根据电子文件保存、识读等方面的技术状况来确定电子文件的档案价值和保管期限。

内容价值鉴定和技术鉴定这两个要素对于确定电子文件的保存价值来说缺一不可,这就要求电子文件的鉴定从内容和技术状况两个方面同时展开,并最终将两个方面的鉴定结果联系起来,综合判定电子文件的保存价值。

(二) 电子文件鉴定的特点

1. 多维性

电子文件鉴定工作相对于传统文件鉴定而言更加复杂。首先,其鉴定范围的拓宽使得电子文件鉴定不仅仅要鉴定其内容上的有用性,还要对其文件属性、文件技术状况进行鉴定。其次,电子文件的鉴定工作不像传统文件那样只是在文件运行的一个节点进行,而是在电子文件管理的许多环节都存在,这就使得电子文件鉴定与多项工作相联系,内容上有很多交叉的地方。

---

① 冯惠玲:《电子文件的双重鉴定》,《档案学通讯》,1998 年第 3 期,第 32—35 页。

2. 连续性

电子文件鉴定工作不是一朝一夕完成的，而是需要在整个文件运行过程中连续地开展。从文件的形成、归档到存储、开放、利用、销毁的整个过程，每一个环节都有鉴定的身影。

3. 分散性

分散性是指电子文件鉴定需要多方承担，而不是由档案工作人员独立完成。电子文件归档前的鉴定工作主要由文件形成部门承担，归档后的电子文件鉴定工作主要由档案部门承担。同时，电子文件鉴定还要会同技术人员、信息管理人员共同来完成。在电子文件鉴定过程中，合作是主要的鉴定手段。

4. 风险性

电子文件鉴定工作的内容比传统文件鉴定更加复杂，这也就是说，鉴定过程中出现意外的概率也就远远高于传统文件的鉴定，电子文件的鉴定具有一定的风险。如果不采取慎重仔细的态度从事鉴定工作的话，很可能对电子文件造成极大的损害。①

（三）电子文件鉴定的程序

我国传统的档案价值鉴定一般分三个阶段来完成，即文书处理部门对应归档材料的完整性鉴定和保管期限的划分；档案室对进馆前具有永久保存价值的档案鉴定；馆藏期满档案价值的鉴定。西方一些国家由于对档案定义的不同，因此，对不同时期鉴定的称谓也不同，但就整个纸质档案管理时期而言，这个过程都大同小异。然而电子文件的鉴定在程序上却与传统文件大不相同，除了要保留这三个鉴定环节外，更为重要的是增加了电子信息系统设计和电子文件形成时的鉴定环节，即把鉴定提前到文件生命周期最初的阶段。

电子文件并非传统意义的实态文件，只是若干数字信息的瞬间组合，极不稳定，如不及时存盘或打印输出到其他硬拷贝上，极有可能转瞬即逝，消失得无影无踪。正因为如此，决不能等到文件处理程序完毕以后，再来一份一份地进行鉴定，决定其取舍。如果这样，很可能就没有文件可供鉴定了；即使有，也会残缺不全。另外，某些电子文件与动态数据库直接相连，其中的数据随时在变化，最新的数据不断地覆盖刚刚过时的数据，分散的数据不断汇入结论性数据中，比如证券交易所的股市行情表、发电厂的电价报价表等文件都是如此。这些文件内容中各时段的数据是具有一定研究价值、凭证价值或参考价值的，是值得保留的。然而一般情况

① 参阅冯惠玲主编：《电子文件管理教程》，中国人民大学出版社 2001 年版，第 39—40 页。

下，文件的制作者、承办者和使用者所注意的只是实现电子文件的现实目的，并不注意考虑需要为后人留下些什么，这就加大了电子文件随时消失的风险。

鉴于上述原因，国际上许多电子文件研究专家主张把电子文件鉴定工作放到文件管理系统设计阶段来进行，即将有关的鉴定标准和程序编入软件之中，由计算机自动进行电子文件的初次鉴定工作。由于电子文件的鉴定将以职能为基础，因而“设计阶段是评价电子文件最合适的阶段，因为这个阶段提供了评估的决策是继评估结果之后实际得到的最佳时机”。可以最大限度地避免文件的自动消失，或者控制由种种误操作及其他人为、自然等原因而引起的错毁文件现象的发生。

将电子文件初次鉴定工作提前到电子信息系统设计阶段来进行难度非常大，中外至今都没有成功的经验可循。为了弥补这一缺陷，国际档案理事会电子文件委员会认为当设计阶段未能进行鉴定，可以在电子文件形成积累阶段加以弥补。

电子文件的初次鉴定主要是对电子文件的内容价值进行鉴定。它实际上是在电子文件形成、积累的同时完成的，在归档前就完成了。

电子文件的二次鉴定，是介质归档鉴定，即在介质物理归档（实体归档）时进行。鉴定内容包括内容价值鉴定和技术鉴定两个方面。

电子文件的三次鉴定一般由档案室在电子文件保管期满时进行，也是一种全面鉴定。

电子文件的四次鉴定是电子文件向档案馆信息系统移送时进行，以确保进入档案馆的电子文件信息具有永久保存的价值。

电子文件鉴定贯穿于电子文件管理的始终，因此也被称为全过程鉴定。各环节的鉴定是相互联系、相辅相成的，初次鉴定是基础，二次、三次、四次鉴定是继续和补充。

（四）电子文件鉴定工作的组织实施

电子文件鉴定工作涉及到多个部门和单位的人员，需要由信息技术人员、文件形成部门与档案部门等合作，制定电子文件鉴定工作制度，共同对电子文件价值进行鉴定。在鉴定的不同阶段，各自担负不同的职责。在初次鉴定中，文件管理人员和档案管理人员应对文件的保存要求和鉴定过程向信息技术专家提出意见，以便在电子信息系统设计和软硬件的选择上符合档案管理和鉴定的要求。信息技术人员还应对元数据进行识别和保留，并就电子文件的采集和维护提供专家意见。电子文件二次鉴定是电子文件形成部门在档案部门的协助下，对归档文件内容、载体进行鉴定、检测，确定取舍，对其所需的软硬件环境作出说明，并根据电子文件的价值划分保管期限，提出在保管期限内配套的软硬件环境要求。三次和四次鉴定是在电子文件作为档案管理过程中进行的，主要由档案部门负责，会同有关部门人员一起进行。其主要任务是对已到保管期限的电子文件重新审查鉴定，把失去保存价值的电子文件剔除销毁。电子文件在档案管理阶段由于载体性能的不稳定，需要不断复制，以延长其寿命。因此，鉴定工作可以结合复制来进行，即电子文件每复制一次，就要重新鉴定一次。

第二节　电子文件的内容鉴定

内容鉴定是电子文件价值鉴定的一个支点，其鉴定方法正经历着重新的认识和建立。目前世界上主要采取两种方法：

一、"直接鉴定法"

电子文件产生初期，由于文件数量较少，发现的问题不多，因而当时大多数学者和档案工作人员都认为传统的档案学理论与方法也同样适用于电子文件的管理。在 1979 年召开的"机读文件档案管理会议"上，与会者一致认为"传统的档案理论似乎可以令人满意地运用到这些材料组织上，并使之加以利用"。他们坚信谢伦伯格的双重价值(即证据价值和情报价值)鉴定论将适用于机读文件的鉴定。

众所周知，传统纸质档案的双重价值鉴定是建立在"直接鉴定法"基础之上的。所谓"直接鉴定法"即是通过直接审查档案来鉴定档案的价值。它要求鉴定人员逐件逐张地审查文件，而不是根据案卷目录和案卷标题来判定其价值，因此也称为内容鉴定法。

20 世纪 80 年代，随着电子文件的大量产生和电子文件管理实践的广泛展开，人们开始对直接鉴定法持否定态度，指出电子文件数量过多，人们已无法"逐件逐张"地阅读每一份文件原文。同时，电子文件的鉴定必须在一份文件产生之前，即在信息系统设计阶段就进行，运用直接鉴定法已无法开展工作。这确实是直接鉴定法的两大缺陷。

二、现代"职能鉴定法"

电子文件的激增已经引发了关于鉴定方面的对策研究。北美和欧洲的一些档案专家几乎是不谋而合地在 20 世纪 80 年代末期前后想到了采用一种更为宏观的鉴定方法,并逐步发现这种方法非常适用于电子文件。这种宏观鉴定思想的重点在于主要是通过文件形成者的职能,而不是文件的内容来判断文件的价值,这种方法被视为现代“职能鉴定法”。具体来说,现代职能鉴定是指根据形成文件的职能活动,重点分析文件形成者的职能、工作计划、所参与进行的活动以及活动过程中的有机联系和业务的重要性,来判定文件的价值。这是一种根据文件(广义的)来源进行的“批处理”式的鉴定法:即某种重要职能活动中形成的文件,都将予以保留。也只有这样,鉴定程序才可能在文件形成之前进行。①

T·库克对此作了较为详细的论述,他认为:“作为鉴定的核心——鉴别具有永久保存价值文件的过程需要改变,这是因为文件的传统概念和物质形式不复存在,需要鉴定的文件数量过大,而这种鉴定往往必须在一份文件产生之前,即在计算机系统设计阶段完成。鉴定将因此侧重于职能、业务和风险分析,而非文件及其潜在价值。”他提出鉴定方法从文件实体转向文件的形成过程;从分析个别文件的性质和特征转向更好地了解导致文件产生的业务职能、活动、事务处理和工作流程;从根据文件内在价值或研究价值进行鉴定转向鉴定形成者的重要职能、计划和活动,并挑选出反映它们的最精炼文件永久保存。总之“从总体上判断机构形成有价值文件的能力,而不是直接对文件加以处理:逐件地阅读每一个档案卷内卷帙浩繁的文件系列、数据库、多媒体汇集,更不用说那些个人文件”。T·特克将这种鉴定法称之为“后保管鉴定法”。

在职能鉴定思潮的影响下,加拿大国家档案馆于1989年实施“新宏观鉴定接收”战略,推行自上而下的“以来源为基础的结构职能”鉴定所有形式和载体的档案。荷兰档案馆也采取了类似的方法:首先分析对履行使命和完成任务至关重要的活动,然后挑选和鉴定出反映该职责和任务实质的文件。澳大利亚档案馆也同样接受了这个观点,1995年颁布《管理电子文件——共同责任》,强调从电子文件产生之初进行管理,将其作为文件统一体的一部分。并于1996年通过文件管理标准AS 4309,其中第五部分专门阐述文件(含电子文件)的评价和处理问题。

三、对直接鉴定法和职能鉴定法的评价

近年来我国大多数档案学者对直接鉴定法持否定态度。有学者指出:我国档案鉴定理论认为决定档案保存价值的因素有两个方面。一方面,档案自身的特点

---

① 何嘉荪、傅荣校著:《文件运动规律研究——从新角度审视档案学基础理论》,中国档案出版社,1999年版,第256页。

和状况是决定档案保存价值的基础。档案的内容、来源、形式以及其他各种情况，影响着档案是否有保存价值，有什么样的保存价值。另一方面，社会利用需要是档案发挥作用的必要条件，是决定档案保存价值的社会因素。各种档案是否需要利用，怎样利用，都直接影响着各种档案是否具有保存价值，有什么样的保存价值。在此基础上，分析文件的内容就成为鉴定档案价值的最重要的一个方面，来源、时间、形式、名称、外形特点、可靠程度、有效性和完整程度等均是辅助参考因素。不难看出，我们的档案鉴定方法总体上属于内容鉴定法。它要求从档案的利用实践中总结出区分档案重要性的规律，作为预测同类档案今后可能需要利用的依据。问题在于，我们的社会在不断地发生着急剧的变化，社会的利用需求常常变幻莫测。于是，我们在层出不穷的新的利用需求面前，常为无档可用和价值判断失当而手足无措。由于飘忽不定和复杂多样的利用标准缺乏可操作性，档案工作者不得不作为“先知”，仅凭直观和指尖的感受来决定文件和档案的取舍，档案鉴定理论的科学性顿失。①

然而作为一种较为成熟的鉴定方法，直接鉴定法有其产生的合理性，在今天仍具有较为广泛的生命力。国际档案理事会 1992 年成立的电子文件委员会对世界各国电子文件管理问题进行了广泛的调查和研究。到 1996 年该委员会产生了三个有关电子文件管理问题的报告。其中的第三个报告《电子文件管理：文献评论》第 6 章专门对目前世界上电子文件管理工作开展较好的国家在电子文件鉴定问题上所采取的政策、反映出来的思想进行了综合，指出电子文件鉴定的方法被分成两种：一种是美国的传统鉴定方法；另一种是加拿大、德国、荷兰和澳大利亚等国所采取的职能鉴定法。

美国国家档案馆采用传统鉴定法的理由是：一方面，档案馆保管文件的主要目的是为了使之能够为研究者所用，在这种情况下，文件中的信息内容具有较大的重要性。美国做法反映了美国档案界和史学界的历史联系，以及档案价值对于学者的潜在性。另一方面，职能鉴定法虽然得到学者们的赞成和支持，但也有不少学者对职能鉴定方法作出相反的评价。德国马尔堡档案学院院长安杰利卡·门内-哈里茨认为，职能鉴定理论并不是一个新的理论，也并不是一个非与电子文件鉴定联系在一起不可的理论。究其原因是人们对谢伦伯格的情报价值的片面理解。她认为，早在 1957 年德国档案工作者协会年会上，与会者对根据职能来鉴定、保管文件的重要性已达成共识。德国档案界已形成了“按文件产生者划分级别原则”，鉴

① 陈忠海：《论从内容鉴定法向职能鉴定法的发展》，《档案管理》，2001 年第 1 期，第 8—9 页。

定已不再只对文件本身进行鉴定。只有这样才能制定适合鉴定电子文件的原则。美国的档案工作者协会高级会员琳达·J·亨利也认为鉴定时考虑职能的思想并不新颖。40多年前，谢伦伯格谈论鉴定人员所应了解的三个因素时就已涉及到这一思想。此外，亨利认为职能鉴定的方法既难以理解，也不具备可行性，并且新方法的倡导者们没有充分解释为什么传统的方法就行不通。比尔曼·赫德斯托姆认为鉴定的重点应该放在对文件的鉴定上而非机构的活动上，因为档案工作者不可能掌握组织结构和职能知识。①

通过上述分析可以看出，对电子文件的两种鉴定方法应客观看待。我们在提倡职能鉴定法的同时，也要认识到直接鉴定法的作用。职能鉴定法是电子文件鉴定的基本方法，内容鉴定法（直接鉴定法）是电子文件鉴定的辅助方法。职能鉴定法侧重于明确有保存价值和无保存价值文件的界限：重要的职能活动以及具有代表性的次要职能活动中形成的文件一般具有保存价值，而大多数次要职能活动中形成的文件是不具有保存价值，或者具有较小的保存价值。内容鉴定法侧重于对于有保存价值的文件进一步去芜存精，形成于同一职能活动的不同文件可能具有不同的保存价值。② 职能鉴定法作为一种宏观的鉴定策略在设计电子文件管理系统时是可以充分加以考虑的。但对已正式产生的电子文件，尤其是在进行二、三、四次鉴定时，直接鉴定法仍然可以在特定情况下担当重任。

值得注意的是，当前职能鉴定在我国的实际工作部门中尚未正式开始应用，在这种情况下，直接鉴定法仍是一时无法替代的首选方法，即使是对电子文件的首次鉴定，也仍然可以采用。

四、电子文件内容鉴定的计算机实现

电子文件的内容鉴定，可以通过计算机自动进行内容分析，由计算机系统来完成，鉴于目前我国电子文件工作的发展水平，还较多地采用人工鉴定方式，因此，电子文件的内容鉴定，应以自动鉴定为基础，结合人工鉴定共同进行。其具体步骤如下：

1. 制定电子文件保管期限表

电子文件保管期限表是电子文件鉴定的依据性文件，制定电子文件保管期限表是电子文件内容鉴定的基础性和关键性工作，其制定方法与纸质文件保管期限表类似。但与之不同的是，电子文件保管期限表的制定工作应在电子文件管理系

① 参阅章丹、谭琤培：《国外电子文件鉴定理论与实践》，《浙江档案》，2001年第3期，第32—34页。
② 参阅冯惠玲主编：《电子文件管理教程》，中国人民大学出版社，2001年版，第46页。

统设计的调查阶段进行，而且应充分利用电子文件鉴定工作的成果。制定电子文件保管期限表，其具体内容包括：

第一，根据机构职能图中显示的职能、工作和环节，明确机构的主要职能活动、重要工作内容和关键的工作步骤。

第二，根据机构业务流程图中展示的电子文件生成节点，明确电子文件的种类，结合机构的主要职能活动、重要工作内容和关键工作步骤，将这些环节中生成的电子文件确定为有价值的文件进行保存。

第三，对于某些特殊的电子文件，如微观文件和程序文件，应具体地分析确定其保管期限。

电子文件保管期限表是自动鉴定能否实现的重要因素，可以通过系统自动运行保管期限表，迅速准确地判断电子文件保管期限。为确保电子文件保管期限表的全面准确性和实际应用的有效性，在制定电子文件保管期限表时，应注意四个方面问题：一是应将保管期限表的制定工作纳入电子文件系统的设计工作，在电子文件管理系统设计的调查阶段，就应着手制定电子文件保管期限表；二是研究和借鉴各种类型的纸质文件保管期限表，重点分析纸质文件中与电子文件相对应类型的电子文件的保存价值；三是电子文件保管期限表是集体智慧的结晶，它的制定，应该是集体合作的工作，除有关档案人员外，还应邀请电子文件形成部门的专业人员参与；四是电子文件保管期限表应该详细具体，具有可扩展性、操作性强的特点，档次划分的跨度可以小一些，以便随时更新与补充。

2. 将电子文件保管期限表纳入其管理系统并予以维护

在电子文件管理系统设计时，应按照保管期限表中规定的文件种类（名称），区分不同种类（名称）文件价值的判定依据、保管期限，开发自动鉴定的功能模块，使电子文件保管期限表纳入整个管理系统中，并得到及时维护。

3. 电子文件形成时的即时鉴定

在电子文件鉴定自动化系统中，文件一旦生成，系统即将文件与保管期限表的条款对照鉴定，划分其保管期限，然后文件才能进入正常的处理流程。在规范的电子文件管理系统中，由于电子文件系统设计阶段就设有自动鉴定的功能模块，电子文件的鉴定在其形成的同时即已完成。

对于尚未实现电子文件自动鉴定的机构，一般应在文件处理完毕后由相关人员进行手工鉴定，鉴定工作的承担者可以根据各单位的实际情况确定，有些单位规定由文件承办部门在文件流转完毕后划分其保管期限；有些单位在文件流转完毕后，其管理权限移交到档案部门，由档案人员进行鉴定。无论哪个部门承担鉴定工作，都应以制度的方式明确相关的责任和要求。

4. 保管期满鉴定

对于保管期满的文件，管理系统自动提示用户进行下一步处置，如重新划分保管期限，销毁或暂缓销毁。保管期满文件的鉴定由档案人员承担，在没有自动提示功能的系统中，该项工作应由档案人员自觉主动承担。

5. 进馆鉴定

按照国家集中保管档案的规定，凡是具有长久保存价值的档案在机关档案室保存一定时期后，就需向相应的档案馆移交。对于应移交的电子档案，管理系统应自动提示用户对这些档案进行检查，准备向档案馆移交。档案馆应从保存价值、完整性、可读性等方面进行复核后再接收进馆。①

第三节　电子文件的技术鉴定

电子文件鉴定比纸质文件复杂得多，其主要表现就在于对其技术状况进行鉴定，否则其他鉴定将变得毫无意义。在一定程度上技术鉴定比内容鉴定更为重要，也更为有效。

一、技术鉴定的内容

（一）真实性鉴定

真实性是指对电子文件的内容、结构和背景信息进行鉴定后，确定其与形成时的原始状态一致。电子文件的鉴定首先应该确定其真实性，即文件是不是形成时通过审批的"最终版本"，亦可理解为"原始性"。由于电子文件易更改且不留任何痕迹，信息与载体之间易于分离，使其真实性不再像纸质文件那样容易辨别。电子文件的易改性使得计算机系统中同一文件往往存在着不同版本，一般情况下归档保存的必须是文件正式形成时的最终定稿，必要时要同时保存某些草稿。电子文件的版本不像纸质文件的版本那样易于识别，需借助计算机系统中记录的形成时间进行比较鉴别。只有经过一定的程序确定其真实性，文件才可信赖，才能保证其可靠性与凭证价值。

① 丁海斌、卞昭玲主编：《电子文件管理基础教程》，辽宁大学出版社，2011 年版，第 203—204 页。

鉴定电子文件的真实性：首先，必须了解其真实的原始状况，即文件正式生成或收到时的状况；其次，应了解文件的元数据及其在处理过程中历经的变动（包括加工、批办情况）和受到访问的情况。这种状况应在文件刚刚产生或收到的同时就直接传输存储在档案部门的数据库中，受到档案部门的监督，这样才能便于鉴定的开展。

真实性鉴定主要在电子文件脱机保存即介质实体归档时进行，以后每一次转换载体复制时和转换格式时都要进行。

（二）可读性鉴定

由于电子文件的不可视性，对其进行可读性检测是技术鉴定中最重要的方法，目的在于确认电子文件中的内容可以正常读出，没有丢失和差错。如果文件不能顺利读出，文件中的信息便成为“死信息”，再有价值的信息也失去了存在的意义。

进行可读性鉴定时不仅要确认文件在当时的可读状态，同时还要分析其是否具备日后多次无差错读出的技术性能。影响电子文件顺利读出的因素涉及到从外到内的许多方面，为此，鉴定时需要对其介质状况和所有文件的格式、类型进行全面的检查。常用应用软件产生的文件和数据，其格式或类型的识别不会有任何障碍；而对一些很专业化的、应用面非常有限的应用软件，所产生的电子文件的格式与性质要专门进行技术鉴定。

可读性鉴定中，电子文件的元数据和背景信息的检查也是不可忽视的内容，尤其是关于电子文件使用的操作系统和支持软件的记录材料，是保证电子文件由代码还原为可读信息的重要“引导”，不能遗漏。对于加密文件，保存时如果由于特殊需要未予解密，要检查其记录密码是否保存下来。否则，这些文件有可能成为无法识读的永远的“秘密”。

（三）完整性鉴定

完整性是指电子文件的内容、结构、背景信息和元数据等无缺损。电子文件的完整性主要涉及文件内部的排列、文件内容的连接方式以及内容的清晰度和附注的情况。与传统文件完整性不同的是，除了文件形成者将实际内容写到文件里面之外，系统还会自动加上一些信息，如网络传输过程中当地时间、作者身份等。

完整性鉴定可以分为检查文件要素和检查要素集中手段两个部分。前者是指利用有效的技术手段，对照元数据模型，检查一份文件各个要素是否完备，包括可视的和不可视的部分。后者是指分析联系一份文件各个要素的技术手段是否有效，这些手段包括超级链接、置标语言等。在现有技术条件下，一份文件的数据分布在若干台机器中，也可能以若干份文件相连接的方式而存在，鉴定时需要核实相关数据和文件是否收集齐全。那些在物理结构上分散的文件，必须按照《电子文件目录》核对电子文件的完整性、准确性。

(四) 无病毒鉴定

由于档案管理部门,尤其是档案馆的电子文件来自四面八方,比起一个业务部门、一个机关受病毒侵害的概率自然大大增加。档案部门一旦遭受病毒感染,其危害是难以估量的。因此,对于归档电子文件和归档介质,应使用查毒、杀毒软件进行检测和处理。

(五) 载体状况鉴定

电子文件的载体是信息最直接的"生存环境",主要有磁带、磁盘、光盘等,载体质量发生问题会直接损伤存储其上的信息。因此,首先应在相关设备上实验或检测,确定归档电子文件载体质量要求和载体产品品牌;其次确认归档电子文件载体是否符合质量要求,能否正常阅读;然后检查归档电子文件载体表面是否有物理损坏或变形、是否清洁、有无霉斑等。①

二、技术鉴定的方法

(一) 对电子文件信息进行计算机阅读检查

对载体的检查可使用专用软件对介质的现有状况进行物理扫描,而信息检查最常用的方法是在计算机上进行阅读。法国档案学者哈罗尔德·瑙格勒(Harold Naugler)认为,如果错误超过文件的5%,就有理由认为该文件不具有机读性。我国目前设定的指标更加严格,无论是抽样检验还是全部检验,合格率均应达到100%,如果入库的载体有错误,必须由原单位重新整理。对文件格式及类型的鉴别要依靠档案管理员的知识和素质。

(二) 发挥元数据的作用,检查电子文件信息记录制度

要确定每一份电子文件都建立了必要的记录制度,从形成、收集、积累开始就要对其管理和利用情况开始记录,使电子文件在形成、处理、保管等整个过程中,都有完整信息可供查询。归档之前的信息记录是对文件原始性的证明,而归档后的信息记录是对文件真实性的保证。这既是一项制度,又是计算机系统的一个功能模块,可以随时将需要保留的信息记录下来。它或者是系统软件自身所带有的电子文件安全管理功能,并有相应的管理、安全制度作保证;或者是重新开发研制的,并嵌入到系统中的模块。

建立电子文件信息记录制度有两种情况:一是档案部门提前介入。建立电子

---

① 参阅冯惠玲:《电子文件的双重鉴定》,《档案学通讯》,1998年第3期,第32—35页。

文件信息记录系统的关键：(1) 在文件形成时建立有关元数据，元数据的内容应符合保存档案的需要；(2) 持续存储并管理元数据，即使文件被调用、修改，而没有另外保存，元数据可以对此作证，帮助我们鉴别文件的原始性、真实性、完整性和有效性。二是存储在移动介质的电子文件，归档时必须辅以人工干预，建立记录制度。大多数网络系统都会生成有关操作和程序的各种信息的日志文件，如 Unix 系统。如果能够把日志文件的范围扩大到重要的文本文件，其档案管理的作用会更大。给元数据建立日志文件，持续不断地贮存和管理元数据，使那些指定的文件，尽管不是系统文件，也受到监视和维护。假设电子文件的预期移交时间是五年之后，能够通过电子文件信息记录来彻底查清是否是五年前产生的文件，在此期间文件是否转换过格式或更改过内容。没有这些信息记录，文件的技术鉴定不能予以通过。

(三) 对电子文件形成时间和作者身份进行检验

检查电子文件在形成过程中的控制方法，对电子文件作者的可靠性进行检验。电子文件的版本不能像纸质文件那样易于识别，可以通过计算机中记录下来的文件形成时间和作者身份进行比较和鉴别。

(四) 检查电子文件的传递方式、格式、状况以及保存文件方法

只要所传递的文件是原件，从草稿到原件的路线清晰明了，传递过程中没有发生时间、日期、发送接收者以及主题的错误，加密文件和加密数据完好无损，就构成了一份真实文件。对文件传递方式、格式以及状况的控制一般是计算机系统自带的功能，或者是系统软件开发时就要考虑的目标。如 Out Look Express 所接收的每封邮件，都可以在它的属性里查到有关发送时间、日期、作者、主题以及用来防护的标记符号等。

(五) 从技术上、法律上对电子文件信息的客观性进行认定

例如日本电气公司发明的“水印”技术，使数字文本、视频、声频等数据上附加一个几乎抹不掉的印记，且不会影响信息的读取，以达到被鉴定的目的。

第四节　电子文件鉴定的标准

一、保管期限标准

电子文件鉴定的最终结果同样表现为对存与毁的选择和对留存文件保管期限

的确定。纸质文件鉴定中把鉴定的思想和原则转化成明确、具体的保管期限表的做法在电子文件的鉴定中依然必要，这可以给管理人员提供一个清晰的、易于执行的标准。纸质文件的保管期限表对于从内容上鉴定电子文件具有一定的参考价值，但由于电子文件的种类、成分和形成、积累过程有诸多特点，一些文件的价值还会随着信息技术的发展而有所改变，因此，不能简单地套用原有的保管期限表。

美国国家档案与文件署(NARA)早就用电子文件保管期限表来规范电子文件的"处置"(销毁)范围。美国国家档案馆从1969年即开始制定机读文件鉴定标准，在20世纪70年代制定的机读文件处置期限表中，将机读文件分为可由机关处理和不可由机关处理两类。前者在完成其现行职能后，可由形成机关自行决定处理；后者内容比较重要，由国家档案馆决定处置。在鉴定过程中，除强调以资料概括水平为基本标准外，确定文件价值的技术标准还包括实际检验有无附带资料等。

1988年，美国国家档案与文件署在国家档案馆内设立了电子文件中心。中心下设档案服务部与技术服务部，前者负责档案鉴定、登录、格式及参考服务工作，后者则负责中心管理的技术部分。鉴定过程中，NARA文件管理项目的工作人员、信息资源人员、联邦机构的文件管理者以及档案工作者通力合作，根据凭证性、法律性、信息价值及该信息是否具有长期研究的潜力等实施鉴定，此外还应考虑电子文件的内容是否为原始信息，产生于哪个机构，为什么会产生这些信息，用户将怎样利用这些信息，该文件对联邦项目及政策会带来什么影响等。

NARA颁布了两个"通用电子文件保管期限表"，用以规范电子文件的"处置"(销毁)范围。期限表中条款非常具体，明确规定了哪一种文件在什么情况下可以删除。需要考虑的因素除文件的内容、来源之外，还包括版本、副本、数据转移等方面的情况。若文件不在保管期限表条款之列，机关认为需要"处置"时须向NARA递交申请表，获准后方可实行"处置"。近几年，为更有效地管理电子文件，NARA又制定了通用文件期限表GRS20。并由来自于NARA及其他联邦政府机构、非政府的专家组成电子文件工作组，提倡保管期限表应涵盖电子文件在内的所有文件格式，同时建议将GRS20修改为一种系统管理文件的期限表。①

我国也应该在积累经验的基础上为电子文件编制专用的保管期限表，以体现文件内容对保管期限的要求。国家档案局"电子文件归档和电子档案管理研究领导小组"研究后认为划分电子文件保管期限的原则是：凡是反映本单位主要职能活动和基本历史面貌的，具有长远科学研究和历史研究价值的电子文件，列为永久保存；凡

① 参阅章丹、谭琤培：《国外电子文件鉴定理论与实践》，《浙江档案》，2001年第3期，第32—34页。

是反映本单位一般职能活动，在较长时间内有参考利用价值的电子文件，列为长期保存；凡是短期内对本单位有参考利用价值的电子文件，列为短期保存。①

二、技术标准

技术鉴定的依据是硬件、软件、载体及其相关的标准。如归档使用的磁带的性能质量，应分别符合《盒式录音磁带总技术条件》(GB 7309—87)、《VHS 盒式录像磁带》(GB/T 14306—93)、《磁性载体档案管理与保护规范》(DA/T 15—1995)等标准的规定；要将磁性载体文件和光盘文件按照《信息处理交换用七位编码字符集在 9 磁道 12.7 mm 磁带上的表示方法》(GB 1989—80)、《信息处理——信息交换用的磁带标号和文卷结构》(GB 7574—87)、《CAD 电子文件光盘存储、归档与档案管理要求》(GB/T 17678—1999)、《CAD 电子文件光盘存储系统的一致性测试》(GB/T 17679—1999)、《基于 XML 的电子公文格式规范　第 1 部分：总则》(GB/T 19667.1—2005)、《基于 XML 的电子公文格式规范　第 2 部分：公文体》(GB/T 19667.2—2005)、《文献管理 长期保存的电子文档文件格式》(GB/T 23286—2009)、《电子文件归档光盘技术要求和应用规范》(DA/T 38—2008)、《版式电子文件长期保存格式需求》(DA/T 47—2009)等标准进行转换，及时向档案部门移交归档。

纸质档案数字化应按照国家档案局行业标准《纸质档案数字化技术规范》(DA/T 31—2005)要求执行。

三、鉴定工作中需要考虑的问题

(一) 保管费用转移与价值取向的调整

把“技术鉴定”作为决定电子文件保存价值的因素之一，必然会导致在鉴定标准的把握上，要作保存费用与价值取向之间关系的调整。虽然在传统文件鉴定上，很大程度上也参考了保存费用因素，但事实上并没有改变人们对传统文件的价值鉴定偏重于内容分析这种势态。这种势态在电子文件鉴定中可能完全改变。因为管理电子文件的费用大量转移到保障其真实性、完整性、有效性和安全性等所需要的技术设备和环境维护中。为此，付出的软硬件设备的费用将会直接影响到对电子文件保存价值的判断。

美国档案学者菲莉普·鲍尔说：“价值一定要同费用放在一起权衡。”保管文件

---

① 国家档案局编著：《电子文件归档与电子档案管理概论》，中国档案出版社，1999 年版，第 57 页。

有很多方面的费用支出，如保存空间、装具、技术、设备、人力等，对于纸质文件来说，空间的问题最为突出，因此档案工作者在鉴定档案时很自然地会把保存空间作为考虑的因素之一。

对电子文件而言，保存空间的重要性相对减弱，但管理电子文件的费用大量转移到保障其真实性、完整性、有效性和安全性所需要的技术设备和环境中来。这样，就必须考虑档案保管机构是否有足够的资金和力量来支持电子文件的技术要求，尤其是那些对特定的复杂软件具有特殊依赖性的文件。如果不能采用通用软件保存的话，档案保管机构还需要设法获得该文件的运行软件，而这类软件往往是昂贵的，或者是专利性的，软件拥有者可以有种种理由不愿无偿移交。在这种情况下，档案保管机构需要根据电子文件的价值和自身的实力作出判断：或是购置相应软件甚至全套系统以保障文件的维护和使用，或是与文件形成机关达成协议，由他们按照国家的有关规定实施管理。①

某些文件从内容价值衡量需继续保存，然而技术上却难度极大，耗费甚巨，超过电子文件自身的价值，那么可以考虑将文件转存在纸质载体或缩微胶片保存，放弃其数字化形式。

（二）双套制条件下纸质文件鉴定的标准

电子文件的易变性、易逝性使得人们在应用它们的同时，仍然制作保留一份同样内容的纸质文件，以备不时之需，这种做法称为“双套制”。双套制的存在使得我们在鉴定电子文件的同时，也必须鉴定与之相对应的纸质文件。

纸质文件的鉴定不存在技术鉴定问题，可以不考虑计算机软硬件等技术因素，主要集中针对文件内容进行鉴定，鉴定时宜分清情况，采取与电子文件不同的标准。一般情况下，如果电子文件所赖以存在的软硬件条件良好，符合长期保存的要求，则可对纸质文件采取更为严格的留存标准，规定只保留那些具有凭证价值和永久价值的文件。这样既可以发挥电子文件所具有的许多纸质文件无法替代的优点，也可以解决电子文件不稳定、易逝性等所造成的人们对其证据价值和永久保存的担忧，确保具有证据价值和永久保存价值的文件得到保存。如果电子文件的存在环境技术鉴定通不过，认为无法继续保存，就可以采取较为宽松的标准，把具有保存价值的纸质文件保留下来。

双套制条件下对文件的鉴定，应充分发挥两者的优长，采取审慎的态度，不能错误地认为有电子文件，就可以轻率地销毁纸质文件，反之亦然。

---

① 参阅冯惠玲：《电子文件的双重鉴定》，《档案学通讯》，1998年第3期，第32—35页。

第五节 电子文件与纸质文件鉴定的比较

电子文件鉴定与传统纸质文件鉴定理论上存在许多相通之处，但是与传统纸质文件相比，电子文件具有多变性和转瞬即逝的特点，这就决定了电子文件鉴定与传统纸质文件鉴定也存在诸多不同之处。

一、电子文件与纸质文件鉴定的共性

（一）电子文件与纸质文件鉴定拥有共同的方法论

电子文件与纸质文件的鉴定都是确定文件的保管期限，删除、销毁没有保存价值的文件，将有价值的文件保存下来，为生产建设和社会发展服务。

加拿大档案学者理查德·布朗认为："宏观鉴定从逻辑上讲包括了所有对职能和结构体制的分析，国家档案馆的宏观鉴定基本上包括了全部的文件载体，没有对文件载体有任何偏爱，因而电子文件在宏观鉴定中没有任何特殊的地位。"布朗的论述指明了电子文件和纸质文件鉴定在宏观的理论和方法论上具有相通之处。以宏观鉴定法为例，无论对电子文件还是对纸质文件而言，都可遵循这样的实施步骤：按照加拿大政府联邦机构地位与职能的重要程度，将 100 多个政府文件产生机构分类，国家档案馆依次与之签订协议，明确在相互合作的过程中各自享有的权利和需要承担的义务，由两者协商制定各立档单位的文件保管期限表以及工作计划，具体鉴定工作由政府机构从事，档案馆提供服务指导，并依法进行管理。

（二）电子文件鉴定理论是在纸质文件鉴定理论的基础上发展起来的

虽然在具体的电子文件管理系统中，电子文件的鉴定呈现出很多不同的特点。但是仔细分析，就可发现电子文件的鉴定方法实际上是纸质文件鉴定理论在电子环境下的延伸和应用。例如，在电子文件鉴定模块的设计中，仍然必须回答这样一些问题，诸如档案在哪个环节、由谁鉴定才最合理，各个相关部门之间采取怎样的合作方式才能保证鉴定的客观性等。甚至电子文件鉴定的智能化也是仿照人们对纸质文件鉴定时的思维模式实现的。

二、电子文件与纸质文件鉴定的区别

由于电子文件与纸质文件具有各自不同的特点，因此，在具体的鉴定方法、鉴定内容、鉴定时间、鉴定人员上也存在着差异。

（一）鉴定方法

传统纸质文件多采用直接鉴定法，即逐件阅读文件原件内容，判断其价值。对于直接鉴定法所涉及的巨大工程量，法国档案工作者曾经对此发出警告："逐份挑选文件不是件容易的事情，除非花费在这项工作上的时间和精力可以从所获得的库房空间上得到补偿，否则不要轻率地进行尝试。"历史的发展证明了这一预测。面对文件数量的急剧增长，直接鉴定法的局限性越发显现，档案界对档案鉴定理论进行了大胆的有益的探索，总体趋势是由微观转向宏观，从对单份文件的关注转向文件产生的背景、文件形成者的职能活动，更注重从宏观上、总体上把握鉴定方向，同时更注重鉴定方法的实用性和可操作性。加拿大国家档案馆开始实行"新宏观鉴定接收"战略，采取了一种"职能结构研究模式"，将档案的鉴定方法置于一种以文件前后关系为基础、以来源为中心的框架中，而不是置于以内容为基础的历史文献框架之中。荷兰国家档案馆也采取了类似的鉴定方法，即根据文件在政府活动和任务中的作用来鉴定其情报价值，各机构首先应分析其履行使命和完成任务是否为至关重要的活动，挑选和鉴定出来的信息必须反映活动的价值。

宏观职能鉴定法在电子文件鉴定中得到了一定程度的肯定和发扬。T·库克针对电子文件鉴定提出的"后保管鉴定法"——以职能活动为依据的宏观鉴定，与布姆斯的"社会分析与职能鉴定论"以及加拿大的"新宏观鉴定接收战略"均有异曲同工之处。宏观职能鉴定法抛弃了根据当前和未来社会需要来确定和预测文件价值的观点，这种鉴定方法得到了国际档案理事会电子文件委员会的认同，被称为实用的评估法，在电子文件鉴定中已得到了广泛的认可和采用。

（二）鉴定内容

由于纸质文件的物理载体相对稳定，信息与载体结合紧密，对纸质档案的鉴定偏重其内容鉴定，对文件所处的技术情况和载体情况几乎未作考虑（高龄档案除外）。对电子文件而言，计算机是其赖以生存的环境，计算机技术影响着文件的真实性和可读性。据此，1984 年法国档案学者哈罗尔德·瑙格勒提出并系统阐述了电子文件双重鉴定的思想，即"机读文件的鉴定包括文件所含信息的鉴定（内容鉴定）和文件技术状况的鉴定（技术分析）"。技术鉴定主要包括电子文件原始性、完整性、可读性、载体情况、病毒情况等。董永昌、何嘉荪甚至提出电子文件的"三重鉴定"：首先，对电子文件内容价值的鉴定继续存在；其次，鉴定电子文件的原始性，以对应电子文件信息的易变性、易逝性；再次，对电子文件的技术鉴定。[①]

不论是电子文件的双重鉴定还是三重鉴定，都对电子文件鉴定工作提出了巨大的挑战。在目前的情况下，档案的技术鉴定"既花钱又很复杂"，这给我国的档案人员提出了新的课题：其一，要把握住电子文件查考价值和保管费用的平衡点。偏重查考价值轻视保管费用，会导致无力承受过于昂贵的保管成本而无法保证档案信息的安全、可读和利用。反之，如果偏重保管费用而轻视长远价值，又可能造成鉴定工作的偏差，从而影响文化遗产的保护。其二，由于档案人员对新兴的信息技术比较陌生，无法有效地开展电子文件的技术鉴定。档案部门与信息技术部门的合作已不可避免，究竟采取哪一种合作方式更为科学有效，可根据具体情况而定。

（三）鉴定时间

电子文件和纸质文件具有相同的文件运动生命周期，依次为文件的制作、文件的现实使用、文件的暂时保存、永久保存四个阶段。但鉴定工作分别处于文件运动生命周期的不同阶段。

纸质文件的第一次鉴定，即立卷前鉴定就发生在第二阶段末，此时文件经现实使用，一部分失去了全部价值可以销毁，另一部分日后仍有查考、使用价值的通过立卷转入第三阶段。在第三阶段末，档案室对档案进行第二次鉴定，保管期限已满的档案，经鉴定没有保存价值的即可销毁；经鉴定认为具有长久保存价值的档案由此进入了文件生命周期永久保存阶段，再经档案馆鉴定，将有永久保存价值的档案进入档案馆保存。

电子文件的初次鉴定不可能像纸质文件那样等到文书处理程序完毕之后再进行，而必须提前到信息系统设计时进行，也就是在编制信息系统软件时，就把有关鉴定的标准和程序编入到系统软件之中，由计算机自动对电子文件鉴定。初期鉴定主要是对电子文件的内容价值进行鉴定。电子文件的第二次鉴定是在电子文件脱机保存时在移动载体上进行的，这次鉴定的内容既包括对内容价值鉴定，也包括技术鉴定。电子文件的第三次鉴定从理论上讲应该是档案室在电子文件保管期满时进行。但为了保证存储在光盘、磁带中的电子文件数字信息能长期存取，电子文件需要不断地定期复制，因此，往往可以将两者结合起来，在复制前对电子文件再作一次内容鉴定，确系有继续保存价值的电子文件才复制，否则可删除销毁。当电子文件向档案馆移交时，对其进行第四次鉴定，以确保进入档案馆的电子文件均具

① 董永昌、何嘉荪主编：《电子文件与档案管理》，百家出版社，2001年版，第81页。

有永久保存价值。

(四) 鉴定人员

鉴定工作的人员组成、他们所处的立场、出发点以及价值取向等在很大程度上影响着档案鉴定工作的走向。我国的纸质文件鉴定主要分三步走：第一次立卷归档前鉴定工作，鉴定人员由文书或业务部门人员组成；第二次鉴定工作主要由机关或企业的档案室工作人员承担，对立卷归档时确定的保管期限进行检查并适当调整，经鉴定无继续保存价值的剔出销毁；第三次鉴定工作由档案馆人员主持，主要对进馆档案保存期限不当的进行调整以至销毁。而电子文件鉴定不但要对文件内容价值进行鉴定，还要对文件的技术状况进行鉴定，因此，鉴定队伍不仅要有档案或文书部门的人员参加，还要有技术人员参加。

第六节　电子文件的销毁

电子文件数量正呈现膨胀趋势，如不及时进行合理销毁，势必造成信息冗余，甚至造成庞大的信息垃圾，同时也加大敏感、涉密信息泄露的风险。开展电子文件的销毁既是电子文件鉴定工作的必然要求，有鉴定就必然有销毁；也是电子文件科学高效管理的必然要求。

一、《通用文件保管期限表 20》引发的思考

电子文件销毁是对电子文件处置的一个方面。在电子文件保管阶段对电子文件的销毁主要是保存期满、无保存价值的电子文件予以销毁。如新加坡国家档案馆《通用电子文件保管期限表》中规定："工资表文件"的保管期限是"7 年"，期满后的处置是"从系统中删除"。

我国《电子文件归档与管理规范》中规定："归档电子文件的鉴定销毁，参照国家关于档案鉴定销毁的有关规定执行，且应在办理审批手续后实施。""属于保密范围的归档电子文件，如存储在不可擦除载体上，应连同存储载体一起销毁，并在网络中彻底清除。不属于保密范围的归档电子文件可进行逻辑删除。"

由于当前电子文件管理的核心问题是电子文件的鉴定、归档，以及各项法规、标准的建设，人们对销毁问题的研究尚未深入。但电子文件的销毁是转瞬即逝的事，只要轻敲键盘，就可能会造成无法弥补的损失，因此，对电子文件的销毁应当十

分慎重。在这方面，美国围绕《通用文件保管期限表 20》所引发的官司和争议值得我们深思。

《通用文件保管期限表 20》(GRS20)是 1995 年在美国国家档案与文件署(NARA)署长卡林的领导下修订的，旨在解决电子文件的管理鉴定、处理授权等问题，其核心内容是确定电子文件、特殊的硬拷贝(纸张)以及电子文件方面数据的处置授权。它覆盖了由计算机操作员、程序员、分析员、系统管理者产生的所有与计算机利用有关的文件。在它的大多数条款中，明确指出当联邦机构确定文件不再有行政的、法律的、审计的或其他意义而不需要长期保存时，可以自行删除或者销毁。美国国家档案与文件署不考虑在应用中设立更特殊的保留期限。

《通用文件保管期限表 20》颁布实施后，立即引起公民权利组织和其他一些组织的强烈反对。他们认为 GRS20 没有对电子文件的价值进行区分而任意予以销毁"是不明智的，也是违法的"。遂于 1996 年 12 月向美国哥伦比亚特区的地方法院将卡林、总统办事机构、行政办公厅等机构和人员告上法庭，指控 GRS20"无视电子文件的价值"，"专断，无定见、不合理、违背法律规定"；并控告国家档案员"企图放弃鉴定电子文件价值的责任"。美国地方法院 1997 年作出了判决，宣布 GRS20 无效，电子文件不能销毁。美国国家档案与文件署随即向上诉法院进行上诉，上诉法院于 1999 年 8 月作出裁决，推翻了地方法院的裁决，宣布 GRS20 合法。原告不服，对上诉法院的裁决向最高法院进行上诉。最高法院于 2000 年 3 月作出裁决，支持 NARA，对这个案件不再举行听证。本官司到此了结。

围绕 GRS20 的官司虽然结束，但它所涉及的问题引发出更多的思考。由于此案涉及面甚广，问题的焦点又是电子文件这一崭新的研究领域，案件在报刊和因特网等各种传媒上传播后引起普遍的关注。《华盛顿邮报》评论指出："如何将政府馆藏中的电子文件转换为标准的、永久的可读形式而不造成信息的丢失，迎接这一技术挑战的并非只有档案馆。没有任何一个政府机构愿意背上为每天产生的文件划分保管期限，分门别类予以保管的重责"；"与其他行业比较，对档案馆来说，突破传统，改变日复一日、年复一年形成的旧有的思维模式与管理模式显得尤为迫切与必要，且任重道远"。国际档案理事会电子文件与现行文件委员会(ICA/CER)主席约翰·麦克唐纳指出：究竟什么是文件，如何从法律的角度进行定义，政府机构的实质是什么，档案馆在现行文件管理过程中究竟应扮演怎样的角色，这些都是国际档案界应该关注的重要问题。①

---

① 王健、张宁：《敲响电子文件管理的警钟》，《档案学通讯》，1998 年第 4 期，第 42—44 页。

鉴于 GRS20 遭到的非议，美国国家档案与文件署曾于 1997 年 11 月成立了一个电子文件工作组，负责对若干类电子信息的产生、保管和处置，特别是对 GRS20 存在的问题进行研究。工作组经过 7 个月的艰苦努力，起草了一份报告书，提出了三点建议。具体来说：① 联邦机关必须为本部门形成的各种格式的项目文件和重要的行政管理文件制订保管期限。工作组建议美国 NARA 颁布一份修改现有的文件处置期限表的指导性文件，为办公室自动化系统产生的文件规定处置期限；② 工作组建议 NARA 修改所有的通用文件保管期限表，从而为那些已制作了文档管理副本而不需要再为此目的加以保存的那些行政文件规定销毁期限；③ 工作组建议制定一个新的“通用文件保管期限表”，专为与系统管理和操作相关的暂时性文件规定处置期限。此案终审结束后，卡林也表示美国 NARA 将与有关方面一道积极探索电子文件管理和保护的方法。

围绕《通用文件保管期限表 20》所引发的诉讼，正如我国学者所言：“敲响电子文件管理的警钟。”

二、电子文件销毁的时机与实施者

电子文件的销毁与鉴定直接相关联。电子文件鉴定是全过程的鉴定，涉及到多个环节，因此电子文件的销毁也与多个环节相关。

一般而言，在电子文件管理过程中，如果使用的管理系统具有自动鉴定功能，则在系统设计之初就可根据内容鉴定的方法决定文件的存留，经过文件形成者确认之后，应该销毁的电子文件就可由管理系统自动删除；如果所使用的管理系统没有相应的鉴定功能，可在档案部门参与下（档案部门可派人前往，也可直接通过网络进行控制），定期对电子文件进行批量鉴定，及时将没有保存价值的电子文件销毁；经过初次鉴定后的电子文件，在归档时，由档案部门进一步鉴定，被剔除出的电子文件由档案部门统一销毁。

在电子文件销毁上，有两个关键性环节或者说时机：一是电子文件的归档鉴定销毁。它是在电子文件形成、归档以及向档案室移交过程中，由文件形成者或档案（室）管理者对电子文件进行内容和技术鉴定，对没有保存价值或技术状况达不到保管要求（经技术处理后，仍无法得到保管要求）的电子文件实施销毁。通过归档销毁，确定哪些电子文件需要留存档案室保存。二是电子文件的保管期限已满销毁。它是对保管期限已满的电子文件的处置，一般情况下由档案室档案人员会同文件形成者，或档案馆档案人员会同档案形成单位决定到期电子文件的处置，对于无继续保存价值的电子文件进行销毁。

三、电子文件的销毁方法

电子文件的销毁可分为信息销毁和载体销毁两大部分。

电子文件的信息销毁是通过软件系统改变载体的状态，将电子文件数据从记录载体上彻底消除的一种方法。这种方法适用于可重复使用的记录载体，如硬盘、可擦写式光盘、磁带机等。它的优点是可重复利用载体，节约资源、经费，销毁方法简单；缺点是销毁过程具有非直观性，主要是通过计算机软件系统来完成销毁工作，如果销毁不彻底，容易留下泄密的后患。

电子文件的载体销毁是指将电子文件的载体连同信息一起销毁的方法，主要适应于一次写入不可更改的记录载体及受损伤不可修复的载体。它的优点是销毁比较彻底，缺点是浪费资源。

在电子文件销毁工作中，需要根据电子文件销毁对象的涉密程度采取不同的销毁方法，确保涉密电子文件在销毁后不会造成信息泄密。

四、电子文件的销毁制度

我国的电子文件销毁工作虽然起步较晚，但各级政府、金融机构及军队等已开始关注涉密载体的销毁。国家已颁布实施了《中华人民共和国保守国家秘密法》及其实施办法、《国家秘密载体销毁管理规定》及其实施细则；国家保密局也制定了涉及存储载体销毁的行业标准《涉及国家秘密的载体销毁与信息清除安全保密要求》(BMB 21—2007)，规定了涉密载体销毁和信息消除的等级、实施方法、技术指标以及相应的安全保密管理要求。近年来，一些省市机关、企事业单位陆续制定了有关电子文件销毁的制度规范，内容涉及负责销毁工作的责任人、销毁范围、销毁地点、销毁程序、销毁要求等。这些法律法规和制度要求为制定电子文件销毁制度提供了法规依据和法制经验。

我国电子文件销毁制度尚在探索建立阶段，有学者认为，一套完善的电子文件销毁管理制度应包括以下几个方面：(1) 由技术部门选择符合保密要求的专业销毁设备，指定专门人员进行管理；(2) 载体销毁处理应履行批准、登记手续，并对介质拥有者、经办人、处理方式及最终去向等情况进行记录；(3) 存储载体在故障维修、更换、淘汰、报废，及放置到安全风险不可控的环境之前，应进行载体销毁处理，尤其是硬盘在进行保修、报废前必须进行消磁处理；(4) 存储载体使用人员及使用环境发生变化时应对相关信息进行清除，并建立分级信息清除机制，由部门落实部门范围内的介质信息清除工作，主管技术部门落实跨部门出现的介质信息清除工作以及单位重要介质信息的清除工作；(5) 涉及国家秘密的信息载体，应该按照国家保密局的规范要求进行销毁，并根据可能发生的紧急情况制定相应预案，确保在发生紧急情况时，能够快速有效的对涉密载体进行销毁；(6) 建立健全定期监督检查机制，由主管部门对信息销毁工作进行定期评估。①

电子文件销毁工作是保证信息安全的最后一道关卡，起到“守门员”的关键作用。虽然我国电子文件销毁制度建设取得了一定的成绩，但是我们应该看到，真正能按制度规定履行销毁行为的单位和部门还很少，如何制定出一套切实可行销毁管理制度是值得学界深入探讨的课题。

① 参阅郑姗姗：《电子文件销毁研究》，苏州大学硕士学位论文(2012)，第 26—27 页。

第五章 电子文件的积累与归档

电子文件一经形成，就涉及到积累与归档问题，积累与归档是在流动中把握永恒，使电子文件转化为电子档案，从而成为集体和社会记忆。随着电子文件的大量生成，电子文件的积累与归档问题日益突出，各国档案工作者都在以其特有的职业敏感注视和推动电子文件的"档案化"进程。

第一节 电子文件积累与归档的组织管理

一、电子文件积累与归档的必要性

（一）电子文件是国家宝贵的文化财富和社会的重要信息资源

电子文件与传统文件一样，都是机关和组织处理工作的一种工具，具有现行效用。同时由于其内容反映机关和组织的工作活动，是机关和组织工作的历史记录和活动凭据，具有可供日后查证利用的参考价值。从长远的观点来看，电子文件也是国家的宝贵文化财富和社会的重要信息资源。因此，理应受到完整、系统、安全的保管和维护。

（二）电子文件积累与归档是保护电子记忆的必要途径

电子文件存在于计算机系统之中，其对系统的依赖性、信息与载体的可分离性和信息的可变性等特点使电子文件信息不稳定，容易逝去或改动，造成信息的流失。如当生成一份文件的软件、运行该软件的操作系统和硬件更新换代以至与原系统不兼容时，我们便无法读出该份文件；再如电子信息的增删更改十分方便，系统操作人员在整理或转换磁盘（磁带）时往往把那些认为不再有用的信息删除；有些信息系统还作出规定，经过一定期限后由程序控制自动删除某些数据等等，这些都给电子文件的保管带来了安全隐患。只有进行科学的积累和归档，才能有效地保护电子记忆。

（三）电子文件积累与归档是档案工作的时代要求

从我国目前的情况看，电子文件已在社会各个领域大量生成，但其完整保留、妥善保管等方面都存在着很多问题：草稿性电子文件处于“自生自灭”状态；辅助性电子文件常常无人管理；正式电子文件只进行了逻辑归档，管理较为分散；电子文件的存储载体不安全，信息记录格式不标准；电子文件生成的设备环境数据缺少登记和记录等等。这些现象的普遍存在，不仅使大量有价值的电子文件信息及电子文件管理信息流失和遭到破坏，形成资源的浪费，也严重影响到文件和档案管理部门职能的发挥和传统形象的维护。

电子文件的积累和归档问题应得到社会各界，特别是文件与档案部门的广泛关注，应采取积极措施，从OA、CAD、CAM等系统设计及电子文件生成入手，加以控制，并与纸质文件的有关规定协调起来，从归档角度提出要求，推动电子文件的“档案化”管理进程。

二、电子文件积累与归档的程序

任何一个电子文件管理系统或一个计算机网络系统，不管是早已发展起来的局部网络(LAN)还是大众使用的因特网(Internet)，都不约而同地意识到网上信息安全和完整的重要性。有价值的信息应受到保护和方便使用，要远离危险环境而保护在不受损害状态。达到这个目的方法之一，就是对有价值的电子文件进行积累和归档保存。

电子文件积累与归档，不同于纸质文件。因为电子文件是数字信息，或存储在计算机的外存储器上，或传递在计算机的网络上，它的归档基本属于无纸形式，是在一定的技术环境下进行的，需要采取一系列技术保障措施，才能使归档的电子文件发挥应有的档案功能。因此，电子文件积累和归档不能盲目套用纸质文件的做法，必须按电子文件积累和归档的工作程序进行。一般说来，电子文件积累和归档的程序是：

1. 确定须归档的电子文件是通过审批的“最终版本”
2. 积累和积累整理
3. 编制目录
4. 整理归档的电子文件
5. 鉴定归档的电子文件
6. 检测归档的电子文件
7. 编制电子文件归档说明

8. 存入存储载体

9. 复制备份，确定保存方法和地址

10. 确定载体标识

对上述环节可概括为积累、整理和归档三个大的环节。

三、电子文件积累与归档的组织管理

电子文件从形成到归档，跨越多个部门。这些部门通过计算机网络系统联成一个有机的整体，有的工作互有交错，职责界限很难区分清楚。因此，必须加强电子文件积累与归档的组织管理。具体应做到：

（一）由单位综合主管部门或主要负责人统一协调，指定专门机构或专人负责电子文件的积累和归档工作

电子文件的形成、承办、归档等工作应当由电子文件形成部门负责，档案保管部门予以指导监督，并对保管方法提出意见和建设方案。归档后电子文件的管理工作由档案保管部门负责，电子文件形成部门提供协助和支持。总之，整个过程既要有统一领导、明确分工、严格管理，又要有相互支持，才能保证电子文件真实性、完整性、有效性和安全性。

电子文件的积累和归档工作，是由形成者或承办者按照归档要求将形成的电子文件积累下来，进行整理、鉴定、归档，并向档案保管部门移交。其责任在《中华人民共和国档案法》（以下简称《档案法》）和《科学技术档案管理条例》中都有明确的规定。例如《档案法》第十条规定："对国家规定的应当立卷归档的材料必须按照规定定期向本单位档案机构移交，集中管理，任何个人不得据为己有"；《科学技术档案管理条例》第六条规定："各单位应该把科技文件材料的形成、积累、整理和归档纳入科技工作程序和生产、科研、基建计划中，列入有关部门和人员的职责范围。"文件的积累、整理、归档工作是公务员、科技人员完成公务、科技工作必不可少的工作程序，因而也是公务、科技人员分内的工作。因为电子文件的形成、积累贯穿于公务或科技工作的始终，只有电子文件的形成者最熟悉电子文件的内容和电子文件之间的联系，由他们积累归档才能保证电子文件的来源和质量。档案保管部门并不产生上述的电子文件，档案保管人员无法替代公务员、科技人员进行电子文件的积累、整理、鉴定、归档。

（二）各单位电子文件积累归档要有明确的规章制度、标准和具体的规定要求

归档是电子文件转换成电子档案的关键环节，它的质量好坏关系整个电子文件的管理水平，因此必须有质量控制措施，保证这项工作的正常进行。因为办公自动化系统(OAS)和电子计算机辅助设计(CAD)、辅助制造(CAM)系统不属档案部门内部的工作,而是外部环境,涉及许多部门,这就需要理顺电子文件管理部门与有关业务部门的工作关系。为使电子文件管理工作不陷于被动状态,各级档案行政管理部门对各单位的电子文件积累归档要有明确的规章制度、标准和具体的规定要求。如电子文件形成必须符合有关规定和标准;建立必要的记录和登记制度;归档的电子文件必须真实、完整、可读,能系统地反映工作的过程和结果;归档的电子文件应编写归档说明;经有关领导审批后向档案保管部门移交等等。要提出和制定归档工作制度,并对电子文件的形成、积累、整理、鉴定和归档进行指导、帮助、督促、检查。

(三) 把电子文件归档列入工作计划,并根据电子文件处理过程、程序和归档制度的要求,下达归档计划

由于电子文件产生的环境不同,有的在计算机网络系统上,有的在个人计算机上,因此把归档工作"纳入有关管理制度","纳入有关人员工作的职责范围"也是一项保障措施。管理制度和工作程序是公务员、科技人员进行各项工作必须遵循的法规和具体实施步骤,将电子文件的形成、积累、整理、鉴定、归档工作纳入工作计划,详细规定电子文件归档的范围、要求、完成时间,明确负责人、电子文件归档承办人等,并按计划进行检查和考核,从根本上保证电子文件的形成与各项归档工作同步进行。此外,还要严格按电子文件归档的检查、检测程序进行检查检测。①

在成熟的办公自动化系统中,电子文件的积累与归档可由系统自动完成。但这并不等于组织保证可有可无。相反,在自动化归档系统中,更应强调有关的组织保证工作,加强检查和监督,明确责任,保证电子文件的完整与安全,确保电子文件的有效利用。

第二节 电子文件的积累

一、电子文件积累的范围

(一) 以"大档案"观思考电子文件积累

"大档案观"最早是在 1995 年由山东档案局孙嘉焯提出的,他从档案和档案工

① 参阅国家档案局编著:《电子文件归档与电子档案管理概论》,中国档案出版社,1999 年版,第 46—48 页。

作范围逐渐扩大的现实出发，参照社会上流行的"大文化"、"大绿化"、"大市场"等观念，提出"大档案"概念，认为"大档案是根据档案与社会的密切关系，把档案工作纳入社会发展的大环境中，凡是与档案工作有直接关系的、档案部门参与后能促进其发展的有关工作，都可划为'大档案'的范畴"。[①] 这一概念提出后，得到一些学者的响应。黄项飞认为"大档案"的基本要素及其表现特征："档案空间：从封闭到开放；档案法制：从柔弱到成熟；档案开放：从被动到主动；管理手段：从手工到电子；档案政策：从刻板到灵活。"[②]

"大档案"观不仅潜含着从社会发展的角度思考档案工作范围、拓展档案事业社会空间的工作思维，同时也潜含着对档案构成的重新理解和认识，要求跳出传统官方"小档案"的认识思维，扩大档案的构成和成分，强化对社会各类档案资源的认知和管理。借用梁启超先生的一句话来说，就是"畴昔不认为史迹者，今则认之"。[③]

用"大档案"观来思考电子文件的收集积累，其意义主要在于扩展对电子文件存在范围和存在形态的认识，认识到电子文件不仅包括文件本身的数字化形态，也包括存储在各种载体上的拷贝件；不仅包括文本文件，也包括音频、视频、多媒体、超媒体文件；不仅包括各种业务系统产生的文件，也包括支持这些业务系统的程序性文件；不仅包括系统产生的工作文件，也包括社交网站、微博、微信、博客、论坛、播客等社交文件，等等。发现电子文件的新形态，将各类电子文件收集积累起来，全面反映数字时代社会活动的原貌，是档案工作者的社会责任。

（二）电子文件积累的具体范围

电子文件的积累范围应按国家关于文件归档范围的有关规定执行，并参考现行纸质文件的收集积累范围，制定电子文件的收集积累范围。同时，电子文件收集积累范围还应根据各部门文件形成情况以及电子文件的特点确定。

纸质文件的直读性使其归档时只需归档其文件自身，而电子文件的机读性则要求归档时不仅将电子文件本身的数据文件归档，同时相应的程序类文件也应归档。因此电子文件收集积累范围可划分为两大类：数据类文件和程序类文件。

各类反映本部门职能活动的数据类文件是电子文件的主体，它反映文件的内容，是收集积累的主要对象。数据类文件采集积累时应注意：对于重要的电子文件既要采集定稿，也要保存草稿，使归档的数据能反映各类文稿在起草、修改、审核直至签发的每一个环节中责任人的意志，以保证历史的真实性。

---

① 孙嘉焯：《试论"大档案"》，《山东档案》，1995 年第 3 期，第 15—17 页。
② 黄项飞：《大档案：面向未来的新思维》，《北京档案》，2004 年第 1 期，第 23—25 页。
③ 梁启超著：《中国历史研究法》，上海古籍出版社，1998 年版，第 1 页。

这里之所以特别指出草稿的采集积累问题，是由电子文件的特殊性决定的。电子文件在起草过程中，如果不采取必要的措施，文件的后一稿将会覆盖前一稿的内容，使我们失去保存和了解前一稿内容的机会。因此，对有必要保存草稿的文件应提出明确的要求和采取必要的技术措施，保障草稿内容的完整和真实。

程序类文件包括操作系统、语言处理系统、用户应用程序等。程序类文件是设计、编程人员和用户三者之间的主要沟通依据，程序类文件有两大类：一类是外购的；另一类是本部门自行开发的办公自动化系统。对前者，为了计算机系统的安全运行需要进行备份；后者应作为电子文件进行采集、积累与归档。这是因为，各单位自行研制的程序都应当视为本单位的科研成果，由此所产生的文件应同其他课题研究成果的成套文件一样处理，即把程序与相关的文字文件作为一个整体，一起整理归档。对申报专利或申请奖励的研制程序，还应形成一套专利文件或申报和批准奖励的文件。文档部门应当协同并督促程序研究小组，把一整套文件收集齐全、统一整理归档。

二、电子文件积累的要求

(一) 电子文件积累的原则性要求

1. 保证电子文件的完整性

在电子文件的管理中，首先要着眼于电子文件的完整性。在公文类电子文件的制作过程中，一般有草稿、修改稿、审批稿、审批意见、签署等步骤，凡形成的有价值的信息，都不能丢失，以保证其完整性；辅助设计(CAD)的过程中，一般有可行性研究、初步设计、技术设计、工作图设计、产品试制、测试等步骤，在这些过程中，凡形成有价值的文字、图形等信息都不能丢失。其他类型的电子文件，一般都有自己的制作步骤和过程，为了能全面真实地反映所形成的电子文件的功能和作用，要将形成的有价值的信息保存，以保证电子文件的完整性。

2. 收集积累经过审批的“最终版本”的电子文件

保证是经过审批的“最终版本”的电子文件，必须从电子文件系统设计阶段就开始进行监督，根据电子文件形成的规律和过程，由文件形成人员或文件管理人员按规定适时予以收集，并备份保管，以保证具有凭证价值的电子文件的信息安全。

(二) 电子文件积累的具体要求

《电子文件归档与管理规范》对电子文件收集积累作了如下具体规定：

1. 记录了重要文件的主要修改过程和办理情况，有查考价值的电子文件及其电子版本的定稿均应被保留。正式文件是纸质的，如果保管部门已开始进行向计算机全文的转换工作，则与正式文件定稿内容相同的电子文件应当保留，否则可根据实际条件或需要，确定是否保留。

2. 当公务或其他事务处理系统中只产生电子文件时，应采取更严格的安全措施，保证电子文件不被非正常改动。同时应随时对电子文件进行备份，存储于能够脱机保存的载体上。

3. 对在网络系统中处于流转状态，暂时无法确定其保管责任的电子文件，应采取捕获措施，集中存储在符合安全要求的电子文件暂存存储器中，以防散失。

4. 对用文字处理技术形成的文本电子文件，收集时应注明文件存储格式、文字处理工具等，必要时同时保留文件处理工具软件。文字型电子文件以 XML、RTF、TXT 为通用格式。

5. 对用扫描仪等设备获得的采用非通用文件格式的图像电子文件，收集时应转换成通用格式，如无法转换，则应将相关软件一并收集。扫描型电子文件以 JPEG、TIFF 为通用格式。

6. 对用计算机辅助设计或绘图等设备获得的图形电子文件，收集时应注明软硬件环境和相关数据。

7. 对用视频或多媒体设备获得的文件以及用超媒体链接技术制作的文件，应同时收集其非通用格式的压缩算法和相关软件。视频或多媒体电子文件以 MPEG、AVI 为通用格式。

8. 对用音频设备获得的声音文件，应同时收集其属性标识、参数和非通用格式的相关软件。音频电子文件以 WAV、MP3 为通用格式。

9. 对通用软件产生的电子文件，应同时收集其软件型号、名称、版本号和相关参数手册、说明资料等。专用软件产生的电子文件原则上应转换成通用型电子文件，如不能转换，收集时则应连同专用软件一并收集。

10. 计算机系统运行和信息处理等过程中涉及的与电子文件处理有关的参数、管理数据等应与电子文件一同收集。

11. 对套用统一模板的电子文件，在保证能恢复原形态的情况下，其内容信息可脱离套用模板进行存储，套用模板应作为电子文件的元数据保存。

12. 定期制作电子文件备份。

由于信息技术的不断提高，电子文件收集积累的相关要求也在不断地发生变化，如文本文件、扫描型文件格式，国际上普遍使用 PDF 格式；而视频、多媒体文件格式，开始出现 MOV、WMV 等；音频文件格式，出现了 MP4 等。因此，在现实工作中应针对本单位的具体情况和技术发展掌握运用。

三、电子文件收集积累的方法

电子文件的积累，可分两类：一类是在电子计算机网络系统上，系统设计自动记录功能，可以记载电子文件的产生、修改、删除、责任者、进入数据库时间等。在进入数据库之前，通过对记有档案标识的内容进行鉴定归档。另一类是用存储载体传递的电子文件，按规定进行登记，对需要更改处理的，填写更改单，按更改审批手续进行，并存有备份件，防止出现差错。在收集积累过程中，重点要做好以下几项工作：

（一）电子文件规范命名

电子文件名通常由“命名词”＋“. 扩展名”组成。其中扩展名代表了电子文件的类型，通常由计算机自动产生；命名词是在电子文件生成、采集过程中，由文件形成者或文件收集者赋予的，规范电子文件命名词是规范电子文件管理的重要基础工作，随意命名会给管理造成混乱。

电子文件命名一般要求做到：一是唯一，即在同一文件夹中的电子文件不能重名，如果重名则后存盘的电子文件会将前存盘文件覆盖；二是直观，即命名能够简要地概括文件的内容，便于查找调用；三是简洁，即命名不宜过长，过长则难以辨认，且计算机软件会自动拒绝；四是参照，即命名要便于与同样内容的纸质文件建立相互参照关系，以便实行“双套制”管理，达到电子文件和纸质文件的互通互连。

电子文件命名方法主要有：

一是采用“文件标题＋. 扩展名”命名。这种命名的最大优点是直观，能通过命名知道文件的大概内容。如“关于加强档案信息资源开发利用工作的通知. doc”。但该方法不能完全避免重复命名，有时也会产生过长的命名。这种方法适用于在办公自动化管理中形成的电子文件。使用中应使文件命名与文件标题完全保持一致，万一出现重名，可在文件标题后加“(1)”、“(2)”等序号加以区分。

二是归档后采用“纸质档案的档案号＋. 扩展名”命名。如“A03－12－023－04. jpg”，其中“A03－12－023－04”是纸质档案的档号。该方法的优点是：由于档号唯一，因此能避免重名；由于档号中一般有分类号，因此便于识别内容；由于采用纸质载体的档案，又便于与纸质档案相互参照。这种方法一般适用于通过扫描等方式制作的归档电子文件。

三是对于基建或设备类电子文件也可以采用“项目编号＋流水号”、“项目编号＋阶段号＋流水号”或“图号＋流水号”等方法命名。

（二）文件夹设置

电子文件和纸质文件一样，是将具有保存价值的电子文件，按照其自然联系组合成文件的组合体，纸质文件主要表现为案卷，电子文件主要表现为文件夹。在电子文件形成和积累过程中，可以设置不同层次的文件夹，对电子文件进行分类积累和管理。文件夹设置的具体方法是：

1. 双击桌面上【我的电脑】或鼠标右击【开始】按钮选择【资源管理器】，便可进入资源管理器界面。单击选择一个存储器，如："H盘"。在选择存储器时，要预先估计本单位电子文件的递增速度，让该存储器的容量能够满足电子文件递增的需要。同时，存储电子文件的文件夹不能选"C盘"，因为"C盘"容易受到病毒的攻击。

2. 单击左上角【文件】按钮，再将鼠标移至【新建】→【文件夹】后单击。然后输入文件夹名，如【文书档案库】。这样建立的【文书档案库】文件夹就专门用于存放文书类电子文件。

3. 根据本单位档案分类体系，反复采用上述第2种方法，就能按电子文件的分类层次设置文件夹。例如某单位行政类电子文件按年度、问题分类，其文件夹设置如图5-1所示。

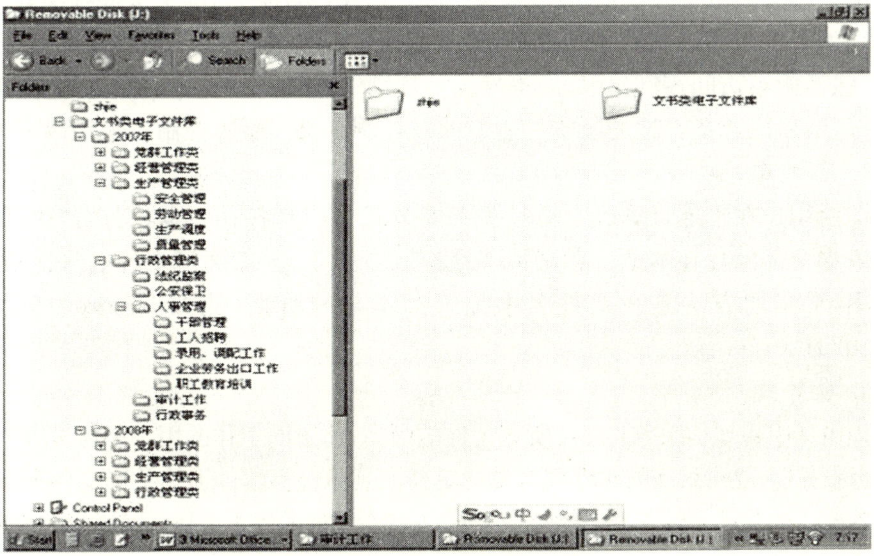

图5-1　文件夹设置层次图

4. 类别设置好后，将需要归档保存的电子文件按类存放入相应的文件夹中。

5. 文件夹或文件夹中的文件可以按照名称[N]、类型[T]、大小[Z]、修改日期[D]、自动排列[A]等方式排列。如果按名称排列则是按起始汉字的汉语拼音字母顺序排列。如果分类中刻意讲究一种排列方式，如机关各部门的文件夹必须按"党委办公室"、"行政办公室"、"人事处"、"计划处"……，则可在汉字前面加序号或英文字母，即"1—党委办公室"、"2—行政办公室"、"3—人事处"、"4—计划处"……。

6. 分类可以通过调整文件夹，也可以通过增加或删除文件夹来调整文件类目。

（三）电子文件的版本控制

电子文件版本是指为完成同一业务目的，经过一定流程而形成的并在内容、形式、作用上有所不同的电子文件。常见的电子文件版本有：电子公文的草稿、修改稿、送审稿、定稿，软件 Beta 版、标准版、专业版，项目设计过程中绘制的初步设计图、施工图、竣工图等等。业务活动过程中产生的电子文件版本繁多，不进行版本管理和控制会造成电子文件难以整合，版本不统一往往会导致使用错误版本现象，造成电子文件文本与记录对象的不符，不仅难以反映真实的历史情况，也会不利于未来的工作查考。

通过电子文件版本控制，一是可以追踪同一业务目的活动的过程；二是可以实现文件修订过程追踪，理解业务决策过程；三是为未来相关活动提供准确的借鉴和参考。

电子文件的版本控制，首先要确定需要开展版本控制的电子文件种类；其次应明确每类文件版本控制的基本规则，要求将重要的版本留存下来而不是覆盖原有版本，包括版本访问控制权限、版本号编号规则、版本冲突解决机制、各版本的保管期限等；最后应选择合适的版本控制方式及控制工具。版本控制可采用以下方式：

1. 本地式

即由用户在本地计算机上通过手工的方式来控制各种版本，用户产生或是接收的版本全部保存在本地。在这种本地控制方式下，一般通过文件名来区别不同的版本，常用的方法是在文件名中加入版本号或日期，比如 Record—V1. pdf，Record20120716. txt。

2. 集中式

即由集中管理的服务器保存所有文件的版本，而协同工作的用户都通过客户端连到这台服务器，取出最新的文件或者提交更新。具体包括软件工具共享文件夹和版本控制系统两种方式。后者占用存储空间少，支持对文件的版本更新进行详细的描述。

3. 分布式

这种方式与集中式的不同之处在于，除了一个集中的公共存储库之外，文件版本还会完整地保存在多个本地存储库中。这种方式访问速度快，适合地理分散的项目组协同工作。①

---

① 冯惠玲主编：《电子文件管理 100 问》，中国人民大学出版社，2014 年版，第 63 页。

对一般的电子文件，应选择经过审批的“最终版本”加以收集积累，作为归档版本。

(四)《电子文件登记表》的制作

《电子文件归档与管理规范》指出，电子文件收集时，每份电子文件均应在《电子文件登记表》(样表见表 5-1)中登记，电子文件登记表应与电子文件同时保存，电子文件登记表如果制成电子表格，应与电子文件一同保存，永久保存的电子表格应附有纸质等拷贝件并与相应的电子文件拷贝一起保存。

表 5-1 电子文件登记表(首页)①

<table>
<tr><td rowspan="5">文件特征</td><td>形成部门</td><td colspan="6"></td></tr>
<tr><td>完成日期</td><td colspan="2"></td><td colspan="2">载体类型</td><td colspan="2"></td></tr>
<tr><td>载体编号</td><td colspan="6"></td></tr>
<tr><td>通讯地址</td><td colspan="6"></td></tr>
<tr><td>电　　话</td><td colspan="2"></td><td colspan="2">联系人</td><td colspan="2"></td></tr>
<tr><td rowspan="4">设备环境特征</td><td>硬件环境(主机、网络服务器型号、制造厂商等)</td><td colspan="6"></td></tr>
<tr><td rowspan="3">软件环境(型号、版本等)</td><td>操作系统</td><td colspan="5"></td></tr>
<tr><td>数据库系统</td><td colspan="5"></td></tr>
<tr><td>相关软件(文字处理工具、浏览器、压缩或解密软件等)</td><td colspan="5"></td></tr>
<tr><td rowspan="4">文件记录特征</td><td rowspan="2">记录结构(物理、逻辑)</td><td rowspan="2"></td><td rowspan="2">记录类型</td><td rowspan="2">□ 定长
□ 可变长
□ 其他</td><td>记录总数</td><td colspan="2"></td></tr>
<tr><td>总字节数</td><td colspan="2"></td></tr>
<tr><td>记录字符、图形、音频、视频文件格式</td><td colspan="6"></td></tr>
<tr><td>文件载体</td><td colspan="2">型号：
数量：
备份数：</td><td colspan="4">□ 一件一盘　　□一件多盘
□ 多件一盘　　□ 多件多盘</td></tr>
<tr><td rowspan="2">制表审核</td><td colspan="7">填表人(签名)
年　月　日</td></tr>
<tr><td colspan="7">审核人(签名)
年　月　日</td></tr>
</table>

① 《电子文件归档与管理规范》(GB/T 18894—2002)，表 A.1。

表 5-1 电子文件登记表(续页)①

第 页

文件编号	题 名	形成时间	文件稿本代码	文件类别代码	载体编号	保管期限	备注

在专门的电子文件保存系统中,《电子文件登记表》应是电子文件保存系统的一个有机部分,系统在接收文件的同时,可自动进行文件登录。

《电子文件登记表》中所指电子文件稿本代码为:M—草稿性电子文件;U—非正式电子文件;F—正式电子文件。电子文件类别代码为:T—文本文件;I—图像文件;G—图形文件;V—影像文件;A—声音文件;O—超媒体链接文件;P—程序文件;D—数据文件。

以上电子文件性质代码,实际上包括两种性质分类:第一种是按文件本身性质的分类,包括草稿性电子文件、非正式电子文件、正式电子文件;第二种是按文件的电子性质分类,包括文本文件、图像文件、图形文件、影像文件、声音文件、超媒体链接文件、程序文件、数据文件。这两种分类方法同时也代表两个分类层次。一般以第一种分类为第一层次,以第二种分类作为第二个层次为佳。

① 《电子文件归档与管理规范》(GB/T 18894—2002),表 A.2。

在《电子文件登记表》制作中，如果需要对登记表中的“电子文件名”或“题名”与该份电子文件实施挂接，可通过“超链接”方式实现，以便于管理和查阅。

四、电子文件的鉴别与采集

对一般电子文件，在其形成之初就开始对其文件价值进行评估与确认，即对电子文件进行鉴别，判定其是否作为电子文件保存。鉴别时，可参考纸质文件的《保管期限表》等划分标准，纸质文件保存系统中用来判别文件内容的标准大多也适用于电子文件的价值评定。而对于流动的电子文件，必须通过鉴别，确认为需要保存的电子文件，并将其采集到一定载体上加以保管。因此，文件的鉴别、确认与采集也是电子文件收集积累的重要工作。

为维护电子文件的完整性，电子文件的鉴别与采集除按照上述电子文件收集积累的范围要求、方法进行之外，还应注意以下几个问题：

1. 文件必须具有内容，应能准确反映在特定时间内，在行使职责、活动与事务处理中发生的事实。

2. 当需要时，能以电子方式再建，以便文件的每一个部分汇集起来，以易于被人理解的方式存在。

3. 采集背景信息与元数据，便于帮助用户对文件内容的理解，保证电子文件的完整性、真实性和证据效力。

4. 结构是文件的格式，必须予以采集，以便该文件今后可以迁移到所需要的最新硬件与软件中。

5. 采集的电子文件能被一体化地进入部门和个人的文件保存系统中。

第三节　电子文件归档前的整理

所谓电子文件归档前整理，是指在电子文件归档时，通过分类、立卷等一系列工作，将伴随业务活动生成的、具有保存价值的电子文件，按照一定规律或内容上的密切联系组成有机的文件组合体，以便于归档、管理和检索的过程。电子文件归档前整理工作的主要内容包括分类、立卷和编目，实质上是一种“逻辑整理”。电子文件整理和纸质文件整理一样，应遵循按照文件的形成规律、保持文件之间的有机联系、区分不同价值、便于保管和利用的原则。

一、电子文件的分类

与纸质文件分类一样，电子文件分类也有两个目的，一个是将信息需求和信息资源匹配起来，方便用户的检索和查找；另一个就是将文件与业务活动匹配起来，是电子文件立卷后必要的管理措施。

（一）电子文件分类的定义

国际标准 ISO 15489《信息与文献——文件管理》(Information and Documentation—Records Management)将分类定义为：依据分类方案中所规定的逻辑结构、方法和程序规则，按照类目对业务活动或文件进行的系统标识和整理的过程。根据这一思想，将电子文件分类定义为：依据一定的标准，按照电子文件的职能、时间、内容、密级和形式等各种属性的异同点，有层次地分门别类，形成有机体系的过程。

为了不打乱电子文件形成时的有机联系，电子文件分类最好采用职能分类方法，即根据电子文件的职能和所从事的业务活动对电子文件进行分类。这一方法已在国际档案界达成共识，ISO 15489 明确规定，电子文件分类应该基于对机构职能和业务活动的分析；亦可一定程度上借鉴或结合使用传统文件按年度、按机构、按问题、按保管期限进行分类。

职能是机构对于社会承担的主要职责，它包括为了完成一定目标而组织在一起的若干工作。有时若干部门联合执行一项职能，有时不同部门在职能中会有所交叉，有时职能又会在不同部门之间传递，职能和部门无法一一对应。因此，基于职能的电子文件分类应该超越机构组织结构的局限，着眼于机构职能分析，以便更准确地揭示文件之间的有机联系，反映业务活动面貌，方便检索和查找。

实施电子文件的职能分类，首先要进行职能活动分析。职能活动分析就是用“职能——工作——步骤”这样的三层结构来梳理业务活动，绘制机构职能结构图。机构职能结构图确定了电子文件分类的基本框架，进一步分析和考察各业务步骤中生成的文件，即可完成对机构电子文件的分类。

电子文件的各项管理工作所具有的共同特点，就是有关的管理理念、管理思路和管理方法都是在电子文件管理系统设计过程中提出，并在电子文件管理系统中实现。电子文件分类也是如此，分类方法主要是在系统设计、分类方案的制定过程中遵循和使用，而在具体的业务活动中，电子文件的生成和分类则主要是依据系统的预先设计进行，表现为在电子文件登记表中，根据系统中已定义的分类方案，选择或填写电子文件的类目。电子文件分类最重要的一项工作就是制定电子文件的分类方案。

(二) 电子文件分类方案

电子文件分类必须以分类方案(Classification Scheme)为指导,编制科学、完整的分类方案是电子文件分类的前提。英国国家档案馆将分类方案定义为:基于职能活动制定的用以指导文件分类,由各级别所有类目组成的方案,它体现并保证了文件之间的有机联系。澳大利亚国家档案馆将文件分类方案定义为:具有等级结构的、根据职能和业务活动对文件进行分类的系统,分类方案能够保证文件更好地被解释、管理和查找。

综上所述,分类方案就是将档案组织在一起的结构化方案,是文件、案卷、类目的等级结构,它反映了机构业务活动和电子文件种类,揭示了文件、案卷之间的有机联系,定义了电子文件的组织方式,它是一个多层次的树型结构,如图 5－2 所示。

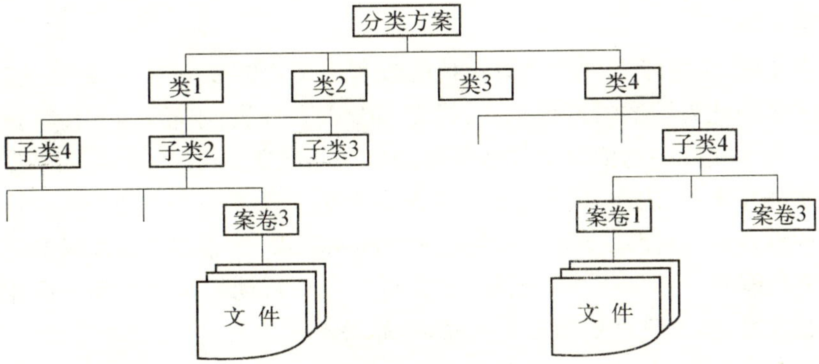

图 5－2 分类方案

分类方案体系一般可以划分为:类、子类、案卷、文件等几个层次,其中:

类:分类方案主要是由类目组成的,类目还可以划分为若干二级类目,甚至三级类目。类目自身不包括任何文件,某种程度上,类是电子文件或案卷的属性(元数据)。

案卷:形象地说,案卷是文件的容器。如果需要,案卷可以继续划分为子卷。案卷的某些元数据可以从上位类目继承得到,也可以从其中所包括的文件的元数据中继承得到。有一些案卷是混合案卷,既包括电子文件,也包括其他载体文件的电子版本或电子条目。

子卷:案卷内文件数目过多时,可以将一个案卷划分为若干子卷。子卷只是文件整理中的一种选择，不承担分类的作用，案卷中完全可以不划分子卷。

具体的层次设置需要结合机构电子文件的实际情况而定，分类方案的制定不能照搬或抄袭，分类方案也不是一成不变，需要定期进行维护。

在我国，分类方案的编制一定程度上可以参考《中国档案分类法》，但从分类层次上来讲，由于《中国档案分类法》是按照政府整体职能进行分类，所以很难直接指导机构内部职能的划分。①

二、电子文件的立卷

（一）电子文件立卷的必要性

文件（书）立卷是传统纸质档案管理模式下文件归档前整理的重要环节，其基本目的是为了体现文件之间的历史联系，便于保管和利用。虽然国家档案局于2000年12月批准实施了档案行业标准《归档文件整理规则》（DA/T 22—2000），但《归档文件整理规则》不是一个强制性的标准，只是推荐性标准，传统的文书立卷方法依然存在。

在电子时代，电子文件向档案转化的过程中是否需要立卷，有人认为"在电子文件从文书转化为档案的过程中，人们无须费心去分类、组卷，因为计算机随时可以迅速对电子文件中的单份文件从任何角度进行分类、组合、检索，可以尽情地表现文件之间在来源、内容、时间、形式等方面的历史联系……"②但是，计算机毕竟只是一种设备，它只能从字面上来判定文件间的联系，并不能真正反映和体现文件之间的有机联系，"不依靠人工干预，计算机是无法自动模拟文件间的历史有机联系的。也就是说，文件间的历史有机联系，如果不是由人们（可以通过计算机）在文件形成过程中加以记录和描述（著录），或在信息整序过程中加以处理（按历史联系分类并以具体的事件为单位组织成虚拟的案卷），那么这种历史有机联系就不可能保持住或检索出来，再好的计算机软件也不可能做到这一点。"③而文件间在同一具体事件上的有机联系对体现电子文件的价值，尤其是凭证价值是十分必要的。因此，从维持电子文件历史联系和凭证价值的根本需要出发，有必要对电子文件进行立卷。

（二）电子文件立卷的方法

电子文件的立卷在计算机平台上开展，也就是将密切相关的文件按"一事一

---

① 冯惠玲主编：《政府电子文件管理》，中国人民大学出版社，2004年版，第226—229页。

② 徐立刚：《计算机时代的档案管理》，《中国档案》，1997年第4期，第34—35页。

③ 何嘉荪：《如何改革归档文件的整理方法》，《浙江档案》，2000年第1期，第17—18页。

卷”的原则，汇集在一起建立一个“文件夹”，形成“虚拟卷”或“电子卷”，不再限于传统文书立卷意义上的实体卷，而是一种“逻辑卷”。在电子文件“双套制”保管模式中，特别是《归档文件整理规则》颁行之后，“虚拟卷”+“实体卷”的方式将成为主要方式。例如，浙江省电力公司便采取了这样的做法，在电子系统中为“一件事”建一个“文件夹”（即逻辑卷），给每个“文件夹”一个唯一的流水号，使“文件夹”之间可以根据建立时间的先后依次排序。文件形成或收到时，通过标引其归属的某个“文件夹”的流水号，就可以将处理同一具体事务过程中形成的所有文件统统归入同一个“文件夹”中。“实体卷” 的立卷方法见第六章第一节。

组织逻辑案卷的方法很多，一定程度上可以借鉴纸质文件立卷的方法进行，比如按照作者特征、问题特征、时间特征、通讯者特征、名称特征、地理特征等划分。电子文件划分逻辑案卷中，最常用的方法是按照事由（问题）特征组合，即将同一项活动或工作中形成的文件组合在一起，以便反映该项活动或工作的全貌和来龙去脉，方便日后的查找和利用。此外，组织逻辑案卷同样要遵循合理容量、保管期限相同等原则。①

三、电子文件的编目

（一）机读目录的编制

归档的电子文件经过立卷、著录、标引等项整理后，应利用电子文件的著录、标引信息，形成机读目录（亦称电子文件目录）。机读目录是对文件内容进行系统管理的形式，同时也是检索文件和提供利用文件信息的重要工具。如美国国家档案与文件署的电子文件中心编制了一个最为基本的检索工具，即《文件名目录：国家档案与文件管理署数据文档基本选目》。这一目录至1997年已收有10 500个著录款目，其收录范围是国家档案馆所藏的数据文档。该目录采用纸质和电子两种形式印刷，电子形式的目录可通过一个文件传输（FTP）地址或国家档案馆的信息服务器（CLIO）来获取。

机读目录的编制可以在著录、标引的基础上，由计算机自动形成电子文件目录。我国《CAD电子文件光盘存储、归档与管理要求　第一部分：电子文件归档与档案管理》规定了《电子文件目录》格式（样表见表5－2）。

① 冯惠玲主编：《政府电子文件管理》，中国人民大学出版社，2004年版，第229页。

表 5-2 电子文件目录(里页 1)①

电子文件目录						
序　号	题　名	文件名	光(磁)盘号	版本号	形成日期	备　注

(二) 光盘的编目

《电子文件归档与管理规范》规定:"归档电子文件应以盘为单位填写《归档电子文件登记表》首页,以件为单位填写续页。"对光盘的编目,《CAD 电子文件光盘存储、归档与档案管理要求　第一部分:电子文件归档与档案管理》中规定:"存储归档电子文件的光盘,应附有标签,标签内应填写编号、套别、名称、密级、保管期限和软、硬件平台等。"

1. 编号。归档项目电子文件的光盘编号,由档案类目号、项目代号、电子文件类别代码、光盘序号组成。其形式如图 5-3 所示。

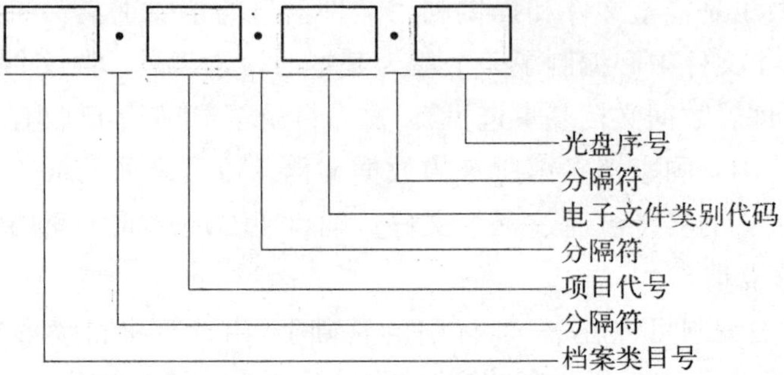

图 5-3　光盘编号示意图

填写方法如下:

① 《CAD 电子文件光盘存储、归档与管理要求　第一部分:电子文件归档与档案管理》(GB/T 17678.1—1999),表 A2。

（1）档案类目号按档案分类执行，根据需要可用到二级类目号。

（2）项目代号指产品代号、课题代号以及建设项目代号等。各类代号由标准或业务主管部门给定。

（3）电子文件类别代码用字母表示。其中：

G—图形文件，I—图像文件，D—数据文件，T—文本文件，P—计算机程序。

如遇到一个光盘中存储一种以上类别的电子文件时，应将所包含的类别都分别填上。

（4）光盘序号是光盘排列的顺序号，由阿拉伯数字组成。

2. 套别。归档电子文件套号，用大写英文字母 A 或 B 表示。A 表示封存保管；B 表示查阅利用。

3. 名称。即归档项目名称。

4. 密级。盘内存储的电子文件的最高密级。

5. 保管期限。盘内存储的电子文件的最长保存时间。

6. 软、硬件平台。识别或运行光盘内电子文件的软、硬件环境。

（三）归档电子文件登记表

归档的电子文件在整理完成后，还应填写统一的《归档电子文件登记表》，其内容和格式见表 5-3。

表 5-3　归档电子文件登记表（首页）①

<table>
<tr><td rowspan="5">文件特征</td><td>形成部门</td><td colspan="4"></td></tr>
<tr><td>完成日期</td><td colspan="2"></td><td>载体类型</td><td></td></tr>
<tr><td>载体编号</td><td colspan="4"></td></tr>
<tr><td>通讯地址</td><td colspan="4"></td></tr>
<tr><td>电　话</td><td colspan="2"></td><td>联系人</td><td></td></tr>
<tr><td rowspan="4">设备环境特征</td><td>硬件环境（主机、网络服务器型号、制造厂商等）</td><td colspan="4"></td></tr>
<tr><td rowspan="3">软件环境（型号、版本等）</td><td>操作系统</td><td colspan="3"></td></tr>
<tr><td>数据库系统</td><td colspan="3"></td></tr>
<tr><td>相关软件（文字处理工具、文字浏览器、压缩或解密软件等）</td><td colspan="3"></td></tr>
</table>

① 《电子文件归档与管理规范》（GB/T 18894—2002），表 A. 4。

续表

<table>
<tr><td rowspan="4">文件记录特征</td><td rowspan="2">记录结构
（物理、逻辑）</td><td rowspan="2" colspan="2"></td><td rowspan="2">记录类型</td><td rowspan="2">□ 定长
□ 可变长
□ 其他</td><td>记录总数</td><td></td></tr>
<tr><td>总字节数</td><td></td></tr>
<tr><td>记录字符及图形音频、视频文件格式</td><td colspan="6"></td></tr>
<tr><td>文件载体</td><td colspan="2">型号：
数量：
备份数：</td><td colspan="4">□ 一件一盘　　□ 一件多盘
□ 多件一盘　　□ 多件多盘</td></tr>
<tr><td rowspan="8">文件交接</td><td>送交部门</td><td colspan="6"></td></tr>
<tr><td>通讯地址</td><td colspan="6"></td></tr>
<tr><td>电　　话</td><td colspan="2"></td><td colspan="2">联系人</td><td colspan="2"></td></tr>
<tr><td colspan="7">送交人（签名）　　　　　　　　年　　月　　日</td></tr>
<tr><td>接收部门</td><td colspan="6"></td></tr>
<tr><td>通讯地址</td><td colspan="2"></td><td colspan="2"></td><td colspan="2"></td></tr>
<tr><td>电　　话</td><td colspan="2"></td><td colspan="2">联系人</td><td colspan="2"></td></tr>
<tr><td colspan="7">接收人（签名）　　　　　　　　年　　月　　日</td></tr>
</table>

表 5－3　归档电子文件登记表（续页）①

第　页

文件编号	题　名	形成时间	文件版本代码	文件类别代码	载体编号	保管期限	备注

① 《电子文件归档与管理规范》(GB/T 18894—2002)，表 A. 5。

第四节　电子文件的归档

一、电子文件归档的含义和特点

电子文件归档的含义有广义和狭义之分。广义的归档包括电子文件的形成、收集、积累、鉴定、著录、标引和向档案部门移交等在内的一个完整过程。狭义的电子文件归档是将应归档的电子文件经过整理，确定其档案属性后，从计算机存储器或其网络存储器上拷贝、刻录到可脱机保存的存储载体上向档案部门移交，或通过网络将电子文件信息转存、登录到由档案部门控制的计算机系统中，以便长期保存的工作过程。本节所指属狭义的归档。

归档的实质就是现行文件向档案的转化。在我国将归档以后的文件称作为档案。“归档是人们遵循档案形成的客观规律，有目的地保存档案的一种自觉行动。归档还是人们正式承认了文件档案价值的法律行为，承认了它对日后人类活动的参考价值，并使其转变成为整个社会的宝贵财富和信息资源。它们因此将作为档案受到法律上的保护和物质上的保护”①。因此，不论是过去还是现在，归档都是文件生命周期上的一个重要环节，是文件和档案的分界线。只有当文件和档案工作实现完全的“无纸化”、电子化，文书和档案工作真正实现一体化，文书与档案之间的这种归档转换才不复存在，当然这是一个相当长的历史过程。

电子文件的归档是在流动中把握永恒的关键。电子文件的流动速度快，可变性强，决定了电子文件的归档与纸质文件的归档具有许多不同的特点。

传统纸质文件的归档是实体性的，各机关在工作活动中产生的文件处理完毕之后，由文书部门或业务部门整理立卷，定期移交给机关档案室（馆）保存。其归档时间、程序、方法等均具有单线性特点，思路较为明确。而电子文件的归档，用传统的方法和程序显然是行不通的。

电子文件归档的特点具体包括：

第一，电子文件的归档不单纯在文件处理完毕后，而是在文件的形成时期就要

---

① 何嘉荪主编：《档案管理理论与实践》，高等教育出版社，1991 年版，第 76—77 页。

归档。人们在设计和拟定电子文件管理系统时，就应规定凡满足归档要求的文件形成之时就要归档，以便系统能有效地保管。

第二，电子文件的存在状况使其可用多种方式进行归档。电子文件归档前存在的形式表现为记录在信息载体上和分布在网络中两种，具体形式有：(1) 存放在个人电脑中，以设备为单位，相互之间并未联网；(2) 脱机保存在移动介质上；(3) 在网络上以数据库的方式存在。这种存在状态的分散性，增加了归档的难度，也因电子文件信息可以在网络上直接传递，而使归档的多途径成为可能。归档工作不仅依靠手工时代的经验，还需要信息技术和环境来支撑。

第三，电子文件的归档范围有所扩大，不仅对文件本身，对文件存在的软件环境和背景信息、元数据等皆需要归档。

第四，由于现行机关文件生成大多采用"双套制"，在归档电子文件的同时，还应对相应的纸质文件进行归档，这也在一定程度上增加了归档的复杂性。

针对这些不同特点，我们需要认真地加以研究和把握，确保具有历史价值的电子文件能够真实、完整、系统地和长期或永久地得到保护。

有关电子文件归档问题的研究，国家档案局科技管理和研究部门从 20 世纪 90 年代中期就开始关注。1996 年，国家档案局科研所等单位提出了"办公自动化对档案工作的影响及电子文件归档管理方法研究"课题，并作为攻关项目列入国家档案局年度科技计划，这是我国档案部门第一次全面系统地对电子文件归档问题进行立项研究。该项目研究了办公自动化对档案工作的影响、电子文件产生运行的基本特性、电子文件管理与传统纸质文件管理存在的差异等内容，从而初步提出了电子文件归档管理的方法、标准。1998 年，列入国家档案局科技项目计划研究课题有两项：浙江省档案局等单位承担的"办公自动化电子文件归档与电子档案管理系统开发"和吉林省白城市档案局承担的"市县级档案馆接收电子文件的研究"，这两项课题针对电子文件归档过程中出现的具体问题进行研究。1999 年，又有 4 项课题列入国家档案局科技项目计划，它们分别是国家档案局科研所的"CAD 电子文件光盘归档与管理系统"、"国外电子文件保管期限表及其借鉴作用研究"，中央档案馆技术部等单位的"电子文件真实性、完整性、安全性研究"、"电子文件、电子档案著录特点及项目设置"。由此可见，研究的项目开始逐步增多，研究的范围更加广泛。2000 年，国家档案局科技项目计划有关电子文件归档及电子档案管理方面的研究课题达 8 项之多，研究内容已经涵盖理论、实践、管理系统建立、试点单位电子文件归档工作的实际操作运行等。

新世纪以来，研究范围更加广泛，研究内容更加丰富。在长期研究和实践的基础上，目前，在电子文件归档方面取得了一批研究成果和标准规范。国家档案局于2003年7月22日公布了《电子公文归档管理暂行办法》，2003年9月1日起施行；2005年4月30日发布了《公务电子邮件归档与管理规则》(DA/T 32—2005)，2005年9月1日实施；2008年4月23日发布了《电子文件归档光盘技术要求和应用规范》(DA/T 38—2008)，2008年7月1日实施。

二、电子文件归档的范围

(一) 电子文件归档范围确定的原则

确定电子文件的归档范围，是归档工作的首要任务，也是保证电子文件质量的关键。确定电子文件的归档范围应遵循以下原则：

1. 按现行文件的有关归档范围执行。

2. 要考虑电子文件的特殊性，根据电子文件的形成规律，尽可能具体列出阶段的、系统的、权威的电子文件组合，保证电子文件的真实性、完整性、有效性和安全性。

3. 电子计算机的软硬件环境、表达电子文件内容的基本格式及有关元数据等也必须列入归档范围。

(二) 归档范围的具体内容

《电子文件归档与管理规范》规定："电子文件的归档范围参照国家关于纸质文件材料归档的有关规定执行，并应包括相应的背景信息和元数据。"这只是一种概括性、原则性规定，其中"国家关于纸质文件材料归档的有关规定"主要是指《机关文件材料归档与不归档范围》。总体来说，电子文件归档范围包括程序类文件和数据类文件，即是收集积累范围内经鉴定有必要保存归档的部分，对此可参阅电子文件收集积累范围。但仍有一些具体的与电子文件特点有关的问题需要进一步说明：

草稿和定稿。在电子文件中，对"草稿"修改后直接生成新的稿本，如果不采取特别的措施，"正本"之前的所有稿本都可能被覆盖起来。因此，必须事先决定哪些文件需要保存草稿、定稿，在修改时通过拷贝保留原文，加稿本号后积累，将需要的草稿、定稿与正本一并归档。

各种数据文件，如数据库、图形库、方法库等。数据库大多是动态的，其中的数据在不断地发生变化，新加进来的数据代替、覆盖了以前的数据。对于这种数据文件应定期拷贝作为一个数据集另行归档，不再更动。拷贝间隔可根据数据库的内容而定，如一星期、一个月等。拷贝可以人工进行，也可以由计算机程序自动实施。

电子邮件(E-mail)。随着电子通信技术的普及，无论是机关、企业还是个人都将大量使用电子邮件方式交换信息，许多“正式文件”也将以电子邮件形式发出，所以，必须将其纳入归档范围之中。电子邮件的挑选很麻烦，应根据国家档案局发布的行业标准《公务电子邮件归档与管理规则》中的有关规定执行。

会议文件。电子时代将有很多会议采用电视会议方式，与会者身处异地，通过电脑屏幕“见面”、作主题发言、讨论问题，作出决议。这种会议可能没有统一发布的会议文件，如不提前采取必要的措施很容易发生遗漏。机关档案工作人员须“跟踪追击”，随时了解本机关通过电子通信举行的各种活动，督促有关人员把文件收集起来归档保存。

与归档文件相关的“支持性文件”。所谓“支持性文件”是指能够生成、运行文本文件、数据文件、图形文件等文件的各种命令文件和设备运行所需要的操作系统。电子文件在相应的命令文件和操作系统中可以顺利读出，必要时应把它们与文件同时归档，档案室已有的命令文件和操作系统不必重复归档。

与电子文件有关的各种纸质文件。主要包括两方面内容：一是产生电子文件所使用的计算机硬件说明文件，如计算机技术说明书、图纸、使用说明书、操作手册等；一是在电子文件形成过程中产生的纸质文件，如系统设计任务书、说明、程序框图、测试分析报告、技术鉴定材料等。这些文件与电子文件的正常运行具有密切的联系，不可忽视。①

三、电子文件归档的方式

(一) 对电子文件归档方式的各种提法

电子文件归档方式目前档案界有多种提法，其中主要的有：

1. 冯惠玲教授在《无纸收藏》一文中提出介质移交和网络移交两种方式：

介质移交方式是指机关内各部门将自身形成的电子文件脱机存储在某种存储介质上交档案机构保存。

网络移交方式是指各部门通过网络向档案机构传输文件。移交方式可依机关计算机系统的配置情况而决定。

刘家真教授在其《电子文件管理导论》中称为脱机介质移交和网络信息移交，

① 参阅冯惠玲：《无纸收藏》，《档案学通讯》，1998年第2期，第47—50页。

与此相似。

2.《电子文件归档和管理规范》中提出了逻辑归档和物理归档两种方式：

逻辑归档(Logical Filing)指在计算机网络上进行，不改变原存储方式和位置而实现的将电子文件的管理权限向档案部门移交的过程。

物理归档(Physical Filing)指把电子文件集中下载到可脱机保存的载体上，向档案部门移交的过程。

3.《电子文件归档及管理方法研究》课题组提出在线式归档和卸载式归档两种方式：

在线式归档指按一定要求，将运转在主机或具有一定规模网络中的电子文件，经过归档处理，集中存放在主机或指定的网络服务器中的规定区域，并向档案部门移交的过程。

卸载式归档指按一定要求，把计算机中的电子文件经过归档处理卸载至规定的可脱机保存的载体上，并向档案部门移交的过程。①

4. 董永昌、何嘉荪主编《电子文件与档案管理》提出脱机归档模式和联机归档模式：

脱机归档模式是用脱机保存的载体将电子文件向档案部门移交，是物理归档的一种方式。也可以把它叫做实物上的归档。

联机归档模式是电子文件形成单位按统一格式编目整理后，传输给档案部门；档案管理员从终端设备及时收集归档所需要的各种数据，迅速处理各种登记手续，完成归档工作。

上述提法各有自己的视角，但就其实质而言，相差不大。介质移交方式、物理归档、卸载式归档、脱机归档都是将电子文件信息存储在移动介质上用实体向档案部门移交。而相应的网络(信息)移交方式、逻辑归档、在线式归档、联机归档都是将电子文件信息直接从网络上传输、登录到档案部门的计算机系统中，是信息的移交。为统一起见，我们称之为脱机介质归档和网络信息归档。

(二) 电子文件归档方式

机关的电子文件形成部门采取何种归档方式，可依机关计算机系统的配置情况而决定。只配置若干台独立微机的机关只能实行脱机介质归档。对已开通内部网络或并入互联网络，机关档案馆(室)或机关信息中心配有大容量存储器(服务

① 《电子文件归档及管理方法》课题组：《电子文件的归档及其管理方法》，《上海档案》，2000 年第 3 期，第 40—42 页。

器、光盘、磁带)的机关则可以推行网络信息归档。网络环境下也可采用实体归档;随着信息技术的进一步发展普及,机关电子文件管理经验和水平的提高,采用网络信息归档方式已是大势所趋。

脱机介质和网络信息两种归档方式在实际工作中,可根据情况采用:

1. 脱机介质归档

(1) 将应归档的电子文件最终版本录入存储载体上。这个过程一般是归档人员对经过整理、确定保管期限,赋予电子文件档案属性后,录入在存储载体上,脱机后归档保存。

(2) 备份归档。一般在计算机网络环境下采用。将归档的电子文件在网络上进行一次备份操作,将归档的电子文件录入到存储载体上。为保证文件的真实性,也将记录日志录入在存储载体上脱机归档保存。

2. 网络信息归档

网络信息归档按归档后电子文件的组织与结构来划分,可以分为集中式归档和分布式归档;按归档时机可以分作实时归档和滞后归档。

(1) 集中式归档。或称在线集中式归档,是将归档电子文件集中到档案部门的数据库中,属集中式保管范畴。

(2) 分布式归档。档案部门只是控制着归档电子文件的目录和存取数据,如果需要,必须到该文件形成部门的系统上去索取。它属于分布式保管的范畴,也是一种权限归档。

(3) 滞后归档。在电子文件的文书处理程序结束后,才将电子文件传输给档案部门,它较符合我国传统的档案工作观念。

(4) 实时归档。在电子文件刚刚形成或收到之初,就同时通过网络传输到档案部门的数据库或计算机之中。具体来说,对本单位制发的文件,开始起草时,就规定由文件的起草人进行初次的内容价值鉴定和档号标引(标引可以在人机对话的条件下半自动化地进行),并接受档案部门的监督指导,文件一旦正式签署形成,即通过网络传输进入档案部门的数据库或计算机系统,档案部门进行第二次鉴定,对认为需要保存的文件下载到移动载体中保存;对外单位来文,收文登记就是归档,文件由承办人进行初次内容鉴定和档号标引,在处理完毕后由档案部门实施二次鉴定,并对认为需要保存的文件下载到移动载体中保存。

电子文件的"网络实时归档"是针对电子文件易变性、易逝性等特点,在文件生成或收到的同时,由计算机自动进行的管理措施。它是电子文件原始性、可靠性、系统性和完整性的确实保证。①

电子文件的两种归档方式各有优长。脱机介质归档是较长期地在比较稳定的环境中保存电子文件的必要措施;网络信息归档则有助于档案部门对电子文件整个生命周期运动过程的监控,是文件的真实性、完整性、有效性的根本保证。因此,在实践中可结合实施。需要指出的是:“移交到档案室的电子文件应以一定的介质形态归档保存。将流动的电子信息用一定的方式‘凝固’起来,有助于把握和证实它的不变。”②

四、电子文件归档的要求

电子文件的归档比纸质文件要复杂得多,但其目的基本上是一致的,即在维护电子文件真实性、完整性、有效性、安全性的基础上,将具有档案价值的文件移交给档案部门,以便于今后的有效保管和长久利用。为达到这一目的,电子文件归档工作要在归档原则的指导下有序地开展,文件形成部门或信息管理部门应定期把经过鉴定符合归档条件的电子文件向档案部门移交,并按档案部门要求的格式将其存储到符合保管期限要求的脱机载体上。

电子文件的归档,按照鉴定标识进行。电子文件的归档可分两步进行,对实时归档的电子文件先做逻辑归档,然后定期完成物理归档。归档时,应充分考虑电子文件的技术环境、相关软件、版本、数据类型、格式、被操作数据、检测数据等技术因素和要求。

(一) 逻辑归档

逻辑归档(Logical Filing)是指在计算机网络上进行,不改变原存储方式和位置而实现的将电子文件的管理权限向档案部门移交的过程。采用逻辑归档的机构,一方面,档案部门能够掌握归档文件信息,归档文件的著录信息及存储地址应自动保存到档案部门的数据库中,以便查询;另一方面,文件生成部门仍然可方便地使用该文件,但不能修改和删除。逻辑归档有助于充分利用机构内部的网络资源,实现资源共享。

1. 将电子文件纳入机构的数据备份方案,永久保存的电子文件应有脱机保存备份。

2. 凡在网络中予以逻辑归档的电子文件,应定期按归档要求完成物理归档。

---

① 何嘉荪:《电子文件“网络实时归档”性质初探》,《北京档案》,2000 年第 8 期,第 10—12 页。

② 冯惠玲:《无纸收藏》,《档案学通讯》,1998 年第 2 期,第 47—50 页。

（二）物理归档

物理归档（Physical Filing）是指把电子文件集中下载到可脱机保存的载体上，向档案部门移交的过程。

1. 把带有归档标识的电子文件集中，拷贝至具有耐久性的载体上，一式三套，一套封存保管，一套查阅利用，一套异地保存。对于加密电子文件，则应在解密后再完成上述工作。

2. 档案部门应对归档电子文件的载体质量、规格、格式等作出统一规定，采用的载体，按优先顺序分别是：只读光盘、一次写光盘、磁带、可擦写光盘、硬磁盘等。禁止用软磁盘作为归档电子文件长期保存的载体。

3. 存储电子文件的载体或装具上应贴有标签，标签上应注明载体序号、全宗号、类别号、密级、保管期限、存入时间等。归档后的电子文件载体应设置成禁止写操作的状态。

4. 特殊格式的电子文件，应在存储载体中同时存有相应的查看软件。

5. 将相应的电子文件机读目录、相关软件、其他说明等一同归档，并附《归档电子文件登记表》（见表 5-3）。

归档电子文件登记表可以制成电子表格，由系统根据归档电子文件的机读目录或著录、标引信息自动填写。归档时应将电子文件及其机读目录、登记表同时移交给档案部门，归档电子文件登记表如果是数字形式的，还应附有纸质打印件。

6. 需要长期保存的电子文件，应在每一个电子文件的载体中同时存有相应的机读目录。

7. 归档完毕，电子文件形成部门应将存有归档前电子文件的载体保存至少 1 年。

8. 电子文件归档的格式要求。各类电子文件的内容信息，无论是存储在载体还是用计算机网络系统传递，其管理格式，特别是数据结构等一定要符合相关标准和规定的要求，不能自行其是，以防数据无法读取。

9. 编制电子文件的归档说明。电子文件类型很多，有关表格、规定很难把各类电子文件的归档及要办的手续全都包括在内，因此一定要有电子文件的归档说明。归档说明应简要说明电子文件的内容、运行的软硬件环境、版本号、文件的完整性和准确性等，以保证归档后电子文件是可存取、可利用和可理解的。编制的归档说明是一项检查和使用电子文件的“工具”，要和电子文件一道长期保存。归档说明可兼作移交清单。

五、归档电子文件的移交

电子文件归档后按有关规定移交至档案室等档案保管部门，作为电子文件进行集中保管，归档移交是归档的最后实施环节。

（一）移交时间

电子文件的脱机介质归档或网络信息滞后归档一般在年度或任务完成后，或一个阶段之后的一段时间内进行归档移交，具体可视其情况而定。如管理性文件可按照内容特点确定一个归档期限；技术文件、科研项目文件等则可在项目完成后归档移交。因涉及到电子文件的技术环境条件、存储载体的质量、寿命等问题，一般以不超过 3 个月为宜。

在实行电子文件和纸质文件双套制归档的机关，有必要与纸质文件的归档加以协调，以便于两种文件的对应处置和对应查找。

如果档案馆和电子文件形成部门之间建立了计算机网络系统，而且比较通畅，则可利用计算机网络系统进行实时归档移交，上交档案馆保存。

（二）移交检验

档案保管部门应配备满足对电子文件进行读取处理的设备，以保证完成电子文件的检验工作。归档的每套载体及其技术环境均应接受检验，合格率应达到 100%。检验项目包括：

1. 载体有无划痕，是否清洁。

2. 有无病毒。

3. 核实归档电子文件的真实性、完整性、有效性检验及审核手续。

4. 核实《归档电子文件登记表》、软件、说明资料等是否齐全。

5. 对特殊格式的电子文件，应核实其相关的软件、版本、操作手册等是否完整。

将检验结果填入《归档电子文件移交、接收检验登记表》（样表见表 5 - 4）。检验不合格的，应退回形成单位，重新制作。

执行网络移交时，重点解决文件数据检验问题。然后，同样执行物理检验过程。

（三）移交手续

验收合格后，档案保管部门应填写《归档电子文件移交、接收检验登记表》，并签字盖章。《归档电子文件移交、接收检验登记表》一式两份，一份交电子文件形成单位，一份档案保管部门自存。

表 5－4 归档电子文件移交、接收检验登记表①

检验项目	单位名称	
	移交单位：	接收单位：
载体外观检验		
病毒检验		
真实性检验		
完整性检验		
有效性检验		
技术方法与相关软件说明登记表、软件、说明资料检验		
填表人(签名)	年 月 日	年 月 日
审核人(签名)	年 月 日	年 月 日
单位(印章)	年 月 日	年 月 日

① 《电子文件归档与管理规范》(GB/T 18894—2002)，表 A. 3。

第六章　电子文件的整序

电子文件如何交由档案馆管理控制，档案部门如何维护电子文件之间的有机联系，使归档电子文件形成一个完整、有序的信息资源统一体，是电子文件管理中不容回避与轻视的问题。任何系统的功能都是通过结构实现的，系统中诸多要素组合成有序的结构，才能使系统具备其应有的功能。因此，研究档案馆如何保存电子文件，对于电子文件价值的发挥、延续数字时代人类的记忆有着重要作用。

第一节　电子文件信息整序

使电子文件信息有序化，是电子文件保管的主要任务之一。电子文件信息整序，不仅为电子文件管理奠定基础，同时也是电子文件检索和提供利用的前提。

一、电子文件信息数据库

数据库是目前广泛流行的数据管理技术。为电子文件建立相关数据库并存入电子文件数据是电子文件信息整序的首要环节。

数据库(Data Base)是在计算机的存储设备上合理存放的相互关联的数据集合。每个数据库包含着一个或多个相互联系的数据文件，数据库中的数据有复杂的数学模型，具有共享性和最小冗余度，并通过数据库管理软件，在操作系统控制下，对其进行统一、合理的存取、管理和控制。对于一个特定的数据库来说，它集中统一地保存、管理着某一单位或某一领域所有有用的数据。

数据是对客观事物的符号表示，在计算机科学中是指所有能输入到计算机中并被计算机程序处理的符号总称。电子文件作为一种客观事物，在计算机系统中，是用各种数据来描述的。由于电子文件的不可视性，在利用中必须保证电子文件能够准确恢复，以特定的结构形式储存在电子文件信息数据库中。

（一）组建电子文件信息数据库的意义

1. 电子文件信息需要运用计算机及其相关技术设备，在信息有序化的基础上，对其进行科学管理。组建电子文件信息数据库可以集中、统一地管理电子文件内容及相关信息，并通过标引技术建立档案信息的有序结构，经过整序，构成电子文件信息数据库内有序的虚拟状态，形成存取电子文件的"文件库"，保持电子文件信息之间的有机联系。

2. 建立电子文件信息数据库，是对电子文件数据及其结构的确定，同时也是对电子文件著录、标引项目的确定和电子文件利用前数据的准备工作，是电子文件检索系统建立的前提。数据库是电子文件信息管理系统中最关键部分，计算机软、硬件的配置，其目的就在于让利用者快速准确地从数据库中检索出符合要求的信息。如果没有数据库，一切管理系统、检索系统都将成为"无米之炊"。

（二）组建电子文件信息数据库应注意的问题

任何一种数据库的建立都有一个复杂的过程，包括数据库的设计、数据准备、建立数据库、数据库的运行和鉴定验收等环节。就电子文件信息数据库的建立而言，应注意以下几点：

1. 档案数据包括电子文件内容信息、背景信息、元数据和识别文件

（1）内容信息。电子文件内容信息主要指具有有序结构的电子文件自身。同时，为了在检索利用中区分和辨别，还需要用一种简练的形式来表达电子文件的内容特征。电子文件的内容特征同纸质档案等传统档案一样，以档案信息处理语言及其词语（如档号、分类号、主题词或关键词等）来表示。它们是通过标引获得的，也应包含在电子文件内容信息中。

（2）背景信息。背景信息是确保电子文件的档案价值的关键要素。它一般包括电子文件形成目标、形成机构及其职责、形成年代、与其他文件的关系、形成之初的结构、形成和使用阶段的功能与活动、明显影响文件形成和维护的历史环境等。详细的背景信息可以作为检索工具，成为电子文件利用者正确理解与利用电子文件的必要保证。

（3）元数据。元数据是对电子文件数据的描述，它包括电子文件的内容、背景信息和结构等方面的数据，是电子文件管理系统的"命脉"。

（4）识别文件。识别文件是记录在每份电子文件载体上的特别文档。其功能是描述存储在载体上的电子文件之间的关系（这种关系可以是一对一的或非常复

杂的关系)。

2. 数据的质量要求

用于检索和利用的电子文件必须满足完整性要求,因此,描述电子文件的数据必须保证具有较高的质量。

(1) 电子文件自身必须具有内容,它能准确反映特定时间内在行使职责、活动与事务处理中发生的事实。

(2) 当利用时,电子文件的每一部分能够以电子方式汇集起来重建,以易于被人理解的方式存在。

(3) 电子文件数据应包含电子文件的文件格式,以便该电子文件今后可以迁移到所需的最新硬件与软件系统中。

(4) 电子文件数据应包含电子文件的背景信息和元数据。

(三) 电子文件信息数据库的类型

电子文件信息数据库实际上是电子文件信息资源库,主要有电子文件目录数据库、电子文件全文数据库、多媒体文件数据库、元数据库等,其管理方法多采用数据库技术。

电子文件目录数据库是使用数据库管理系统组织起来的电子文件目录数据集合。它是电子文件信息数据库中最简单、最基本的一种形式,是电子文件信息资源检索利用的有效形式。电子文件目录数据库又可以分为案卷级目录数据库和文件级目录数据库。电子文件目录数据库一般是直接通过电子文件管理系统获取电子文件的目录信息,形成电子文件目录数据库。

电子文件全文数据库是“通过数据库、数据仓库等技术方法将档案全文按照一定的分类、排序方式排列形成的集合”①,是电子文件信息数据库建设的主体。电子文件全文主要来自归档电子文件,一般通过与目录数据库挂接的方式进行管理。随着信息技术和检索技术的发展,可直接对电子文件信息进行管理。电子文件全文数据库能够对电子文件进行信息组织、信息存储和信息服务,保障电子文件信息资源的安全和长期存取。电子文件全文数据还要与元数据保持联系,以确保电子文件信息的真实、完整、可靠。

多媒体文件数据库。电子文件信息资源除了以文本形式存在的电子文件外,还有大量的非文本形式的电子文件,如照片、音频、视频等,这些电子文件存储容量大,管理技术要求高,需要专门的技术和设备进行整理、分类、保管,为此需要建立

① 国家档案局:《数字档案馆建设指南》(档办〔2010〕116 号)。

多媒体文件数据库。多媒体文件具有内容的真实性、形式的生动性、传播的便捷性、利用的大众性等特点，有利于优化馆藏档案资源结构，有利于档案信息的广泛传播，有利于推进档案利用的社会化，有利于提高全民的档案意识，多媒体文件数据库将成为电子文件信息资源建设的一大亮点。

元数据库。元数据记录了电子文件的特征及其变化情况，是反映电子文件的内容、结构、背景的信息，有助于对电子文件信息的组织、检索和维护，有助于对电子文件的信息安全进行有效控制，有助于异构电子文件信息的整合。因此，保存电子文件元数据是保证电子文件可靠和可用的一项重要措施。元数据库的建立应根据《文书类电子文件元数据方案》(DA/T 46—2009)等标准规范进行详细描述和标引著录，通过系统自动生成和适当人工添加方式而形成。

二、电子文件的有机联系与虚拟整理技术

(一) 电子文件的有机联系

电子文件与所有其他各种类型的文件一样，是适应交流、传递、处理、储存、利用信息的需要，在人类的社会活动中自然产生的。文件与形成它的社会活动之间存在着一种共生而又对应的关系。文件的这一特点决定了它既是连接、推进这种活动的纽带和工具，又是这种活动的真实记录和见证。

同一项人类社会实践活动，可以被看作一个完整的系统。系统的整体性决定了这项活动中的事物之间必然具有相互依存、交织渗透或互为因果的有机联系。这种联系实质上是通过信息的交流实现的。文件就是交流、传递这些信息的主要工具，因此上述有机联系必定自然地体现于承载信息的文件之中。

文件之间的联系是多方面的，有来源、内容、文种、通讯者、地区、时间等方面的联系，其中，只有那些与文件形成过程，即人类活动的实际进程相对应的联系才是文件之间的本质联系。这种联系是在文件形成过程中共生的，而并非事后人为聚合的，具有历史性，人们通常称之为“历史联系”或“有机联系”。

文件的这种有机联系，要求对归档保存的电子文件信息进行整序，使之有序化，构建特定的结构，形成有机的整体，通过结构实现文件信息系统的功能。“在文件管理中，能注意保持文件间自然形成的有机联系，就可充分地发挥信息的综合整体效益，生动地再现形成文件时社会活动的真实场景，提供具有完整意义和凭证作用的情报”①，否则孤零、分散的文件必将大大降低文件的整体价值。正如美国档

① 董永昌、何嘉荪主编：《电子文件与档案管理》，百家出版社，2001年版，第148页。

案学家谢伦伯格所言："从一个档案组合中抽出来的单独的一份文件本身所能告诉我们的，并不会比脱离了某种已经绝迹的不知名的古动物整副骨骼的一块骨头所能告诉我们的更多一些。"①

（二）虚拟整理技术

"虚拟整理技术"是相对传统"实体整理技术"而提出的新概念。虚拟整理技术是一种能脱离档案实体排列，而仅仅使用一套符号及其符号语法逻辑来记录和揭示档案之间历史联系的技术。它与档案实体排序无关，单纯记录和揭示档案之间的历史联系。

虚拟整理技术是在计算机技术环境和电子文件特征的基础上产生的技术。电子文件是以二进制数字代码的形式存储于电子载体上的，其非人工识读性、信息与载体的可分离性等特点使之失去了传统意义上的"实体"概念。"电子文件中的信息不再具有固定的物理位置，也不再对原记录载体'从一而终'，它可以根据需要随时扩展、缩小或改变其存储空间"。② 电子文件的这些特征决定了对其整理存在虚拟性，是一种信息整理。电子文件和档案信息的有序化属于智能控制范畴，故有序化并非物理位置的有序，而是逻辑上的有序。或者说是使信息具备一定规则排序、检索和输出的能力。同时计算机技术强大的数据处理功能为虚拟整理提供了技术保障。

虚拟整理技术可以在对档案历史联系的整理中不再受到档案的保管期限、密级、载体种类甚至文件材料的开本等非历史因素的影响，使文件材料在历史联系的链条上应该放在什么地方就放在什么地方。更有甚者，虚拟整理技术创造了多项历史联系记录系统。档案文件之间的历史联系是复杂的，是由多种历史要素构成的，具有多种联系的特征，按不同的历史要素整理档案可获得不同的系统。传统档案整理，由于受到技术环境的约束，必须采用实体整理，只能从诸多要素中选取一个主要因素作为档案整理的依据，生成一种记录档案历史联系的记录系统。它在选择和确定以某种要素作为进行档案历史联系的实体排列的同时，就意味着在档案整理的实践中必须抛弃用其他历史要素，构成记录档案历史联系的系统。而虚拟整理技术则可按多种根据，如来源、事由、年代等历史联系，在计算机内同时构成多个以不同历史要素为根据而生成的记录系统，形成各种"虚拟案卷"，以此全面和完整地记录档案的历史联系。③

---

① ［美］谢伦伯格著，黄坤坊等译：《现代档案——原则与技术》，中国档案出版社，1983 年版，第 25 页。

② 冯惠玲：《认识电子文件》，《档案学通讯》，1998 年第 1 期，第 44—48 页。

③ 参阅桑毓域、刘新安、曾永仁：《"虚拟整理"技术的产生和实践意义》，《兰台世界》，1999 年第 1 期，第 14—16 页。

电子文件的整理是一种"虚拟整理",它可以创造多项历史联系记录系统。在"虚拟整理"中档案整理的技术性原则是多样的,除了"来源原则"外,还有"事由原则"、"年代原则"等。因此,这种整理并不排斥传统意义上按"来源原则"对档案的整理,而是在此基础上的发展。

(三)以来源原则为指导组织电子文件信息

来源原则在其诞生以来的一个半世纪中,对档案工作的健康发展以及档案学科的建立产生了全方位的深刻影响,电子文件的出现使它再次成为档案学界关注的理论热点。有人感到忧虑,认为"源于各种不同结构组织体的数据的产生改变了单一来源的概念,电子计算机信息系统已经超越了传统的组织机构的界限,而来源原则和尊重全宗原则恰恰是由这个界限所决定的";"计算机的智能管理和自动分类与组合功能,使得档案工作可以放弃文件的来源和全宗不可分散等原则。"也有人乐观地认为"只有坚持我们专业和理论的传统核心——来源、尊重全宗、因果联系、发展、相互关系和次序,档案人员才能把信息转化为一种知识范例,才能更好地适应电子文件和通讯时代"。不同的认识引发了各国档案学者对来源原则的重新思考,如果它能够在目前面临的重大改变中得到重新确立,或许可以为电子时代档案工作模式的建立提供重要的思路。

引发对来源概念重新探讨的原因主要有两个方面:一方面是现代政府和非政府机构的变化比以往更加频繁和剧烈,对于按机构来源划分全宗造成了比以往更大的困难;另一方面是电子文件的形成方式与纸质文件不同,以往那种以一个实体机关作为一个文件群体形成者的传统模式逐步有所突破。计算机与远程通信手段的结合、关系数据库的普遍使用以及超国界网络的出现,使得不同机构使用共同的数据资源和共同参与形成一批数据不仅成为可能,而且成为日益增多的事实。因此,一些档案学者认为,传统的来源观念并不能解释现今以至未来电子时代的档案实践,有必要从新的视角赋予它新的含义,形成一个新来源观。

T·库克认为:"电子时代档案来源的概念需要重新考虑、酝酿和定义,它不仅指文件的形成机关,更包括其形成目的、形成活动、过程、处理程序和职能范围等",因此档案人员的关注焦点应该"从以等级结构中原始文件产生部门为中心的实体来源转为变动、临时甚至'虚拟'的机构中文件形成者的职能和业务活动为重点的概念来源。"即"来源"就是指文件的形成过程和背景,具体来说就是文件是由谁、在什么条件下、运用哪些数据、为了什么目的、采用了何种结构形成的等方面的情况。我国也有人提出:对电子文件在计算机中进行虚拟整理的结果,将使全宗由实体状态变为由计算机程序的逻辑链接的虚拟状态。也就是说,体现来源原则的全宗在电子文件时代依然存在，只不过是发生了“形态的异化”，由来源于一个机关（形成者）转向来源于一项活动、职能。

T·库克所主张的“概念来源”显然不像我们一直习惯了的“实体来源”那么直观，那么易于分辨，正如他自己所说的，“使得来源原则更加概念化和抽象化了”。但它绝不是档案人员大脑中飘忽不定的主观意识，而是有着特定内容的客观现实。不管文件是独立产生于一个机构，还是由来自若干个数据源的数据组合而成，只要我们掌握它的形成过程，并把这些信息随同文件信息一同保留下来，就可以寻根溯源，了解该文件的始末原委。对于形成者不再单一，形成过程变得复杂起来的电子文件来说，这些来源信息不啻是档案管理人员和利用者理解它的一把钥匙。

长期以来各国档案工作者在来源原则的旗帜下，以“来源”汇聚文件实体，构成不同的档案体，如全宗、档案组合、文件组合等，以此作为档案馆管理档案实体的基本单位。而在电子文件时代，来源原则具有更加广泛的实践意义，来源信息对于电子文件的检索、鉴定、整理以及确认电子文件的证据价值都具有不可或缺的作用，它更新和扩展了在档案管理实践中实现方式，但它不会成为历史，它将与电子文件的管理同在。①

三、电子文件信息整序的实施

电子文件信息整序，或简称电子文件整序，是电子文件整理的重要内容，是按照一定的规则、方法和技术，对电子文件信息的外部特征和内容特征进行揭示和描述，实现电子文件信息的有效组织，使之有序化和系统化的过程。它是做好电子文件管理的基础性工作。

对文件信息外部特征和内容特征进行揭示、描述的工作，档案学中称之为档案的著录和标引，两者彼此关联，但又各有侧重。其中著录是对档案的内容和形式特征进行分析、选择和记录的过程，内容特征包括档案的分类号、主题词、摘要，形式特征包括档案的题名、责任者、形成时间、地点、档号、文种、载体等；而标引是在档案著录过程中对档案内容进行分析和选择，并赋予其规范化检索标识的过程。因此，著录重在选择、登录，标引重在分析、提炼。

电子文件信息整序需要依据文件著录、标引提供的内容信息和形式信息（或称著录数据、标引数据），然后按照虚拟整理的规则和要求，通过计算机系统处理来实

---

① 参阅冯惠玲：《电子文件时代新思维》，《档案学通讯》，1998 年第 6 期，第 45—49 页。

现信息的有序化。在此过程中，关键是如何将处于自然状态的电子文件内容信息（自然语言）转化为能够被计算机系统自动处理的人工信息（人工语言），而这一转化就是通过对电子文件进行内容识别，为电子文件赋予规范化检索标识来进行的。从这个意义上看，电子文件的有序结构主要是通过标引来实现的。因此，标引在电子文件信息整序中起到至关重要的作用。

标引通过对文件内容进行主题分析、转换和记录，将表达这种主题的自然语言转换成计算机信息处理语言，使之成为检索标识。这样得到的检索标识，既可以使文件获得内容识别标志，又使文件自身获得了按这种标志以及这种标志所代表的计算机信息处理语言排序的能力，从而可以形成有序的信息结构。

对电子文件主题给予档号标识的过程，称为馆藏法标引或者档号标引；给予分类号标识的过程，称为分类标引；给予主题词标识的过程，称为主题标引。档号标引、分类标引和主题标引是计算机处理电子文件信息序化不可缺少的基础工作。其中，档号标引最灵活，是电子文件信息整序的主体。电子文件能否组成有机结构，能否发挥作为档案的特有功能，主要依靠按来源原则所进行的档号划分和界定。主题标引具有专指性强、使用灵活等特点，在实现多途径、多因素检索方面有独到之处，能够比较充分地发挥计算机的检索功能。分类标引则提供了有别于按文件形成过程分类检索电子文件的途径，便于全国或地区范围内的联机检索，也有自己的独特功能。档号标引、分类标引和主题标引三位一体，从不同角度维护了文件之间的有机联系，正是“虚拟整理技术”的体现。

电子文件的标引与传统载体档案文件的标引相比，其最大不同点在于电子文件标引既是电子文件信息的整序，也是在建立电子文件检索系统。传统档案管理是先对档案文件实体进行整理，然后再为之建立检索系统；前者整理属实体控制（Physical Control），后者属智能控制（Intellectual Control）。电子文件管理中，信息的整序本身就属于智能控制，是通过标引完成的。电子文件管理过程中实体控制仅仅是对脱机保存的存有电子文件信息的光盘、磁带、磁盘等的管理。因此，标引也是建立检索系统工作的一部分。

电子文件信息整序，或者直接地说电子文件的著录、标引，可以在文件形成、积累、归档等阶段，由文件管理系统、文件形成者或档案室人员通过自动生成或人机对话方式组织实施。

四、电子文件实体存放的有序化

电子文件实体存放的有序化，也即电子文件脱机保存载体的有序化，是电子文件整序的另一个重要内容，既涉及电子文件的信息整序，也涉及电子文件的实体整序。

电子文件的存储载体一般有磁盘、磁带、光盘。其中光盘具有存储容量大、运行速度快、存储稳定性较好、只读光盘防删改等优点。由此，目前光盘是存储电子文件的较佳载体。为了方便管理和查找利用，对于脱机保存的电子文件需要按一定的规则组合到同一光盘中，简称“组盘”。常用 VCD 光盘可存储 650—750 MB，DVD 光盘容量可达 4.7 GB。由于 DVD 光盘容量大且技术和标准日趋成熟，因此，电子文件的脱机保存应当采用只读的 DVD 光盘，即 DVD－R。

虽然组盘和传统的纸质文件组卷在概念和方法上有很大的区别，但是也应当从保持文件的自然联系和方便管理利用出发，遵循一些基本规则：一是将同一保管期限的文件组盘，以便于按不同期限定期拷贝光盘，延长电子文件的保管寿命；二是将同一密级的文件组盘，以便于保密管理；三是将同一部门的文件组盘，以便于查找利用和复制；四是将同一档案类别、同一工程项目、同一设备项目的文件尽量存储在同一光盘上，以方便利用；五是按规范著录规则建立盘内文件目录，并将电子文件与相关条目建立链接关系，以便查找目录时立即能调阅相应的电子文件；六是如果盘内有非通用格式的电子文件，应当将相应的运行软件一并存入该盘内，以便电子文件的打开和阅读。

盘内文件的组合也应当采用文件夹管理方式，文件夹的设置规范可根据以上组盘原则由各单位自行设定。现以基建工程档案为例，推荐以下的组盘方法：

1. 从工程类电子文件的特点出发将存储标准规定为以下三种格式：

A 类：原设计存储文件格式，满足档案原始性要求，保留所有设计信息，主要用于今后技术改造中修改图纸时再利用，规定为 DWG、RTF、XLS 格式。

B 类：经转换，用于归档浏览、还原打印的文件格式，从而保证在档案部门计算机环境下能被准确地还原成纸质文件，并用于在线检索。规定为 PDF、TIFF GROUP 4 格式。

C 类：非常用软硬件环境下的文件转换成的中间文件格式，当需要时可转换成设计可用的文件格式。规定为 DXF、TXT 格式。设计单位在提供纸质资料的同时，必须同时提供两种格式的电子文件，即 B 类文件＋A 类文件或 B 类文件＋C 类文件。

2. 每张光盘内的文件夹按以下方法设置：

(1) 根目录下存储说明文件 README. TXT：用于说明该光盘的整体信息，

如光盘编号、工程名称、设计单位、光盘制作单位、光盘制作时间等。

(2) 根目录下存储辅读信息文件 ASSIST. TXT：用于列出读取光盘内各种格式电子文件的环境信息，如光盘使用的硬件型号、软件名称、版本等。

(3) 根目录下存储目录文件 CDDOC. XLS：用于存放光盘内电子文件详细目录清单，描述每个盘内电子文件的特征信息，即著录信息。

(4) 设置子目录 DATA：用于存放 PDF、TIFF 等 B 类文件。

(5) 设置子目录 DATAB：用于存放 DWG、DXF、RTF、XLS、TXT 等 A 类和 C 类文件。

(6) 设置子目录 OTHER：用于存放相关字库、符号库、数据字典、外部参考等保证文件准确还原的环境文件及其他说明文件等。

3. 制定电子文件安全管理措施。文件形成单位对电子文件脱机保存载体要加强管理，按照电子文件实体管理(物理管理)的相关要求，在本机构内电子文件管理制度措施中对其安全管理作出明确要求，使脱机载体的组盘、日常检查、平时维护与更新制度化、常态化，确保脱机载体电子文件信息的完整、安全、可读。对电子文件脱机保存载体的归档，按照电子文件物理归档的要求和方法进行。

五、相应纸质文件的整理

在电子文件的法律证据作用没有明确解决之前，与电子文件相对应的纸质文件将继续产生和受到保存，这就是所谓的“双套制”。对“双套制”中的纸质文件，可以有两种整理方法。

第一种方法是：在电子文件组成虚拟案卷的前提条件下，与之相对应的纸质文件不再立卷，而完全根据其形成的先后顺序装盒上架。但是，在电子文件上应该注明相应纸质文件实体的“存址号”；在纸质文件实体上则注明相对应电子文件的档号。应该指出，在已经有电子文件的情况下，纸质文件实体的利用率将大大降低，只在作法律凭证时才使用，所以采用如此简单的纸质文件管理方法是完全可行的。

第二种方法是：将纸质文件组成与电子文件虚拟案卷相对的案卷，但只需用标准的 A3 纸折叠而成的软卷皮包装，不要装订，也不要拟案卷标题，只要标上档号和存址就可以了，然后同样装盒。

“双套制”条件下，关键要在电子文件和相应纸质文件之间建立一种联动关系，以便于两种不同存在形式的同一文件的管理和利用。

第二节　电子文件的著录

一、现代著录理念的确立

（一）现代著录的含义

在传统档案学理论中，著录（Description）是指“在编制档案目录时，对档案内容和形式特征进行分析、选择和记录的过程”①。这种著录的直接目的是编制档案目录作为检索工具；著录的对象包括档案的内容特征和形式特征（其中对内容特征的分析与提炼的过程即为标引）；著录的时间是在文件移交进馆（室）之后；著录的实际人员往往是档案工作者。传统著录一般称“档案著录”。

电子文件的出现，使著录问题引起国际档案界的高度重视。国际档案理事会和一些发达国家成立专门的著录标准化委员会对之进行研究，经过一定的理论论证和实践验证，国内外档案专家均意识到著录是维护文件历史联系从而保证文件证据性的一种有效手段。利夫·米克兰在国际档案理事会大会上提出：“准确的著录为用户提供了帮助其理解所用资料的工具，它使人们清醒地意识到易逝的信息单元之间的联系，它为把事实和数据看成证据创造了可能，而不是将其看成混乱的、没有联系的空洞材料。”②在此基础上国际档案界逐渐形成新的著录理念。

1993 年国际档案理事会批准通过并出版的《国际标准——国际档案著录规则（总则）》对档案著录作了如下定义：“获取、核对、分析和组织用以确认、管理、存入、了解档案机构的馆藏以及解释其背景和文件系统的各种信息的过程，以形成对其所描述的单位及其构成部分的准确表述。”

该定义下的著录是一个动态的过程，较之传统的著录有了两个基本的变化：由“编制”著录变为“获取”著录；由著录文件变为著录文件和文件系统。这意味着著录信息的形成并不是对文件信息的二次加工，在更大程度上是对已有信息的采集和组织；著录信息不仅包含文件本身方面的内容，更多地包含了文件形成背景以及文件管理系统等方面的信息。正因如此，美国戴维·比尔曼在其 1994 年出版的专著

① 《档案著录规则》（DA/T 18—1999）。
② 冯惠玲：《电子文件利用的障碍与对策》，《档案学通讯》，1998 年第 5 期，第 43—46 页。

《电子证据——当代机构电子文件管理战略》中提出用文件著录(Documentation)的概念取代传统的档案著录(Description)概念。

(二) 电子文件著录的特点

1. 全要素

对于电子文件而言,需要描述的对象包括三要素:内容、结构和背景信息。同时,因为电子文件具有系统依赖性的特点,因此电子文件管理系统是著录中不可或缺的内容。对文件管理系统的著录不仅包括文件生成时所在的系统,还包括文件管理、利用、保存、迁移后所在的所有系统。对于同一份文件的著录可能分散地保存在不同地点,应保证针对相同文件的著录之间建立联系。电子文件著录全要素的特点决定了著录的信息源不仅是文件内容本身,还包括生成、管理电子文件的活动。

2. 全过程

著录将贯穿于电子文件的整个生命周期,包括文件形成、处理、归档、迁移、利用等全过程。在这个意义上而言,著录信息是与文件同步形成的,著录的时间不再是一个点而是一个段。其中相当多的内容在文件形成时即已完成,如文件的生成系统、形成者、编制目的等等。著录的全过程性与电子文件系统开发的全过程原则是相当吻合的。

3. 综合性

电子文件既然是在电子环境下生成的,对于电子文件的著录也应在系统中进行。由于计算机技术和文件、档案工作都不断趋于成熟与完善,因此在电子文件管理的初始阶段,人工著录的手段是电子文件著录的主导方式。随着自动化程度的提高,人工直接著录的方式将渐渐演变为系统自动著录和人工控制相结合,其中主要的自动化技术是元数据技术。

4. 多级性

电子文件的著录多级性是由电子文件之间具有有机联系的特点决定的。文件及档案工作者根据电子文件之间的有机联系,对文件进行分类,从全宗、大类、属类、小类、案卷直到单份文件,呈现出多个级别、多个层次。针对不同级别的文件集合或文件,著录结果是不同的,但各级著录之间的有机联系应始终予以维护。在完善的电子文件检索系统中,应能展现各级著录的层次结构,并提供通畅的导航,以加强对文件生命周期前期阶段的有效管理。①

---

① 参阅冯惠玲主编:《电子文件管理教程》,中国人民大学出版社,2001年版,第73—74页。

(三) 电子文件著录与传统文件著录的不同

现代著录概念在内涵和外延以及著录工作的性质上与传统档案著录概念均有较大的不同,具体表现在:

1. 著录目的有所拓展

传统著录的直接目的是编制检索工具,满足利用者利用需求;同时,著录还可以为机构和档案馆(室)内部管理档案服务。而现代著录工作还有一个更为重要的目的,即实现文件的证据性,维护文件的长期真实性,"无论复制和转载的过程是多么谨慎,负责监督文件保护过程的人员是多么具有权威而且富有责任心,只有档案著录工作才能证明电子文件长期真实性"。"当利用者查考的电子文件曾经历了若干次复制的转载,其物理格式较原始文件基本上面目全非,而负责复制和转载的工作人员已经故去,最终要依靠档案目录来评定该信息源是否可信。通过对档案全宗的信息整理和著录,文件编制和管理过程中的各种联系——即文件的背景和内在联系——才得以永久保存,因此著录是保证文件真实性的一种可靠手段"。①

2. 著录对象有所扩展

电子文件的著录涉及文件形成过程的各种因素,包括文件的三要素:即文件内容(Content)、文件背景(Context)、文件结构(Construct),而且著录的重点也从文件的内容转移到文件的形成背景上。总之,只要是与文件发生联系的对象,一般都需要进行描述,以保证文件的完整性和真实性。很多文件著录中需要描述的对象在传统著录工作中是不予考虑的,如文件管理及保管、利用的历史,文件管理系统等。

3. 著录时间发生变化

在电子文件保管系统设计时,应将著录标引纳入考虑范围,使系统具有自动著录(Self-Documenting)的功能,著录过程将贯穿文件形成到归档的整个生命周期,包括编制索引、分类、归档、复制、分发、处理、利用等全过程,将该过程中涉及的各种因素全部记录下来,方便用户从各个角度检索文件。因此,著录的时间是一个时间段,而不是时间点。著录与文件同步形成,而不是滞后形成。

4. 著录人员发生变化

著录时间上的改变,就意味着形成著录信息的人员不仅仅是档案工作者,而且还包括文件形成者。文件在现行期内主要是由文件形成者来负责著录信息,而档

---

① [加拿大]露西娅娜·杜兰蒂、海塞尔·麦克耐尔:《保护电子文件的完整性——不列颠哥伦比亚大学研究项目综述》,加拿大档案工作者协会会刊《档案》第42期;转引自刘越男:《电子文件著录问题初探》,《档案与建设》,2001年第2期,第35—39页。

案工作者负责著录归档后文件运动过程中的各种信息，并借助于一定的手段和方法，将所有著录信息予以收集和管理。因此著录人员就由单一的档案工作者变为档案工作者与文件形成者共同组成。

5. 著录手段不断更新

人工直接参与的著录方法将渐渐变为系统自动著录和人工控制相结合。其中主要的技术就是元数据技术，在系统设计中对文件管理应考虑对所有元数据元素进行规划、建模并予以实现，直接利用元数据组织检索手段。采用新的著录手段，一方面利用元数据技术自动著录，简化文件形成后的著录环境；另一方面可以加强对文件生命周期前期阶段的有效管理。

二、元数据在电子文件著录中的作用

元数据不仅具有有效地加强电子文件的凭证作用，保证电子文件的长期可读性，便于电子化业务活动的开展等作用，同时对电子文件的著录也是一种有力的补充。可以说电子文件著录自动进行的关键技术就是元数据技术。

较之传统著录，元数据在著录系统中得到了加强和提高，是一种动态的、多维的，而且是过程性的著录方式。首先，元数据主要是在文件形成、利用、保管时通过计算机从文件中自动抽取的。因此，元数据系统可作用于文件的整个形成过程与利用过程，它能动态地获取文件在这一过程中的变化发展所需的信息。其次，文件之间的联系是多种多样的，不仅可根据文件的整理级别构成等级结构，也可以根据责任者的相同将文件联系在一起，还可因文件的主题相同将文件联系起来，而元数据系统的多维性以及它借助计算机技术，恰能反映文件的多维联系，也就是说，对于单一的文件来讲，它可以从不同时间、不同层面、不同等级结构对文件进行著录；对于多份文件来讲，它可以从文件之间的不同关系建立它们之间的多维联系。

然而，元数据系统又不能完全取代著录系统，它们之间存在着不同。元数据系统是镶嵌于电子文件管理系统中的保存历史记忆的管理工具，而非著录工具；著录系统对文件的内容揭示更为详细，而不具备元数据系统的许多功能。但元数据系统可与著录系统进行有机的链接。就内容而言，两者呈交叉关系，系统自动记录的元数据中某些可以直接转化为著录信息，但不是所有的元数据都是著录信息源；此外，某些著录信息无法从元数据中提取，需要人工编制而成，比如“载体规格”、“提要”、“缩微号”等等。①

---

① 参阅徐维：《元数据：电子档案管理的关键所在》，《山西档案》，2000 年第 4 期，第 11—14 页。

三、电子文件的著录规则

电子文件著录规则是电子文件著录中不可缺少的，其根本目的是规范电子文件目录信息的内容、形式和结构，使电子文件的目录数据能够交换，建立起高质量、标准化的检索系统，实现资源共享。

电子文件著录规则可以划分为三个层次，即数据结构著录规则、数据内容著录规则和数据值著录规则。

（一）数据结构著录规则

电子文件的数据结构著录规则是专门对电子文件的著录事项分成哪几类作出规定，并规定每一类中要著录哪些著录事项。如前面提到的各著录项。

数据结构著录项，在宏观层面上，是对构成文件著录单位（一份文件或一个案卷）的目录数据的总体组织与安排，从而形成文件目录数据著录的框架格式；在微观层面上，是对构成文件著录单位的目录数据的具体编码，这种编码构成一条目录记录的各项数据（或称数据元）在逻辑上的有序排列，从而形成文件目录数据的可被具体显示、操作、检索的执行格式。

（二）数据内容著录规则

电子文件的数据内容著录规则是对数据结构中具体著录某一著录项的数据时提供的著录规则，如规定著录顺序、著录方式和著录的表达形式。例如，在著录外国人名时，规定要采用倒叙方式著录，比如，乔治·布什，在著录时，就要先著录“布什”，然后才是“乔治”，并用逗号隔开，即：布什，乔治。

（三）数据值著录规则

电子文件的数据值著录规则是对数据结构规定的著录项中所使用的术语词汇进行控制。在著录中所使用的主题词表、分类法和名称规范文档能使术语词汇达到规范化，从而使电子文件的著录结果成为有助于提高检索效率的工具。在电子文件中所使用的名称规范文档有助于从同一对象所使用的一系列的不同名称中确定一个规范名称，并以此作为电子文件检索系统的检索点，而其他未被选作规范名称的词，则参照相应的规范名称。①

对电子文件著录的完善有赖于电子文件著录规则的完善。就目前而言，我国电子文件（档案）的著录规则尚未形成一个完整的体系。传统的著录规则《档案著录规则》（DA/T 18—1999）不能完整地反映电子文件著录的构成特征，存在很大的

---

① 参阅董永昌、何嘉荪主编：《电子文件与档案管理》，百家出版社 2001 年版，第 164 页。

局限性，给电子文件的著录工作带来了诸多不便。为做好当前工作，相关人员可以根据《电子文件归档与管理规范》中的《归档电子文件登记表》，做好归档电子文件登记；按照《档案著录规则》、国家标准《信息与文献 信息交换格式》(GB/T 2901—2012)，以及国际档案理事会 1996 年制定的《国际标准——团体名、人名和家族名规范记录著录规则》等标准进行著录。

四、电子文件的著录项目

根据电子文件的特点及其现代著录的要求，电子文件的著录项目主要有①：

1. 标题和内容摘要项。是指归档电子文件的标题和内容摘要。

2. 形成单位和责任者项。是指归档电子文件的形成部门，归档的电子文件若是上级部门发送的应填写发送部门全称。要填写归档电子文件的第一、第二责任者，其余参加者可不填写。

3. 时间项。是指归档电子文件的形成时间、归档时间。

4. 稿本项。是指归档电子文件的功能属性，是草稿性的？是辅助性的？还是正式电子文件？如实著录。

5. 密级项。是指归档电子文件的秘密等级及应用范围的限制。

6. 保管期限项。是指归档电子文件在经过鉴定审核和检测后，由档案工作者和责任者及单位领导共同确定的保存时间。

7. 载体形态项。是指归档电子文件存储的载体类型。

8. 分类号项。是指归档电子文件在编号时所赋予的分类号。

9. 档案管理部门代号项。是指电子文件归档后上交档案馆保存，该档案馆的代码。

10. 档号项。是指归档电子文件在编号时所赋予的档号。

11. 主题词和关键词项。是指归档电子文件的主题词或关键词，以便于将来的模糊检索或组合检索。

12. 软硬件环境项。是指归档电子文件在形成时的软硬件条件，若用计算机网络系统传送归档的，还应将网络条件填写清楚。

13. 相关文档资料项。是指与归档电子文件相关的文档资料名称、存放地点等，以保证归档电子文件的可利用性和可理解性。

14. 相同内容的其他载体存放位置项。是指内容相同的纸质文件或其他形式

---

① 参阅徐义全：《电子文件的归档》，《北京档案》，2001 年第 5 期，第 15—16 页。

拷贝件的存放地点。

15. 相同内容的其他载体检索号码项。是指内容相同的纸质文件、缩微品或其他形式拷贝件的检索号码。

16. 附注项。是指电子文件归档时，除上述各项外，还有需要说明的事项。

根据《档案著录规则》和相关规定，电子文件著录项目的参考性结构如表 6－1（以"各省、市、自治区关于 1993 年林业情况的报告"为例）。①

表 6－1　"各省、市、自治区关于 1993 年林业情况的报告"文件著录项

J08093（分类号）		00112（档案馆室代号）
1—23—2—1	1—E—23—2—11—12	84.5（缩微号）
（档号）	（电子文档号）	

各省、市、自治区关于 1993 年林业情况的报告＋系统安装盘．—正本．—文本文件（1个文件：95 000 字节）．—秘密；永久．—1993.12.5．—只读光盘：1 张：14 cm．—系统要求：IBM PC 兼容机；640 RAM；MS－DOS；WPS V2.1；CD－ROM 驱动器．—本地文件名：ATT；未加密．

各省报告了营造农田林网，速成林、丰产林和经济林，木材采伐，木材加工和综合利用情况。

造林　育林　木材采伐

五、电子文件著录工作的组织实施

在现有技术条件下，完整的电子文件著录工作可分为两个过程：归档前单份及案卷级电子文件的著录和归档后案卷级以上的电子文件的著录。所形成的著录信息包括三个部分：其一，存在于文件管理系统（或业务处理系统，即文件形成时所处的系统）中的关于文件、人员、业务活动、系统及其相互关系的著录信息；其二，存在于档案管理系统中关于案卷级以上文件、系统、归档后管理活动及其相互关系的著录信息；其三，以纸质形式存在的著录信息，主要包括电子文件登记表，归档电子文件移交、接收检验登记表，电子文件使用权限保护登记表，计算机软件产品登记表等，样表可参见国家标准《电子文件归档与管理规范》、国家标准《电子文件光盘存储、归档与档案管理要求　第一部分：电子文件归档与档案管理》和档案行业标准《公务电子邮件归档与管理规则》。

单份以及案卷级电子文件的著录工作一般应由形成部门完成，著录文件与电子文件同时归档。获取"著录文件"的方法很多，最佳方法是在文件形成之前便将著录信息的生成和获取纳入电子文件管理系统设计范围，真正实现"前端控制"。

① 参阅董永昌、何嘉荪主编：《电子文件与档案管理》，百家出版社，2001 年版，第 166 页。

如北京五洲设计院的电子文件管理系统，从设计工作的开始阶段，设计人员必须完成由档案部门设计的著录单（记录设计项目的名称、时间、来源、责任者、设计者等），方可进入设计系统的界面开展设计工作。为了方便文件形成部门的著录标引，保证这项工作的标准化，以便档案部门将著录数据纳入统一的数据库中，档案部门可以与形成部门合作，将需要著录的项目编制成统一的表格软件，发给文件形成者（或置于内部网上）。在技术条件许可的情况下，表格当中的著录项目可由系统依靠元数据技术自动获取。

案卷级以上的电子文件著录则由档案部门完成。因为当文件归档时，其管理思路、管理职能发生了变化，需要的著录信息也有所不同。现行文件和半现行文件的管理与控制反映了一种自下而上的思路，即首先考察文件，将文件看作一个独立的实体——在其形成和修改过程中具有自身的特征、属性和联系，然后把视角拓展至文件的最小集合（案卷）上，但没有考察类目一级。与此相反，非现行文件的鉴定、整理、著录、保护和检索，则反映了一种自上而下的思路，即首先考察档案全宗，接着再考察全宗内类别的划分。这种视角的变化同样反映了保护文件可靠性和真实性的责任的改变，这项工作的承担者是档案管理人员。由档案管理人员形成的档案著录，目的在于确认各类历史文件，揭示其更为广泛的内在联系，保证非现行文件的真实性，使之成为长期为社会需要的、全面的信息源。

在系统设计的过程中，应充分考虑上述两项工作之间的内在关系，通过一定的规则和方法，使系统自动著录与人工著录结合起来，为针对同一文件的所有著录信息的获取建立长效机制和有机联系，使电子文件著录信息一次获取，全程使用。

第三节　电子文件的标引

一、电子文件标引的含义和作用

电子文件标引是对电子文件的内容特征进行分析和选择，并赋予其规范化检索标识的过程。

标引与著录是互有联系而又不尽相同的两项工作。著录的外延大于标引，著录项目中作为检索途径的检索标识（主题词、分类号、档号）属于标引内容，描述电子文件的其他著录项目不在标引之内。

标引是建立检索系统的基础和前提。文件或案卷经过标引，获得检索标识，便纳入一定的检索系统，作为有序的存贮集合，组成利用者查找文件的检索工具。标引的质量对检索效率和质量有着决定性的影响，正确的标引能把档案馆、室或某一全宗内某一主题的文件信息集中在一起，组成一个互有联系的有机体，以利于检索。否则，便会造成一定的混乱。

当然对于电子文件而言，其标引是由计算机来实现全文自动标引，即由计算机自动对文件进行全文扫描处理，抽取关键词并规范成主题词或赋予分类号。其质量一方面与自动标引软件有着直接的关系，另一方面也需要通过人工干预来加强对自动标引结果的质量控制。

二、检索语言和标引种类

标引是把自然语言转换成规范化的检索语言。检索语言按其使用场合、用途，又称标引语言、情报语言、文献检索语言、索引语言、标识系统等，它是根据检索的需要而创造的人工语言，是表示文件内容信息及其相互关系的概念标识系统，用以对文献内容和情报需求进行主题标引、特征描述或逻辑分类。检索语言的基本功能主要有以下几个方面：(1) 对文献的主题(及某些外表特征)加以标引的功能；(2) 对内容相同及相关的文献主题加以集中或揭示其相关性的功能；(3) 对大量文献信息加以系统化和组织化；(4) 便于将标引用语和检索用词进行相符性比较。检索语言作为检索系统的一个构成因素，在提供文献内容检索途径方面起着语言保障作用。

检索语言在检索中的语言保障作用是根据检索原理实现的，即将特定的档案需求与存储在检索系统(如图 6－1 所示)中的档案信息进行相符性比较，如果两者一致，检索的目的即可实现。这里的条件是：标引人员对档案内容的表达(标引用语)和检索人员对相同内容的档案要求(检索用语)必须用一种语言，而且使用相同的词语(标识)，才能使相符性比较取得成功。因此，检索语言沟通了档案存贮和检索两个过程，同时起到沟通标引人员和检索人员双方思想的桥梁作用。

检索语言由词汇和语法组成。词汇是指登录在分类表、词表、代码表中的全部标识，一个标识(分类号、检索词、代码)就是它的一个词语，而分类表、词表、代码表则是它的词典。语法是指如何创造和运用那些标识来正确表达文献内容和情报需要，以有效地实现检索的一整套规则。目前全世界有数千种检索语言被使用着，其应用十分广泛，档案文献检索也是它的一个应用领域。如《中国档案分类法》和《中国档案主题词表》就是两种不同的检索语言。

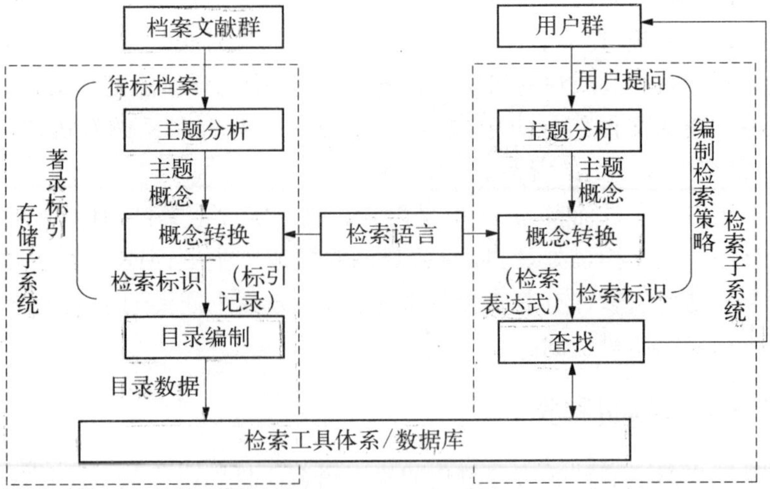

图 6-1　档案检索系统①

可以表达档案内容主题特征的检索语言（标引语言），按编制规则区分主要有主题法检索语言、分类法检索语言和馆藏法检索语言。三种语言对照见表 6-2。

表 6-2　档案检索语言一览表

检索语言类型	检索词典	检索词汇	检索语言特征	使用规则	目录组织形式
馆藏法	档案馆（室）馆藏组织结构一览表（档号表）	档号	原始性 派生性 多元性	档号编制与标引规则	馆藏目录
分类法	中国档案分类法	分类号	系统性 人为性 严密性	档案分类标引规则	分类目录
主题法	中国档案主题词表	主题词	专指性 直观性 灵活性	档案主题标引规则	主题目录

（一）分类法检索语言和分类标引

分类法检索语言是用分类号来表达各种概念，把各种概念按知识分类进行系统组织和排列，有很好的系统性。分类法检索语言包括等级体系型分类检索语言

① 冯惠玲主编：《档案文献检索》，高等教育出版社，1999 年版，第 3 页。

（即体系分类法）和分析——综合型分类检索语言（即组配分类法）。各种分类法检索语言可统称为分类法系统。体系分类法主要运用概念划分与概括的方法；组配分类法主要应用概念分析与综合的方法。事实上，无论是前者还是后者，都既采用概念划分与概括的方法建立等级体系结构，又采用概念分析与综合的方法实行组配。

分类号自动标引的基本算法是基于对分类号人工标引思维方式和思维过程的分析和模拟。主要方法是运用搜索、比较、推理的算法，对电子文件或电子文件案卷题名中所包含的关键词集合与分类号之间的归属关系进行运算，用统计率描述某一个词隶属于某些类的可信度及某个类隶属于某些词的可信度。通过统计计算，求出待标引电子文件的主题词（关键词）集合与相关分类号之间隶属可信度的最大值来判定该文件或案卷的分类号。

（二）主题法检索语言和主题标引

主题法检索语言是一种以规范化的自然语言作为档案文献主题标识和查找依据的检索语言。它的检索词汇是主题词，检索词典是《中国档案主题词表》。这种语言打破了类目或职能体系的限制，采用网络状的语言结构，在表达主题内容方面有较大的灵活性，并且可以对档案文献内容特征做更深入的标识。

电子文件主题标引（或称主题词标引）是计算机自动从电子文件内容或标题中选出有用的关键词，将关键词自动转换成主题词，并进行上位主题词自动登录，使之成为受控标引。

（三）馆藏法检索语言和档号标引

我国学者认为，所谓馆藏法就是将文件和档案信息按来源及形成过程的历史有机联系组织起来，形成有机整体的方法。尽管它以往是作为传统实体的存放方法，但由于电子文件依然是社会实践活动的真实历史记录，它们与社会实践之间以及文件相互之间仍存在密切的有机联系，仍可以用馆藏法加以管理和智能控制。

馆藏法检索语言是以来源原则为指导，以档案的立档单位为依据，按照档案自然形成规律和有机联系而编制的人工检索语言，其检索词汇（标识代码）是档号，检索词典是档号表、全宗划分方案、全宗分类方案和立卷类目，检索语法是档号编制规则。

1. 档号的组成

档号是全宗号、案卷目录号、案卷号和件（页）号的总称。其具体组配可参照传统档号的配制方法，但有几点须加以说明：

（1）全宗号是档案馆内每个全宗的代号，一般由档案馆统一确定。电子文件全宗实际上是虚拟的，并不一定具有实体组织。但通过确定电子文件全宗，可保持来源于某一机关（符合立档单位条件）或某项活动档案的联系。

电子文件全宗可划分为主体全宗和客体全宗。所谓主体全宗是由一个相对独立的主体单位或个人，在其执行社会职责的活动中形成的档案有机整体。所谓客体全宗是人们在围绕着具有相当规模而又相对完整、独立的客观事物而开展的社会活动过程中形成的档案有机整体。档案馆应该对收集进馆范围内的档案全宗作出明确的划分标准，并在超前控制过程中，将全宗名称和全宗号分配给有关电子文件信息的形成者，由他们在立卷归档时标在电子文件上。特殊情况下，档案馆才需要为收存的电子文件信息标引全套的档号。

(2) 案卷目录号，又称系列号。由电子文件形成机关的档案室（馆）在编制全宗内分类方案时确定。它可以按机关的组织机构来编号，也可以按年度、工程项目、问题来编号。各文件形成机关情况不同，全宗内分类方案也不同，因此案卷目录号也不一致。机关档案室在确定案卷目录号后，也在超前控制过程中分配给各部门或文件形成（处理）者，由其在归档时标引。

(3) 案卷号和件（页）号是一个案卷目录内独立案卷的编号及其案卷内文件编号，可由立卷人员在立卷过程中具体确定。

2. 档号标引的程序

以馆藏法检索语言为基础的标引称档号标引，其具体程序或步骤如下：

第一步，编制或者选用适合于本信息系统的馆藏法语言词典。由于来源原则的最基本要求是尊重并保持文件间来源于形成过程的历史有机联系，所以馆藏法语言词典不可能是全国统一的，因此除了语法相同以外，馆藏法语言词典不能通用，每个信息系统在开始设计研制的时候，即在电子文件生命周期第一阶段的孕育期，就应该编制“全宗区分方案”、“全宗内分类方案”。一般来说现行机关（企业）的信息系统都应该编制“全宗内分类方案”。对于档案馆信息系统来说，则要从由其接收档案信息的整个辖区的范围，考虑划分全宗的问题。对于只有一个全宗的信息系统，重点应该编制“全宗内分类方案”。

第二步，标引档号，即根据馆藏法语言词典为电子文件分类。在现行机关（企业）的电子文件管理系统中，尤其是真正实现了文件管理与档案管理一体化的系统，标引档号的工作应该放在文件生成或收到（外单位来文）时进行，也就是在电子文件网络归档的同时进行。本单位制作的文件由负责拟稿或审稿的人标引，外单位来文由负责承办的人标引。档案部门必须能够从网上监督、检查，并具有修改权。

对档案馆信息系统而言，主要是考虑全宗号的标引问题。一般情况下，全宗号应该在超前控制过程中预先分配给有关档案的形成者，由他们标引在电子文件上。特殊情况下，档案馆才为收存的电子文件标引全套的档号。①

① 参阅董永昌、何嘉荪主编：《电子文件与档案管理》，百家出版社，2001 年版，第 152—153 页。

第七章 电子文件的保管

电子文件的保管是一项综合性的业务工作。随着信息技术的发展和档案管理现代化程度的提高，电子文件在现代档案工作中的地位日益突出，如何保管好电子文件，是档案部门需要面对的重要课题。目前，电子文件大量形成，电子文件的载体特性和记录方式与传统纸质档案完全不同，电子文件载体的脆弱性和内容信息的不安全性使人类社会已经生成的大量电子信息存在着丢失的可能。为此，需要加强对电子文件保管的研究，丰富和完善档案保护技术理论。

第一节 电子文件保管概述

电子文件作为数字时代档案部门接收的主要文件形态，如何保管电子文件，对电子文件的长期存取、电子文件价值的发挥、保存数字时代人类的社会记忆有着重要的作用。电子文件本身固有的特性，使得它和传统纸质档案的保管不完全相同，需要我们深入探讨和研究。

电子文件保管是对归档的电子文件进行信息存储和日常维护，减少人为或自然破坏，延长电子文件(档案)寿命，确保电子文件(档案)的信息安全。

一、电子文件保管的内容

传统纸质档案的保管主要是研究纸质档案制成材料的损毁规律及其保护纸质档案的技术方法，它的任务是最大限度地延长档案的寿命。因此，传统纸质档案的保管主要是在防光、防有害生物、防有害气体与灰尘以及库房温湿度的控制等方面下工夫。由于纸质档案载体具有较好的耐久性，只要避开天灾人祸，遵守相关的管理制度和保护要求,就能达到长期保存的目的。

而对电子文件的保管,技术要求更高,难度更大,内容也更复杂。电子文件载体的耐久性较差,与传统纸质档案载体特性不同,必须加强对电子文件物理载体的保护;计算机技术和网络技术存在着诸多不安全因素,必须保证电子文件的内容信息安全可靠;同时,由于电子文件存储类型多样,需要根据电子文件信息的保存需求,确定存储方式和存储技术。因此,电子文件的保管需要从电子文件的信息存储、物理载体保护和内容信息保护三个方面进行。

(一)电子文件的信息存储

电子文件保管的关键技术在于电子文件信息存储系统,一个良好的电子文件信息存储系统应能满足电子文件信息的海量存储和不断增长,应能适应网络环境复杂性和技术扩展性的不断提高,应能保障电子文件的信息安全和有效利用,应能保护电子文件信息的长久保存。电子文件信息存储系统既要求采用先进的存储技术,又要求具有很高的稳定性和可靠性,同时还要求要适应信息技术的发展。因此,电子文件信息存储是电子文件保管的重要内容,关系到电子文件的长期保存、安全存储与有效利用。

(二)电子文件物理载体的保护

随着科技的发展,自 20 世纪 20 年代以来,一大批具有光、电、磁特性的唱片、磁盘、光盘、U 盘等新型档案载体相继问世。这些新型档案载体的制成材料,按记录原理大致分为五类:一是由磁带、磁盘、磁鼓、磁泡、磁卡等组成的磁性载体档案;二是由光盘、光磁盘等组成的激光记录档案;三是由 U 盘、存储卡等组成的电记录档案;四是由唱片的金属模板、唱片等组成的机械录音档案;五是由银盐感光胶片、照片、重氮片、微泡片等组成的感光记录档案。电子文件的记录载体主要涉及到磁记录载体、光记录载体和电记录载体三类。

电子文件新型载体的出现,给档案保护技术工作带来了新的问题和挑战,使档案保护技术的内容和方法发生了较大的变化。电子文件磁记录载体、光记录载体和电记录载体不同于纸质档案记录载体的记录方式与物理结构。因此,需要加强对电子文件物理载体的特性和损毁规律的研究,采取与之相适应的保护措施,最大限度地延长电子文件物理载体的寿命。保障电子文件物理载体的安全是电子文件保管的基础。

(三)电子文件内容信息的保护

电子文件作为信息技术的衍生物,具有与纸质档案完全不同的特征,如电子文件信息的非人工直读性、系统依赖性、信息与特定载体之间的可分离性、信息的可变性、信息存储的高密度性、多种媒体信息的集成性以及信息的可操作性等。这些特征使得电子文件内容信息的安全性难以保障,使得电子文件的凭证作用遭到人们的质疑,面临的危险因素更多。如面对完好无损的载体和软硬件设备却无法读出电子文件的内容信息,保存的电子文件信息遭到黑客的侵扰、计算机病毒的破坏而使电子文件信息丢失或损坏等。为此,需要加强对电子文件内容信息的保护,防止电子文件信息被非法变更或破坏,确保电子文件内容信息的真实性、完整性、有效性和安全性。

二、电子文件保管的特点

由于电子文件的形成过程和特性不同于纸质档案,造成电子文件和纸质档案损毁和信息丢失的原因也不完全相同。总体来讲,电子文件损毁、信息丢失的风险远远大于纸质档案,电子文件的保管因之复杂因素增多、难度加大,其特点主要表现在以下几个方面:

(一)电子文件的保管贯穿于电子文件整个生命周期

电子文件具有非实体性、不稳定性和对载体、环境的依赖性等特征。这要求档案工作者对电子文件的保管从电子文件载体本身转向其运动过程。因为在电子文件形成、运动的整个过程,每个环节都存在着信息丢失、安全的风险。在电子文件的保管上,除了保存电子文件的载体之外,更要注意保护它的可用性、可存取性和可理解性,保证电子文件的真实性、完整性、有效性和安全性。因此,在电子文件形成之前,就应注重电子文件各项管理标准、法规、安全技术和制度的建立,以防具有保存价值的电子文件在形成、使用、归档和后来的维护过程中遭到破坏。电子文件的保管是一个系统过程,应贯穿于电子文件从设计阶段开始到销毁或永久保存的整个运动过程,也就是电子文件的整个生命周期。

(二)电子文件的保护技术要求高,难度大

电子文件的数字化信息形态增大了保护的技术难度。在计算机显示器或在打印硬拷贝上所见的只是电子文件的某种输出形态,它在物理介质上的存储形态完全不同于其逻辑显示,具体存储方式依存储介质的特性而定。如在磁介质上以一定的剩磁强度来表示,在光盘上以 1 μm 大小的凹坑来标记。为保证这些以数字化形态存储的信息能够被读取、理解,必须依靠相应的读取、显示等软硬件设备,并保存相关参数,这就增加了电子文件保护的技术难度。同时,电子文件载体上的数字编码往往经过加工、压缩、加密等处理,电子文件的这种非直读性使其保护工作涉及面广,具有很强的技术性。

电子文件的数字化形态还使得日常保护的难度加大。首先，电子文件不能被人们直接阅读理解，其保护工作不可能像传统纸质档案那样直观，直接采取有关针对性保护措施。例如纸质档案可以通过观察纸质载体的物理状况、字迹磨损程度或者生物虫害等特征来开展保护工作。而电子文件载体上的数字化编码记录是人眼无法直接识读的信息，像磁性载体用来记录编码的“磁畴”极性是物质内部的物理性质，并没有提供相应的物理外观特征用以辨识，难以直接开展保护工作。其次，电子文件载体的信息记录密度大，保护工作技术要求高。如一张 DVD 光盘的容量可达 4.7 GB，刻录激光斑的直径小于百万分之一毫米，保护工作难度加大。第三，数字信息的存取依赖于软件、硬件与操作平台，IT 技术的迅速发展对长期保存的数字信息的读取构成了威胁。当使用特定的技术和设备，将具有长期保存价值的电子文件信息记录于存储载体后，电子文件就永远无法离开这种技术和设备而单独存在。人们只有采用特定的技术和设备，进行逆处理还原、输出，才能识别它的内容。由于技术的发展，软硬件不断更新换代，迫使电子文件保护需要有不断更新的技术和措施作保障。

（三）结构的复杂性影响电子文件的真实性、完整性和有效性

电子文件物理结构与逻辑结构关系的复杂性影响电子文件的真实性、完整性和有效性。所谓物理结构是指信息在存储介质上的物理分布，如文件的正文、图形、附件等各自在载体上的存储位置；所谓逻辑结构是信息的内容表示。物理结构与逻辑结构在计算机中的处理是相对独立的。我们可以简单地认为载体及其状况代表着文件的物理结构，文件内容的编排就是逻辑结构。对于纸质文件来说，特定载体与信息内容是不可分离的，也就是说其物理结构和逻辑结构是统一的。而电子文件则不然，其内容的存储位置是变化的，并不固定依附于特定的载体，它可以以拷贝的形式依附在多个载体上。也能通过分布式存储的方法，将电子文件内容分解后存储于不同地点和设备，在需要的时候才将它们重新组配结合。特别是多媒体电子文件涉及多种文件格式，如文本、音频、图像、视频文件等，它们可不在载体上连续存储，甚至可以存储在不同载体上，这样就造成同一份电子文件的内容在存储时出现载体分离现象。我们在读取这份电子文件时就需要从不同位置的载体中分别进行抽取，如果缺少某一部分内容，则该电子文件的完整性就受到了破坏。电子文件的保管因之产生一系列特殊问题。电子文件保管要明确电子文件的物理结构和逻辑结构的关系，保证各部分内容的同步更新，防止非法更改覆盖，如果处理不当，便会影响到电子文件的真实性、完整性和有效性。

（四）电子文件的内容信息安全是电子文件保管的重要内容

对于电子文件信息而言，安全是其立身之本。与纸质文件相比，电子文件内容信息的安全尤为突出。电子文件的共享性在带给用户足不出户就可以阅读文件便利的同时，其信息的安全也面临威胁。电子文件赖以生存的电脑与网络空间充满了不安全因素和隐患，使得电子文件信息的真实与完整受到严重的威胁。共享性是通过网络环境实现的，但随着网络化的发展，网络安全问题日益凸显。电子文件保管部门应当强化安全意识，采取安全措施，确保电子文件内容信息安全。

电子文件的形成、处理、收集、积累、归档、保管和利用等各个环节，都有信息更改、丢失的可能性。建立并执行一整套科学、合理、严密的管理制度，从每一个环节消除信息失真的隐患，对维护电子文件的真实性、完整性十分重要。

（五）电子文件保管的成本增加

电子文件的系统依赖性增大了电子文件管理成本。电子文件的系统依赖性包括对字符编码、软件、硬件、标准、技术设备更新以及加密技术的依赖。这一特点给电子文件的保管、利用带来的影响是巨大的。如设备发生故障或系统瘫痪，电子文件将被损坏甚至丧失；电子文件对其他设备环境的不兼容性，导致其只能在某种特定的设备上处理，而不能在其他设备上读取；不同软件环境形成的电子文件难以实现格式转换；软硬件的更新换代速度不断加快，使得电子文件所生存的软硬件环境剧烈动荡；出于安全保密的需要，人为地进行复杂而独特的编码加密或信息拆分处理，加大了电子文件的系统依赖性等等。因此，很有可能出现保存完好的电子文件载体，却无相应的读取环境。要使得电子文件得到有效利用，必须保存完整的读取环境，这无疑会增大管理成本。①

电子文件的载体寿命远远不及纸质载体，其脆弱性要求有较高的技术条件和优良的环境条件来进行保护，并依据载体的寿命不断地进行备份，这样就大大增加了电子文件的保护和管理成本。

第二节　电子文件信息存储

电子文件信息存储是电子文件保管的重要内容，关系到电子文件的长期保存、

① 参阅冯惠玲主编：《电子文件管理教程》，中国人民大学出版社，2001 年版，第 113—115 页。

安全存储与有效利用。

一、存储载体的选择

（一）存储载体的类型

目前，电子文件的存储载体主要有磁存储载体、光存储载体和电存储载体三种。

1. 磁存储载体

磁记录技术自1898年发明以来，已经跨越了一个多世纪的发展历程。在诸多存储技术中，信息容量大、更方便地存储主要还是由磁技术来实现。正是由于磁记录技术的存取最方便、最容易实现、成本价格低，所以磁存储技术发展迅速，而且在信息存储市场中占据十分重要的位置。磁存储载体作为最早出现并应用到计算机存储技术中的一种载体，已广泛应用于各行各业中。随着影像技术和信息技术的发展，越来越多的信息用磁性材料进行记录，从而形成数量浩大的磁性载体档案。

磁存储载体是将声音、图像和数据等变成数字电信号，通过磁化磁介质来保存信息的。磁存储载体主要有软磁盘、硬磁盘、磁带、磁盘阵列、磁带库等。

2. 光存储载体

从磁存储到光存储是信息记录的飞跃，光存储是利用光学原理读/写的。光存储技术是采用激光照射介质，激光与介质相互作用，导致介质的性质发生变化而将信息存储下来的。读出信息是利用定向光束（激光）在存储载体表面进行扫描，通过检测所经过点的激光反射量，读出所保存信息的一种技术。光存储载体有光盘、光带、光卡等，其中以光盘应用最为广泛。

光盘（Optical Disk）是继磁性载体之后产生的又一种新型的数字信息记录载体。它具有存储密度高、信息容量大、可移动、成本低等特性，也是电子文件的重要存储载体。

光盘又分为CD、DVD、蓝光光盘等几种，它们各自特点如下：

（1）CD（Compact Disc）。CD光盘采用波长红外激光器读取数据，具有存储容量较大，存储成本相对较低；在日常使用中易发生磨损，造成数据被错误读取和解析；在受力不均匀时易发生变形，造成数据无法读取等特点。

（2）DVD（Digital Versatile Disc，即“数字多功能光盘”）。DVD光盘容量比CD光盘大得多，通常用来存储大容量的数据信息，录写分为三种规格，并且之间不能完全兼容，容易使用户产生困扰。

（3）蓝光光盘（Blu-ray Disc）。蓝光光盘是新一代光盘规格，用以存储高品质的影音以及高容量的数据。由于蓝光光盘推广时间较短，尚未得到广泛应用，其执行的标准为企业自行制定。

3. 电存储载体

电存储载体是一种利用半导体技术做成的电子装置，通过电子电路以二进制方式来实现信息的储存。根据储存能力与电源的关系可以分为挥发性记忆体和非挥发性记忆体。挥发性记忆体指的是当电源供应中断后，记忆体中所储存的信息便会消失的记忆体，如计算机中常见的内存(RAM)；非挥发性记忆体是指即使电源供应中断，记忆体所储存的信息并不会消失，重新供电后就能读取内存信息的记忆体，主要有只读内存(ROM)、闪存(Flash memory)等。

作为电存储载体之一的闪存凭借其良好的存储特性，在外部存储装置领域发展极为迅速，主要产品有U盘、存储卡、固态硬盘等。它们均以闪存为核心存储部件，技术原理基本相同，拥有共同的特点：体积小，容量大，随着半导体技术的发展，闪存产品的容量越来越大，目前已经有16 G以上的U盘，而体积却没有增加；安全可靠性高，抗震性能极强，还具有防潮防磁，耐高低温(—40℃—70℃)等特性；但缺乏国际和行业标准规范；数据恢复能力差，一旦因错误连接导致电子电路损坏，其存储的信息将无法恢复。

(二) 存储载体选择的原则

根据电子文件的特性，在存储载体的选择上，首先，必须考虑存储信息的安全性，要确保电子文件在保管期内可读、可用，并能还原所存信息的内容；其次，要考虑所存信息的真实性，要保证脱机存储的电子文件不会被人为修改；再次，要考虑信息存储的连续性和完整性，要保证存储载体在一定的时间内，不会因存储技术的进步而被市场淘汰；最后，还要考虑存储成本，不能增加过多的负担。因此，在电子文件存储载体的选择过程中，应遵循以下几项原则：

1. 选择标准化程度高的载体。当载体取得的国际和行业标准化程度越高，其所获得的技术和市场支持也就越多，技术寿命也就越长。

2. 选择耐久性好的载体。这主要从载体的物理寿命方面考虑，尽量选择理化性能稳定、对环境要求低、不易损坏的载体，避免因环境或外力等因素影响而丢失数据。

3. 选择存储容量适当的载体。载体存储容量过大时，容易造成存储空间浪费，增加存储成本，如果发生载体损坏导致数据丢失时，所造成的损失也大；相反，载体存储容量过小，存储的信息量有限，需要大量的存储载体，不利于存储载体的维护和保管。

4. 选择性价比高的载体。存储载体的价格总是和性能(容量、寿命、存取速度等)成正比的。为此我们应在价格和性能之间寻找一个平衡点,尽量选择性能优良、价格相对较低的载体。同时,我们还应考虑存储载体读取时所需的驱动设备价格。

5. 选择具备一定防篡改能力的载体。作为电子文件存储载体需要长期保存,对数据的真实性和完整性要求很高,要能够防止被人有意或无意地篡改或删除数据。①

二、存储方式

存储方式的选择是实现电子文件安全存储、高效管理的重要措施之一。目前,不同的单位对电子文件采用不同的存储方式。在一个较大的存储系统中存储设备将分成在线存储、离线存储和近线存储三种方式。

(一) 在线存储

在线存储(OnStore)是指存储设备和所存储的数据时刻保持“在线”状态,可供用户随意读取,满足计算平台对数据访问的速度要求。就像 PC 机中常用的磁盘存储模式一样。一般在线存储设备为磁盘和磁盘阵列等存储设备,价格相对昂贵,但性能较好。

在线存储是开放的、利用率高的电子文件存储的一种重要方式,能满足用户的随时利用需求。

(二) 离线存储

离线存储(OffStore)主要使用光盘或磁带存储,通常将不经常访问的电子文件存放在离线存储设备上。离线存储主要用于数据的备份和恢复,大多数情况下主要用于对在线存储的数据进行备份,以防范可能发生的数据灾难,因此又称备份级的存储。离线海量存储的典型产品就是磁带、光盘(DVD\BD)或磁带库,价格相对低廉。

离线存储是电子文件存储的主要方式。保密的电子文件和未开放利用的电子文件必须离线存储,电子文件备份也须离线存储。

传统存储数据的方式有两种,即在线存储和离线存储。

(三) 近线存储

近线存储(NearStore)是随着存储环境的细化所提出的一个新的概念,外延相

---

① 任龙:《电子档案脱机存储载体的特点与选择》,《陕西档案》,2010 年第 5 期,第 28—29 页。

对较广泛，主要定位于用户在线存储和离线存储之间的应用。近线存储是指将那些不经常用到或者是访问量不大的电子文件存放在另外一套主机的文件系统直接管理的磁盘设备中。

近线存储对存储设备性能要求相对来说并不高，但要求有相对较好的访问性能，要求存储设备寻址迅速、传输率高。同时多数情况下由于不常用的数据占有的比重较大，这也就要求近线存储设备容量相对较大。

三、存储技术

信息存储技术随着科技的发展也在不断地发展和变化。目前，电子文件信息存储技术主要有直接存储技术、网络存储技术、云存储三种。

（一）直接存储技术

直接存储技术是目前电子文件数据存储采用的主要技术方法。直接存储技术是利用计算机等存储设备，将电子文件信息保存在性能稳定的载体上。存储载体主要包括只读光盘、一次写光盘、磁带、硬磁盘、可擦写光盘、光盘塔和磁带库等。

采用光盘塔和光盘库作存储设备是一种比较广泛的数字档案信息存储方式，能够实现几十张或几百张光盘的系统管理、大容量存储、网络化多光盘同时刻录及跨盘检索等功能。其特点是：投资低、读取速度慢；资料可供同时读取的人数少；检索光盘时，内部机械手臂容易出故障，光盘容易磨损划伤等。

（二）网络存储技术①

网络存储技术是近年来高科技行业最热门的技术之一，其技术和应用正处在高速发展的阶段。目前主流的网络存储技术有三种：直接附加存储 DAS、网络附加存储 NAS 和存储区域网络 SAN。

1. 直接附加存储 DAS

DAS(Direct Attached Storage)中文称为“直接附加存储”。DAS 指存储设备通过电缆（一般是 SCSI 接口）直接与服务器相连接，存储设备作为服务器的附加硬件而存在。DAS 本身没有任何的操作系统，它直接接收所连服务器的 I/O 请求，完全依托服务器，通过服务器上的网卡向用户提供数据。它是典型的分散式存储模式。

使用 DAS 的初期投入较低，但磁盘的利用率低且难以扩容，由于无法集中管

① 李昊、张林龙：《高校图书馆数字资源网络存储技术研究》，《现代情报》，2010 年第 5 期，第 144—147 页。

理，因此在档案馆拥有多台服务器的环境下管理烦琐。作为服务器的附件，存储设备占用了服务器上的许多资源，在用户数量较多的情况下这一问题尤其严重，甚至成为整个系统的瓶颈。另外，如果应用系统较多，则需要相应地购入大量昂贵的服务器，使得成本难以控制。对于信息化程度较低，且资金有限的中小规模单位来说，DAS 不失为一个切实可行的存储解决方案。

2. 网络附加存储 NAS

NAS(Network Attached Storage)是一种连接在网络上的存储设备。通常会使用 RJ45 口，通过以太网向用户提供服务。采用集中式数据存储模式，将存储设备与服务器彻底分离。

NAS 其实可以看成是一台数据存储服务器，它有自己的 CPU、内存、操作系统、磁盘系统。支持 NFC、CIFS 等网络传输协议，可以跨平台的将不同系统上的数据存储在一台 DNS 上，方便工作人员的管理，也降低了成本。由于和服务器独立，数据的处理和缓存等都能直接在 NAS 上实现，因此相比 DAS，NAS 不再受到服务器 I/O 瓶颈的限制，数据存取的速度要快的多。NAS 基于 File 协议，在网页服务和文件存储方面表现优异，很适合为网站服务器和 FTP 服务器提供存储。在数据库存储方面虽与 DAS 相比略有不及，但其可扩展性却是 DAS 所远不能比的，用户可以很轻松的将存储空间扩充到上百 TB。对那些希望降低存储成本但又希望数据存储具有高性能和高可靠性，同时有一定系统扩展要求的存储系统来说是一个很好的选择。NAS 的架构如图 7－1 所示。

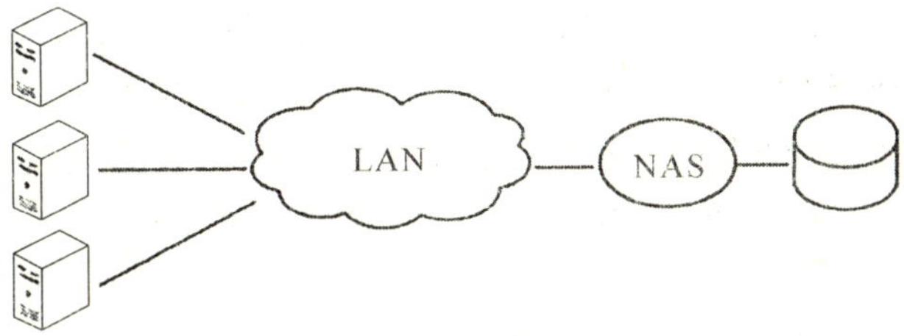

图 7－1 NAS 结构示意图

3. 存储区域网络 SAN

SAN(Storage Area Network)是一种将存储设备、连接设备和接口集成在一个高速网络中的技术。SAN 从诞生之日起便以系统复杂和价格昂贵闻名业界，但其性能的强大也是毋庸置疑的，足以满足大型档案馆海量数据存储共享的需要。

SAN 本身是一个和外部局域网分离的类似以太网的存储网络，由 SAN 服务器、交换机、集线器、存储设备等设备组成。SAN 的网络型构架使它可以将通讯协议和网络硬件相分离，多种不同的协议可以在同一个物理介质上进行传输，同时也让 SAN 具有了几乎无限的可扩展性。SAN 配置灵活且扩容方便，可以使用 SCSI、FC、SATA、SAS 等多种磁盘阵列来扩展 IP SAN 的容量，可动态分配空间，存储利用率高。由于 SAN 本身是一个独立的网络，因此不像 NAS 那样在传输数据时会占用局域网带宽。另外 SAN 支持 Block 协议，是直接对物理硬件地址的块级存储访问，这让 SAN 在数据库存储的方面表现出色。SAN 的架构图如图 7-2 所示。

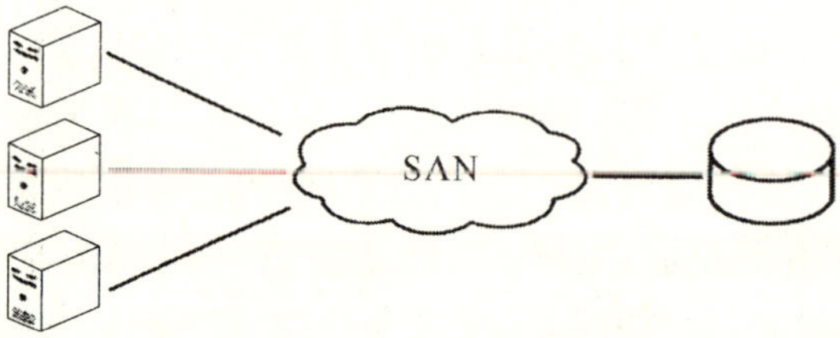

图 7-2 SAN 结构示意图

目前常用的 SAN 解决方案主要分为 FC SAN 和 IP SAN 两大类。

(1) FC SAN

FC SAN 使用光纤通道(Fiber Channel)技术作为存储网络的传输介质。光纤通道是在 1994 年由 ANSI 标准化组织制订的用于千兆位数据传输通信解决方案，最初是为网络系统设计的。与传统的 SCSI 技术相比，光纤通道技术提供更高的数据传输速度，现在 SAN 设备中光纤通道端口的传输速度现在已经达到了 4 GB。克服了 SCSI 连接的线缆限制，实现了更远的传输距离，更多的设备连接支持和更稳定的性能。在 IP SAN 出现之前，FC SAN 几乎就是 SAN 技术的代名词。

(2) IP SAN

FC SAN 的性能毋庸置疑，但需要的巨额投入则让很多中小型用户望而却步。这也一度让 SAN 和 NAS 在存储市场的竞争上处于不利的位置，这个时候 IP SAN 登场了。IP SAN 是类似标准以太网(Ethernet)架构的 SAN 存储网络，它通过 ISCSI 技术，利用 TCP/IP 协议进行通信。这就意味着可以直接利用现有的网络，用千兆以太网交换机代替价格昂贵的 FC SAN 专用的光纤交换机来实现 SAN 存储网络，因此 IP SAN 和 FC SAN 相比成本优势明显，这点让它受到大量用户的青睐。EMC、DELL 和 NetApp 等业界著名厂商也都纷纷涉足 ISCSI SAN 市场。

说到 IP SAN 就不能不提 ISCSI 技术。正是由于这一技术的出现，才使得以 IP 技术搭建的存储区域网络应运而生。ISCSI 技术是由 CISCO 和 IBM 公司提出，是一个供硬件设备使用的、可以在 IP 协议上层运行的 SCSI 指令集，它实现了在 IP 网络上运行 SCSI 协议，使其能够在诸如高速千兆以太网上进行路由选择。服务器因此可与使用 IP 网络的储存装置互相交换数据。

（三）云存储

随着信息技术和网络技术的发展，将文件、照片、电影储存在“云盘”，日益成为年轻人的“最爱”。拥有“云盘”，无论走到哪里，只要有互联网，均可随时调取，在互联网上进行数字化存储比以往更加容易。由于网络存在安全风险，电子文件的云存储目前主要处于理论探索和实践检验阶段。

1. 云存储的定义

云存储是在云计算(Cloud Computing)概念上延伸和发展出来的一个新的概念，是指通过集群应用、网络技术或分布式文件系统等功能，将网络中大量各种不同类型的存储设备通过应用软件集合起来协同工作，共同对外提供数据存储和业务访问功能的一个系统。

云存储是云计算的存储部分，本质上是为大数据量运算时提供存储和管理。关于云存储，全球网络存储工业协会(SNIA)的定义是：“通过网络提供可配置的虚拟化的存储及相关数据的服务。”当云计算系统运算和处理的核心是大量数据的存储和管理时，云计算系统中就需要配置大量的存储设备，那么云计算系统就转变成为一个云存储系统，所以云存储是一个以数据存储和管理为核心的云计算系统。也就是说，云存储实际就是将数据资源放到网络上，随时供用户存取的一种新型存储模式。

2. 云存储的特征

云存储的核心是应用软件与存储设备相结合，通过应用软件来实现存储设备向存储服务的转变。其特征主要是：

(1) 高扩展性。云存储系统可支持海量数据处理，资源可实现按需扩展。

(2) 低成本。云存储系统具备高性价比的特点，低成本体现主要在两方面，即更低的建设成本和更低的运行维护成本。在云存储方式下，用户除了配置必要的终端设备接收存储服务外，不需要投入额外的资金来搭建平台。对于选定的服务，可以立即投入使用，既方便又快捷。

(3) 无接入限制。相比传统存储技术，云存储强调对用户存储的灵活支持；服务域内存储资源可以随处接入，随时访问。

(4) 易管理。少量管理员可以处理上千节点和PB级存储，更高效的支撑大量上层应用对存储资源的快速部署需求。

3. 云存储的种类

目前，云存储的种类可分为公共云存储、私有云存储和混合云存储。

(1) 公共云存储

公共云存储是指专为大规模、多用户而设计的云存储。公共云存储的所有组件都建立在共享基础设施上，通过虚拟化技术、数据访问、数据管理等技术对公共存储设备进行逻辑分区，实现对用户的按需分配。公共云存储的存储设备通常设置在用户端的防火墙外部，因此安全性取决于存储设备所采用的安全措施。

(2) 私有云存储

私有云存储也称为内部云存储，是针对特定用户设计的云存储。与公共云存储不同的是，私有云存储运行在数据中心的专用存储设备上，可以满足安全性及性能的需求。不过私有云存储也存在明显的缺点，即可扩展性相对较差。因此，私有云存储更适合建立在具有高标准安全性需求与性能需求的数据中心上。

(3) 混合云存储

混合云存储是将公共云存储和私有云存储进行混合的云存储。混合云存储的形式一般情况下以私有云存储为主、公共云存储为辅。虽然私有云存储的出现在一定程度上解决了用户对公共云存储的安全性及性能方面的担忧，但是私有云存储具有需要运行在专用平台上的弊端，使得私有云存储不可能扩展到公共云存储那样的规模。因此，混合云存储可以在一定程度上解决公有云存储和私有云存储存在的问题。通常混合云存储需要满足两个条件：一个是整体表现需均衡，即网络延迟需在用户可以忍受的范围之内，并且公有云上的数据应该是无缝透明的；另一个是数据的迁移机制必须完善，即活动的或者经常被访问的数据能够快速从云端提取，不活跃的数据又被推向云端，实现数据的灵活迁移。

第三节 电子文件物理载体的保护

信息技术的发展，使电子文件的存储方式也不断地发生变化，以磁性、光学性、电荷等材料为记录载体的电子文件大量出现，并呈加速发展的趋势。目前，如何做好电子文件载体材料的保护，延长电子文件载体寿命，保证电子文件实体安全，成为档案保护技术研究的一个重要课题。

电子文件载体的损毁有内因和外因两方面因素。内因是指电子文件载体本身的耐久性，它取决于载体的性能、质量、生产工艺等。外因是指电子文件保存的环境因素，如温湿度、空气质量、光照、电磁场等。如何做好电子文件存储材料的选择、存储环境的控制以及在利用、转移过程中的保护，是电子文件保护技术工作的重要内容。

一、电子文件载体的种类

存储载体不同，存储原理也不相同。目前，电子文件的存储载体主要有磁存储载体、光存储载体和电存储载体三种。

（一）磁存储载体

1. 磁存储载体的结构

磁记录载体主要由磁性层、底基、粘合剂三部分组成，如图 7－3 所示。其中磁性层和底基是最重要的组成部分。磁性层是记录层，其性能的优劣对于信息的记录和重现起决定性作用。底基主要决定磁性载体的机械性能，是磁性层的支撑物，虽对磁的特性没有直接影响，但它的柔软度、均匀度、变形等特性对磁性载体的质量和保存寿命也有很大影响。

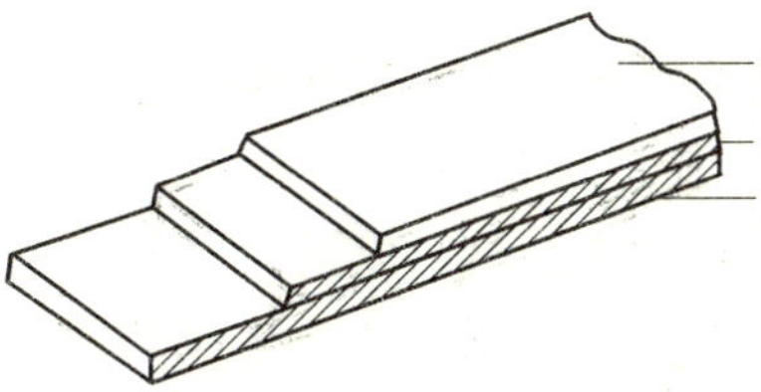

图 7－3　磁性载体结构示意图

（1）磁性层

磁性层由磁介质、粘结剂、助剂组成。

磁介质通过其独特的磁性能和电性能用来记录信息，它一般涂敷于底基材料上，以颗粒或结膜的方式形成磁层来存储信息。磁介质是磁记录的记录介质，是由铁磁性物质的微粒构成，磁记录信息存储的稳定性主要取决于磁介质微粒的稳定性。对磁介质的基本要求是：有足够的矫顽力和剩磁值，磁性稳定，颗粒均匀，结晶完整。常用的磁介质有 $\gamma-Fe_2O_3$、含 Co 的 $\gamma-Fe_2O_3$ 及 CrO_2 等。磁介质多为粒状材料和连续材料。对于粒状材料，是通过其与粘结剂和助剂混合制成磁浆涂于载体上制成磁记录材料；而对于连续材料，则通过电镀、沉积等方法，使其在载体上形成磁性薄膜。

粘结剂的作用是把磁性层粘合到底基上，同时保持磁性层内磁粉牢固、均衡，防止其脱落、变形，维持磁性层的稳定。对粘结剂的要求是：对磁介质的分散性能好，具有较高的耐磨性，较高的导电性和润滑性。粘结剂的主要成分是可溶性的热塑性和热固性高分子化合物，如烯烃类树脂或聚氨酯类等。

助剂主要包括分散剂、稳定剂、增塑剂、润滑剂、防静电剂和固化剂等。

从整个磁性层组成成分看，其含有较多的高分子材料和有机化合物。这些材料在高温、潮湿及光照条件下会发生理化性能变化而影响磁带的寿命。

(2) 底基

底基主要用来承载磁性层。磁带、软盘和硬盘都有底基，磁带的底基为带基、软盘和硬盘的底基为盘基。常用的底基材料有塑料、玻璃和铝合金三类。塑料常作为磁带或软盘的底基，目前主要使用的是机械强度好、耐老化、几何尺寸稳定、能制作具有较高表面光洁度的聚酯薄膜。而玻璃和铝合金由于其抗冲击能力强等优点，常作为硬盘的底基。

2. 磁记录原理

磁记录是通过磁头对磁性材料表面进行局部磁化来完成。即从磁记录磁头的缝隙里向外发散出一个磁场，泄漏的磁进入到磁记录介质中，使介质磁化。写入过程是当载有各种信息的变化电流送入记录磁头的线圈时，在磁头缝隙处产生与电流变化相应的泄漏磁场，并通过磁性层与磁头形成闭合磁路，穿过缝隙的磁力线使磁性材料微小区域上的磁介质磁化，电流的正反方向与信息中的二进制数码 0 或 1 对应，从而在记录介质上产生标志信息的二进制数码的饱和磁体。读出信息时，当记录有信息的磁性材料以记录时相同速度通过重放磁头时，磁性层表面的漏磁场便会在重放磁头线圈中产生相应的感应电动势，再经放大电路处理即可使原记录信息重现。简单地说，磁性材料记录原理是通过“电生磁”与“磁生电”的可逆过程来完成信息的写入与读取。如图 7－4 所示。

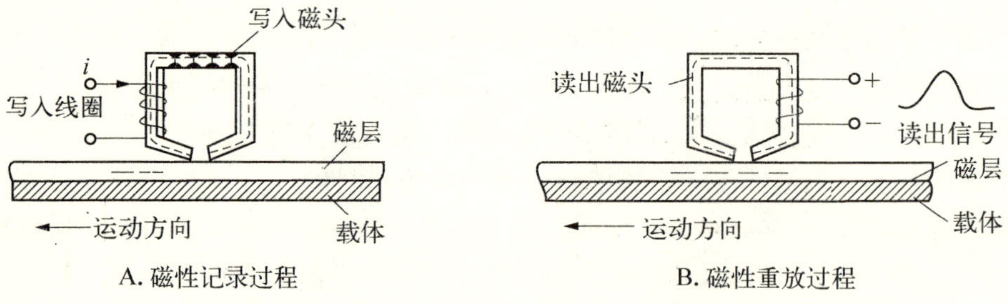

图 7－4　磁性材料记录原理示意图

3. 磁存储载体的种类

目前，常用来存储电子文件的磁存储载体主要有如下几种：

(1) 软磁盘

软磁盘(即软盘)由盘片和保护套组成。盘片以厚度为 76 μm 的聚酯薄膜为底基,涂敷一层 2—3 μm 的磁性层。为保证磁层的平整度、光洁度、电磁性能和膨胀系数等,还需经过压光、冲裁、热处理等工序。盘片要求始终在保护套中,保护套为塑料板或纸板制成的疏松内层,防止盘片受磨损和污染,以避免静电作用造成数据丢失。

类型：按尺寸分有 8 英寸、5.25 英寸、3.5 英寸盘;按记录密度分有单密度、双密度、双面双密度和高密度软磁盘;按存储容量分有 720 KB、1.2 MB、1.4 MB 的 3.5 英寸盘和一些 GB 级的大容量软盘。

特点：软盘的成本低,驱动器和软盘价格则较便宜,采用随机存取方式数据存取速度快。同时软盘存储容量低,数据传输速度慢,易受环境影响而变形,易发生存取错误,丢失数据。因此软盘已被淘汰,不能作为电子文件的保存载体。

(2) 硬磁盘

硬磁盘(即硬盘)是由若干个盘片重叠在一起放入密封盒内组成。盘片的结构类似软盘,盘片一般用合金或玻璃材料制作,磁性层则一般使用 γ—Fe_2O_3 磁粉、金属膜等制成。现在的硬盘仍采用温氏硬盘(Winchester Disk),即采用浮动磁头和固定盘片定位于盘腔内,以防止外界力量对腔内设备的损害。

类型：按硬盘尺寸分,有 14 英寸、8 英寸、5.25 英寸、3.5 英寸、2.5 英寸、1.8 英寸、1.0 英寸,其中 3.5 英寸已成为应用最广的主流硬盘;按接口类型分,有 ST506、IDE、SCSI 接口;按硬盘转数分,有 5 400 r/min 、7 200 r/min 、10 000 r/min 和 15 000 r/min;按存储方式分,有固态硬盘(SSD,新式硬盘,采用闪存颗粒来存储)、机械硬盘(HDD,传统硬盘,采用磁性碟片来存储)、混合硬盘(HHD：Hybrid Hard Disk,是把磁性硬盘和闪存集成到一起的一种新硬盘),绝大多数硬盘都是固定硬盘。

特点：硬盘的存储量大,数据传输速度快;硬盘盘片与驱动器装在密封容器内,不易受周围环境影响,工作稳定性好、可靠性高。但是,硬盘的价格相对较高。硬盘常作为网络数据传输的在线存储载体。

(3) 磁带

磁带一般由聚酯薄膜带基和附着在带基上的磁性涂层,经过磁性定向、烘干、压光和切割等步骤制成。

类型：按磁带的格式分,有 DAT - DDS、QIC、DLT、VXA 等;按磁带长度分,有 15.24 m(600 英寸)、30.48 m(1 200 英寸)、60.96 m(2 400 英寸);按使用状态

分，有开盘式和盒式；按磁带宽度分，有 12.7 mm(1/2 英寸)、6.35 mm(1/4 英寸)、8 mm 磁带等。目前多采用 12.7 mm 开盘式磁带和 6.35 mm 盒式磁带，它们通常作为标准磁带。

特点：磁带存储容量大，数字磁带的最大容量已经达到 TB 级，在数据备份和档案文件存储等方面一直占据着重要的地位；成本适宜，可作为硬磁盘的备份长期保存；操作方便，只要通过一定的驱动器便能顺利地读取。但是，磁带是串行记录方式，存取速度较慢；工作方式为接触式，易使磁带、磁头磨损。因此，磁带作为电子文件的载体，宜用在数据存储按顺序处理、存储量大而读取次数少的电子文件中，可作为硬磁盘的备份存储载体。

4. 磁盘阵列

磁盘阵列(Redundant Array of Independent Disk，简写为 RAID)是由美国加州伯克利分校的 D. A. PATTERSON 提出的，是当前一种比较流行、比较成熟的存储设备。

RAID 的存储原理就是应用磁盘数据跨盘技术，组合多个硬盘，把多个读写请求分散到多个硬盘中来突破单个磁盘的极限，并使其协同工作。在使用过程中如同使用一个硬盘一样，但却获取了比单个存储设备更高的速度、更好的稳定性、更大的存储能力、更高的容错能力。它可以按照用户对于存储容量的需求来进行阵列配置，从而达到海量存储的要求。

类别：RAID 技术是一种工业标准，目前业界公认的标准是 RAID 0(0 级盘阵列)—RAID 5(5 级盘阵列)。RAID 0 没有安全的保障，但因其快速，所以适合高速 I/O(输入/输出)的系统；RAID 1 适用于需安全性又要兼顾速度的系统；RAID 2 及 RAID 3 适用于大型电脑及影像、CAD/CAM 等处理；RAID 5 多用于金融机构及大型数据处理中心，故使用较多而较有名气，但也因此形成很多人对磁盘阵列的误解，以为磁盘阵列非要 RAID 5 不可；RAID 4 较少使用，与 RAID 5 有共同之处，但 RAID 4 适合大量数据的存取。其他如 RAID 6，RAID 7，乃至 RAID 10，50，100 等，均为厂商各自生产，并无统一的标准。RAID5 是目前应用最广泛的 RAID 技术。

特点：磁盘阵列系统存储容量大、安全性高。数据存储在由多个磁盘组成的磁盘组上，通过数据的冗余存储，可保证在一个或多个磁盘损坏、失效时，防止数据丢失；磁盘阵列通过并发读写，能够提高数据的存取速度，把多个硬盘驱动器连接在一起协同工作，大大提高了数据的读写功能。某些级别的 RAID 技术可以把数据的读写速度提高到单个硬盘驱动器的 400%，如果再加上一个热备份盘，可以把硬盘存储系统的可靠性提高到无错的境界，可以很好地满足多人对数字化资源的在线并发访问。①

5. 磁带库

磁带库是一种机柜式的、将多台磁带机整合到一个封闭系统中的数据备份设备，是离线存储系统中的关键设备之一。它主要由磁带驱动器、机械臂和磁带构成，可实现磁带自动卸载和加载，在存储管理软件的控制下具有智能备份与恢复、监控统计等功能，能够满足高速度、高效率、高存储容量的要求，并具有强大的系统扩展能力。

磁带库通过自动加载机从装有多盘磁带的磁带匣中拾取磁带并放入驱动器中进行读写，读写完毕后又通过加载机执行相反的过程。其读写原理和磁带一样，但它简化了单份磁带存取的步骤，同时磁带库也并不是简单的盛放磁带的容器，它具有自动备份和恢复功能，还可以自动搜索磁带，完全摆脱了人工干涉。

类型：目前，LTO（Linear Tape Open——线性磁带开放协议）技术的飞速发展，提供了两种存储格式：高速开放磁带格式 Ultrium 和快速访问开放磁带格式 Accelis。解决了一些应用程序强调重点在“读”，要求具有快速的数据访问速度；而另一些应用程序则重点在“写”，要求具有最高的磁带存储能力的问题。

特点：磁带库具有自动备份和恢复功能，可实现数据的连续备份，也可在驱动管理软件控制下实现智能恢复、实时监控和统计；存储量大，存储容量达到 PB 级，备份能力也很强大，是集中式数据备份的主要设备。

磁记录设备不仅在计算机等专业应用领域占有不可替代的牢固地位，在音像等家用电子领域和各种便携设备中也已经成为光记录设备和闪存卡等固体器件的有力竞争对手，而且根据预测，磁记录技术还有很大的发展空间和潜力，其面记录密度将可达到数百 PB 以上。所以，在今后相当长的时间内，磁记录技术在信息存储领域仍将占有十分重要的地位。

（二）光存储载体

用来存储电子文件的光存储载体主要是光盘。光盘指的是利用光学方式进行读写信息的圆盘。

1. 光盘的结构

光盘是用于电子文件存储的主要载体。光盘的种类很多，不同颜色、容量、形状的光盘其结构基本相同，是由涂覆在盘基上的光反射层、记录层和保护层组成，

① 参阅冯惠玲主编：《政府电子文件管理》，中国人民大学出版社，2004 年版，第 272 页。

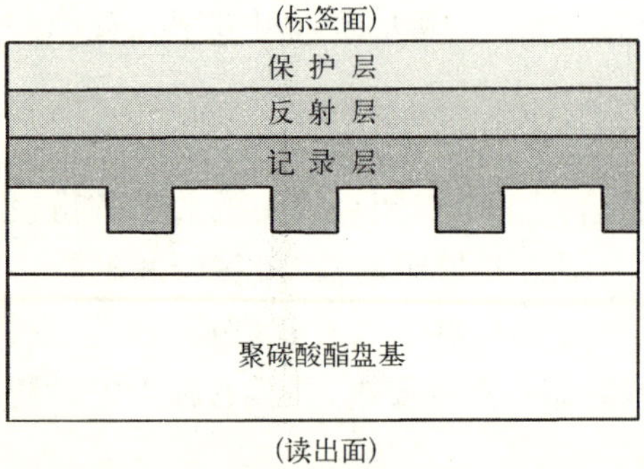

图 7－5　单面记录光盘(CD－R)结构示意图

如图 7－5 所示。

(1) 盘基

盘基是记录层和其他辅助层的支撑体,约 1 mm 厚。一般盘基表面都要求具有较好的光学质量,所以可用作盘基的材料主要有聚碳酸酯(PC)、玻璃等。其中,聚碳酸酯制成的盘基,具有极好的光学和机械性能,冲击韧性极好,使用温度范围大,几何尺寸稳定,无毒性。

(2) 记录层

记录层是用来记录激光信息的,是光盘的核心部分。因此,记录层的记录介质是光盘信息存储的关键材料。光盘记录层的厚度一般只有几微米。用作记录介质的材料有多种,如金属薄膜、多元合金薄膜、非晶态合金薄膜和一些有机染料与聚合物等。根据记录介质材料的读写性质又可以把记录介质分为不能重写的只写一次式记录介质和能重写的可擦写式记录介质两类。

(3) 保护层

保护层是一层透明薄膜,来保护记录层及记录信息免受周围大气中有害气体和水蒸气的腐蚀,同时也可减少灰尘微粒、指印和划痕对信息读出质量的影响。一般使用硅树脂或塑料薄膜作为保护层。

(4) 反射层

在透明盘基的上面镀有一层极薄的反射率很高的金属膜层,这是用于信息读出和写入的光反射层。光盘的反射层多为金属铝、金或银制成。

2. 光盘的记录原理

光盘技术是利用激光束的发射和反射来记录和读取信息的技术。光盘作为一种新的信息存储手段,因其记录密度高、数据传输快、存储容量大、保存空间小以及检索、传播方便等优点,近年来得到了飞速的发展。

光盘信息存储是通过记录介质在激光作用下产生物理变化的方式而实现的。其记录方式有烧蚀记录、变形记录、相变记录、磁光记录等,目前光盘的记录方式较多采用烧蚀记录。

烧蚀记录光盘的记录原理主要是:由于光盘记录介质的吸光能力强、熔点较低,在激光束的照射下,其照射区域由于温度升高而被熔化,在记录介质膜张力的作用下熔化部分被拉成一个凹坑,此凹坑可用来表示一位信息,此为写过程。用凹坑的边缘(未烧蚀区)来记录"1",凹坑和非凹坑的平坦部分(烧蚀区)来记录"0",从而根据凹坑和未烧蚀区对光反射能力的差异,利用激光读出信息,此为读过程。

3. 光盘的类型

光盘盘片的形状与磁盘盘片类似。光盘盘片的直径有 14 英寸、12 英寸、8 英寸、5.25 英寸、4.75 英寸、3.5 英寸多种。目前,最常见的光盘直径有 4.75 英寸(也称 120 型光盘。其光盘外径 120 mm、内径 15 mm;厚度 1.2 mm;DVD 容量有 4.7 GB、8.6 GB,CD 容量有 650 MB、700 MB、800 MB、890 MB)和 3.5 英寸(也称 80 型光盘。其光盘外径 80 mm、内径 21 mm;厚度 1.2 mm;容量为 200 MB)。光盘的种类很多,常用来保存电子文件的光盘按其信息读写方式可分为只读型光盘、一次写入型光盘和可擦写型光盘。

(1) 只读型光盘(Read Only Memory CD)

只读型光盘只能读出其中的数据,不能对其进行写操作。这种光盘只能由模板压制而成,模板在光盘的记录层上压制出一些小坑,当激光照射在光盘上时,有小坑的地方和没小坑的地方反光率会明显不同,以此来表示 0 与 1。这种光盘除了制模外,制造工艺简单,成本低,价格便宜,适合批量生产。常见的只读型光盘有 LD、CD-Audio、CD-ROM、VCD、DVD-Audio、DVD-ROM、DVD-Video 光盘等。

(2) 一次写入型光盘(Write Once Read Many CD)

由于一次写入型光盘的未记录部分可以追加记录,又称为追加型光盘。这种光盘的记录层涂上了一层感光染料,在写入数据时,激光束照射在记录层上,感光染料就会部分融化掉。在信息读取时,染料融化处与未融化处的反光率明显不一样,以此来记录信息。该光盘允许用户对其进行一次性写操作,一旦写入则不能修改和擦除。这种光盘适合于电子文件信息的存储、备份与长期保存。常见的有 CD-R、DVD±R 光盘等。

(3) 可擦写型光盘(Rewritable or Erasable CD)

可擦写型光盘又称可改写型光盘,它能将已写入的信息擦除,再写入新的信息。可擦写光盘根据物理结构的不同又分为"磁光型"和"相变型"两种。可擦写型光盘结合了磁盘与光盘的很多优点,可反复擦写,使用方便,且寿命也较长,也是理想的资料存储介质。但需要专用刻录机,制作成本相对较高。常见的有 CD-RW、DVD-RW、MO、PD 光盘等。

4. 光盘塔、光盘库

光盘塔、光盘库等技术的发展为大容量存储数字信息提供了可能,也成为存储电子文件的主要设备。

CD-ROM光盘塔(CD-ROM Tower)是由多个SCSI接口的CD-ROM驱动器串联而成的。光盘预先放置在CD-ROM驱动器中,用一个机械手臂或类似的装置,将光盘由储存盒与光盘机之间来回移动。用户访问光盘塔时,可以直接访问CD-ROM驱动器中的光盘,因此,光盘塔的访问速度较快。

光盘库是一种带有自动换盘机构(机械手)的光盘网络共享设备。光盘库一般由放置光盘的光盘架、自动换盘机构(机械手)和驱动器三部分组成。光盘库一般配置有1—12台驱动器,可以是只读CD/DVD-ROM驱动器,也可以是CD-R/DVD-R刻录机,或者是DVD-RAM驱动器。光盘库可容纳100—600片光盘,每个盘仓可容纳50片光盘(盘库内置2—12个盘仓),盘仓可方便光盘的存放和取用。光盘库通过高速SCSI端口与网络服务器相联,光盘驱动器通过自身接口与主机交换数据。用户访问光盘库时,自动换盘机构首先将驱动器中的光盘取出并放置到盘架上的指定位置,然后再从盘架中取出所需的光盘并送入驱动器中。自动换盘机构(机械手)的换盘时间通常在秒级。

光盘塔、光盘库的出现由于其存储容量巨大,成本低、制作简单、体积小的优势,已成为多媒体海量信息或重要文献资料备份经常选用的信息存储设备。

(三) 电存储载体

电存储载体是继磁存储载体和光存储载体之后的一种新型存储载体,主要有闪存盘(简称闪盘,U盘)和数据存储卡等。

1. 闪盘(U盘)

深圳朗科公司于1999年在新加坡推出了全球第一只USB闪存盘,这是一种容量大、体积小、不需要驱动器、安全可靠的新型移动存储设备。闪存盘又名优盘或U盘,可用于存储任何格式的数据文件,并可在电脑间方便地交换数据。闪盘采用闪存芯片存储介质(Flash Memory)和通用串行总线(USB)接口,具有轻巧精致、使用方便、便于携带、安全可靠等特征。

闪盘从容量上讲,可达1 GB—1 TB;从读写速度上讲,采用USB接口,读写速度大大提高;从安全性来讲,没有机械读写装置,避免了移动硬盘容易碰伤、跌落等造成的损坏。部分款式闪盘还具有加密等功能,令用户使用更具个性化。闪盘外形小巧,重量轻,易于携带,存储容量大,随着性能价格比的提高,越来越受到人们的青睐,是移动存储设备之一。但是,闪盘的保存寿命较短,也使其不能作为电子文件长期存储的载体。

(1) U盘的结构

U盘主要是由USB插头、主控芯片、稳压IC(LDO)、晶振、闪存(FLASH)、

PCB 板、贴片电阻、电容、发光二极管(LED)等组成,其结构见图 7－6。

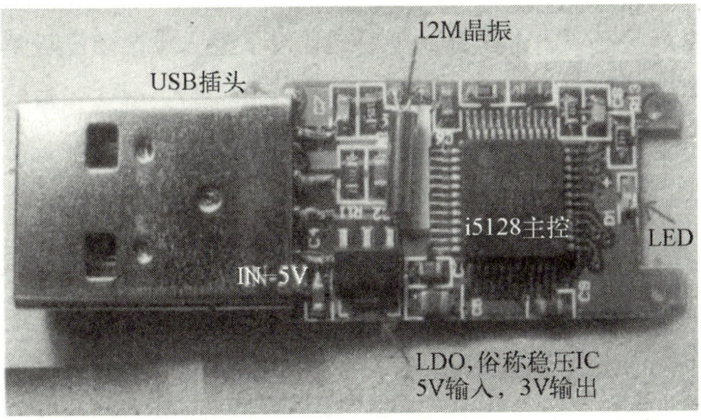

图 7－6　U 盘结构图

USB(Universal Serial Bus,通用串行总线)接口是连接外部装置的一个串口汇流排标准,USB20D 在计算机上使用广泛。

主控芯片担任闪存与 USB 衔接,是 U 盘的控制核心。它控制着 Flash 芯片的读写,同时也可实现诸如加密、驱动等功能。

稳压 IC 又称 LDO,其输入端 5 V,输出端 3 V。

Flash 存储芯片是 U 盘的最主要构件,且占 U 盘总成本的 80%以上。是一种基于半导体介质的存储器的存储单元,具有掉电后仍可保留信息、在线写入等优点。Flash 存储芯片是电可擦除程序存储器的一种,它使用浮动栅晶体管作为基本存储单元,依靠电子在硅晶元中的移动来实现非易失存储,即不需要特殊设备和方式就可实现实时擦写。

晶振的作用在于产生原始的时钟频率,这个频率晶振经过频率发生器的放大或缩小后就与电脑中某段总线频率相一致。早期的 U 盘大多采用 6MHZ 的晶振,现在的 U 盘普遍采用 12MHZ 晶振。晶振不耐摔,是 U 盘上的易损件。

PCB 底板负责提供相应处理数据平台,且将各部件连接在一起。PCB 板和元器件对闪盘的质量和控制芯片也有着决定性的影响。它们通过电容和电阻等过滤 USB 接口附近的杂讯,以保证数据传输的质量。

(2) U 盘的工作原理

U 盘的工作原理是: USB 端口负责连接电脑,是数据输入或输出的通道;主控芯片负责各部件的协调管理和下达各项动作指令,并使计算机将 U 盘识别为“可移动磁盘”,是 U 盘的核心和“大脑”。一般所说的 U 盘方案就是指主控芯片的型号,量产工具也是与它对应的;FLASH 芯片与电脑中内存条的原理基本相同,是保存数据的实体,其特点是 U 盘 Flash 芯片属于电擦写电门,在通电后可改变状态,不通电就固定状态,所以 U 盘断电后数据不会丢失,能够长期保存。

(3) U 盘的类型

U 盘按其容量大小主要有 64 M(已淘汰)、128 M(已淘汰)、256 M(已淘汰)、512 M(已淘汰)、1 G、2 G、4 G、8 G、16 G、32 G、64 G、128 G、256 G、512 G、1 T 等。随着技术的发展,存储容量将会越来越大。

根据 U 盘的加密程度可分为普通 U 盘、密码 U 盘(通过软件手动设定密码)以及指纹 U 盘(利用指纹识别技术自动加密)。

2. 存储卡

通常所说的存储卡(也称数码卡)可以看作是对数码存储设备的总称。存储卡的数据存储原理与闪盘基本相同。

存储卡是用于手机、数码相机、便携式电脑、MP3 和其他数码产品上的独立存储介质,一般是卡片的形态,故统称为"存储卡",又称为"数码存储卡"、"数字存储卡"、"储存卡"等。存储卡具有体积小巧、携带方便、使用简单的优点。同时,由于大多数存储卡都具有良好的兼容性,便于在不同的数码产品之间交换数据。近年来,随着数码产品的不断发展,存储卡的存储容量不断得到提升,应用也快速普及。

目前的存储卡主要有小型闪存卡(CF 卡)、智慧卡(SM 卡)、多媒体卡(MMC 卡)、记忆棒(MS 卡)、安全数字卡(SD 卡)和 XD 图像卡等。

二、电子文件载体的保护

目前,档案部门电子文件的存储载体主要是使用磁存储载体和光存储载体。电存储载体是近年来使用的一种新型的存储载体,其性能有待进一步实践和检验,未作为电子文件长期保存的存储载体。所以,关于电子文件载体的保护重点讨论磁存储载体和光存储载体的保护。

以数码形式存在的电子文件,其载体多为高精密性的磁性和光学材料。这些材料独特的物理和化学特性,使电子文件在保护条件和保护方法等方面具有比纸质载体档案更为严格的要求。现阶段对磁性载体的保护可参照国家档案局 1996 年颁布的行业标准《磁性载体档案管理与保护规范》(DA/T 15—95)中的有关规定执行。而对于光盘的保护,由于我国尚未颁布有关的规范,现阶段可根据光盘载体的特性,应用相关的技术与设备进行科学管理。

（一）电子文件载体与纸质档案载体耐久性的比较

随着存储技术的发展，电子文件载体材料的耐久性虽不断增强，但它们的寿命平均只有 10 到 20 年左右，与手工纸 1 000 年或更长的寿命相比，电子文件载体材料的寿命要短得多。由于影响纸张耐久性的因素主要取决于造纸原料中纤维素的性质和生产工艺，因此，只要注重档案纸张的选择，并且在使用和保存过程中注意环境因素的调控，避免强光、酸、氧化剂等有害物质和有害生物对纸张的侵蚀，控制好温湿度，就能使纸张档案长久保存。

对于由磁性载体和光盘作为存储介质的电子文件来说，影响其长期保存的因素则要复杂得多。对于磁带而言，一般使用聚酯塑料等材质作带基，而聚酯对于碱的稳定性较低，温湿度的变化易卷曲、发脆，摩擦易带静电而吸附灰尘，破坏磁介质分子原有的排列顺序而导致退磁；外磁场的存在易使磁介质被磁化，导致剩磁受影响而使信息丢失；粘合剂中有机物含量较高，保管不当易发生霉变、脱落、粘连等现象，影响信息的再现。对于光盘而言，影响其耐久性的因素主要是盘基的平直度和记录层记录介质的寿命。光盘的盘基多为聚碳酸酯，这种高分子材料容易发生外观、物理化学性能、机械性能、电性能的变化，导致材料变硬、透光率和耐磨强度减小等老化现象。目前常作为记录介质的碲，在空气中易被腐蚀和氧化，而导致记录层存储介质产生疲劳效应，影响光盘存储信息的稳定性。由此可见，影响电子文件载体安全的因素要比纸质档案复杂得多，导致电子文件载体寿命也比纸张短，保护的难度也就大得多。

现阶段适宜作为长期保存电子文件的载体主要为磁带、硬磁盘和光盘。从对电子文件载体的安全性能、存取响应时间、成本控制、技术特点等方面考虑，磁带和光盘都具有存储容量大、可靠性强、费用合理等特点，是电子文件信息存储的首选载体。在实际工作中，由于对电子文件信息的要求不同，各单位可根据自身情况选择存储载体。对于电子文件存储载体的选择，《GB/T 18894—2002 电子文件归档与管理规范》规定为“按优先顺序依次为：只读光盘、一次写光盘、磁带、可擦写光盘、硬磁盘等。不允许用软磁盘作为归档电子文件长期保存的载体。”

（二）磁性载体的保护

1. 防止外磁场的影响

磁介质中的剩磁在信息的记录与重放中起着决定性的作用，这种剩磁是非常微弱的，外来磁场作用于磁性载体，能使剩磁发生消磁或磁化，将直接影响磁性载体信息记录的质量，甚至导致信息丢失。实验表明，当外界磁场强度超过 30 奥斯特时，就会使磁性载体产生磁化效应，导致信息的改变；当外界磁场强度超过 50 奥斯特时，就有可能将磁性载体上的信息抹去。不过，磁场强度是随距离的增加而急剧减小的，只要与磁场源保持一定的距离，就可有效避免外磁场的干扰。因此，磁性载体的保护一是要远离发电机、电动机、变压器和扬声器、磁铁等磁场源和磁介质，二是要用一些抗磁介质（软铁、镍铁合金等）制成的装具来保存磁性载体。

2. 控制好温湿度

不适宜的温湿度会直接影响磁性载体的质量和寿命，因此要保证磁性载体环境温湿度的稳定。温度过高，粘合剂易发生热氧老化，导致粘合度下降，使磁粉脱落、退磁；并能加速底基的老化速度，发生形变等；同时也会增加磁带的复印效应。湿度过高，容易引起磁盘膨胀或弯曲变形；也会增加霉变的概率，使磁记录材料遭到霉菌的腐蚀；还能引起粘合剂的水解反应。湿度过低，在使用过程中易使磁性载体静电集聚而吸附尘埃，出现读取困难等现象。

根据《磁性载体档案管理与保护规范》的规定，磁性载体应在温度 15℃—27℃、相对湿度 40%—60%范围内选定一组值，一旦选定，在 24 小时内温度变化不得超过±3℃、相对湿度变化不得超过±5%。推荐的最佳环境温度是 18℃、相对湿度是 40%。

3. 保持空气清洁

空气中带有许多灰尘和异物，这些固体杂质对磁性载体的危害极大。灰尘是带有棱角的微小颗粒，不仅会污染磁带、磁盘，还易进入磁性载体磨损磁性层。信息读写时由于从磁头到磁盘（带）的距离只有 0.3—0.6 μm，而灰尘微粒的直径可达 0.5—5 μm，随着磁盘（带）的运行，会引起灰尘颗粒对磁性层的摩擦，使磁性层表面受损，轻者磨损磁头，重者造成信息丢失。空气中有害气体和灰尘化学成分复杂，会引起磁性材料的腐蚀、降解、霉变，从而导致载体变质，如不及时处理，还有传染给其他载体的可能。因此，为了防有害气体和灰尘，要保持库房洁净度；及时处理尘埃，保持设备清洁；禁止用手直接接触磁性载体的信息部。

4. 避免强光

磁性载体中的粘合剂及助剂为高聚物，光线的照射，会加速其内部的光解作用和光氧化作用，导致磁体变质，甚至造成磁粉位移或从底基上脱落。另外，长时间的强光照射，还会加速磁分子的运动，从而破坏磁性层中剩磁的稳定性，致使信号衰弱，影响重放信息的清晰度，降低磁带的抗断力。因此，库房内可选择 LED 光源照明，磁性载体应放在盒内保存，避免强光的照射引起脆化和失真。

5. 防复印效应

复印效应是磁带记录的一种特有现象，又称回声效应、拷贝效应或转印效应。

它是指录制好信号的磁带缠绕在一起时，某一层的信号场强感应到相邻层上，从而引起回声效应，导致磁带在信息回放过程中出现回声和串杂波干扰等现象。这种效应的出现与带基的厚度、磁介质颗粒的大小、卷绕的松紧程度、存放时间以及温度有很大的关系。为减少复印效应，存放磁带环境的温度不能太高，每半年或一年需重新卷带一次，卷绕时要以放音速度进行，不可快进、快退，以便减轻磁带内部压力。

6. 防止机械震动

磁盘(带)需要在高速运行的驱动器内才能被存取，而在运行过程中的强烈震动，会对其造成摩擦损伤，加速其自然磨损的速度。对于硬盘来说，磁头和盘片之间距离是相当小的，震动会使磁头在盘片上刻出凹沟，经常如此，凹沟中的数据就会丢失。同时，强烈的震动，会造成剩磁衰减，破坏已记录的信号。所以，在磁盘(带)使用过程中避免移动工作台，应将驱动器平放固定，尽量避免震动导致摩擦、划伤和弯折等现象发生。

(三) 光盘的保护

1. 减少使用

不同类型的光盘虽然在性能上各有不同，寿命略有差别，但总体来说，光盘寿命的长短与光盘累计使用的次数以及时间是成反比的。光盘上信息的读写都是通过激光进行的，因为激光属于高能量束，其能量会对光盘制成材料的稳定性造成影响，长时间的使用会造成累积的破坏效果。同时，使用次数的增加，不仅增加了光盘与外界环境接触的机会，还易使它受到有害气体、灰尘等的影响，增加光盘自然磨损的概率。因此，为了延长光盘的寿命，应尽量减少光盘使用的时间和次数。

2. 防有害气体与灰尘

光盘的保护和磁性载体一样，要注意有害气体和灰尘的侵袭。有害气体对于光盘的危害较大，实验研究表明：一般光盘抗酸性气体的能力较好，但对臭氧等氧化性气体的抵抗力较差，氧化性气体会氧化光盘的记录层。如卤化物、氨气、有机溶剂等空气污染物会腐蚀破坏盘片的各层组分的化学和光学特性，造成记录染料褪色、反射层氧化引起反射能力降低、盘基变形龟裂等，导致信噪比下降、误码率增高。预防的办法是远离有机溶剂工厂等污染源，改善保存环境，避免与经过化学制剂处理的档案同库保存，做好密封防尘、净化空气工作。

3. 控制好温湿度

光盘应当保存在低温干燥、恒温恒湿的环境中。一般情况下，光盘受温湿度影响较小，在适宜的温湿度条件下光盘老化衰变非常缓慢。而高温高湿则会加速光盘材料的化学反应速度，造成如记录层染料褪色、反射层氧化、盘基形变等现象，严重威胁光盘的寿命和数据安全。如果长期处于高温高湿的状况下或温湿度变化幅度很大且频繁，记录层染料的性能以及各层之间的粘合度也会大幅下降，造成记录层与保护层脱落。为此，要控制好温湿度，避免温湿度的急剧波动。

《电子文件归档与管理规范》中规定：环境温度选定范围为17℃—20℃，相对湿度选定范围为35％—45％。

4. 避免损伤盘面

划痕是光盘最常见的机械性损伤，在使用和保存过程中，稍有不慎，就可能造成光盘的损伤，导致信息被破坏，甚至永久性丢失。对于这类损伤，应注意以下两方面：

(1) 避免读取面损伤

光盘的信息读取面包括记录层和反射层，它们往往很薄也极其脆弱，如果盘面有灰尘或受到坚硬的物体划伤或擦伤，轻则影响其透光性，重则可能伤其记录层和反射层，使所存的信息遭到损坏。因此，在使用时要避免读取面被划伤，注意搞好环境卫生。

(2) 防止标记面的机械损伤

标记面主要是保护层和反射层，如果反射层受到破坏，激光将不能被反射，记录信息无法读取。因此，一般不要在光盘上做标记，在标记面作标记可能会划伤反射层，同时有的字迹材料可能会对盘片产生污染。贴标签的粘合剂也会对盘片产生污损，标签会使光盘在高速旋转时产生重心不稳，导致信息读取出错。

从磁性载体和光盘的保护来看，影响电子文件载体耐久性的因素主要为物化因素。在防止物理化学因素对电子文件载体损害的基础上，还要加强日常管理维护工作，保证电子文件载体的安全。具体要求有：(1) 载体的保存要求：电子文件存储载体应一式3套(3套存储载体可以不同)，一套封存保管，一套供查阅利用，一套异地保存。载体上应作防写处理。(2) 载体的存放要求：磁性载体和光盘都应该垂直放置，避免载体的变形和叠放挤压；保持磁盘和光盘盘片的平直，严禁折弯盘片。不能用手直接触摸光盘、磁盘盘面和磁带带面，应带非棉制手套。磁带、磁盘和光盘应放置在专用的装具中，保证载体装具的洁净。定期对磁带进行倒带，缓解磁带的卷绕张力，避免磁带发霉和复印效应。(3) 载体的清洁要求：不可随意擦拭或清洗盘片，如果盘片放置时间过长，有灰尘可轻轻吹去；出现发霉现象，要用干净的药棉蘸高纯度酒精擦洗盘片裸露部分，边擦拭边翻转，然后放置于清洁的环境中让酒精挥发干燥后再使用。若在使用时，不慎将手上的油腻染在光盘表面，可在中性洗涤剂或乙醚中用柔软绒布轻轻地从内环向外环擦洗。(4) 信息的转存要求：在目前技术条件下，电子文件载体还不能长期保存，为了保持电子文件信息不被丢失，应根据磁带、磁盘和光盘的耐久性，定期对它们记录的信息进行转存。《电子文件归档与管理规范》规定："对磁性载体上的归档电子文件，应每 4 年转存一次。原载体同时保留时间不少于 4 年。"

第三节　电子文件内容信息的保护

由于纸质档案的内容信息和存储载体是固定在一起的，只要做好纸质档案载体的保护，并完善保密制度，基本上就完成了对纸质档案内容信息的保护。而电子文件由于信息记录方式与纸质档案完全不同，对载体的保护只是电子文件保管的一个方面，还必须采取有效措施和各种技术手段对电子文件内容信息实施保护。

一、影响电子文件内容信息安全的因素

电子文件内容信息的不安全性是由多方面因素造成的，既有电子文件自身特性决定的内在因素，也有自然灾害、人为破坏、技术障碍、管理疏漏等一系列的外在因素。

(一) 内在因素

1. 电子文件的不稳定性

电子文件的不稳定性主要表现在两个方面：一是电子文件信息与特定载体的可分离性；二是电子文件信息的易操作性。

电子文件信息具有相对独立性，不再固定存储在某一载体上，它与特定的载体之间是一种"寄居"关系，可以随时根据需要转移到其他载体上"生存"。在转移过程中，有可能对信息的原貌造成破坏，甚至会使一些重要的信息丢失。因而，很难将最初的文件格式、形式等像纸质档案那样真实完整地再现出来。

电子文件的易操作性是把"双刃剑"。一方面，可以按操作者意愿对电子文件信息进行动态组织，"在适当的时候自动更新某些数据，保持数据新颖、有效，以及与其反映事物状态一致"，也可以对原始信息进行加工，利用已存在的文件信息生成新的文件。另一方面，如果不对电子文件的可操作性进行严格规范，允许任何人在任何时间任意对电子文件信息进行增加、删除、修改，那么电子文件的真实性、完

整性就难以保证，电子文件将难以承担“历史记录”这一重任，“电子记忆”将会丢失。所以，电子文件的易操作性如果使用不当，将会成为电子文件内容信息安全的一颗“定时炸弹”。

2. 电子文件的系统依赖性

电子文件的生成、传递、存储、利用都离不开计算机软硬件平台的支持，但是随着信息技术的发展，计算机软硬件系统在不断地更新换代，一些耐久性较长的光盘等电子文件载体可以保存几十年。也就是说，几十年以后，可能会出现保存完好的电子文件载体存储的电子文件内容信息因软硬件环境的改变难以完整准确地读出，而变成“电子文物”的情况。这样电子文件就如同一张消失了字迹的白纸，变得毫无意义。因此，电子文件的系统依赖性成为影响其长久保存和有效利用的一大障碍。

（二）外在因素

电子文件不是孤立存在的，它会与周围的环境条件产生各种各样的联系。因此，一些不利的外在因素会影响电子文件内容信息的安全。

1. 自然灾害和意外灾祸

由于环境的破坏与失衡，自然灾害发生的频率在增加，台风、飓风、龙卷风、洪水、泥石流等灾害日益频繁，地震、火山爆发等灾害也时有发生。由于电路老化、居住环境拥挤等原因，一些意外灾害（如火灾、恐怖活动等）也十分频繁，并且难以预知。一旦电子文件管理系统遭受到这些自然灾害和意外灾祸的袭击，通常会造成对电子文件数据的毁灭性打击。①

2. 技术障碍

电子文件不仅是社会活动的伴生物，同时也是人类有意识行为的产物。在电子文件生命周期的每一个阶段，都会有人的参与，人有意或无意地会对电子文件内容信息进行增加、盗用、修改或摧毁，这些行为都会对电子文件内容信息安全造成破坏。攻击者会采取各种手段破坏电子文件内容信息。目前电子文件面临的主要威胁有以下几个方面。

(1) “黑客”攻击

“黑客”是指利用不正当手段窃取计算机网络系统的口令和密码，从而非法进入系统的人。黑客的攻击可以分为两种：一种是主动攻击，目的在于篡改系统中所含信息，或者改变系统的状态和操作，它以各种方式有选择地破坏信息的真实

① 刘家真主编：《电子文件管理理论与实践》，科学出版社，2003年版，第116页。

性、完整性和有效性；另一种是被动攻击，在不影响网络工作的情况下，进行信息的截获和窃取、信息流量分析，并通过信息的破译以获得重要机密信息，对信息的机密性构成威胁。“黑客”行为普遍带有攻击性，网络信息系统遭到破坏，将会导致诸如信息泄露、拒绝服务、缓冲区溢出甚至系统崩溃等严重后果。① 如2010年维基解密网站连泄密，信息数据安全遭挑战；2013年美国“棱镜门”事件广受谴责。有关报告显示，中国是网络黑客攻击的最大受害者之一。

(2) 计算机病毒

调查显示，2012年，我国计算机病毒感染率为45.07%。计算机病毒实际上是指隐藏在合法程序中的一种程序段，它具有自我繁殖扩散的能力，能够将自身复制到其他合法程序或数据文件中。它具有破坏性、传播性、潜伏性和扩散性等特点，同生理学上的病毒表现特点类似，所以使用病毒的概念来描述它。“这些病毒对计算机系统的危害程度、危害方式各不相同，如破坏文件分区表，使硬盘上信息丢失；改变磁盘分配，造成数据写入出错等，对数据的完整性、机密性、可访问性以及系统效率造成危害，甚至使计算机无法正常运行，陷于瘫痪。”②

(3) 设备故障和失效

设备故障和失效主要是由电源故障和系统与设备故障造成的。在计算机故障中，有50%—70%的原因是由电源故障造成的。电源故障包括电网电压过高、欠压、瞬时跌落、失压和停电等。突然断电、供电，系统会变得严重不稳定对电子文件管理系统造成伤害，甚至会导致电子文件数据的丢失。由于电子文件系统所处的网络环境的复杂性，不同的机械设备、操作系统并存，极有可能造成设备间的冲突，从而导致系统运行失败。此外，系统的硬件故障，也会导致严重的数据丢失。

计算机系统极易受到外力的干扰和破坏，如磁场、电磁脉冲等都有可能直接导致对数字信息的危害。电子载体的自然退化、物理损伤以及电子文件的迁移过程中的损失，都可能影响电子文件的真实和完整。③

(4) 计算机操作平台漏洞

操作系统是电子文件的一个操作平台，如果没有操作系统，电子文件将无法正常运行。而操作系统本身的安全性不能得到保障的话，即使电子文件本身的安全性再高，还是会导致信息安全问题的发生。因此，操作系统的安全也是十分重要的。

---

① 冯惠玲主编：《政府电子文件管理》，中国人民大学出版社，2004年版，第281页。
② 冯惠玲：《保证电子文件的长久性》，《档案学通讯》，1998年第4期，第38—41页。
③ 刘家真主编：《电子文件管理理论与实践》，科学出版社，2003年版，第116页。

由于我国计算机操作平台研究起步较晚，市场上还没有完全是我国自己研发的操作平台。现阶段我国计算机使用的操作平台，除少部分使用的是 LUNIX 系统和 UNIX 系统，大部分使用的是微软的 WINDOWS 系列。众所周知，微软的 Windows 操作系统、IE 浏览器等软件存在严重的安全问题，直接影响着电子文件内容信息的安全性。从国家利益来讲，生产操作平台的国家不会把安全性最高的系统提供给我们。出于国家利益考虑，出售给其他国家的操作平台的安全等级是由国家之间的关系决定的，即使关系很亲密，也不会提供安全等级最高的操作平台。我国现使用的操作平台全是外国的知识产权，因此这些系统存在的漏洞，我们最多只能找出，而不能进行修改。现在的大部分病毒都是针对系统的漏洞来进行破坏活动，黑客也是利用系统的漏洞来对系统进行攻击，从而造成电子文件遭破坏、遭泄密，或者遭篡改等重大安全问题。①

3. 管理疏漏

电子文件内容信息保护首先要求具有合理、科学的信息安全规范。信息安全是由安全的软硬件技术和完善的管理规范、安全法律提供保障的，它包括技术行为的安全规范和工作人员行为的安全规范。人们往往重视技术行为的管理，而忽视对工作人员行为的管理。目前，我国公民信息安全意识和观念淡薄、管理水平不高、内部管理控制不严、对信息技术安全了解不够等构成了电子文件的重要安全隐患。

统计数字表明，信息安全事件中的 60%—70%起因于内部。如对密码、口令的保密管理不严格；对电子文件管理人员的责任划分不明确；操作人员因困倦、劳累、疾病等原因对电子文件的误操作等都可能对电子文件信息内容安全造成威胁。因此一支高度自觉、遵纪守法的技术人员队伍是保证计算机系统安全最重要的一环。大量危害事件表明，通过严格管理，制定有效的管理规范能将各种危害降到最低限度，事实上，这也是信息安全体系中最经常、最大量、最有效的部分。1994 年 2 月颁发的《中华人民共和国计算机信息系统安全保护条例》第十三条明确规定："计算机信息系统的使用单位应当建立安全管理制度，负责本单位计算机信息系统的安全保护工作"，从法律上肯定了管理制度的重要性。②

二、保护电子文件内容信息安全的举措

电子文件信息面临的不安全因素类型多、范围广，因此，保护电子文件内容信

① 朱强：《电子档案安全性面临的挑战与对策》，《四川档案》，2004 年第 2 期，第 6—7 页。

② 冯惠玲主编：《政府电子文件管理》，中国人民大学出版社，2004 年版，第 280—281 页。

息安全是一项复杂的系统工程，需要从技术、管理和法律等方面综合考虑。

（一）技术保障

1. 电子文件信息安全防御技术

电子文件日常安全防御体系主要包括防杀毒技术、加密技术、身份验证技术、数字签名技术及信息备份技术等。

（1）研发具有自主知识产权的系统软件

电子文件信息安全关系着国家安全和社会稳定，技术安全是电子文件信息安全的重要部分。然而，当前我国大量使用国外的硬件和软件，电子文件存在着严重的安全隐患，解决办法就是研发具有自主知识产权的系统软件。在这方面，世界各国都是如此。如美国军方所用的操作系统就并非 Windows 操作系统，而是特殊制定的安全操作系统，显然美国军方对商业通用操作系统存有芥蒂。俄罗斯军方所用的操作系统也是自主开发的，在安全和性能方面完全满足军事的需要。德国政府规定在政府重要部门严禁使用微软的 Windows 操作系统，从客观上杜绝了部分安全隐患。

我国信息产业的核心技术和关键设备长期依赖国外，这给我国信息安全留下了诸多隐患。将信息技术发展的立足点建立在自有技术的基础上，强调本国信息技术的独立，不受制于信息技术大国，这是保证电子文件信息安全的必要条件。

（2）防杀毒技术

病毒对电子文件的危害是显而易见的，电子文件管理要对其高度警惕，防患于未然。

第一，树立“预防为主”的观念，不要心存侥幸，寄望于病毒发作后的恢复手段。因为防毒是主动的，表现在其监测行为的动态性和防范方法的广谱性，从病毒的寄生对象、内存驻留方式、传染途径等病毒行为入手进行防范。一方面防止病毒向机内和系统传染，另一方面抑制病毒向外传染。

第二，构建“防杀结合”的防毒体系，有针对性地选择性能优秀的专业防杀毒软件。配备最新的查毒杀毒软件，在病毒可能入侵的各个入口处进行监控，将防病毒技术的实时扫描、定时扫描、人工扫描和防病毒组件的自动更新有机地结合起来，从而确保整个系统的防病毒安全。同时，由于目前的病毒不但种类繁多，而且破坏原理和方式千差万别，要想保证病毒防御系统的完善、可靠、实用，不能仅仅使用一种产品，必须将多种防病毒软件结合起来，以彻底剿杀系统及网络中可能存在的病毒。

（3）加密技术

加密是信息安全最早应用的技术手段之一。采用加密技术可以保障不可公开的电子文件内容信息的安全性，也是保证电子文件机密性的有效方法。涉密的电子文件可以采用加密的方式进行制作，保证电子文件在形成、传输、利用等过程中不被非法查看、篡改和窃取。

电子文件加密方法多种多样，通常应用"双密钥码"法。即加密通信者各拥有一对密钥，一个是可以公开的加密密钥，一个是严格保密的解密密钥。发方使用收方的公开密钥发文，收方使用自己的解密密钥解密。任何人都可以利用公开密钥向收方发文，而收方只有掌握解密密钥才能获取这些加密文件。由于加密和解密使用的是不同的密钥，故第三者很难解密，从而保护了电子文件内容信息的安全。

目前，在密钥基础上又开发出一种 PKI 技术。PKI(Public Key Infrastructure) 即"公钥基础设施"，是一种遵循既定标准的密钥管理平台。它能够为所有网络应用提供加密和数字签名等密码服务及所必需的密钥和证书管理体系。简单来说，PKI 就是利用公钥理论和技术建立的、提供信息安全服务的基础设施。PKI 技术是信息安全技术的核心。其作用是通过注册机构、证书机构、健全的密钥管理和安全服务构建一个安全的信息基础设施平台，为电子商务、电子政务、电子事务提供良好的应用环境，有效解决电子商务、电子政务、电子事务活动中信息的机密性、真实性、完整性和不可否认性等安全问题。

(4) 身份验证技术

为了保障电子文件存储系统的信息安全，有必要对访问用户进行身份验证。身份认证技术是在计算机系统中确认操作者身份过程的一种技术。最常用的方法是给每个合法用户一个由数字、字母或特定符号组成的"通行字"(Password)，来代表用户的数字身份。当用户要求进入系统访问时，首先输入自己的通行字，计算机自动将这个通行字与存储在机器中该用户的数字身份进行比对。如果验证通过，该用户可进入系统对相关业务进行访问；如果验证未通过，该用户就会被系统拒之门外。

(5) 数字签名技术

签名技术主要有两种：手写式光笔签名和证书式数字签名。光笔签名是使用一种专用的光笔直接在屏幕上签名，同纸质档案上的签名一样，易于辨认。数字签名是对现实生活中手写签名的模拟，是利用"双密密钥"法在电子文件上进行数字签名。数字签名的基本特征是它必须能够用来证实签名的作者和签名的时间，在对信息进行数字签名时，必须能够对信息内容进行鉴别。同时，数字签名应具有法律效力，必须能被第三方证实，用以解决争端。

数字签名技术必须能对数字签名进行鉴别。采用证书式数字签名需要向专门的技术管理机构注册登记，这种机构通常是“安全电子邮件认证站点”、“数字证书服务中心”、“数字标识授权机构”等，职能是对其管辖的用户有效身份进行认证，向用户发放有限期的密钥和数字证书等。① 我国在2004年颁布了《中华人民共和国电子签名法》(2005年4月1日起施行)。

(6) 信息备份技术

信息备份是信息安全保障最重要的辅助措施，它可以为受损或崩溃的信息系统提供良好的、有效的恢复手段。随着信息技术的广泛应用，信息安全威胁和文件容量也在不断增长，对信息备份技术的要求也越来越高，已经不再是简单的拷贝，而是需要一个完善的备份管理机制。同时，备份技术也在不断推陈出新，从最初的拷贝到磁盘镜像、磁盘双工，到镜像站点、服务器集群技术和灾难恢复方案，使得档案部门在电子文件信息安全保障上有了更充裕的选择。

电子文件信息备份，首先，明确备份形式。对静态数据可采用定期备份；对实时数据系统最好使用实时备份，以避免宕机延误造成损失。其次，选择适当的备份方式。例如按照备份的内容有增量备份(对增加的数据进行备份)、全备份(对所有的数据进行备份)、集成备份(对整个系统包括数据和程序进行备份)等方式；按照备份的状态有脱机备份和联机备份方式；按照备份的时间有日备份、周备份、月备份等方式。第三，确定备份存储设备。结合单位实际情况和设备存储特点，选择组合磁带机、磁盘阵列、光盘塔、光盘库、光盘、硬盘等存储设备。第四，完善备份策略，形成备份制度。例如是否需要多套备份、是否需要异地存储备份、如何保证备份的智能恢复和灾难恢复等，总之要从保障电子文件信息系统安全运行的高度来考虑电子文件的备份工作，形成一个比较完善的备份制度。②

2. 电子文件信息网络安全技术

调查显示，2012年，参与调查的用户中33.29%发生过信息网络安全事件。感染恶意代码以56.68%高居首位，仍然是用户面临的主要威胁；其次是垃圾邮件和网页遭篡改，分别占38.15%和33.39%；23.41%的用户遭受了网络盗窃或网络钓鱼，微博作为信息共享和交流的新平台受到用户的青睐，同时也成为不法分子进行网络钓鱼和网络欺诈的新阵地。电子文件信息网络安全技术主要有防火墙技术、隔离技术、入侵检测技术等。

① 丁海斌、卞昭玲主编：《电子文件管理基础教程》，辽宁大学出版社，2011年版，第239页。
② 参阅冯惠玲主编：《电子文件管理教程》，中国人民大学出版社，2001年版，第131页。

（1）防火墙技术

防火墙最初是指保护木质结构房屋免遭火灾侵害，位于房屋四周的石块墙。随着信息技术的发展与应用，现在它更多地被使用在网络安全领域。防火墙技术是针对 Internet 网络不安全因素所采取的一种保护措施。顾名思义，防火墙就是用来阻挡外部不安全因素影响的内部网络屏障，其目的就是防止外部网络用户未经授权的访问。

防火墙是由计算机软件和硬件设备组合而成，在内部网和外部网之间、专用网与公共网之间建立起一个安全网关（Security Gateway），从而保护内部网免受非法用户的侵入。防火墙实际上就是一个位于计算机和它所连接的网络之间的软件或硬件（其中硬件防火墙价格昂贵，用的很少），该计算机所有流入、流出的网络信息均要经过设定的防火墙。防火墙具有很好的保护作用，入侵者必须首先穿越防火墙的安全防线，才能接触目标计算机。电子文件管理系统可以根据需要配置不同保护级别的防火墙。

（2）隔离技术

随着电子政务的不断发展，使得政务内、外网的数据交换和互联成为趋势。互联网潜在的不安全因素，造成人们对政务内、外网互联的担忧，采取网络安全隔离势在必行。具体技术有以下几种：一是在计算机终端安装隔离卡，使内外网从根本上实现物理隔离，保障内网安全，防止涉密信息泄露。二是设置安全岛。安全岛是独立于电子政务内、外网的一个特殊的过渡网络，被置于内网、外网相交的边界位置。一方面可将内外网物理隔离开来，防止黑客利用漏洞等攻击手段进入内网；另一方面又在其安全策略控制下，完成了数据传输，从而达到内外网间安全数据交换的目的。

（3）入侵检测技术

入侵检测（Intrusion Detection），顾名思义，是对入侵行为的发觉，是对计算机和网络资源的恶意使用行为进行识别和响应处理的过程。它可以帮助系统防止漏洞，对付网络攻击，扩展系统管理员的安全管理能力，提高信息安全基础结构的完整性。

入侵行为的存在是因为网络及系统存在漏洞。这些漏洞可以分为两大类：一类是在系统设计开发中形成的漏洞；一类是由于对系统的错误使用和管理形成的漏洞。入侵检测系统从计算机网络系统中的若干关键点收集信息，并分析这些信息，核查网络系统是否有违反安全策略的漏洞和遭到袭击的迹象，具有监视用户和系统行为、审计系统配置和安全漏洞、评估敏感系统和数据完整性、识别违反信息安全和黑客攻击行为等的功能，使系统管理员可以有效地监视、审计、评估计算机网络系统。

入侵检测被认为是防火墙之后的第二道安全闸门，它在不影响网络性能的情况下对网络系统进行监测，从而提高因系统漏洞而使系统遭受内外攻击和误操作的实时保护。

3. 电子文件信息长期保存技术

由于信息技术的迅猛发展，电子文件存储载体的寿命一般都要超过读写它的计算机软硬件的生命周期。在数字环境中保管电子文件的主要问题不在于信息载体，而是如何使数字信息随技术的更新能一代一代地流传下去。因此，在对电子文件实施载体保护和信息安全保护的基础上，还要考虑电子文件信息的长期可存取性问题。

电子文件信息长期保存技术主要解决电子文件存储载体的非耐久型、软硬件技术的过时性和电子文件信息的真实性等问题。目前主要采用的技术手段有：

(1) 迁移(Migration)

将数字信息从一种技术环境转换到另一种技术环境上的复制过程称为迁移。迁移是随计算机软硬件变化适时改变数字信息格式的一种处理方式。简单地说，迁移就是不同信息格式之间的转化，很多时候还涉及整个系统配置的改变，视具体的信息类型而定。其目的在于保护数字信息的完整性、可读性，以针对不断升级换代的技术进步，保留人类对数字信息的检索能力、显示能力与使用能力。

迁移要求软硬件具有良好的兼容性，能够读取多种格式，并保证迁移文件的内容真实和有效使用；同时，也应当看到迁移技术可能会造成部分文件格式的丢失。因此，在进行迁移时应当考虑受损格式对于文件价值的影响，不能盲目进行迁移转换。目前，迁移技术被认为是保护数字信息长期存取的有效方式之一。

(2) 仿真(Emulation)

仿真，或者说仿效，是用一个计算机系统模拟另一个计算机系统，使前者的功能完全与后者相同，即前者接收与后者相同的数据，执行与后者相同程序。从维护数字信息可读性角度讲，所谓仿真就是制作一个仿真器，模仿数字信息生成时的软、硬件环境，使数字信息能够以原始状态得以重现。

仿真技术方法主要包括模仿应用软件；模仿操作系统；模仿硬件平台。仿真有以下几个类型：

一是建立一种具有普遍适用性的技术，用于描述在将来未知平台上运行的、能够捕捉再现当前和未来数字文档所需的各种属性的仿真器。

二是设计一种技术能以人们可读的方式保存、查找、访问和重现数字文档所需要的元数据，从而使仿真技术可以用于存储。

三是设计一种技术，将文档、元数据、软件和仿真说明一起封装，从而保证其相互间的联系，防止丢失。

在计算机系统中，虽然仿真已是一个经证明有效的技术，并存在普遍的协议，但对于复杂数字对象的读出，其可行性仍有待证明。有人认为，它只适合于某些被淘汰的系统，作为长期保存数字对象的仿真策略还没有经过广泛检验。实际上，它只是延迟技术淘汰的一种方法，而且实践证明仿真器的兼容性及可靠性仍存在问题，有待改进。况且，在新的硬件、软件不断涌现的今天，花费人力物力研制一个执行过时硬件与软件的系统，代价太大，显然不是明智之举，在经济上难以立足。①

(3) 建立计算机技术档案馆

建立计算机技术档案馆，收集存储技术过时的计算机软硬件系统，为利用过时存储系统记录的信息提供技术支持，帮助读取和使用那些技术已经过时的记录信息。如保存一些过时的、常用的驱动器、操作系统、播放器和磁带录放机等，收集、保管这些过时技术的全套软硬件设备，并掌握相关设备使用方法和操作技术。

(4) 再生性保护技术

这里所述的再生性保护是指将存储技术过时的电子文件信息适时地转移到缩微品或纸张上。转移到缩微品上可能更合适，因为缩微品存储密度高，容量大，便于保管，不再使用计算机软硬件技术读取。同时，缩微品记录的模拟信息和计算机记录的数字信息能够方便地转换，实现联机操作。这种方法为电子文件信息长期保存提供了路径。缩微胶片寿命的理论值是500年，国际上已有100多年的实践经验，国内也有几十年的实践经验。这对我们来讲，可能是最适宜采取的方法。但这种方法也存在一些现实问题：一是有些信息无法转移到缩微胶片或纸张上，如声音信息、超文本信息、多媒体信息等；二是信息一旦转移到缩微胶片或纸张上，失去数字记录的风格和魅力(如失去了数字化的传递与使用的灵活性)，同时还有可能使电子文件产生的背景信息丢失。②

(二)管理保障

1. 对电子文件的利用实行有效监控

由于部分电子文件存在保密性，因此不能无原则地向所有利用者提供全部电

① 刘家真主编：《电子文件管理理论与实践》，科学出版社，2003年版，第196页。
② 徐义全：《电子文件的特性与长期保存》，《档案学研究》，2000年第1期，第53—57页。

子文件信息。应依据电子文件信息内容的密级层次，设置利用权限，对电子文件利用进行有效的管理。一般情况下，对信息内容尚未开放的电子文件，不宜用拷贝的方式提供利用，若需要提供拷贝，必须在专人监控下进行；对有密级内容信息的电子文件要进行保密处理，严格管理；对电子文件利用的全过程要进行有效的跟踪监控，并自动记录相关数据，作为利用工作查证的依据。这些都是电子文件进行有效监控的方法，以保证电子文件的信息安全和保密性。

2. 提高电子文件工作人员与管理人员的安全防范意识

信息安全的实现离不开管理。人是一切管理活动的中心，即使采用了最先进的安全技术和系统，若没有完善的实施计划和管理制度，没有电子文件工作人员与管理人员的参与，电子文件信息安全性只是一句空话。所以，要想确保电子文件信息的安全与可靠，凡是能接触到电子文件信息的工作人员与管理人员都应牢固树立安全意识。

工作人员要时时留意电子文件的管理系统、网络环境，及时发现问题，妥善解决。做到问题发现在最初期，解决在最早期。虽然电子文件工作人员不可能都是计算机专业人员，对信息安全技术了解不多。但是，可以经过定期进行的安全教育和新技术、新工作方法的培训，掌握信息安全有关方面的知识，能够处理一些基本问题，提高管理水平和防范技能，强化安全意识、保密意识，真正做到“以防为主，防治结合”。

3. 建立相关管理制度

电子文件从形成到开发利用以至长期保存，中间经过很多环节。哪一个环节的职责不清、制度不明、考虑不周，都可能造成对电子文件真实性、完整性和有效性的损坏。因此，建立电子文件全过程管理制度，建立岗位责任制，就显得非常重要。

建立电子文件全过程管理制度包括建立电子文件制作、管理人员责任制度，电子文件收集、归档、保管制度，电子文件利用制度等。通过完善的跟踪登录管理体系为每一个电子文件建立文件处理档案，一份文件要经过多个人甚至跨越多个机构才能完成运作过程。为避免差错，在管理上应对相关人员权限严格控制，技术上做到对任何人的任何操作都进行记录，建立可靠的电子文件档案。

（三）法律保障

电子文件信息的安全关系到国家的主权、国家的安全和公众利益，所以电子文件内容信息的安全实施和保障，必须通过法律法规的形式将其固化。

1. 从法律上认定电子文件的真实性

我国目前对电子文件的原始性缺乏明确的法律规定和司法解释。电子文件的原始性难以认定，这就给电子文件信息安全和凭证作用带来了影响，使电子文件全面行使“历史记录”和“社会记忆”的功能受阻。尤其是在实施办公自动化和文档一体化的过程中，电子文件的证据价值和法律效力不好认定，究其原因，主要是电子文件的原始性、真实性认定遇到了认识上、技术上的麻烦。电子文件的法律地位一天不确立，真正意义上的办公自动化、文档一体化也就不可能实现。只有明确电子文件的法律地位，使电子文件与纸质档案享有同等的法律地位，电子文件信息安全才能健全与完善。

2. 加强电子文件管理标准化建设

计算机及信息技术的发展和使用由一系列严密的电子(文件)技术标准作支撑，它包括电子文件代码生成、存储、读取的格式标准，网络传输协议标准，检索语言标准等。很难想象如果没有它们，我们面对的将是怎样一个无序世界。所以对于这个处处以标准作为行动准则的领域，我们应当分析电子文件工作标准的构成，建立和完善电子文件工作标准体系，保障电子文件管理系统的互联、互通，有效地减少因差异性而导致信息在传递过程中出现的信息安全问题。电子文件管理标准化建设将是一个漫长的过程，目前我国还处在起步阶段，还有许多空白和不足之处。同时，随着信息技术的发展，现有的标准也需要不断地修订、补充。

3. 完善电子文件信息安全的法律法规体系

建立健全相关法律法规体系是保证电子文件信息安全的重要手段。目前，我国已制定公布了一批相关法律法规，如《中华人民共和国计算机信息系统安全保护条例》、《中华人民共和国电子签名法》、《计算机信息网络国际联网安全保护管理办法》、《网络安全法》等。但总体而言这些法律法规基本属原则性的规范，还存在法律上的盲区，需要进一步的完善。应有一些在操作层面上的实施细则，以达到防范和惩治信息违法行为，维护电子文件内容信息安全的目的。

第八章　电子文件的利用

社会的发展为信息利用提供了越来越完备的条件，同时也对信息的利用工作提出了更高的要求。保存电子文件的目的，是使电子文件能够准确、完整、可靠地提供利用，起到凭证和查考作用，实现电子文件的价值。电子文件利用的方式、方法与纸质档案有着明显不同，且面临着新的问题和障碍，因此，需要我们加强研究，建立新的“利用规则”和管理、开发措施，最大限度发挥电子文件优越性的同时，保护国家、机构和个人的正当权益不受侵害。

第一节　电子文件利用概述

一、电子文件利用的含义

电子文件利用是指用户通过电子文件检索系统查找出所需电子文件信息，并将其转化为现实价值的过程。从电子文件利用来看，用户凭借电子文件检索系统查检出所需的电子文件，是电子文件内容价值得以实现的前提，因为用户只有查检到所需的电子文件才能利用电子文件，而电子文件内容价值的实现则是其目的。所以，除了必须建立高效率的电子文件检索系统外，还应该采取各种手段进一步对电子文件信息资源进行有效的挖掘和开发，充分利用电子文件信息资源。

二、电子文件利用的特点

电子文件以其“积极的”、“动态的”特性改变着长久以来的档案利用方式，它给利用者带来很多前所未有的轻松和便捷。

（一）电子文件具有共享性，不再受“孤本”利用的限制

传统档案从整体上不可能对档案馆藏进行多份复制，如果多个用户要同时利用一份档案时，只能按顺序先后逐个利用。而电子文件则可轻而易举地实现“多人共用同一文件”。如果需要的话，一份文件不仅可以在档案馆内所有的终端上同时显示，还可以通过网络，在所有与网络相连接的计算机上查阅，可供多人同时享用。这样，一份文件如同有了无数个副本，将传统档案的顺序利用变为并行共享利用。

（二）电子文件利用具有非消耗性，重复利用不会留下老化的痕迹

一份电子文件无论多少次在计算机屏幕上显示，或是多次打印在纸上，都不会使它的信息内容受到任何损失和破坏，正当的利用活动不会对电子文件的信息寿命产生一丝一毫的损害。

（三）电子文件利用可以采用交互式，满足用户各种利需求

电子文件利用者在阅读过程中可以随着思维活动的需要，随时提出新的要求，计算机可立刻按照要求把相关文件调入屏幕。特别是超文本文件可以将许多相关的文件、图像、数据链接起来，任凭利用者调阅，一份文件成了特定范围信息网的连接站，可以把利用者需要的信息随手牵来。

电子文件具有操作性，利用者可以把获得的信息变活，利用者可以通过计算机对文件中的信息进行分类、统计、汇总、打印或复制，将这些信息转换成自己需要的形式。档案工作人员可以按照专题对电子文件进行信息挖掘和加工，形成特定内容的信息专辑，满足利用者的信息需求；同时，还可以根据用户的需求，提供“私人定制”的个性化信息服务。

（四）电子文件可以通过网络远距离传输，使异地利用成为可能

传播技术使信息利用更为方便和快捷，它不仅消除了书籍、文件数量对利用者人数的限制，而且消除了利用者与信息的距离。有人预测，将来“无纸利用室甚至可能成为无用户利用室”。单从技术上讲，利用者不用到档案馆来，在任何地方通过网络就可以利用档案馆内的开放档案。这不仅免去了利用者的奔波之苦，而且会使更多的用户了解档案、利用档案，有问题就能够想到档案，让档案真正成为大众的文化财富。因此，我们有理由期望，电子文件能够使档案利用得到进一步的普及。

（五）电子文件可以使利用者不受时间的限制，随时利用

目前，全世界只有位于渥太华的加拿大公共档案馆全年 24 小时昼夜开馆，另外还有几个大的档案馆在一周内有一天或两天实行夜间开馆。大多数档案馆即使在开馆日，也有诸多限制和规定，利用者可以利用档案的时间十分有限。电子文件的利用可以不受时间限制，利用者可以在任何时间、任何地点通过网络利用开放档案，所有的利用手续都由利用者和系统来“交涉”，这种方便无论是利用者还是档案管理人员都会欢迎。电子文件在利用方面为我们展示了美好的前景。①

三、电子文件利用系统的构成要素

电子文件利用系统是指将电子文件利用的各种要素结合在一起所形成的有机整体。构成电子文件利用系统的要素有：法律法规要素、信息要素、检索系统要素、用户要素以及安全防范要素。认识和把握这些要素，对于有效、安全地利用电子文件具有重要作用。

（一）法律法规要素

构成电子文件利用法律法规要素主要有以下三个方面：

1. 对电子文件信息而言，并不是所有电子文件都可以无限制地利用，而是要根据有关的法律法规合法地利用。《档案法》第十九条规定：“国家档案馆保管的档案，一般应当自形成之日起满三十年向社会开放。经济、科学、技术、文化等档案向社会开放的期限，可以少于三十年；涉及国家安全或者重大利益以及其他到期不宜开放的档案向社会开放的期限，可以多于三十年”。

2. 对用户而言，电子文件的利用是要受到有关法律法规要素制约的，也就是说并不是任何人都能成为电子文件的合法用户。《档案法》第十九条规定：“中华人民共和国公民和组织持有合法证明，可以利用已经开放的档案”。《电子文件归档与管理规范》规定：“利用者对归档电子文件的使用应在权限规定范围之内”。

3. 对电子文件的利用行为而言，也要受到有关的法律法规的制约。这里所指的电子文件利用行为是指对电子文件的复制、摘录、引用及借阅等处置行为，即狭义上的电子文件利用。电子文件就其内容而言是具有情报价值和知识产权的，所以为了合法保护电子文件的情报信息和作者的合法权益，也需要有法律法规来制约利用行为。《电子文件归档与管理规范》规定：“归档电子文件的封存载体不应外借。未经批准任何单位或人员不允许擅自复制电子文件”。

（二）信息要素

构成电子文件利用的信息要素主要体现在质量和数量两个方面：

1. 电子文件信息的质量，是指电子文件具有一定的凭证价值和情报价值。只有电子文件含有这样的潜在价值，才有可能将其转化为现实的可利用价值。

---

① 参阅冯惠玲：《电子文件利用的障碍与对策》，《档案学通讯》，1998年第5期，第43—46页。

2. 电子文件信息的数量,是指以下两个方面:一是电子文件信息的总量。如果电子文件信息总量不足,档案部门就无法提供更多可利用的信息。二是电子文件信息的完整性。具体包括:(1) 对一份电子文件而言,其信息是完整的,而不是残缺的,如多媒体电子文件,其文字、声音和图像等有可能是分别存储在计算机不同的文档中,那么作为一个整体,应保持其各部分整体上的完整性;(2) 对一个电子文件组合(如成套电子文件)而言,应该保持这样一个文件组合在整体上的完整性,因为成套电子文件中一份电子文件的价值是有限的,只有完整的成套电子文件组合才能全面发挥价值。

(三) 检索系统要素

构成电子文件利用的检索系统要素主要是以下两个方面:

1. 电子文件的著录标引,即建立电子文件检索系统的过程。电子文件著录标引是对电子文件进行控制的重要方面,也是建立档案检索系统的重要过程,可以说,没有电子文件的著录标引,就不可能建立电子文件检索系统,也就不可能有电子文件的利用。

2. 电子文件的检索,即表达检索需求的特征信息与电子文件目录信息相匹配的查检过程。电子文件的检索与传统的手工档案检索相比,其最大特点是远程检索,即用户通过网络上的电子文件检索系统对电子文件目录数据库或全文数据库进行检索。

(四) 用户要素

构成电子文件利用的用户要素表现在以下两个方面:

1. 电子文件用户的利用需求,即电子文件利用者对获得电子文件信息的一种要求和欲望。电子文件的用户是具有利用需求的用户,但是,并不是有了利用需求就能成为电子文件事实上的用户,只有当利用需求与利用行为结合起来时,才能成为电子文件的实际用户。

2. 电子文件用户的利用行为,即在利用需求驱动下对获得电子文件信息所进行的一系列活动。这一系列活动表现为电子文件信息的检索、甄别、选择、阅读、复制与摘录等。只有当用户将利用需求付诸于利用行为,电子文件的潜在价值才能转化为现实价值。

(五) 安全防范要素

构成电子文件利用的安全防范要素主要有:

1. 计算机及计算机网络的安全。电子文件的利用是建立在不对其信息进行破坏的基础上的,如果在利用电子文件信息资源的同时也破坏了电子文件信息本身,那就不符合电子文件利用的原意。所以电子文件在利用中对计算机及计算机网络的安全防范是必不可少的。

2. 保密安全。随着现代信息技术的发展,电子文件利用中各种窃取电子文件信息的手段也不断出现。虽然窃取电子文件信息不构成对电子文件信息本身的破坏,但它对可靠地利用电子文件信息构成了威胁。所以,电子文件利用也给保密安全提出了新的问题。

上述电子文件利用系统的构成要素不是简单地相加,而是构成一个整体的系统。电子文件利用系统的各要素在这个系统中都具有自己明确的职能,它们之间的关系是:

电子文件信息是电子文件利用系统中的核心、基本要素,是电子文件价值产生的源泉,没有可利用的电子文件信息,电子文件利用系统就没有存在的必要;电子文件用户是电子文件利用系统中的智力要素,因为它承担着将电子文件的潜在价值有效地转化为现实价值的智力职能;电子文件利用的法律法规和安全防范要素是电子文件利用系统中的保障要素,它们从不同的侧面承担着对电子文件信息进行合法、安全、可靠利用的保障职能;电子文件检索系统则是电子文件利用系统中的技术要素,它承担着从利用手段上保证电子文件信息资源能被最有效利用的技术职能。如图 8-1 所示。

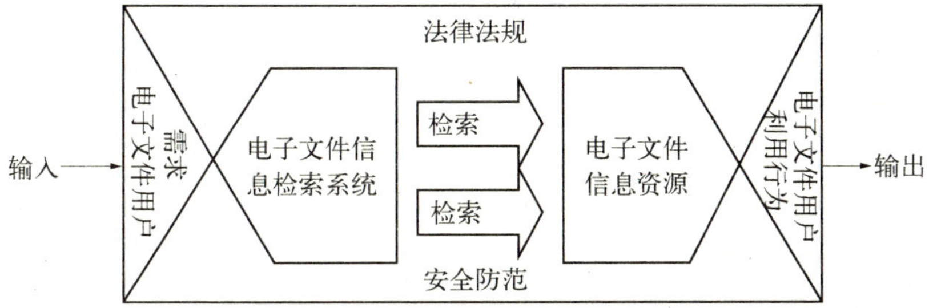

图 8-1 电子文件利用系统

从图 8-1 所示的电子文件利用系统中,我们可以看出,电子文件利用起始于用户的利用需求,即系统的输入,在法律法规和安全防范要素的全程保障之下,凭借电子文件检索系统检索出其所需利用的电子文件,然后通过用户的利用行为,将所需利用的电子文件信息资源中的潜在价值转化为现实价值,即系统的输出。[①]

---

① 董永昌、何嘉荪主编:《电子文件与档案管理》,百家出版社,2001 年版,第 181—184 页。

第二节 电子文件利用的方式与管理

电子文件的利用与传统纸质档案的利用有极大的不同，这种不同主要在于电子文件的利用必须以计算机技术为基本工具，这对电子文件的利用方式和利用管理也提出了新的要求。

一、电子文件的利用方式

根据网络的使用情况将电子文件的利用划分为两种基本方式：在线利用和非在线利用。

（一）在线利用

1. 在线利用的含义

所谓在线利用，就是在网络上进行电子文件的利用活动。这种利用方式适用于数字档案馆电子文件的利用，以及本单位本部门有局域网的情况下，对单位机关档案室和其他科室的电子文件的利用。

在线利用通过网络提供电子文件。这种利用方式具有快捷方便，利用者不需获得电子文件的存储载体，保管者也不需向利用者提供电子文件存储载体的拷贝件等特点，将是网络时代电子文件利用的主要方式。

2. 在线利用的具体方法

根据利用者的利用行为，在线利用又可具体分为：

（1）计算机网上阅览

计算机网上阅览，就是将公开可利用的电子文件上网；用户只要上网就可检索出所需的电子文件进行阅览。电子文件上网，不同类型的文件有不同的软件环境要求，因此，为了方便用户阅览，还应指出阅读电子文件所需的软件环境，如果所需软件是共享软件，则应同时上网提供，以方便用户阅览时下载。网上阅览简便、快捷，没有时间空间限制，适用面广，所以是电子文件利用的最基本方式。

（2）网上复制

网上复制就是档案馆通过网络将电子文件信息传递给用户，用户将档案馆传来的电子文件信息从网上下载下来，复制到计算机存储载体中。这种复制方式无地域和时间的限制。

（3）网上咨询

网上咨询是档案利用方式在现代化条件下的新发展，它是档案工作人员根据用户需求通过网络提供利用的一种方式。电子文件网上咨询包括两个部分：一是通过网络解答咨询；二是通过网络协助检索，指导用户使用检索工具，为查找馆藏电子文件信息提供线索。

网上咨询方式随着信息技术的发展越来越便捷，目前主要有：电子邮件、短信、网络电话、网络视频、微博、微信等方式。

利用网络环境，进行在线利用电子文件信息的实践，中外已有不少报道及成功的范例。如南京大学档案馆于 1997 年 3 月首次将档案馆的计算机通过校园网联入互联网，建立了档案 WWW 服务器；在校园网主页上开辟了《档案馆》主页，先后将 8 个档案数据库中的 10 多万条非保密信息挂上了国际互联网，提供多种检索途径，供网上用户查询浏览，同时还实现了档案数据库信息的远程登录和即时采集。自建立档案 WWW 服务器后一年多时间里，先后有上万名网民访问了该校档案馆主页。仅 1997 年 10 至 12 月，就有 5 000 多个网上用户来访，起到了很好的宣传和应用效果。[①] 再如，美国普查局设立了因特网网址，以供人们查找 1990 年普查数据的电子文档系列，并可查找一个名为 TIGER 的数据库。这使得任何一个可以利用因特网的市民都能在几秒钟的时间里查找、选取和显示所在地区的数据资料。[②]

在线利用的关键问题在于利用程序的设计和利用者权限的审查（由系统自动进行），因此，保密档案的在线利用将成为数字档案馆在线利用的难点。

（二）非在线利用

1. 非在线利用的含义

所谓非在线利用，就是利用者不通过网络在计算机上直接阅读或利用电子文件。这种方式适合于未联网（包括局域网和因特网）的档案馆（室），以及保密档案和不宜公开档案的查阅利用等。非在线利用为利用者的检索和“摘录”电子文件内容带来很大不便，利用者必须到档案馆（室）或电子文件中心等机构去查阅，失去了时空上的便捷。

2. 非在线利用的具体方法

非在线利用根据档案馆（室）提供的条件和要求，主要方法有：

---

① 汤道銮、包海峰：《论互联网上档案信息实时采集与服务》，《档案学通讯》，1998 年第 5 期，第 47—50 页。

② ［美］西奥多·赫尔著，肖永英编译：《美国国家档案馆电子文件的参考服务工作》，《档案学研究》，2000 年第 1 期，第 70—73 页。

(1) 单机阅读

单机阅读是将电子文件放在计算机单机上阅览的一种方式。这种阅览方式通常是对部分不宜公开的电子文件或有密级的电子文件利用时采用。这类电子文件不宜上网、不可随意复制,但又是机读档案,其内容必须由计算机“读出”之后用户才能利用。单机阅览通常是在档案馆(室)或电子文件中心进行的,采用这种方式保密性好,但电子文件利用的某些便利特点不甚明显。

(2) 拷贝阅读

拷贝阅读是指向利用者提供电子文件拷贝件,由利用者通过计算机阅读使用。

提供拷贝件时应注意:

第一,应将电子文件转换成通用的、标准的存储格式,以便利用者恢复和显示电子文件的内容。

第二,根据利用者需要进行复制,利用者需要什么就拷贝什么,原载体上的其他电子文件信息不应与利用者所需要的电子文件信息同时复制,避免把载体上存储的电子文件信息全部拷贝。

第三,尽量为利用者提供只读光盘等无法进行复制的电子文件拷贝件,以免电子文件信息被无原则地传播。

(3) 纸质阅读

纸质阅读是将电子文件打印成纸质副本,提供给利用者直接阅读。纸质阅读是传统的、习惯的利用方式,可为利用者提供针对性的阅读信息,有利于对电子文件信息内容的控制。

(4) 缩微阅读

缩微阅读是利用COM技术将转化为直读信息的电子文件内容记录在感光胶片上,形成拷贝件后再利用缩微阅读机进行阅览。COM是“Computer Output Microfilm”(计算机输出胶卷)或“Computer Output Microform”(计算机输出缩微品)的缩写,COM技术实际上就是利用缩微摄影的方式代替纸质打印机的输出,它是将电子文件、数字化原代码转换成直读信息后,对直读信息的拷贝。利用这种技术与纸质阅读相比,电子文件输出信息占有的空间较小,比纸张打印件要节省90%以上空间。

非在线利用目前在电子文件利用中普遍存在,但从发展角度看,这种方式在未来将是次要方式。随着网络技术和计算机技术、通信技术的进一步发展,在线利用将逐步成为主流。

二、电子文件的利用管理

(一) 建立新的“利用规则”

电子文件的种种特性要求建立相应的利用规则。这种规则一要方便利用者的利用活动;二要有利于保证电子文件的安全。与纸质文件相比,电子文件利用中最为突出的问题是信息安全。一方面,电子信息的易变性使利用活动中潜藏着对信息真实性的威胁;另一方面,随着网络的普及,电子文件的利用“窗口”将从档案馆或电子文件中心的阅览室分散到四面八方的计算机屏幕,以往许多行之有效的控制手段将变得无能为力。为了有效地防止利用过程中的资源流失,并保证利用活动顺利便捷,制定和推行专门的电子文件利用制度是十分必要的。

1. 严格执行电子文件的三套备份制度

电子文件必须具备一式 3 套,一套封存保管,一套供查阅使用,一套异地保存。其中封存保管的电子文件只用于与拷贝件的对照校验,不对外提供利用。《电子文件归档与管理规范》规定:“归档电子文件的封存载体不应外借。未经批准任何单位或人员不允许擅自复制电子文件。利用时应使用拷贝件”。这里封存的实际上是保存电子文件的“原始性”,使其具有“档案”的资格。对外提供的一般应为只读文件,档案馆或电子文件中心阅览室应为利用者配备阅览终端,尽可能避免直接向利用者其他拷贝件。

2. 采用适当的控制技术

《电子文件归档与管理规范》规定:“利用时要遵守保密规定。对具有保密要求的归档电子文件采用联网的方式利用时,应遵守国家或部门有关保密的规定,有稳妥的安全保密措施。利用者对归档电子文件的使用应在权限规定范围之内”。这些都要求在电子文件的利用进程中必须采用适当的措施,确保电子文件信息的安全。

档案工作人员无法面对身在各处的利用者,利用者的利用权限只能靠系统来鉴别和控制。对需要控制使用的电子文件用密码技术、用户身份验证技术等方法进行加密管理,使无关人员无法进入被控制的电子文件。当然,从档案馆与电子文件中心方面来说,实行加密的文件范围应该适当,对于可以开放的文件应及时解除加密措施,使之可以公开利用。如果电子文件管理系统的信息安全技术具有较强的可靠性,档案部门就可减少对利用方式的限制,利用者就可更加方便地利用电子文件。

3. 限制利用方式,确保电子文件安全

档案部门应根据现有的信息安全技术水平采取适当的利用方式,在不能确保安全时可以对利用方式加以限制。如仅限在档案馆(室)、电子文件中心阅览,或转换成纸质文件提供利用等,严防出现信息泄密、信息失真和损毁、病毒入侵等方面的问题。在阅览操作、载体外借、复制等方面也应有具体的规定。在电子文件进入网络前应对网络安全状况进行深入仔细的研究,因为进入网络的文件不仅扩大了使用范围,而且改变了人们的利用方式。设计和选择电子文件利用方式不仅要有利于信息安全,同时也要有利于方便利用。

4. 最大限度地发挥电子文件的优越性

利用制度应该有利于方便利用和最大限度地发挥电子文件的优越性。例如档案馆或电子文件中心的电子文件阅览室应该允许利用者像阅读纸质档案那样边阅读、边摘抄。既然是无纸阅览,当然也应该是无纸摘抄;应该允许利用者使用计算机对开放的不同文件中的数据进行分析、比较、综合,甚至形成一份新的资料;档案部门应能够提供电子文件拷贝,或通过网络提供远程文件服务,使利用者摆脱时间和空间的限制,随时随地获取所需信息;档案部门还应建立电子文件利用的咨询服务系统(即专家系统),随时为利用者解难释疑,使利用者随时能够得到帮助和引导。

如果我们能够为电子文件的利用者提供诸如此类的种种"利用支持",人们会逐渐与电子文件亲近起来,电子文件的开发利用将具有广阔的前景。①

电子文件的利用才刚刚开始,大规模的利用活动还没有展开。因此,现在我们所制定的电子文件"利用规则"大多还处于初步研制阶段,需要随着实践工作的开展而不断改进。

(二) 电子文件利用的管理措施

电子文件提供利用,是一件较为复杂的工作。由于提供利用方式的多样化与所依赖技术的多重化,导致了利用工作的复杂化。因此,加强电子文件的利用管理,就显得特别重要。加强利用管理,不仅可以更加准确、快捷、安全、完整地向用户提供各种方式的服务,满足用户需求,也可以及时发现利用系统的弱点与不足,调整和改进工作方法及技术措施,达到既能使电子文件信息最大限度地被利用,又能使电子文件信息资源得到可靠、安全、有效地保护。

电子文件的利用管理,应从建立于各个工作环节相对应的措施、方法、规程、规范入手,并在工作中严格执行、有效监督,其实现方式可通过行政手段来完成。利用管理的内涵是很丰富的,从信息安全的角度出发,主要对电子文件管理者和用户

---

① 参阅冯惠玲:《电子文件利用的障碍与对策》,《档案学通讯》,1998 年第 5 期,第 43—46 页。

的管理、对提供利用的载体管理以及利用中所采取的安全保密措施等。

1. 使用权限的审核

电子文件的利用，不仅只涉及电子文件的内容，还涉及到所依赖的技术环境的维护。其中所涉及到的人员主要有：电子文件载体的保管人员、信息系统的管理人员、利用及维护系统的操作人员和利用者等。由于他们各自工作的性质与责任不同，对其进行使用权限的审核是十分必要的。

利用者和提供利用者，都应通过审核才能确定其使用权限和操作权限，审核应由利用工作的决策者执行。

首先，在整个利用系统功能的使用上，应根据各种人员的级别、层次进行使用权限的认定，并依此向利用系统注册登记。在利用过程中，当使用者进入系统时，由系统自动判定当前使用者身份的合法性及其所使用功能的范围，并由系统自动对其使用的各种功能操作的路径进行跟踪与记录。当涉及使用未经授权的功能时，应能拒绝响应并给予警告提示，以确保系统的安全和进行有效的控制与监督。

其次，在电子文件存储载体的使用上，要根据电子文件内容的密级和开放程度，确定其使用控制程序。在使用中依据利用者背景情况和利用目的来决定对他的授权。特别注意的是，考虑到电子文件存储载体安全和信息安全，利用者被授权的范围越小越好。

再次，建立有效、可行的规章制度，确保使用权限的审核方法在利用工作中得以实施。

2. 提供利用拷贝的回收

提供电子文件的拷贝是一种主要的利用方式。对整个利用系统来说，提供拷贝件利用无疑给利用管理工作造成一定的麻烦。如果管理不好，将会造成电子文件信息无原则散失。因而，必须采取有效的措施和方法，对此进行严格控制和管理。

除经过编辑公开发行的电子出版物外，对其他提供利用的拷贝件必须进行回收。提供拷贝的内容应依据利用者的需求和使用权限确认后进行。原则上尽量避免把载体上存储的电子文件信息全部拷贝出来，并通过技术手段防止所提供的拷贝再复制。完善提供拷贝利用手续，即提供利用者和利用者双方都应对提供拷贝的内容进行确认，并对使用载体的类型、数量、时间、最后回收期限及双方责任人等情况进行登记。系统可根据这些登录信息进行自动管理，以便使电子文件管理人员能够及时了解提供拷贝利用的情况，并对已到回收期限的拷贝提出催还清单。

3. 利用中的安全措施

电子文件在利用中的保密与安全是十分重要的，而且同纸质档案的利用相比，更加难以控制。因此在电子文件的利用中，应特别注意以下几点：

(1) 采用的利用方式，应视利用情况而定，不能无原则地向所有利用者提供全部利用方式。

(2) 依据电子文件内容的密级层次，进行有效的控制和管理。一般情况下，对于内容未开放的电子文件，不宜用拷贝的方式提供利用，提供利用手续应完整。对于提供利用的拷贝件制作，必须在有效监控下进行。

(3) 采用通信传输等利用方式时，必须对信息内容进行加密处理，并对所使用的密钥进行定期或不定期的更换。

(4) 无论采取哪种利用方式，系统都应对利用的全过程进行有效的跟踪监控，并自动进行相关的记录，作为对利用工作查证的依据。

(5) 利用系统应有较强的容错能力，避免由于误操作带来不可挽回的损失。

(三) 电子文件的利用统计

利用统计是利用系统中不可缺少的环节，其过程是对电子文件信息的传输、利用及管理工作等进行量化分析。通过分析，客观、准确、科学地揭示电子文件利用管理工作中的特点和规律，并以此调整工作方式，拓宽利用途径，提高电子文件的利用水平。

电子文件利用是借助计算机软硬件平台，通过利用管理系统实现的。因此，对于利用统计工作来说，将会更加方便。电子文件利用管理系统中的利用统计应包含利用信息的采集、不同时段的综合统计、统计结果分析等几个方面。

1. 建立利用统计的综合指标体系

根据各种统计分析目标及要求，可将所采集的数据项，按反映的不同内涵和外延概念进行各种组合，建立不同的分析指标体系。具体可参照国家档案局的档案利用统计体系，结合电子文件的实体情况，制定电子文件利用统计的综合指标体系。

2. 利用信息采集

利用信息采集是利用统计分析的基础。可通过利用接待者采集，也可在利用过程中由利用系统自动进行采集。可根据确定电子文件利用统计的综合指标体系要求采集信息，主要内容包括利用者情况、电子文件查询使用情况、利用结果情况等。为充分满足利用统计分析研究的需要，所采集的信息应全面、准确。

3. 利用统计结果分析

统计分析，可根据利用统计的综合指标体系中的各分析指标体系进行。先按各分析指标体系中所要求的数据从相关的利用信息文档中调出，进行汇总统计，然后将相应的统计结果存入统计结果库中。这种统计应每月做一次，每年将 12 个月的统计结果再进行一次汇总，将结果再输入到统计结果库中。这样，统计结果库中就存储了按分析指标体系确定的月度统计及年度统计。其统计结果的输出有两种形式：

(1) 固定式统计分析图表的定期输出。按固定的图表格式输出月、季、年的综合统计分析报表。报表中除前面所述的绝对指标数据外，还应加入百分比等相对指标的分析数据。

(2) 查询式统计分析数据的输出。统计分析系统，应提供在任意时间范围内的利用统计分析数据，输出可采用屏幕显示和图表打印两种方式。查询可按不同分析目标分类进行。如可按利用目的、利用方式、利用效果、利用类型及用户概况等进行综合分析。①

(四) 电子文件利用中的障碍

档案的利用是一种与政治、经济、文化、技术具有密切关联的社会现象，必须承认和接受来自许多方面的限制条件，电子文件在利用上也存在许多新问题，需要引起重视。如果这些问题不解决，将会成为电子文件开发利用的重要障碍。

1. 电子文件利用中的心理问题

有史以来使用可视记录方式已经成为人们的习惯，以这种习惯为基础的档案利用观念在相当一段时间内可能成为利用电子文件的无形障碍。电子文件依赖于高科技而生存，每一种功能的开发都必须以一定的技术作为条件，特别是作为证据材料的电子文件利用问题还在研究探索中。一些文件、档案工作者只管守住纸质文件的利用阵地，缺少探索电子文件利用模式的热情和勇气，这种态度有可能贻误电子文件信息资源的开发时机，并影响档案事业的发展。

2. 电子文件信息利用资源不足问题

一方面，时间和空间都还没有使电子文件积累足够的量；另一方面，现有的电子文件大多还处于现行阶段，有一定的封闭性。资源匮乏的信息系统可能抑制利用者的利用欲望，因为它不能给用户足够的利用信息。有人曾把互联网比作路，把连入网络的 PC 计算机或工作站比作车，而信息资源则是车上要装载的货物，要充分发挥信息网络的作用，没有“路”不通，有路无车不行，有车无货更不行。电子文件从形成、积累到开放利用需要一定的时间，而且许多文件有特定的利用范围，因

---

① 国家档案局编著：《电子文件归档与电子档案管理概论》，中国档案出版社，1999 年版，第 89—93 页。

此,可利用资源的丰富性不可能在短期内实现。

在资源积累方面档案部门现在可以做这样一些工作：积累新形成的电子文件,将无保密性的现行文件纳入利用系统;将具有广泛利用价值的历史档案进行数字化处理,向利用者提供利用;链接其他档案部门的信息系统,实现档案信息资源共享。

3. 检索利用电子文件的技术问题

检索利用电子文件以及对电子文件中的信息进行加工处理需要一定的技术,这也成为一些"机盲"利用电子文件的障碍。计算机专家们已经使计算机操作界面变得越来越简捷,如果档案工作人员能够对利用者给予必要的指导和帮助,将更加有利于缩短利用者与电子文件管理系统的距离。

4. 电子文件开发利用中的资金问题

开发利用电子文件是要花钱的,资金问题可能会成为档案部门的一种负担。电子文件利用系统的开发、档案网站的开通、电子文件信息的加工处理都需要成本费用,且这些费用比纸质档案的开发成本更高,它不仅对档案专业人员有特殊的业务、技术要求,而且还有设备、材料的消耗以及通讯等方面的费用,妥善处理好这些花费是保证电子文件开发利用持续发展的重要条件。①

5. 电子文件利用过程中涉及的法律问题

(1) 法律地位问题

影响电子文件利用的法律问题首先是它的法律地位问题,即电子文件能否作为法庭证据被接受。法庭可接受的证据主要包括传闻证据和最佳证据,首选当然是原件,只有当法庭相信原件的确不可得到时,复制件才可以接受。为此让电子化证据被法庭接受,当事人必须提供基础证据来证明电子文件是在正规的业务活动中产生的。在美国,基础证据大多包括计算机系统运行的总体情况、录入程序的数据、系统的安全措施、打印输出的方式等。但在加拿大,《证据法案》对电子文件的规定非常模糊,只把"产生于通常或一般的业务活动中"作为承认它们的唯一条件。这种模糊规定在实践中可能很难执行,因为可以有多种不同的理解,因此法官大多依靠判例法,根据以前的案例来决定是否接受电子化证据。

加拿大国家档案馆凯瑟琳·贝利女士列举了经常遇到这类问题的大公司作为例子。越来越多的大公司依赖计算机产生和处理文件,这就使电子文件有可能越来越多地作为诉讼证据。它们被法庭作为证据加以接受,需要提供下列基础证据：

---

① 参阅冯惠玲:《电子文件利用的障碍与对策》,《档案学通讯》,1998年第5期,第43—46页。

一个计算机文件保管系统从设计到非现行阶段的所有记录，包括用户手册、设计说明书、时间表、安全性程序概要以及与纸质文件的分类联系等。当档案人员向法院提出电子文件时，他们就必须提供记录有在运行处理和利用阶段所有执行程序的基础证据。凯瑟琳·贝利预测，越来越多的国家将接受电子文件作为法庭证据，为此档案人员必须关注这一领域的新发展。①

(2) 隐私权问题

隐私权是电子文件利用中的突出问题，从 1970 年开始，先后有 20 多个国家作出控制使用署名信息数据的规定，要求对于行政文件中的署名数据在文件的目的达到后将数据销毁和除去姓名，但是这与保存社会记忆的要求背道而驰。于是，一些国家允许移交给档案馆的电子文件免于销毁或隐去姓名，在档案法规定的年限中不向公民开放。保护个人隐私和保证电子文件的完整性成为电子文件管理、利用政策方面的新课题。

(3) 版权问题

版权问题不仅影响文件自身，还影响运行电子文件的软件，因为软件同样受到版权法的保护。因此，假如文件的解释依赖于一个受版权保护的软件包，档案馆又怎样运行一系列电子文件以提供利用呢？没有软件，文件就无法解读，档案馆却没有权力为利用者制作软件程序的副本，因为这可能带来非法翻印软件的罪名。凯瑟琳·贝利指出：档案人员如何才能合理地处理一个大型共享数据库中不断变化的信息的版权问题，版权是否归该数据库拥有者所有，每个把信息输入数据库的人是否都能要求个人版权，档案人员能否对这种流动性相当大、在任何时候都可能生成无数新形式的电子文件实施版权法等，这些问题的解决对档案人员的意义极为重要。如果电子文件的传播受到版权法的阻碍，这将对决定保存哪些电子文件以及提供哪些文件利用产生深远影响。

(4) 国际间数据流动问题

网络技术的发展使电子文件的“超国界流通”成为可能，这不仅使各国必须重新确定本国档案所有权的范围和维护措施，而且还要考虑与其他国家在利用法规上的协调问题。国际间数据流动是“计算机系统处理、存储的数据和信息的跨国界流动”。信息的超国界流通使信息能够从一个国家转移到另一个国家，在信息保密、著作权、行政信息查阅等方面，产生了国与国之间法律一致性的问题。它对一个国家的经济、主权、个人隐私和文件特性都存在显著影响。“由于数据存储国法

① 黄霄羽、申琰：《波及档案实践，但不会颠覆档案理论》，《档案与建设》，2000 年第 5 期，第 8—13 页。

律不能在别的国家得到执行，一些国家禁止出口机读数据。但是为了适应由信息的超国界流通所形成的需求，欧洲理事会、经济合作组织等国际组织正努力采取协调的措施。虽然以上的行动首先涉及数据的保护问题，但大家知道，目前和今后最重要的赌注是在经济和政治方面，而且涉及到国家主权。"①

国际间数据流动与国家主权相联系时，档案人员主要关注的是信息自由和隐私保护。国际间数据流动要求通过制定明确的国家法规和国际公约来保护电子信息的安全，同时，档案人员也应关注国际间数据流动对文化特性的影响。

第三节　电子文件的检索

检索是信息利用服务的重要手段。电子文件的检索直接连接利用者和电子文件信息资源，其工作质量的好坏，决定着电子文件的价值能否得以实现。广义地说，电子文件检索包括著录、标引等为建立电子文件检索系统所开展的前期基础性、准备性工作，旨在完成电子文件利用前的数据准备，为电子文件的利用查询提供条件；狭义地说，检索主要是为利用特定电子文件信息所开展的查检工作。鉴于前面在信息整序部分已介绍过电子文件的著录、标引等工作，本节主要结合利用工作，介绍电子文件的查阅检索。

一、电子文件检索的概念

（一）电子文件检索的含义

"档案检索"（或称"档案文献检索"）一词有广义和狭义两种理解。广义的档案检索包括存储和查检两个具体过程。前者是指将档案中具有检索意义的特征标识出来，通过编制检索工具建立数据库等方法使之成为有序的档案信息集合的过程；后者则是指在档案信息集合中选择特定档案信息的过程。狭义的档案检索仅指后一过程。电子文件信息的存储和查检这两部分内容是密切联系的，存储是查检的前提，查检是存储的目的。

电子文件检索是指在电子文件信息数据库中以计算机为检索手段，对存储在

① ［法］C·诺加雷：《信息技术对档案和档案工作的影响》，《第十三届国际档案大会文件报告集》，中国档案出版社，1997年版，第223页。

各类载体上的电子文件信息进行查询，以满足用户的利用需求。

(二) 档案检索技术的发展

档案检索技术的发展大约经历了三个阶段：

1. 手工检索(线性检索)阶段

档案信息资源充分发挥作用一个不可缺少的条件，就是要有一套科学的检索方法和技术。长期以来，在手工检索中主要使用"线性方式"进行检索，即按照文件整理后形成的体系一级一级地检索，档案工作人员根据利用者的提问确定该文件的形成机关(即所在全宗)，然后再判断是机关中哪个部门在何时形成的。这种检索的局限性在于检索点之间的线路基本上只有一条，因而无法实现同一主题的广泛搜索。虽然档案工作者早已发现了这种信息组织方式的局限性，但由于手工编制多元检索工具实在是耗时费力的巨大工程，而且要对检索级别和检索深度加以控制，所以多途径检索一直未能实现；否则，庞大的目录体系不仅会使编目工作量成倍增加，还会使检索者望而生畏。

2. 计算机辅助检索阶段

计算机辅助档案管理是人们利用计算机对纸质档案进行辅助管理。档案管理部门早期使用计算机时，检索信息的加工和查询是最主要的应用领域。全国的档案馆和企事业单位的档案部门运用机读目录(MARC)来取代手工目录卡片，许多单位还建成联机检索系统。计算机辅助档案管理的检索方式相对于传统档案检索方式是一个巨大的变革，打破了原有线性检索的局限，实现了对目录信息的网状检索。只要做好前期处理工作，将必要的数据录入计算机，检索系统就可以根据利用者的要求进行多角度检索。但是，从世界各国计算机辅助检索系统的情况看，由于是对纸质档案的检索，检索效率和检索效果受到多方面限制。

3. 电子文件检索阶段

电子环境下，由于文件记录方式和文件特征的改变，存储检索信息的方法、提供利用的手段、用户的需求都发生了一系列的改变，所有这些都对检索的内容和方式产生巨大的影响，并由此影响到整个电子文件管理及其开发利用工作。

人们容易把电子文件检索和档案计算机辅助检索(简称档案计算机检索)自动联系到一起。但是，电子文件检索和档案计算机检索并不完全相同，其区别主要有以下三个方面：

(1) 两者的工作基础不同

档案计算机检索的对象是机读目录，这些机读目录基本都是纸质文件目录输入到计算机中，其实质是将检索工具由纸质形式转为数字形式，物质基础仍然是纸质文件和档案，馆藏本身并无变化。而电子文件检索则是以电子文件目录及电子文件全文为检索对象，其工作基础是电子文件原件，其实质是采取一种与电子文件技术特点相适应的检索方法，较传统的档案计算机检索有了根本性的变化。

(2) 两者的技术手段不同

档案计算机检索所运用的技术手段比较简单，一般是采用单机形式，即使联网查询，也只是档案部门内部计算机之间简单的连接。而电子文件检索可采用网络环境，能满足利用者“足不出户，便知天下”的要求，获得使用权的用户在世界任何地方、任何时间都可获得档案馆提供的检索服务和电子文件信息利用。

(3) 两者的服务模式不同

档案计算机检索采用的是“以档案馆、室为中心的服务模式”，强调的仍然是档案馆(室)内部信息的加工，而不是利用。其目的在于提高手工管理的效率，服务模式并没有实质性的改变。而电子文件检索的物质对象及工作环境已发生了革命性变化，致使服务模式也随之改变。数字环境下，各种信息资源之间的转化变得极其方便，信息的传输变得无比快捷，各类信息服务部门间的业务交叉现象日益普遍，竞争也随之加剧，档案部门只有按照用户需求来设计检索方式，把提高利用者的利用效率、利用效益作为根本目标和评价标准，才能真正发挥电子文件信息自身的优势，因此，电子文件检索采取的是“以用户为中心的服务模式”。

这两项有着明显区别的检索工作出现在不同的历史阶段，是不同工作条件下的产物，电子文件检索产生的工作环境是数字信息。尽管存在着诸多区别，由于两项工作采用的工具都是计算机，所以档案计算机检索无疑是纸质档案手工检索向电子文件检索的过渡形式，是电子文件检索的工作基础，为电子文件检索提供了必要的基础条件和技术方面的支持。一个档案计算机检索开展得较好的单位，电子文件检索工作会有较高的起点；同时，纸质档案数字化的开展，有利于计算机辅助检索系统与电子文件检索系统的无缝链接，通过统一的用户界面，利用者既可以查询电子文件信息，也可以浏览纸质档案转化为数字化形式的历史信息。①

二、电子文件检索的特点

电子文件是在数字环境中形成和生存的，它的形成环境和自身特征决定了在检索过程中具有许多新的特点。

---

① 参阅刘越男：《电子文件检索初探》，《档案学研究》，2001 年第 2 期，第 43—47 页。

（一）电子文件的多途径检索

电子文件检索系统可对档案信息实现多途径检索。可将电子文件与人工智能联系起来，对电子文件进行全文检索，不再是一级一级地线性推进，而是形成一张纵横交错的信息捕捉网，从各个入口查找利用者所需要的电子文件。检索结果也不再只是二次文献，可以直接调阅电子文件原文。由于电子文件检索系统途径多，用户可根据需要选定任何可检索项目作为检索途径，利用检索系统提供的逻辑组配和全文检索功能，进行“人机对话”式的检索，并可随时分析判断检索结果，根据需要扩大或缩小检索范围，不断地调整策略，直到获得满意的检索结果。

（二）电子文件的网络化检索

电子文件检索系统的网络化是档案资源共享中效率最高的现代化措施。传统档案信息的交流受载体限制，而电子文件的形成和利用皆可在网络上进行，其检索系统可在网络上应用，通过网络检索和传输电子文件及各类档案数据，从而实现不受时空限制的远距离信息存取。

欧美一些国家已经开发了各类计算机档案检索系统并在因特网上开通主页。英国公共档案馆自 1995 年以来一直在研究探索利用因特网为用户提供远程在线利用服务的方法，力争将所有馆藏档案目录等数据全部输入计算机并与因特网相连，实现档案的远程在线检索。美国国家档案与文件署的电子文件中心，建立了网上的计算机档案检索系统（NAIL）。用户可以从网上检索美国国家档案与文件署所属的任何一个机构的档案，包括电子文件中心的电子文件。

（三）电子文件的检索结果直观，输出方式灵活适用

电子文件信息类型多样，如文本、照片、图像以及动画、音频、视频等各种信息，可以利用计算机的组织、管理和检索能力，将电子文件原文内容作为检索结果直接浏览，便于利用者检索利用。检索结果既可以在检索终端上显示阅读，也可以打印、编辑、脱机存储。

（四）电子文件检索内容新，实时性强

这是电子文件检索系统最突出的优点。电子文件检索系统能检索到所有刚刚收入数据库系统的、允许查阅利用的最新电子文件，以及最新开放的档案信息。而且计算机具有高速运算能力和强大的逻辑判断能力，可以实现高速查检，一个查检要求一般只要几秒钟，最多几分钟便能完成。

（五）电子文件检索技术性强

计算机不具备人脑的思维能力，它完全按照输入的提问词或其他标识进行机械“匹配”来命中检索结果。所以，电子文件检索系统的查全率和查准率完全取决于所用提问词及其组配关系，这是一个比较复杂而难处理的问题。有时为了取得正确的提问词和检索策略，还需要事先进行预检。为此，开发出高质量的电子文件检索系统至为关键。

三、电子文件检索系统

电子文件检索系统有广义和狭义之分。广义的电子文件检索系统是由共同承担检索任务的人员、硬件、软件、信息资源（电子文件信息数据库）和规章制度等要素共同组成的系统。而狭义的电子文件检索系统则是指专门执行检索任务的计算机系统，如图 8－2 所示。

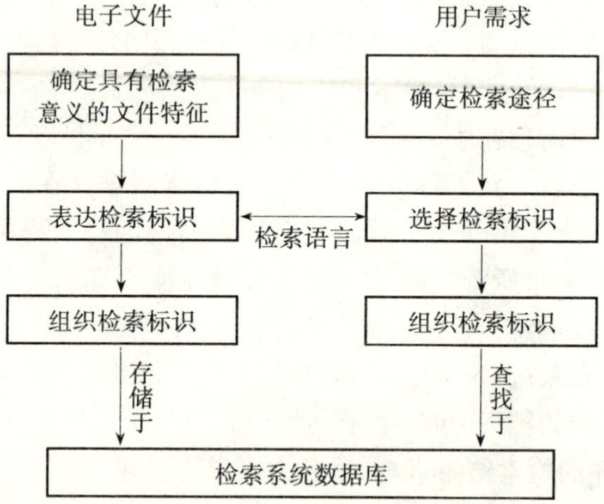

图 8－2　电子文件检索系统简图

电子文件检索系统是电子文件管理系统的一个模块（或者子系统），其系统分析、系统设计、系统实施和系统运行维护都必须在电子文件管理系统的设计和维护框架下进行，其系统功能也必须符合电子文件管理系统的整体功能需求。但作为一个直接面对档案用户的子系统，在体现出一致性、整体性的同时，电子文件检索系统也体现出以下几方面特色：

（一）建立友好的用户界面

由于检索系统是所有管理工作中唯一直接连接用户和档案信息资源的环节，因此，应采取以用户为中心的服务导向，档案管理部门须紧紧围绕用户需求开展工作。在检索系统设计过程中，必须以用户需求为基本依据，掌握用户的心理需求特点，充分利用多媒体技术、触摸屏技术、虚拟实在（Virtual Reality）技术等现代化技术，开发出界面友好、方便实用的系统，提高用户的兴趣和查检的便利，从而发挥电子文件信息的优势。

（二）借助检索语言和自然语言，高效地组织和存储电子文件信息

检索语言是根据检索需要而创制的、表达文献主题概念和检索主题概念的人工语言，即根据《中国档案分类法》和《中国档案主题词表》对电子文件著录标引，建立检索工具体系。在电子环境下，由于计算机技术具有强大的信息处理和检索查找功能，电子文件检索语言可以突破原有的档案检索语言约束，合理采用馆藏法语言（档号）标引、关键词标引、自由词标引等自然语言，运用检索语言的"控制"功能，将检索语言和自然语言有机结合起来，可以大大提高用户的查检效率。

（三）开发设计电子文件检索的专家系统

电子文件用户往往对检索系统中所存文件的范围、检索策略的构造和检索系统的功能等缺乏充分的了解和掌握，在提出检索需求时常会出现一些问题。为此，可以开发设计电子文件检索的专家系统，来帮助用户跨越检索知识的障碍，自由地在电子文件信息中浏览。

专家系统是一种基于知识库的智能系统，它结合用户的专业知识以及档案工作者的检索知识，借助于计算机技术，为联机用户提供实时帮助，好像人类专家一样。专家系统一般由知识库、推理机制、解释工具、知识获取工具和人机接口组成，其结构见图 8－3。其中知识库存储了专家系统所用的相关信息、数据、规则、案例和关系；推理机制是从知识库中搜寻信息和关系，并以人类专家的方式提供答案、预测和建议；解释工具是让用户理解专家系统的逻辑推理过程；知识获取工具是为获取及储存知识库中所有组成元素提供的途径，即它为用户提供了易于使用的菜单，在填入适当的属性后，知识获取工具就将信息和关系存入知识库中。①

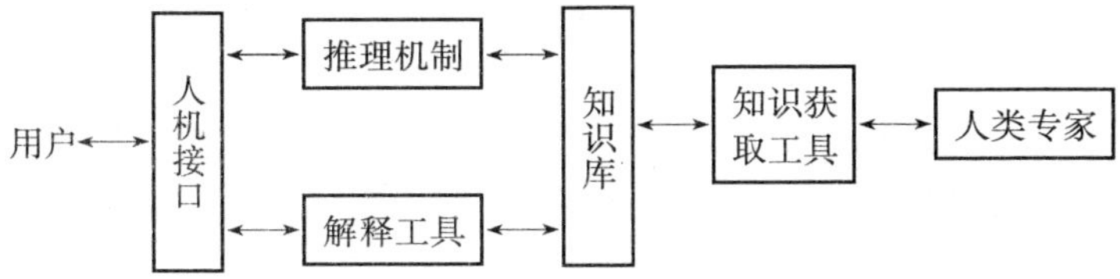

图 8－3　专家系统的组成

电子文件检索的专家系统具备帮助用户表达自己真正的信息需求、选择主题词、改进检索策略等方面的功能，是人机对话检索方式的有效途径和辅助手段，也

① 冯惠玲主编：《电子文件管理教程》，中国人民大学出版社，2001 年版，第 70—71 页。

可提供个性化、专业化、智能化的知识服务，其发展和应用前景十分广阔。

四、电子文件检索的方式

计算机检索的方式从设计系统的用户接口与操作方式上可分为三种类型：命令检索、菜单检索和超文本检索。

（一）命令检索

命令检索使用一些特定的操作命令（包括指令和检索式）来实施检索。命令检索适合于有经验的检索人员，终端用户使用前则需要经过专门的学习和培训。不同的系统一般有不同的检索命令表示方式，要全面、准确、熟练掌握并不容易。各种命令的综合应用可以精确地表达检索提问，灵活地进行各种方案的检索比较，简捷、快速地得到比较理想的检索效果。一些大型的检索系统都有命令检索方式。

（二）菜单检索

菜单检索是一种方便、易掌握的检索方式。普通用户只要根据菜单的指引，通过适当的选项和功能键便能一步一步地完成检索。菜单检索方式的缺点是操作步骤繁多，检索时间花费较大，检索功能和精确度也不如命令检索方式高。

（三）超文本检索

超文本检索向用户提供更加友好的人机交互接口。超文本的内容排列是非线性的，它按信息单元及其关系建立起信息结构网络，操作时用鼠标去点击相关的信息单元，检索便可追踪下去，进入下面各层菜单。Internet 上的 WWW 便是典型例子。

一些大型计算机检索系统可以同时提供命令检索、菜单检索和超文本检索三种方式，如美国的 DIALOG 系统有三个网址：

http://www.dialogclassic.com 提供命令检索方式；

http://www.dialogselect.com 提供菜单检索方式；

http://www.dialogweb.com 提供超文本检索方式。①

按计算机技术可将检索分为布尔检索、截词检索、全文检索技术等。其中全文检索技术是目前重点研究方向。

全文检索技术是指不依赖于检索词，直接使用自由词，按照一定的算法以文件中的词语为对象进行检索。全文检索技术解决了一般非结构化文字信息内容的查询问题，解决了关系数据库管理系统不能很好查询非结构化信息的问题。网络搜

① 李泽锋著：《数字档案馆建设与管理》，中国档案出版社，2005 年版，第 191—192 页。

索引擎大多采用全文检索。

目前全文检索技术已经比较成熟，正在得到广泛的应用。著名的全文检索系统 TRS 在政府、企业、媒体和教育领域都取得了卓越的成绩，市场占有率在 70% 以上。

但是全文检索技术还存在一些缺陷，例如检索“华人”，包含“中华人民共和国”的内容也被检索出来。全文检索技术应该更加注重文本挖掘的功能以使效果进一步提高，增强其适应不同应用的能力。

随着信息技术的发展，全文检索技术的核心是发展知识检索，即结构化数据和非结构化数据的混合检索、半结构化内容的检索——XML 内容检索引擎、智能化知识检索等。尤其是智能化知识检索，应具有以下功能：具有大规模实例描述的汉语分词排歧知识库功能；具有主题词典、广义同义词检索、拼音检索、同音检索等功能；具有基于内容的相似性检索功能；具有自动分类（自动聚类）和自动摘要功能；具有知识压缩和去重功能；具有文本挖掘功能，如对数字的理解，新词学习等；具有智能代理、自动和自助式检索功能等。

五、电子文件的网络检索

网络检索技术的发展可谓雨后春笋，一日千里，各种信息服务机构纷纷利用先进的检索技术，开展网络信息服务。网络检索服务种类很多，包括万维网 Web、远程登录 TELNET、远程传输 FTP、电子邮件服务等。而目前应用最广、最流行的便是 Web 服务。Web 正成为一个迅速膨胀的信息发布、检索、共享系统，世界上越来越多的机构正在或将要借助 Web 拓展业务、扩大交流，并制定了相关的战略决策。为实现数字化文件、档案信息在更大范围内的共享，提高文件、档案工作的影响力，档案部门也在积极应用 Web 技术开展检索服务。

（一）电子文件网络检索的意义

1. 方便检索

这是利用电子文件网络检索最直接的意义。采用统一的窗口或用户界面，使利用者省去查阅多部检索工具的麻烦，实现检索途径的多样性和检索结果的共享性。

2. 有助于改变档案部门相对封闭的状况，加强多边合作

电子文件信息的网络化检索可将多个种类的检索信息整合在一起，并可连接其他单位的信息资源，加强多边合作，在更大范围内传播信息资源；同时，由于网络检索实现技术简单、通用，为国际标准化组织承认并强制推行，因此能得到数据处

理产业的广泛应用和重视，加强与产业界的合作。

3. 促进档案学已有管理理论、方法、原则的整合

检索的成效是收集、鉴定、著录、保存等多个环节共同作用的结果。这若干个环节往往在电子文件系统中与文件形成同步进行，这一实际过程的整合趋势必对档案学理论和方法产生冲击，档案界应加强研究，寻找新的工具、方法和理论。

（二）电子文件网络检索系统的建立

1. 建立网站。网站是信息发布源，若要提供电子文件网络检索，建网站是第一步。

2. 加工检索信息，组织电子文件检索数据库。首先，收集电子形式的检索工具和著录条目，对它们之间的联系进行分析；其次，设计站点体系结构和导航方案，实际上就是设计检索的路径，包括机构、主题、时间、责任者、保管期限等多条途径，导航方案一般为网状结构，各个节点之间的关系包括层次结构（Hierarchy）、时间关系（Chronic）、水平关系（Horizontal）、内容关系（Thematic）等，可以借鉴一些用户网站的经验，提供直接检索（键入主题词或分类词、关键词等）和间接检索（在目录间浏览）两种检索方式；最后，根据检索导航方案，设计数据库。检索数据库一般可分为全文数据库和目录数据库两种形式，目录数据库一般有多个，以表达文件之间的多种联系，在各个数据库之间建立联系。

3. 链接相关站点，提供通向其他信息资源的途径，使档案信息系统作为档案部门通过网络利用电子文件的中心。

（三）电子文件网络检索的支持条件

通过网络提供电子文件资源的检索不是易事，除了需要科学地规划和实施外，还需要多方面条件的支持，其中包括：

1. 电子业务活动的普及

电子文件检索工作的开展，离不开两个要素：电子文件资源和对电子文件信息的需求。当业务活动全过程都是在计算机环境中实现时，电子文件的产生、交换、利用就成为业务活动的必然要求。综观全球范围内电子文件检索工作开展得比较先进的国家，一个明显的特点就是国家规定或鼓励政府部门通过网络开展业务。比如，1997 年澳大利亚宣布截至 2001 年，澳大利亚政府机关将实现办公网络化，到 2000 年，政府的贸易行为也在网络上进行，即开展电子商务活动。在成熟的电子文件网络检索的技术环境和社会环境下，电子文件的产生和需要都急剧增加，电子文件利用的能力也会得到提高，无疑极大地促进了电子文件检索问题的理论和实践探索。

2. 文件、档案工作自身的成熟

检索工作在整个电子文件管理体系中属于较高层次的开发利用工作，而且与收集、整理、保管等工作唇齿相依，只有在其他各项工作相对成熟的前提下，检索才能顺利开展。

3. 法律法规的建立与完善

电子文件信息资源利用工作的内容与其他信息资源存在诸多不同，主要的一个特点是电子文件来源广泛，既包括公共信息，如政府机关形成的公文，又包括非公共信息，如一些科技文件、档案信息。由于电子文件尚属新事物，国家尚未明确电子文件的开放时间、方式、范围，也未对机构、个人通过网络利用电子文件信息资源的权利和义务加以规范。目前有不少单位出于保护档案安全的目的，始终没有与互联网相接，主要原因是未得到法律、政策方面的保障和支持。各种网络信息内容服务商的迅速崛起说明社会对电子信息存在巨大的需求，而电子文件在各种信息资源中具有明显的优势，因此，档案部门应借鉴信息服务领域的成功经验，寻找机会加强电子文件的利用工作。为了合理、有效地利用电子文件信息，应尽快建立和完善相关法律法规。

4. 相关技术标准的建立

主要指一些与文件检索有关的技术标准，包括信息交换标准、档案信息编码标准、元数据标准等。①

第四节　电子文件的开发

一、电子文件开发的概念

电子文件开发，或者说电子文件信息开发是指在对电子文件研究的基础上，按照一定的需求或主题将电子文件承载的相关信息集中，加工成各种形式的电子文件产品，有效地向社会各方面提供优化、系统的电子文件信息的活动。

电子文件的开发是档案信息资源开发的重要组成部分。宽泛地说，电子文件开发包括三方面内容：

① 参阅刘越男：《电子文件检索初探》，《档案学研究》，2001 年第 2 期，第 43—47 页。

一是以方便利用者查找为目的的电子文件信息开发工作，诸如编制检索工具、设置电子文件检索窗口和网页、提供查找电子文件的线索和路径，形成电子文件检索体系，尽快引导利用者对馆藏电子文件认识、了解、熟悉，使电子文件得到迅速广泛地利用。这方面工作与电子文件整序、电子文件检索系统建立密切相关。

二是以协助利用者利用电子文件为目的的电子文件信息开发工作，即由电子文件的管理部门根据社会对电子文件需求的预测，对电子文件进行筛选、综合、归纳和提炼，进行若干次加工，形成文化产品、科技产品、信息产品，为社会各方面的利用提供系统、优质的电子文件信息，提高电子文件的利用效果。这方面工作与电子文件编研密切相关。

三是以参与利用者的信息研究为目的的电子文件信息开发工作，即针对利用需求，同利用者共同研究开发电子文件信息，为利用者的决策、科技攻关、市场谋划、指导生产等提供信息支持。档案部门既是信息的提供者，又是信息的利用者。这方面工作与电子文件的直接利用有关。

以上三个方面内容反映出电子文件管理工作环节内容的关联性、交错性和复杂性。鉴于各部分内容阐述的衔接要求和重点不同，人们在探讨电子文件开发时，主要侧重于编研加工工作。

电子文件的开发是电子文件利用工作的重要组成部分。电子文件利用一般分提供利用和开发利用。提供利用是通过提供信息查询，满足利用者的信息需求；开发利用是对电子文件信息进行加工，为利用者提供系统、专题性的电子文件信息。提供利用与开发利用两者相互衔接、相互促进，是电子文件利用活动不可分割的两个方面：提供利用是常规性、普遍性利用工作（人们经常将利用工作理解为提供利用），开发利用既是基础也是提高，两者共同推动电子文件利用工作的全面开展。

二、电子文件开发的方式

一般情况下，文件的产生就主题而言常常是无序的，而满足人们需要的文件信息则应该是有序的。文件开发利用工作的基本任务就是解决文件形成无序和利用有序的矛盾，这一点无论在电子环境还是在纸质环境中都是一致的。不同的是，由于电子文件的特性与利用手段与纸质文件存在一些根本性的区别，且信息时代社会信息资源开发利用又呈现出一些新的特征，因此电子文件开发利用工作的方式与纸质文件开发利用工作会有所不同。

按照电子文件信息加工部门和服务部门的不同，可将电子文件信息资源开发方式划分为以下几种：

（一）自行开发，面向用户直接提供服务

即机构和各类档案馆直接为用户提供信息产品和服务的方式。具体的服务项目包括建设检索系统，提供各种检索服务，如脱机检索、光盘检索、网络在线检索、专题检索等；提供电子文件拷贝（包括纸质形式和电子形式）；出售信息加工产品（如光盘）；提供咨询服务等。这是机构开发电子文件、提供利用服务的主要方式，也是档案馆开发利用信息资源的重要方式。

各级各类档案馆可以发挥馆藏优势，大力推进特色档案信息的数字化利用。例如，美国档案与文件署尼克松总统图书馆复制了有关水门事件的磁带，并制作成光盘，于 2000 年 1 月 3 日向公众销售。档案部门可以从这个事例中得到有益的启发，根据现代社会人们的多元化需要，提供合适的文件、档案信息产品，为社会大众服务。

（二）自行加工信息产品，提供给中间服务商

信息产品的加工与传播过程类似于普通商品，也有生产者、批发商和零售商的区别。因此，档案部门可以借鉴一些数据库生产者的经验，不仅由自己向最终用户提供信息产品，而且可以将信息产品提供给中间服务商，通过中间商为最终用户服务。采用这种开发方式，一方面可以增加电子文件信息资源传播的途径，扩大其影响力；另一方面也可为档案部门节约时间，不必为产品销售问题投入太多资源。这种方式适用于一些大型科研机构、科技企业、档案馆等有能力加工数据库的单位，与信息中间服务商合作是扩大数据库利用范围的好办法。

（三）与其他部门合作开发，发挥各自优势

档案部门在技术方面的力量是比较薄弱的，在面向普通用户的服务方面也经验有限，因此可以与其他部门合作，弥补自身的不足，拓展开发途径。合作的对象包括 Web 站点、数据库生产经销商、图书音像出版商、新闻传媒、同类型单位等。其中，Web 站点、数据库生产者等机构处理数字信息的能力强，技术装备好，技术人才多，资金充裕；图书音像出版物、新闻传媒的信息来源广泛，社会影响大，为百姓喜闻乐见；同类型单位之间业务比较熟悉，可以实现资源互补，形成联合效应。合作是加深电子文件开发利用力度、扩大利用范围的有效方式。

需要指出的是，由于机构内档案部门和档案馆的用户不同，对电子文件资源的权益关系不同，所以两者开发利用电子文件的具体方法、侧重点也是有所区别的。对于机构来讲，提供电子文件信息资源为本单位用户服务是其最主要的职责。在这项工作的基础上，才能考虑为外部用户服务的问题，而为外部用户服务的直接目的是为机构获取一定的效益，包括社会效益和经济效益。而对于档案馆而言，所有的利用信息资源的用户都是外部人员，其工作目标是促进全社会对档案文件信息的利用，更多地考虑社会效益。①

（四）个性化开发，满足不同人群的需求

倡导个性化服务。个性化服务是满足用户信息需求特点、尊重利用多样化，体现亲民形象的一大举措。因为伴随国民生活水平和文化程度的提高，民众信息需求个性化、专业化、多样化趋势越来越明显。在电子文件利用方面，在内容上表现为对有关人生、家世、家族的档案，个人学历和履历、业绩和财产、城市历史的人物和事件、地方历史风貌、社会重大事件方面的档案感兴趣；从手段上是不拘泥手工翻阅案卷，也普遍兴起电话咨询、联机检索、网络查找、档案外借、递送服务、定题服务、展览服务等；从心理上是求快、求全、求准、求便利、求尊重。电子文件利用提供个性化服务就要从研究用户在利用内容、利用手段、利用心理上的特点人手，满足多样化的需求，真正树立并践行"以人为本"的服务理念。不仅在档案机构中研究来馆用户的信息利用特点，还应走向社会，了解整个时代发展趋势和民众文化需求的走向，密切关注利用技术手段的新发展，借鉴其他信息部门在利用环节上的有效做法。在了解、吸收、借鉴和研究的基础上，探索有电子文件利用社会化特色的个性化开发服务模式。

美国国家档案馆根据自身馆藏档案丰富多样的特点，对馆藏电子文件的开发利用采用了个性化服务开发模式。NARA 官方网站除了专门开设研究型档案、老兵服役档案、教师资源、档案馆分布图和在线购物等五个利用率较高的栏目外，还根据不同用户的需要对信息进行分门别类，有为特殊人群如市民档案工作者、联邦雇员、国会成员、系谱学者等而设置的信息类别，也有根据用户意图如获取服役档案、规划研究、观看在线展览、申请奖金等而设置的信息类别。

三、电子文件的编研

所谓电子文件的编研，是指根据客观需要，对电子文件内容进行分析研究，按照一定的主题，将相关文件信息加工、编辑成各种形式的电子文件编研成品的业务工作。电子文件编研是电子文件信息资源开发利用的重要形式和手段。

电子文件的编研成品是电子文件编研工作知识产品的总称。电子文件编研成品的类型，按信息加工方式可分为汇编型、摘要型、编译型和著述型；按照编研成品的作用可分为报道型、资料型和研究型；按照信息的类型可分为文字型、数字型、图

① 冯惠玲主编：《电子文件管理教程》，中国人民大学出版社 2001 年版，第 105—106 页。

像型、声音型和多媒体型。编研成品的载体包括光盘、磁带等，亦可根据需要打印或出版纸质材料。

(一) 电子文件编研的特点

与传统编研工作相比，电子文件的编研同样要坚持保证编研信息的真实性、适合用户的客观需要、优化电子文件信息和遵守相关法律法规等原则，也要遵循选题、拟制编研方案、选材、加工与编排、审校与批准等程序。同时，由于电子文件的特点以及计算机技术的应用为这项工作带来一些不同，具体如下：

1. 编研时间大为缩短

计算机提供了强大的剪贴复制、增减删改等信息编辑加工功能以及统计计算功能，节约了信息的加工处理时间，提高了工作效率。

2. 编研成品内容更为丰富

其丰富性表现为以下几个方面：

(1) 多媒体技术的应用有助于对各种类型的信息进行加工，在同一部编研成品中可集成多媒体信息，包括文字、数字、图像、声音等。实践中，越来越多的单位采用数字化技术，将纸质文件、照片、录像带、录音带中的信息数字化，利用多媒体编辑程序，加工成多种形式的编研成品，提高了利用者对编研成品的接受程度。

(2) 计算机环境中信息的内容与特定载体可以分离，增加了多种信息资源互相结合的可能性。现代社会综合利用各种信息资源的需求越来越多，文件、档案编研成品中出现非文件、档案信息的频率也越来越高，各种信息资源之间的优势互补，提高了编研成品的利用价值。

(3) 对纸质档案而言，一部编研成品内信息的编排体例只有一种，而在电子环境中，超级链接的使用改变了这种局面。用户在阅读编研成品时，可以自己选择阅读顺序，从而使编研成品具有多种编排体例，满足不同用户的利用要求。

3. 编研成品形式类型多样

电子文件编研成品为档案编研成品家族中增加了很多新成员，如数据库、多媒体信息产品、CD-ROM 等。电子环境中的一些传统的提供利用方式也借编研的手段得以实现，如档案网站中的“网上展览”，就是将相关的照片、图片、文字材料扫描处理后按照一定的要求排列，方便用户网上浏览。这种“网上展览”实质上也是一种数字化的编研成品。从某种意义上讲，一个档案网站所有网页的集合就是一部编研成品。

4. 编研成品传播方便快捷

编研成品的传播，既可借助网络，又可通过出售、赠送、交换 CD-ROM 等手段来实现。特别是网络传播,更有利于电子文件信息的广泛传播和资源共享。

5. 编研工作者的组成更为复杂

一方面,网络给人们提供了通讯交流、协同工作的手段,一个编研项目可以由处在不同地点的工作人员共同承担,并通过网络传递编研成果;另一方面,信息资源市场化开发利用机制的实行,使得多种信息服务部门参与到文件、档案信息资源的开发利用中,如咨询公司、数据库生产商、出版商、传媒机构等。

6. 注重知识产权的保护

鉴于电子信息具有易传播、易复制的特征,因此在电子文件编研过程中更应该注意知识产权的保护,对材料的选择和编研成品的传播利用方式予以控制。

电子文件的编研,应利用先进的电子信息编辑软件,注意编研产品格式的标准化,并注意保护电子文件的真实性和完整性。①

(二)电子文件编研的作用

随着多媒体技术的发展和应用,电子文件编研在档案编研中的优势逐渐体现,地位逐渐提高。电子文件编研的作用主要体现在以下几个方面:

1. 创新档案编研方式,促进档案编研理论的发展

传统档案编研建立在文字纸质档案整理加工的基础上,其理论与方法已经很难适应信息时代的要求。电子文件编研不但为档案编研工作提供了全新的形式和手段,而且为档案编研理论的发展提供强大的动力。

2. 检验档案管理质量,促进档案基础业务的建设

电子文件编研作为档案利用的一种方式,对于前期电子文件的收集、整序、保管等工作无疑是一种检验。电子文件编研的材料大多是多媒体档案,而多媒体档案的管理工作在我国目前仍处于弱势。电子文件编研的开展有利于加快多媒体档案管理的进程,有利于改变档案部门思想观念、技术手段、管理方法,促进电子文件管理基础业务工作的建设。

3. 盘活档案存量资源,促进馆藏资源结构的优化

电子文件编研的素材主要来源于馆藏电子文件和数字化档案信息,通过编研,可以激活馆藏档案的利用价值,使死档案变成活档案。通过电子文件编研,还会发现馆藏资源的不足,通过征集来充实馆藏档案资源,以编研工作来促进档案征集工作的开展,使馆藏档案的门类和内容越发丰富,馆藏特色逐渐形成,馆藏资源的整体结构将得到优化。

---

① 参阅冯惠玲主编:《电子文件管理教程》,中国人民大学出版社,2001年版,第104—107页。

4. 改善档案服务手段，促进档案部门地位的提升

档案部门的服务能力和服务效果决定了档案部门的地位和作用。传统的档案管理之所以作为有限、地位不高，是由于服务手段的落后、服务资源的短缺。电子文件编研能够通过全媒体为用户提供高效快捷的档案信息服务，在服务形式和服务内容方面开辟崭新的渠道，有利于全面提升档案工作的社会地位，获得社会的广泛认同。

第五节 电子文件的传播

一、电子文件传播的途径和特点

电子文件既可以以信息形式传播，也可以制成脱机实体传播，因而具有文件实体和文件信息传播的双重性质，可以充分发挥两种传播的优势，传播途径具有更强的广泛性和多样性。

结合电子文件的利用方式、传播对象和路径依赖，电子文件传播可以大致分为以下具体形式：

1. 现场查阅传播

即电子文件用户到档案馆、档案室查阅利用电子文件信息，属于电子文件的直接利用，具有定向性和非在线性。

2. 脱机实体传播

即将电子文件打印成纸质副本，或刻录在光盘、存储到磁盘磁带等脱机载体上，制成拷贝件进行传播。一般具有定向性，也属于非在线传播。

3. 网络通信传播

简称通信传输，即通过点对点数据通信的方式将电子文件传递给固定的查档单位或个人，具有定向性和在线性，是电子文件传播的重要形式，可以快捷、方便地将电子文件传递给特定用户。

4. 网络发布传播

即将电子文件挂接、发布到形成单位门户网站、档案信息网站、数字档案馆信息平台等，传播电子文件，具有非定向性和在线性。随着数字档案馆建设和档案网站建设的加快，这类传播越来越丰富。

5. 有线电视传播

即将电子文件制成电视节目，或单独公布，通过有线电视网加以传播。数字电视的发展，为电子文件传播提供了另一条便捷的途径，它可以将文本、音频、视频、多媒体等原生电子文件合成新的视频文件，提高传播的视觉效果。这种传播也属于非定向性，但与网络发布不同，它既可以是在线传播，也可以是非在线传播。

6. 社交媒体传播

即利用电脑、手机等通讯工具，依托互联网社交媒体平台，传输、发布电子文件信息，是一种新的信息传播平台和途径。与网络通信传播相比，它的受众更为广泛；与网络发布传播相比，它又具有一定的定向性。

随着信息技术的发展，互联网、电信网、广播电视网正呈现“三网合一”的趋势，电子文件的网络传播界限越来越模糊，跨界传播越来越明显，实现电子文件的无障碍传播已成必然。

二、社交媒体发展与电子文件传播

(一) 社交媒体及其种类

“社交媒体”(Social Media)又称社会化媒体或社会性媒体，是一种给予用户极大参与空间的新型在线媒体，是允许人们撰写、分享、评价、讨论、相互沟通的网站和技术，也是人们彼此之间用来分享意见、见解、经验和观点的工具和平台。

Web2.0改变了互联网单向传播信息的方式，强调用户间以及信息间的相互性，赋予了网民更多的主动权。社交媒体以Web2.0的理念和技术为依托，在Web2.0由用户分享、以兴趣为聚合点、在开放平台上实现信息聚集与共享等基础上，更加强调信息传播者的规范性以及自身传播的动机。随着Facebook、Twitter、微信、微博等的普及，社交媒体的概念逐渐被人们熟知和运用。

社交媒体根据社交活动的目的大体可分为四类：

1. 以分享信息为主要目的的社交媒体

如视频类网站YouTube、优酷等；论坛类网站猫扑、豆瓣、知乎等；以及各类博客。在这类社交媒体上，网民可以通过注册成为用户，分享视频、音频或文字信息，可以对各类上传的信息进行评论和转载，并在用户之间建立新的联系。

2. 以沟通交流为主要目的的社交媒体

以微信最具代表性。微信最初是为相互认识的用户沟通交流提供便利，随着朋友圈的普及，在特定圈子内共享的视频、音频、文本等信息在越来越多不同类型的圈子里得到分享扩散，通过微信公众账号也将自身的关注用户与其他朋友圈相结合，扩大信息传播及其自身影响力。

3. 以传播实时信息为主要目的的社交媒体

如国外著名的社交网站 Twitter，国内的新浪微博、腾讯微博等。微博作为一个基于用户关系分享、获取实时信息的平台，通过关注机制，以广播式方式传递即时信息，用户可以通过电脑、手机或其他便携式设备随时随地关注事件的发展。

4. 以展示个性化信息为主要目的的社交媒体

如社交网站 Facebook、人人网、Flickr、Instagram 等。在这类社交网站中，用户可以免费使用照片线上存储与共享功能，可以对上传图片进行分类、加标签、搜索图片等操作，可以将朋友分享的照片有规则地组织起来，以便浏览和交流。

（二）社交媒体的特点

1. 用户间通过关系相连

用户间的关系是社交媒体不断发展和充分发挥作用的重要保证。当前最受关注的社交媒体，如微博、微信、人人网等，最初都是通过利用用户间的关系，建立相对稳定的关系网，并通过不断扩大和发展而形成的。美国社会学家马克·格兰诺维特认为，强联系是每个人在社会中接触最频繁的关系，如亲戚、朋友、同事等；而弱联系是一种与无意间提及或偶然在视频中看到的人的关系。与强联系相比，弱联系虽然不稳定，但却有着极快的传播效率和较低的传播成本。社交媒体以强联系为基础，利用本身的平台，充分发现与拓展弱联系，为用户扩大自己的社交圈，并由此增加更为灵活的关系建立渠道，实现信息在更大范围内的传播。

2. 用户互动广泛

Web2.0 打破传统“写”与“读”的界限，将“共同建设”的概念引入网络。社交媒体以此为基础，建立了内容更加全面、形式更加丰富、范围更加广泛的互动，将“独白”变为“对话”。微博用户发布一则信息，其他用户就可以通过评论或转发的方式对该信息进行讨论，或为同一信息提供不同侧面的佐证材料。广泛的互动可以为信息的原始发布者提供多方面的材料反馈，有时甚至可以形成社会舆论，影响事件的发展方向。

3. 信息传播高效快捷

社交媒体用户不仅可以通过互动，改变传统媒体说教式等的传播方式，而且还可以通过弱联系，扩大信息的传播范围。用户可以通过浏览已经关注的信息发布者，选取其中认为有价值的信息进行评论或转发。由此，大众认为有意义的信息就会得到越来越多的关注和转发。微博中，高转发率或评论量大的信息会成为热门话题；视频网站中，点击或评论量大的视频音频会被移至首页；论坛中，讨论多的信息会成为精华帖。通过参与式讨论、转发，信息可以得到选择性的快速传播，从而使某些信息尽快传递到需要或感兴趣的用户手中，实现信息的高效传播。

4. 信息平台高度融合

随着信息形式的多样化与用户需求的增加，社交媒体进行了多方面的技术融合。微信不仅可以发布文字，还可以将文字、图片、音频、视频、链接等内容综合发布，提高了信息的可读性与可靠性。同时，许多社交媒体都实现了平台间的开放，豆瓣上的一篇好文章可以直接转载到微博、微信或人人网，优酷中的视频可以直接分享到其他社交平台，跨平台合作或平台间融合已是大势所趋。

（三）社交媒体对电子文件传播的影响

社交媒体在信息传播上的优势和特点，为电子文件传播提供了新平台、新渠道。在社交媒体的参与式活动中，不仅产生了大量的新的电子文件，更为电子文件的传播带来了发展机遇。

1. 社交媒体极大拓展电子文件的传播渠道和传播空间

网络技术的发展与网民规模的扩大，使互联网成为当代信息传播的主渠道之一。在互联网用户中，社交媒体拥有数量庞大的用户群。据中国互联网信息中心的统计，截至 2013 年 12 月，中国网民规模达到 6.18 亿，其中手机网民规模达到 5 亿，微博用户规模达到 2.81 亿①。国内有上网功能的手机中，微信安装率几乎为 100%。在这些主流的社交媒体中，每天大量的用户分享着数以亿计的信息，这些网民既是信息的接收者，又是信息的发布者、转发者，为电子文件提供了数量巨大的潜在用户和潜在传播主体，极大拓展了电子文件潜在的传播空间。而且随着电脑、手机等移动终端设备的互联互通以及各种社交媒体的合作与融合，传播电子文件的信息渠道也更为通畅。

2. 社交媒体形成促进电子文件传播的信息传播圈与关系网

社交媒体是现实社会中的关系在网络上的延伸，它同时也创造着单独存在于网络中的新型关系网。在以兴趣为结点建立起来的圈子中，符合兴趣的特定主题在圈子内的传播效果要远远高于无差别组群内的传播效果。在微信的公共账号中，以“档案”为关键词进行搜索，可以搜到 105 个与档案相关的公共账号。这些公

---

① 中国互联网信息中心：《2013 年中国互联网络发展状况统计报告》。

共账号的主要推送内容涉及历史档案、档案节目、档案管理方法、档案设备等方面，如同微博的粉丝群，公共账号的关注者绝大多数都是出于对其推送的内容感兴趣。在这样的圈子中，档案信息的传播速度和传播效果更为快捷、高效。利用社交媒体中形成的档案信息传播圈，可以提高电子文件传播的速度和效率。

3. 社交媒体赋予电子文件信息受众新的意义

在传统的档案信息传播中，档案信息受众一般为档案文件的查阅利用者，档案文献编研成果、档案报刊的阅读者，或者参观档案展览的观众。以电视为媒介的档案信息传播其影响范围广，受众数量也相对较多。但是，这两类档案信息受众都是单向的接收，主动选择信息的权力有限，没有信息的反馈渠道，而且传播者和受众的身份相对稳定。

社交媒体的信息受众既是信息的接收者，也是信息的传播者。他可以把感兴趣的电子文件信息通过社交媒体的关系网传递给自己的好友、粉丝；可以对电子文件信息进行评论，形成意见导向；可以搜寻、添加与某一信息相关的其他信息，使媒体用户获得更完整全面的信息；可以对传播的信息内容和形式进行重组，使信息更加有序或更加立体化、形象化。总之，受众身份的转换，打破了传播者与接收者之间的界限，也改变了“一对多”的单向单次传播模式，提高了电子文件信息受众的参与度和影响力。

4. 社交媒体有力推动档案部门对社会舆情的引导

社交媒体既是一般网民的沟通交流平台，也是档案部门与社会沟通交流的平台。档案部门可以充分利用社交媒体的信息传播特点和优势，主动融入社会信息交流系统，及时推送电子文件信息，引导社会舆论，形成有利于社会稳定、和谐发展的舆论导向和正确的社会历史意识。

与传统传播途径相比，社交媒体的传播更具有直接性、即时性和广泛性，档案部门可以直接将社会关注的热点问题的电子文件或数字化文件通过电脑、手机等直接传送给网民，网民可以随时随地获得社会热点问题信息，不仅能提高对社会热点问题的了解，也能感受到档案部门的存在。

社交媒体作为新兴社会交流渠道，为档案信息、电子文件传播等提供了新契机，如何利用社交媒体进行档案信息传播，提高和扩大档案部门的社会影响力，有待进一步探讨。

三、国外电子文件传播利用及其启示

各国都在充分利用网络这一便捷途径，开展电子文件的传播利用，扩大社会影响。这里以英国国家档案馆为例，介绍其电子文件传播利用情况。

英国国家档案馆在电子文件管理的整个生命周期中，突出并创新利用服务是其显著特征之一。当前，主要的发达国家仍将主要资源和精力放在电子文件的接收进馆、标准规范制定、长久保存系统研发等"规范管理"的电子文件管理活动上，英国已经开始将大规模电子资源提供给公众利用。主要表现在三个方面：一是提供各种类型电子文件的在线利用，包括数字化文件、原生电子文件、数据库文件、网页文件等；二是注重资源为实现教育、历史与文化功能服务，加大对电子文件资源开发力度，如开设图、文、音乐并茂的网上展览、开设各类教育课程与提供教学辅导资料；三是利用服务彰显个性化、协作与反馈的特点，充分运用web2.0 环境下的各种技术/平台，如 Flicker、YouTube、Facebook、Twitter、Podcast 等，实现更广泛、便捷的服务。英国国家档案馆电子文件利用服务的主要方式有：

1. 数字化文件在线

"数字化文件在线"(Documents Online)可以让公众在线获取英国国家档案馆中的数字化公共文件，而这一服务成为英国国家档案馆承诺提供在线利用文件战略的重要举措。提供在线利用的文件主要包括家庭历史(family history)方面的 30 个专辑和其他 10 个专辑。

2. 电子文件在线

"电子文件在线"(Electronic Records Online)提供英国国家档案馆中保存的由英国政府形成的包括文字处理、应用程序、数据库、虚拟实景和音视频等部分原生电子文件的在线利用。

3. 国家数字数据集档案

"国家数字数据集档案馆"(the National Digital Archive of Datasets，NDAD)保存了英国中央政府各部门形成的数字数据集(digital datasets)和文件(documents)，并向公众提供在线利用。

4. 英国政府网页档案

"英国政府网页档案馆"(UK Government Web Archive)对英国中央政府机构重要网站网页进行保存并提供利用。内容覆盖商业、工业、经济和金融，文化与休闲，环境，政府、政治和公共管理，健康、医疗和福利，国际事务和防务，公民、社区和居住，公共问询和皇家调查委员会，公共命令、司法和权利，交通、通信和技术，就业、教育和技能等 11 个领域(专辑)的网站。每个专辑又分为若干个子专辑(网站)，比如文化与休闲专辑包含艺术、文化和娱乐，博物馆、艺术馆、档案馆和图书馆，文物、古迹、建筑，英国旅行和旅游业等网站的网页。网页按照“专辑——子专辑网站——年度时间段”来组织，用户既可以分专辑检索，也可统一检索。

5. 在线展览

英国国家档案馆提供了“在线展览”(Online Exhibition)服务，围绕不同的历史时期、历史事件、历史人物、某类群体、某类文件等设计展示了共计 47 个专题的“在线展览”。“在线展览”不仅综合文字、照片、声像来提供全面的信息，而且还附有供教师和学生使用的相关资源、工具与案例。可以说，“在线展览”就是一个在线学习的平台。

6. 个性档案馆

2007 年 4 月，“个性档案馆”(Your Archives)作为英国国家档案馆在线服务的组成部分开始被应用，它旨在为利用者提供共享和传播英国档案遗产和历史信息再利用等方面知识的一个公开平台。系统运用大家熟悉的维基(wiki)技术，用户通过注册后可以编辑网页、提交有关主题和文件的评论与文章、扩展目录条目、公布文献抄本、利用者开展研究项目的合作等。

7. 国家档案馆教育服务

英国国家档案馆提供专门的教育服务(the National Archives Education Service)，即利用电子馆藏开发针对不同年龄段、不同主题的课程，并提供在线学习、测试的资源，此外还提供视频会议、虚拟课堂等产品。在英国国家档案馆网站首页，“教育服务”(Education)与“文件检索与利用”(Records)、“信息管理指导”(Information Management)并列为三大板块，足见英国国家档案馆对文件再开发利用的重视。①

从发达国家电子文件网络传播利用服务的发展现状，我们可以把握当前电子文件网络传播利用的一些特点及其未来的发展趋势，对我们思考未来电子文件网络传播利用的方向具有一定的启示意义。

第一，电子文件利用服务的多元化。目前发达国家对电子文件本身的利用已经包含数字化文件、原生电子文件、数据(库)文件、网页文件、音频视频文件等，各国各类电子文件利用的主要情况如表 8－1 所示。结合利用类型和数量来看，各国呈现了发展不平衡的状况，其中英国属于第一梯队、美国属于第二梯队、澳大利亚和加拿大属于第三梯队。

---

① 冯惠玲、刘越男等著：《电子文件管理国家战略》，中国人民大学出版社，2011 年版，第 103—109 页。

表 8-1　各国不同类型电子文件利用

<table>
<tr><th>类型
国家</th><th>数字化文件</th><th>原生电子文件</th><th>数据(库)文件</th><th>网页文件</th><th>音、视频文件</th></tr>
<tr><td>英　国</td><td>数字化文件在线</td><td>电子文件在线</td><td>国家数字数据集档案</td><td>英国政府网页档案馆</td><td>公共信息影片</td></tr>
<tr><td rowspan="2">美　国</td><td rowspan="2">国家数字安全档案</td><td>档案利用数据库</td><td></td><td></td><td></td></tr>
<tr><td colspan="4">电子文件档案馆(ERA)</td></tr>
<tr><td>澳大利亚</td><td>照片检索、文件检索</td><td></td><td></td><td></td><td></td></tr>
<tr><td>加 拿 大</td><td>档案检索、加拿大档案</td><td></td><td></td><td></td><td></td></tr>
</table>

第二，以实现教育和学习功能为主要目标的电子文件资源开发利用成为各国档案馆服务的重要组成部分。主要表现在发达国家的国家档案馆网站普遍建立"教育"或"学习"专栏，在资源开发和呈现上将不同类别电子文件资源进行有机组合与挖掘，提供给公众(尤其是学生)在线利用。如澳大利亚国家档案馆网站建立了专门的"学习"(Learning)板块，提供针对中小学、大学、终生学习的教育工具和在线资源服务；美国国家档案馆网站也为教育者和学生建立了"数字课堂"(Digital Classroom)；加拿大图书与档案馆为教师和学生建立了"学习中心"(Learning Center)，为他们提供相关网站、教育工具和数字化文件，并提供课程计划、测验和阅读建议等；英国国家档案馆设立了"国家档案馆教育服务"(the National Archives Education Service)，其网站将"教育"(Education)作为三大板块之一，提供在线学习，以便学生更好地了解英国的历史与文化。此外，各国国家档案馆普遍开展的在线展览(Online Exhibits)，内容丰富，也成为电子文件在线利用的有效方式。

第三，当前电子文件利用服务充分利用 web2.0 时代互联网新型公众服务平台和技术。如各国国家档案馆普遍提供 RSS 的推送服务，在具有广泛影响力的交友、图片、视频、播客等网站/平台(如 Facebook、Flicker、Twitter、YouTube)上建立自己的账号，提供播客服务(Podcast)，利用维基(Wiki)技术建立用户知识共享平台、建立用户的个性化档案馆等。加强公众与档案馆之间的联系，营销和提供自身的资源和在线服务，体现了档案馆资源服务从技术发展与公众需求出发的开放性思维。①

① 冯惠玲、刘越男等著：《电子文件管理国家战略》，中国人民大学出版社，2011 年版，第 161—162 页。

第九章　电子文件管理系统

电子文件管理功能最终是通过具体的信息管理系统来实现。电子文件管理系统是电子文件形成、运行、处理、长期保存和利用的信息管理平台，是电子文件的生存环境，是保障电子文件真实性、完整性、有效性和安全性的关键。电子文件管理系统的开发是一项复杂的系统工程，需要专业技术人员来设计和研制。

第一节　电子文件管理系统概述

一、电子文件管理系统概念考辨

电子文件管理系统是一个发展变化的概念，从国际上看，早期一般称为电子文件保存系统（Electronic Recordkeeping System，ERKS），有广义与狭义之分。广义的电子文件保存系统是包括所有与电子文件管理有关的技术、管理、法律、标准、人员等相关因素在内，以保证电子文件的行政有效性和法律证据性，保证电子文件的科学管理和高效利用为目的的信息系统。它是一个宏观的、综合的管理系统，能够最大限度地支持和维护电子文件的管理。狭义的电子文件管理系统是以信息技术为支撑，具有文件保存功能，能够对机构内产生的电子文件、档案部门保管的电子文件（电子档案）进行科学管理，保证电子文件的行政有效性和法律证据性的计算机软硬件系统，尤其是与之相对应的软件程序。电子文件保存系统特别强调能够随时间的流逝保存电子文件的内容、背景信息与结构，能够模拟电子文件管理的业务流程，能够贯彻全程管理与前端控制思想，具有很强的专业指向。

随着电子文件管理理论与实践的发展，电子文件管理系统（Electronic Records

Management System，ERMS)开始与电子文件保存系统(ERKS)交替或者同时出现，并且ERMS逐渐占据了主导地位，例如风靡全球的《电子文件管理模型需求》(MoReq)即是关于ERMS的功能需求标准。一般认为，ERMS主要针对电子文件的捕获、识别、分类、保存、使用和处置进行有效和系统的管理活动。从文件生命周期的视角出发，可以认为ERMS主要关注电子文件的半现行阶段，也包含该阶段与现行阶段、非现行阶段的衔接过程。国际档案理事会的需求规范指出，ERMS是为业务活动提供证据而对电子化生成文件进行形成、利用、维护和处置的计算机系统。这些系统要维护恰当的背景信息和元数据，将文件与其证据支持相联系。① 二者的定义都特别强调了要维护背景信息和元数据，强调它与一般计算机信息管理系统的区别。

与ERMS密切相关的还有两个概念：(1) 业务系统(Business System，BM)。即生成或管理业务活动数据的自动化系统，旨在为机构和用户之间开展业务提供便利，这类系统包括OA(办公自动化)、CAD(计算机辅助设计)、ERP(企业资源规划)、HR(人力资源管理)、CRM(客户关系管理)、PDM(产品数据管理)等。这些系统内部往往也设置相关的文档管理系统(国际上通常叫EDMS，即电子文档管理系统)，但总体上说，业务系统的文件管理更注重业务流程、版本控制等，不太重视文件信息固化后的管理。(2) 数字档案馆系统(Digital Archives，DA)，它致力于解决数字档案信息的正确性、可理解性和长期保存性。当然，DA也具有保管数字化档案的功能，可以预见DA将是传统档案与电子档案长久保存的最终归宿。数字档案馆系统的核心功能是真实长久地保存馆藏数字档案资源，这个功能模块在更大的范围内也被叫做"可信数字仓储"(Trusted Digital Repository，TDR)，即把数字档案馆系统视为一个维护档案文件长久保存的可信数字仓储。国际上目前从事该系统研究的项目和成果也非常多，包括OAIS参考模型(ISO 14721《开放档案信息系统参考模型》)、TRAC(可信数字仓储审核与认证：标准与审核列表)等。OA、ERMS和TDR在实际环境和软件产品中并不一定以独立的软件形式出现，可能存在复杂的交叉组合关系。如由于文档一体化和全程管理思想的贯彻，在国外常有EDMS/ERMS(或者叫E－DRMS)。文件档案管理联合会(ARMA)还专门发布了EDMS和ERMS的集成管理系统框架报告(TR48—2004)。我国目前不少电子文件中心系统其实可以理解为ERMS和DA系统的组合，国外的项目如美国的ERA

① 钱毅：《电子文件管理系统功能需求规范定位研究》，《北京档案》，2011年第4期，第24—26页。

就涵盖了 REMS 与 DA 的功能范围。[①]

国内的电子文件管理系统一般是指那些与电子文件(档案)管理有关的计算机软件系统,如“电子文件(档案)移交接收管理系统”、“电子档案管理系统”、“数字档案馆系统”等。这里要说明的是,由于电子文件管理系统的管理对象是电子文件,电子文件在计算机内主要是以数据库的形式存在,因此电子文件管理系统往往就是一个数据库应用软件系统。

无论是国际还是国内、宏观还是微观,电子文件管理系统首先指向一个软件系统,而且该软件系统在电子文件管理的过程中占据着不可替代的重要地位,是电子文件管理系统的核心。因此,电子文件的管理最终将归结到软件系统的实施上,很多管理思路、规范标准都将最终具体落实到软件系统的设计中,而且某种方法和规范是否具有软件实施的可行性甚至会成为衡量它是否具有发展潜力的主要标准。[②]

二、电子文件管理系统的特点

电子文件管理系统与一般信息系统(Information System, IS)、档案计算机辅助管理系统(Archives Computer Aided Management System, ACAMS)、办公自动化系统(Office Automation System, OAS)等相比,具有以下特点:

(一) 系统中的电子文件具有行政有效性和法律证据性

电子文件管理系统是特殊的信息系统,该系统保存的电子文件必须是机构职能活动的伴生物和证据。一般信息系统中所存储的电子信息可能在技术特点上和电子文件管理系统并无差别,但它们不需要具备此种社会属性。因此,该系统具有与此相关的程序严密性,一般不允许随意省略其中的环节。

(二) 系统中电子文件构成具有多维性

电子文件管理系统中的文件是指文件内容、结构和背景信息共同构成的整体。在一般的信息系统中,这三类信息各自独立存储和管理,完全可以在不考虑信息背景和结构的情况下,利用信息内容。而电子文件管理系统具有其他信息系统不具有的功能,需要在管理电子文件之前“制作”电子文件,即通过一定的技术手段(主要是元数据技术),将构成一份文件的完整信息记录下来,整合在一起,构成真正意义上的“文件”,并保证文件和档案工作者可以记录、管理和维护文件的构成要素,

① 钱毅:《电子文件管理系统功能需求规范定位研究》,《北京档案》,2011 年第 4 期,第 24—26 页。

② 参阅于丽娟:《电子文件管理系统的功能——基本功能及其功能拓展》,《北京档案》,2002 年第 10 期,第 18—20 页。

并将文件以整体的形式提供利用。

(三) 是执行业务活动的辅助系统

从功能上来讲,电子文件管理系统主要管理机构文件和档案。但它和业务流程紧密结合,跟踪整个文件流转过程。从这个意义上来讲,它不专属于机构的档案部门,而成为机构各部门运行的信息系统的组成部分。如戴维·比尔曼所言:“设计文件保管系统的初衷是为业务人员服务,而不是为档案工作者或研究人员服务;而且目的在于支持形成单位的业务管理和事务处理,而不是为了实现一般的情报信息检索。”①

(四) 具有独特的技术思路

为了节省资源和提高工作效率,机构一般会维护一个大型数据库以减少数据冗余,各项应用可以从数据库中抽取数据,用户在屏幕上看到需要的数据以所希望的格式显示,这就是所谓的视图。但实际上数据仍保存在原数据库中,文件不是独立存储的数据,而是根据某项操作命令执行瞬间链接。造成这种结果的原因是技术人员对系统资源利用率过分关注,最大限度地减少数据冗余曾经是技术发展的目标。电子文件管理系统则提出相反的要求,在保证资源有效利用的同时,抛弃“技术完美主义”的诱惑,允许必要的数据冗余,将重要文件独立保存,以维护证据,保存机构记忆。②

三、电子文件管理系统的功能

系统的功能需求即指系统所能满足人们的工作需求,它是系统开发设计的前提。只有在调查研究的基础上,全面分析机关的职能活动和文档管理的要求,明确电子文件管理系统的功能需求,才能有目的地开发出理想的管理软件。

电子文件管理系统不可能有统一的标准,但作为一类完成机构文档和机构记录管理功能的系统,也具有一些共同的功能。

(一) 基本功能

一般来说,电子文件管理系统必须具备以下功能:

1. 综合管理文件功能

实现机构各种载体文件的综合管理,如光盘、磁盘、磁带、胶片、纸张等的管理;实现机构文书、科技、财会、人事等文件的集中管理,尤其是实现包括文本、图形、图

---

① [美]戴维·比尔曼著,王健等译:《电子证据——当代机构文件管理战略》,中国人民大学出版社,1999年版,第27页。

② 参阅于丽娟:《电子文件管理系统初探》,《浙江档案》,2001年第9期,第36—37页。

像、声音等不同类型的电子文件的综合管理，提供能支持多种文件格式阅读的功能。

2. 电子文件捕获和归档功能

电子文件管理是从文件被捕获时开始的，电子文件管理系统的第一项功能也就是捕获和归档，即捕获电子文件内容及其元数据，并将其归档至电子文件管理系统中。电子文件捕获和归档包括三个子功能：(1) 通过嵌入各个业务信息系统中的电子文件登记功能实现文件的实时捕获，或者通过系统对机构网络内部文件的随时扫描，实现电子文件的实时收集，捕获电子文件及其元数据；(2) 按照标准格式，对电子文件进行格式转换；(3) 在电子文件管理系统中登记归档电子文件，并将文件保存在合适的系统和安全的载体上。

3. 电子文件信息管理功能

信息管理功能主要负责对捕获和归档后的电子文件信息进行分类、标引与鉴定等管理工作。其主要包括以下子功能：

(1) 电子文件标准化

主要是对捕获和归档后符合或通过转换使其符合一定规范(包括电子文件元数据标准、数据交换标准、文件的语言格式、数据交换的物理存储介质标准和数据交换的逻辑格式标准等)的数字信息及其元数据，根据捕获时所带的目录信息，采取一定的分类方案，将这些数据有序地存储到系统中。

(2) 电子文件分类

电子文件的组织是以分类为基础和核心的，除了设置一级目录之外，还可以根据需要设置若干子类，并可以在类目或子类下划分案卷。电子文件的分类使得电子文件管理更加条理化，更好地体现了文件间动态的、多维的有机联系，有助于提高检索效率。系统还应具备定义、修改和维护分类方案，支持类目、案卷的划分、更改、移动等功能。

(3) 元数据记录和维护

主要是对归档后的电子文件进行内容、结构、背景信息等相应项目的元数据进行检查和缺项补充著录，建立元数据库。区分不同技术类型、不同种类的文件，自行设计或选用国内外先进的元数据模型，建立机构电子文件管理系统所需的元数据服务器，记录和维护各种元数据，并提供这些元数据作为文件检索入口。电子文件提供利用时，保证其权限范围内的文件信息和元数据信息都能够提供利用。

(4) 主题词自动标引

按逻辑关系将符合《中国档案主题词表》有关要求的主题词和符合《中国档案

分类法》有关要求的信息分类号，组合在一起所形成的一套分类号主题词对照表，系统可以从“对照表”中自动提取相应的分类号/主题词，完成著录标引工作。

（5）电子文件鉴定

电子文件的鉴定包括内容鉴定和技术鉴定，而且涉及到电子文件管理的多个环节，是多维、连续、分散的鉴定。电子文件管理系统可以根据档案价值鉴定要求、保管期限划分标准和保管技术标准等因素，制定出鉴定规则，利用计算机的智能技术，对归档保存的电子文件实施实时批量鉴定。档案管理人员可以根据系统鉴定的提示信息，审核确认。这不仅能减少人工直接鉴定的工作量，同时也能够保证鉴定的质量。在实施鉴定的过程中，还应该标识文件的重要程度，并根据已经定义好的鉴定规则，记录和维护相应的日志内容。

4. 电子文件信息利用功能

信息利用功能主要是负责对海量的归档电子文件信息，运用计算机和网络技术向社会提供超越时空界限的利用服务，使具备上网条件的用户在任何时间、任何地点得到权限许可的电子文件信息，实现信息资源的共享。电子文件的利用得益于及时的捕获、恰当的分类、充分的著录、有效的保存，但关键是科学的检索体系和利用策略。信息利用应当包括以下三个子功能：（1）信息开发，即进行归档电子文件的编研规范化和色彩编辑；（2）智能查询，即提供多种检索、导航功能，以便于馆藏归档电子文件的文档、图形图像、语音资料、视频资料的查询阅览及虚拟演播等服务；（3）信息发布，即能够将馆藏档案信息通过互联网进行发布，提供对外信息服务，同时还能将发布的多媒体信息资料，包括目录数据及原文，以一定的格式迁移到光盘上，形成发布盘，既能在网上运行阅读，也能提供给用户进行单机阅读。

5. 电子文件信息安全维护功能

电子文件信息的安全维护功能应从物理安全、内容安全和安全保密等几个方面着手，实现以下几个子功能：

（1）数据存储方式选择

电子文件一旦被捕获，就面临存储在什么介质、以什么格式存储的问题，这需要根据文件的内容特点、利用需求、安全特征等来决定。应该提供至少以下四个备选方案：即存储在档案管理部门的服务器上、保存在业务部门的服务器上、分散保存在个人的台式机上、脱机保存。

（2）数据备份和灾后恢复

包括对系统主要设备、软件、数据等的备份，并提供技术措施和组织措施，可以在发生故障后较短时间内恢复系统运行。服务器要采用双机备份，主工作机出现故障后，备份机自行启动工作。还包括提供数据光盘脱机备份，而软件备份则可以通过关系数据库系统自身提供的功能，对元数据和存储文件的对象数据库进行备份恢复。

(3) 权限管理

通过鉴别主体身份的口令、密码等来实现系统对其操作权限的自动鉴别和控制，不仅包括功能权限和数据权限，还包括查阅利用权限，防范用户的越权访问和操作。

(4) 完整性校验

通过提供数字水印等技术来防止信息被非法篡改、插入或删除，保障电子文件信息的完整性。

(5) 日志和审计

主要目的是为确保和证明电子文件的真实、完整和安全。日志包括对文件流转、利用、技术处理等各类过程的记录；审计则是可以利用数据库、操作系统、安全保密产品和应用软件的审计功能来实现对文件状态的检查功能。

(6) 数据迁移(Migration)和转载(Transfer)

为确保系统中所有文件可读，当系统的技术平台发生变化时，支持将原来软硬件环境下形成的文件"迁移"进新平台，以避免存储载体受损或技术退化；当系统升级时，对原来的文件进行数据转载。

(二) 拓展功能

电子文件管理系统作为机构重要文档资料的"仓库"，在参与机构业务活动和各种工作中，其系统功能会进一步扩展。就其在知识管理方面而言，其功能可在以下方面得以扩展：

1. 知识收集功能

知识可以分为两种形式：显性知识和隐性知识。显性知识是指存储在信息系统中的、已经表述出来的结构化和半结构化的信息内容。隐性知识是指专家和员工头脑中具有的实践经验、思想和思维方式。

所谓知识收集，是指及时获取专家和员工头脑中的技能和工作经验，及时收集，实时整理，随时提供利用。

在知识管理中非常强调对隐性信息的收集和提供利用。电子文件管理系统完全可以在记录和保存正式文档的同时，完成对重要的隐性知识的收集、整理和提供利用工作，而不需要成立专门的机构或者设计实施专门的系统。

2. 深度挖掘信息内容功能

在电子文件管理系统参与机构职能管理建设的过程中，在注重电子文件之间历史有机联系的同时，可以对文件和档案信息内容加以深度分析和挖掘使用。必要时可以在电子文件管理系统中实现对文档信息的内容提取、识别、分析和归纳，为用户提供所需的档案信息。①

四、电子文件管理系统示例

电子文件管理系统名称形式各异，但大部分系统均具备电子文件管理的基本功能，这里以上海市××区档案局文件档案管理系统为例，简要说明和展示电子文件管理系统的基本架构及操作规程。

(一) 系统界面

如图 9－1 所示，该系统包括综合档案、目录中心、电子档案、系统管理等子系统，其中电子档案子系统承担电子文件管理的主要功能，点击“电子档案”图标进入该子系统主页面。权限不同的人员所进入的界面及操作功能不同，系统现有三种角色权限：

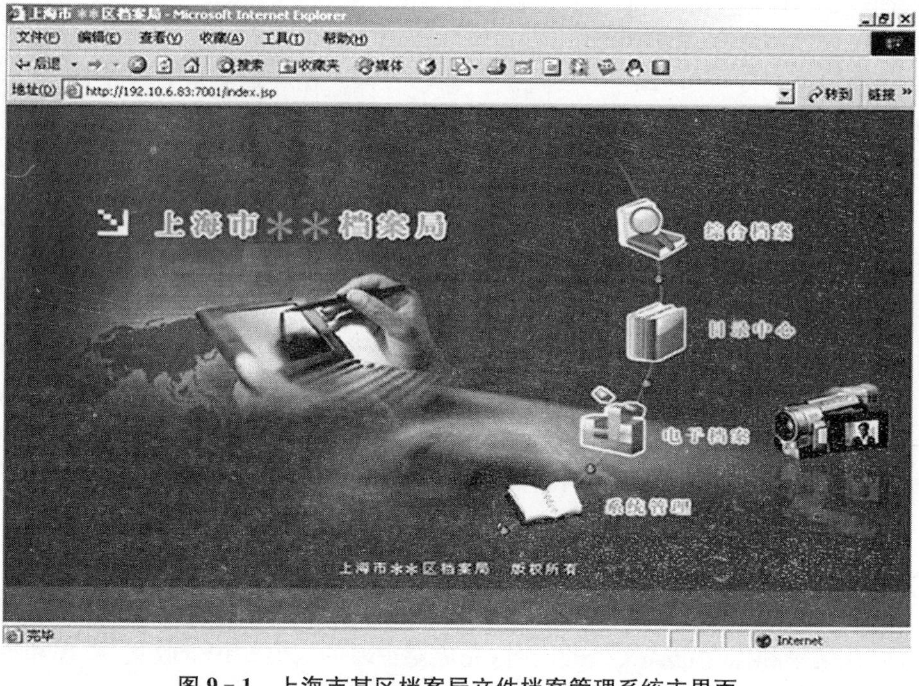

图 9－1　上海市某区档案局文件档案管理系统主界面

---

① 参阅于丽娟：《电子文件管理系统的功能——基本功能及其功能拓展》，《北京档案》，2002 年第 10 期，第 18—20 页。

（1）业务部门人员拥有归档、借阅、资源变更登记权限。

（2）档案管理人员拥有接收、整理、借阅、鉴定、统计、资源变更登记、资源变更请求通知、文件迁入、文件迁出、系统管理权限。

（3）系统管理人员拥有载体管理、资源变更请求受理、文件移交、资源管理权限。

通过工作台在业务部门人员、档案管理人员以及系统管理人员之间进行角色切换。

（二）工作台

1. 业务部门人员工作台

如图 9－2 所示，界面上方为工作台切换区，界面左边为模块选择区，中间为台账区，点击后可以切换到相应的操作界面。如在台账区，若想了解当前的归档情况，点击模块区的“在线归档”，则可以显示已收集的、尚未归档的电子文件数，点击“待归档”直接进入归档办理界面。

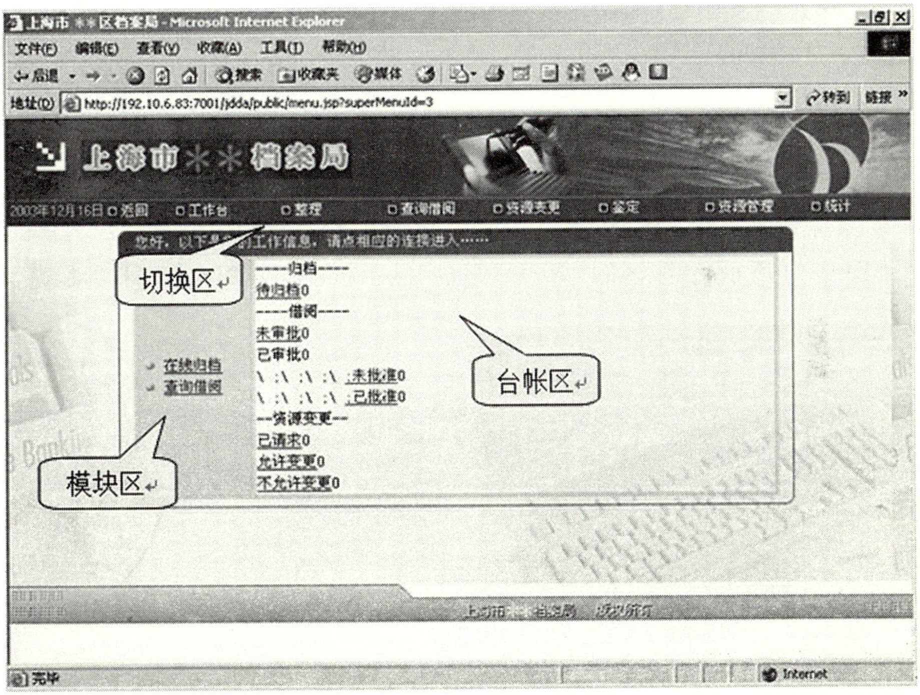

图 9－2　业务人员工作台界面

2. 档案管理人员工作台

如图 9－3 所示，若要进行电子文件的接收，则点击模块区的“接收”，可以显示已上传的、尚未接收的电子文件数，点击“待接收”直接进入接收办理界面；同样，如要准备销毁电子文件，点击“待销毁”进入相应的操作界面。

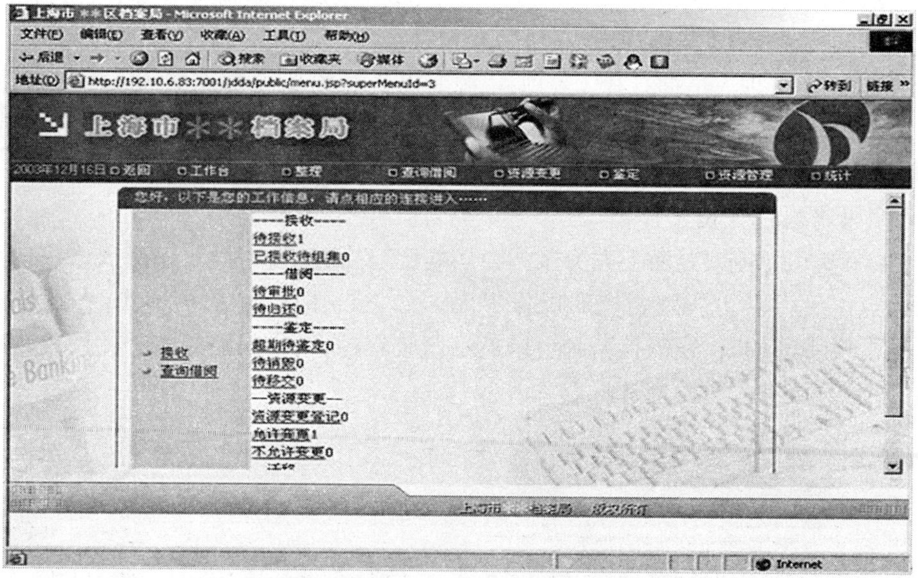

图 9-3 档案管理人员工作台界面

3. 系统管理人员工作台

如图 9-4 所示，台账区的“待实际组盘”显示了已逻辑组盘、尚未实际组盘的

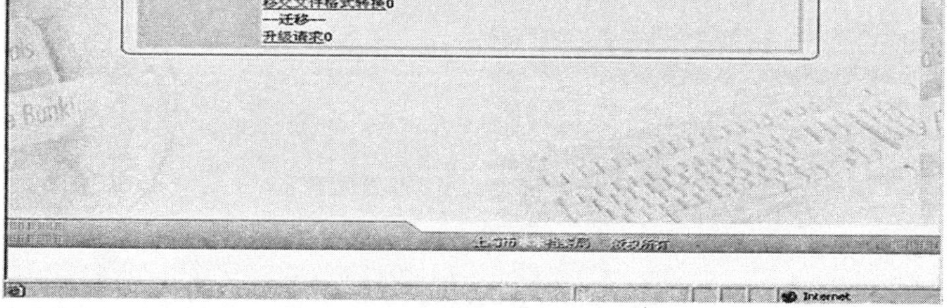

图 9-4 系统管理人员工作台界面

载体数，“移交文件格式转换”显示了移交前需要进行通用格式转换的电子文件数，“升级请求”显示了业务部门人员和档案管理人员向系统管理人员发出的升级请求数。系统管理人员要进行组盘操作、文件格式转换以及升级操作，则分别点击“待实际组盘”、“移交文件格式转换”、“升级请求”，可直接进入相应的界面处理。

电子档案管理子系统具有整理、归档、接收、借阅、迁移、鉴定、统计以及资源管理等功能，下文主要以归档和接收电子文件为例来说明电子文件管理操作方法。

（三）电子文件在线归档

系统提供网上在线归档，由业务部门人员利用系统随时将需要归档的文件上传至服务器的临时目录，可以随时对搜集①的文件进行添加、删除、输入背景信息等操作，可以对电子文件进行批量归档，归档时系统自动检查信息点的完整性，归档后的文件被存放在临时目录下。业务部门人员可以打印归档清单，打印出的纸质归档清单经过签字确认后可以作为历史记录以备查看。如图 9－5 所示，在线归档界面中显示操作区、电子文件查询区和列表区三个不同区域。

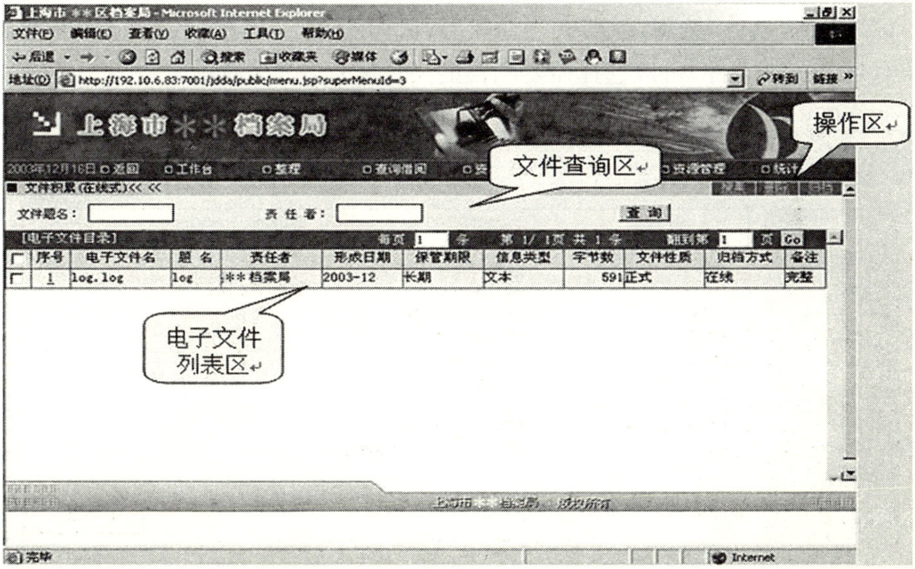

图 9－5　电子文件在线归档界面

① “搜集”是指系统为业务人员提供了在线搜集待归档文件，包括文件信息录入，附件上传，查询、删除录入文件等功能，有别于“收集”。

操作区主要有搜集电子文件、删除电子文件和归档电子文件三个功能。在搜集电子文件过程中，如果信息不完整，还需要进行信息著录，以下选取几个主要操作进行说明。

1. 电子文件搜集

(1) 点击右上方“搜集”按钮，弹出文件添加窗口，如图 9－6 所示。

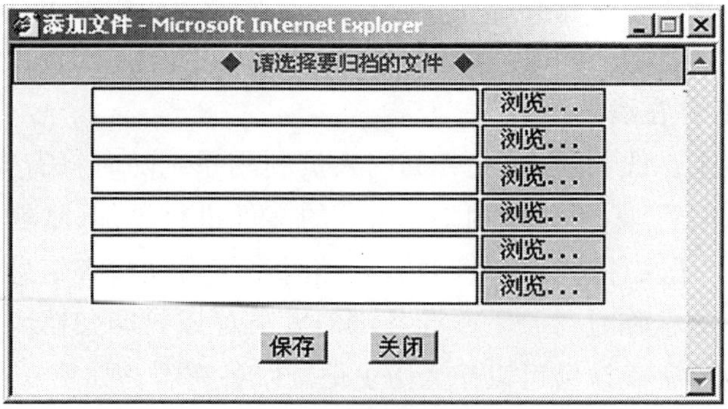

图 9－6　添加文件窗口

(2) 点击“浏览”按钮，弹出文件选择窗口，如图 9－7 所示，其显示为当前盘下的所有目录及其文件，可以选择需要归档的文件所存放的路径。

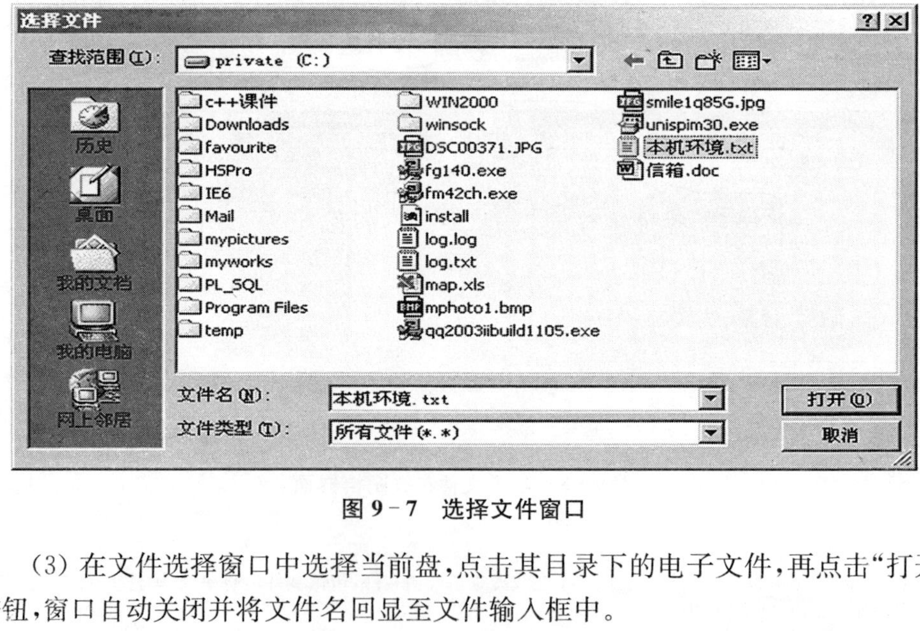

图 9－7　选择文件窗口

(3) 在文件选择窗口中选择当前盘，点击其目录下的电子文件，再点击“打开”按钮，窗口自动关闭并将文件名回显至文件输入框中。

(4) 点击“保存”按钮，系统将弹出“文件上传成功”提示信息框。

(5) 点击“确定”后系统自动关闭文件添加窗口，返回至归档界面，此时列表中已显示搜集的电子文件，如图 9-8 所示。

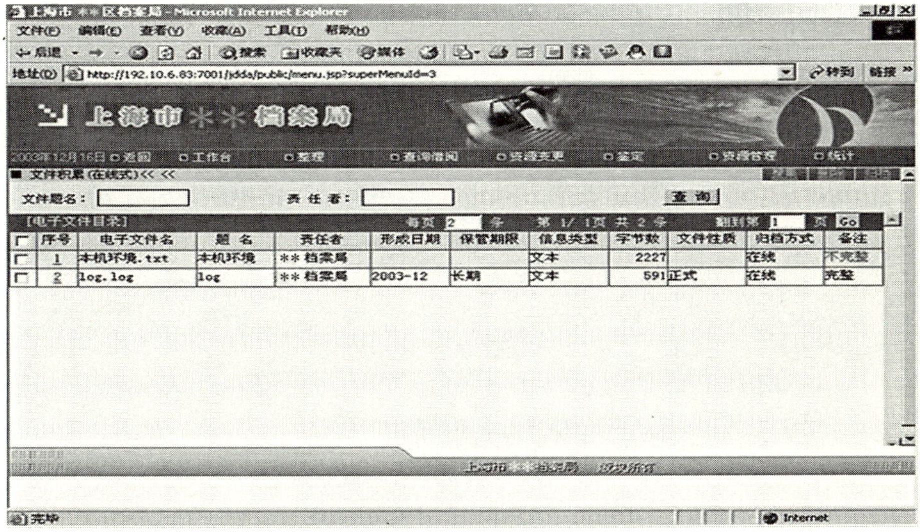

图 9-8　搜集电子文件结果显示窗口

如果放弃选择文件，可点击“关闭”按钮，关闭文件添加窗口。

2. 电子文件信息著录

当一个电子文件被搜集完毕后，若在列表的备注栏中显示此文件背景信息不完整，则需要对此文件进行基本信息的著录。主要步骤如下：

(1) 点击电子文件名前的序号，弹出基本信息著录窗口，如图 9-9 所示。主要包括：

① 产生环境：系统默认此用户相对应的 IP 地址，下方资源信息栏中显示与所搜集的电子文件类型相对应的此软硬件环境信息。

② 信息类型：自动显示归档文件所属的类型。

③ 默认的信息：文件名称、题名、字节数、责任者。

④ 必须输入的信息：形成日期、保管期限。

⑤ 可输入的信息：通过文本框或选择框输入、分类号、全宗号、稿本、文种、密级、文件性质、文件编号、文件来源、文件处理过程。

(2) 点击“保存”按钮，系统将弹出“文件保存成功”提示框。

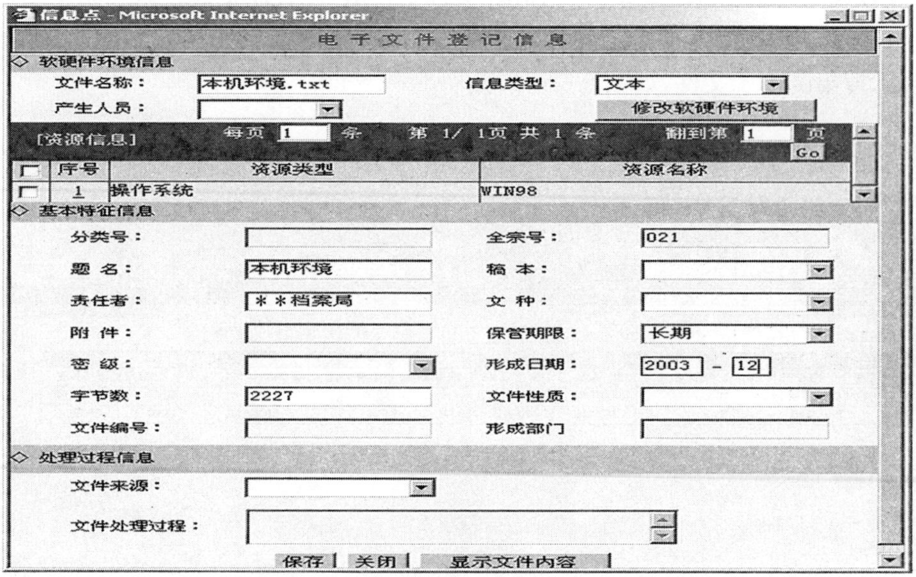

图 9-9 电子文件基本信息著录窗口

(3) 点击“确定”后关闭窗口，返回归档界面。

点击“显示文件内容”按钮，系统自动调用相应的浏览程序打开此文件。如果放弃著录操作，可点击“关闭”按钮，关闭文件基本信息著录窗口。

3. 电子文件归档

(1) 选择需要归档的一个或多个文件，点击“归档”按钮。

(2) 系统弹出“向档案室递交成功”界面，如图 9-10 所示，如果文件基本信息没有填写完整即必输项没有填写，系统将弹出提示输入界面。

图 9-10 电子文件递交成功窗口

（3）如果需要打印，则在递交成功界面中点击"打印清册"按钮，系统弹出当前归档目录清册界面，目录中显示各个文件的基本信息，如图 9－11 所示。

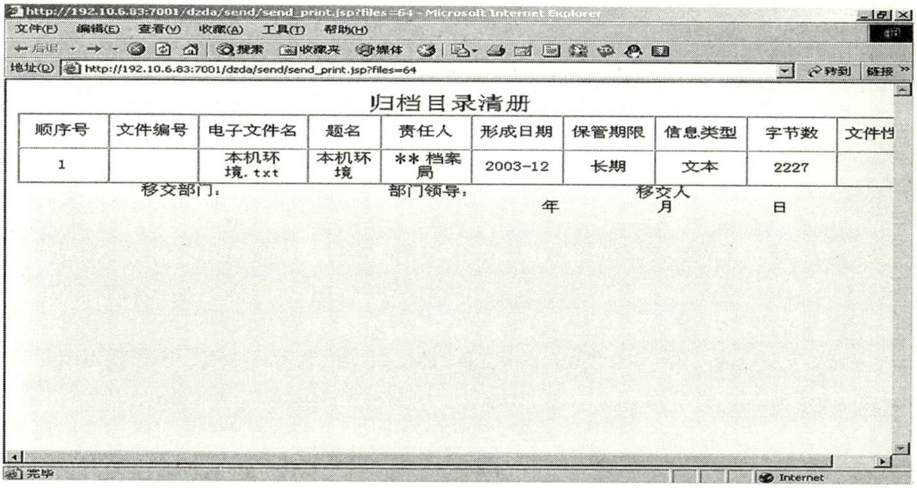

图 9－11　当前归档目录清册界面

（4）点击浏览器菜单栏中"文件"，在下拉菜单中点击"打印"，将此归档目录清册打印出纸质清单。

（5）打印完毕后，点击"关闭"按钮，则界面被关闭，此时被归档的文件在文件列表中消失。

（四）电子文件在线接收

该功能由档案人员执行，主要步骤如下：

1. 在线上传

归档方式由业务人员通过网络将所搜集的电子文件上传至服务器，由档案管理人员进行网上接收。在工作台中点击"在线接收"，进入接收界面，如图 9－12 所示，左边显示各部门归档的文件数，点击相应部门，在右边接收清单列表中显示相应的归档文件。

2. 文件检查

如图 9－12 所示，档案人员在接收前需要对电子文件的真实性、唯一性、有效性进行检查。

（1）唯一性检查

唯一性检查：检查文件是否唯一，检查内容包括文件编号及文件题名、责任者、形成日期是否重复，使文件不被多次重复归档。

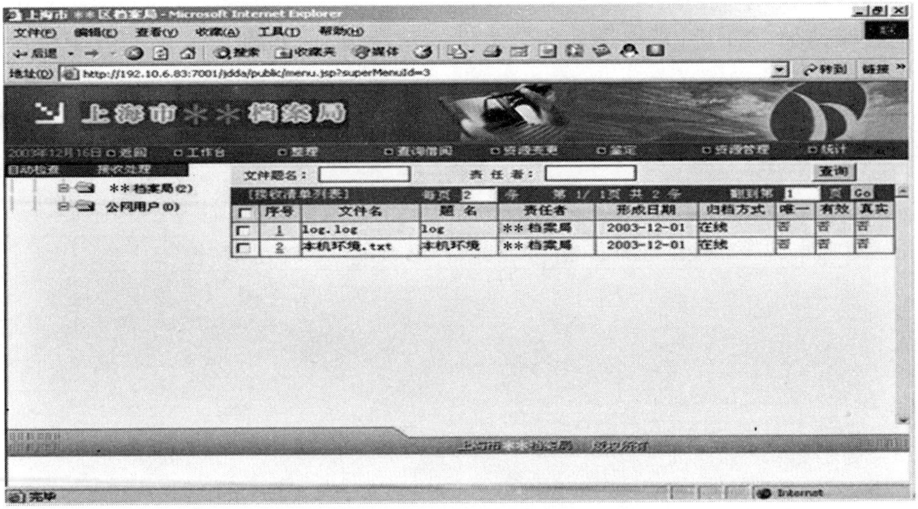

图 9－12　电子文件接收界面

将鼠标移至“自动检查”一栏，在其下拉菜单中点击“唯一性检查”，如果检查通过，列表中唯一性一栏中所有待接收的文件被标识为“是”。否则，即所归档的文件发生重复，系统将弹出重复文件列表界面，点击“退回”按钮，对所选择的重复文件进行退回确认。

（2）有效性检查

有效性检查：检查归档的电子文件字节数是否相同（可能被病毒感染或丢失）以及能否顺利读取（可能物理损坏），保证文件物理上传和存储的正确性。

将鼠标移至“自动检查”一栏，在其下拉菜单中点击“有效性检查”，如果检查通过，有效性一栏将显示为“是”。否则，系统将弹出无效文件列表界面，点击“退回”按钮，可以对所选择的无效文件进行退回确认。

（3）真实性检查

真实性检查：通过相应程序打开文件，然后进行人工判断是否能够成功运行，检查内容是否完整、是否真实。

对文件真实性进行检查，在列表中选择一个或多个文件（点击小方框，选中后显示状态为√），如果文件为真实，则在“自动检查”一栏下拉菜单中点击“标识真实”按钮，此时文件列表中真实性一栏中显示状态为“是”。如果需要改变真实性状态，则点击“标识不真实”按钮，此时文件列表中真实性一栏中显示状态由“是”变为“否”。

3. 文件退回

(1) 全部退回

将鼠标移至“接收处理”一栏，在其下拉菜单中点击“全部退回”，将所提交的文件(包括合格和不合格的文件)全部退回到提交部门，此时系统弹出“退回成功”提示信息框；点击“确定”后，所有文件在列表中消失。

(2) 不合格文件退回

点击“退回不合格文件”，未通过检查的文件被退回至所提交的部门，此时系统弹出“退回成功”提示信息框；点击“确定”后，不合格文件在列表中消失。

4. 接收清单打印

点击“接收清单”，如果文件检查通过，则显示接收的电子文档目录清单，并且可以通过浏览器的“打印”按钮打印此清单。如果对上传文件的三项检查没有全部通过，则显示提示界面，提示当前没有可移交的文件。

5. 文件接收

点击“接收合格文件”，系统对经过检查的合格文件进行接收，系统提示接收成功信息，被接收的文件在文件目录列表中消失。

第二节　电子文件管理系统开发与设计

一、开发电子文件管理系统的必要性

1. 电子文件管理系统是电子文件的生存环境。电子文件的形成和各种处理都是在电子计算机软硬件平台支持下完成的，从文件的制作、处理，以至归档后的全部管理活动都必须借助于计算机系统才能实现。离开计算机软硬件平台，电子文件既看不见也摸不着，其形成和管理活动就更无从谈起了。因此，电子文件只有依赖计算机系统才具有生命力，并能发挥作用。

2. 良好的电子文件管理系统能够确保机构职能活动的顺利开展，并提供机构职能活动的证据。文件是在机构职能活动的执行过程中产生的，所以文件管理系统和相应的机构职能活动存在着十分密切的关系(参见图 9 - 13)。特定职能活动是电子文件管理系统的平台，它在很大程度上规定了文件管理系统的特点。同时，文件管理系统对机构的职能活动也起着强大的反作用力，不够科学和完善的文件

管理系统将会阻碍机构职能活动的开展。

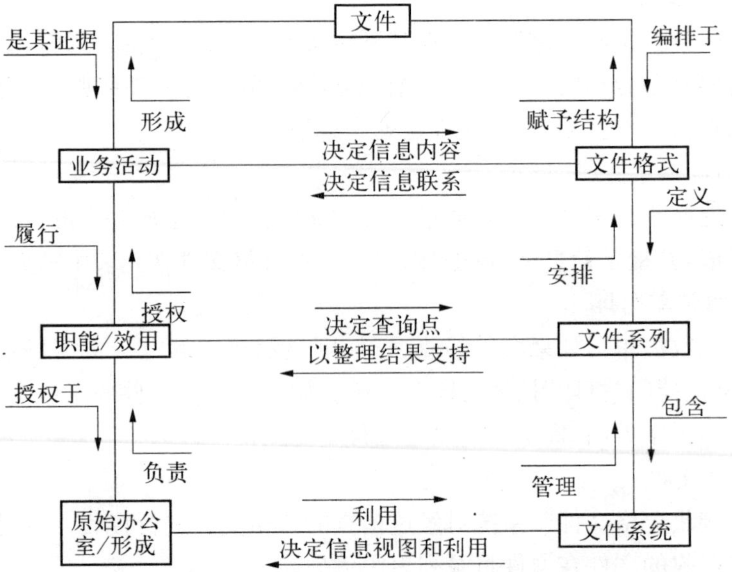

图 9-13 文件、业务活动、职能、文件系统等各要素关系图①

3. 电子文件管理系统是具有行政有效性和法律证据性文件的"聚集地",在为机构提供业务活动的证据过程中发挥着至关重要的作用。电子文件管理系统之所以不同于一般的信息系统和档案计算机辅助管理系统,就在于它可以对机构业务活动过程中形成的电子文件实行直接的、全程的管理和监控。戴维·比尔曼指出:"一旦把重点放在业务应用系统上,文件和档案工作者便可准确估价各种策略方法,保证对电子证据实施有效控制"②。电子文件管理系统可以为文档一体化管理、电子文件真实性、完整性、有效性维护和电子文件证据价值的实现提供根本的技术保障和运行环境,保证电子文件的行政有效性和法律证据性。

二、电子文件管理系统开发原则

(一) 准确性原则

这是电子文件管理系统开发时的首要原则。电子文件管理系统中的数据是档

---

① [美]戴维·比尔曼著,王健等译:《电子证据——当代机构文件管理战略》,中国人民大学出版社,1999 年版,第 32 页。

② [美]戴维·比尔曼著,王健等译:《电子证据——当代机构文件管理战略》,中国人民大学出版社,1999 年版,第 10 页。

案信息，对真实性、准确性要求非常高，为了防止在信息录入或者数据采集过程中发生差错，在设计开发过程中应加强对信息输入和数据采集的有效性、合法性、规范性校验，确保数据的准确性。比如目录数据库的录入可采用双机录入的形式，就是由2个人分别录入同一个目录数据库，然后通过机器校对，再导入正式运行的数据库中，工作流程主要是：数据采集→数据录入→机器校对→人工审核→数据导库。

（二）完整性原则

系统开发中的完整性原则就是要求保证电子文件的完整，表现为三个方面要求：第一，系统在明确电子文件有哪些要素构成之后，必须能够基于预先定义好的元数据模板，捕获和管理完整的文件及其元数据，并保证授权用户可以查询文件及其元数据；第二，系统必须保证机构所有具有保存价值的电子文件都得到管理和保护；第三，系统能够维护文件之间的有机联系、信息内容之间的逻辑关系、文件和数据之间彼此的参考关系、不同载体间文件的对应关系以及文件或数据之间的彼此替代关系等。

（三）全程性原则

电子文件管理系统必须对电子文件从产生到销毁的整个生命周期进行全程管理。主要体现在：第一，系统要对文件流程各阶段进行相应的登记、分类、鉴定、归档、保管和提供利用等管理和监控操作，保证"数出一门"，有助于电子文件行政有效性和法律证据性的证明和保障；第二，系统允许用户选择或自定义日志的范围和详略，记录和保存文件在整个生命周期过程中形成的各项元数据，包括在现行期、半现行期和非现行期的所有管理活动、技术处理和利用过程；第三，系统需支持工作流程和文件运转流程的自动执行。

（四）安全性原则

电子文件管理系统必须保证电子文件的安全。主要包括能够兼容多种软件格式，提供有效的数据迁移和转载功能，提供数据备份和灾难数据恢复功能，提供严格的用户角色定义、权限分配和口令审查功能，提供 Internet 防火墙功能，以及提供必要的防杀病毒和病毒实时检测的功能。不仅要保证数据的长期保存和安全、有效及正确读取，防止数据被非法修改删除，保持其原始性，同时，也要防止涉密档案数据内容泄密，在确保安全的前提下，提供信息管理与信息服务。

（五）综合性原则

电子文件管理系统的综合性表现在多个层次上，具体表现在：对不同类别信息的管理，比如文件、档案、图书、情报等；对不同存储载体上信息的管理，比如磁盘、光盘、磁带、录像带、纸张等;对不同存储格式信息的支持,比如文本文件、程序文件、数据库文件、声音文件、图像文件、多媒体文件、超文本文件等;对不同来源信息的管理,比如机构内部各应用软件生成的文件、机构的电子邮件、传真、档案部门存储的档案、购买的图书、情报部门收集的情报,甚至是 Internet 上的信息。

(六) 实用性原则

系统实用性原则表现在:第一,电子文件管理系统整体解决方案要适应机构目前对文件、档案管理的需求,根据机构实际资金状况、技术手段,在现有条件下最大限度地提高管理水平;第二,电子文件管理系统对于所有业务系统和工作人员来说,界面要清晰统一、操作简便、易于掌握,帮助信息直观明确、各项功能设置合理,并有应对特殊情况灵活处理方法等功能。实用性原则将直接影响电子文件管理系统能否被用户接受和使用。

(七) 可扩展性原则

随着业务的发展,用户会有新的需求,包括新的档案管理方式、更高级的计算机体系结构、更大容量的存储要求等。系统设计应尽可能地预留出相应的端口和模块接口,方便日后系统不断地扩充、升级和完善,更好地满足新的业务需求。

可扩展性是系统能够持续改进的必要条件,在开发过程中还要充分考虑到平台的可移植性、技术架构的开放性和业务模块的独立性和耦合性,确保系统在未来的需求变化中继续保持良好的可扩展性。

(八) 先进性原则

系统先进性原则要求提高系统的技术含量,增加系统的科研含量,不是对文件管理流程和职能的简单对应模拟,而是前瞻性、科学性地转换。第一,要提高系统的自动化程度,使得电子文件的形成、流转、捕获、鉴定、整理、保管、检索、提供利用等工作都能达到较高的自动化;第二,要提高系统的集成程度,尽量在不增加各业务系统软件维护工作量和机构各业务人员操作复杂程度的基础上,以适当的技术手段完成电子文件管理系统和业务系统的集成与分工合作。

先进性是电子文件管理系统得以持续应用的前提。在开发过程中要充分考虑系统未来发展的需要,通过选用国内外先进的计算机技术和潜在新技术(如大数据、云计算等),确保应用系统在未来相当长的一段时间内的技术领先性。

(九) 可信性原则

电子文件的可信(赖)性是指电子文件的真实性与完整性能够得到确认。数字环境中完整性与真实性的实际确定最终依赖于可信性,可信性在其中扮演了中心角色。一个电子文件管理系统应是一个可以保障电子文件可信性的系统,即系统在可信电子文件输入后，经过一定时期的保存，其输出的仍然是可信的电子文件，那么该系统就是可信的。一个可信的电子文件管理系统必须满足以下要求：(1) 设计与实施符合政策和标准；(2) 有一个可信的数据存储基础设施，在软硬件发生变化时，仍能长期保存电子文件；(3) 有一个可信的文件处理流程；(4) 内置审计功能，有能力审计管理流程中任何能引起(或潜在引起)访问、生成、修改、删除机密或敏感信息的行为。审计生成的数据须有足够的力度来支持跟踪审计事件；(5) 提供多种工具识别，增强电子文件的真实性、完整性与可读性；(6) 包含一系列功能和机制来生成可信的环境，如侦测丢失的信息并进行恢复、用户安全性等。①

三、电子文件管理系统开发技术要素

尽管电子文件管理系统的功能要求不尽相同，但是它首先是个软件系统，而且主要是一个数据库应用软件系统。数据库应用软件的设计与开发是复杂的系统工程，应遵循软件工程以及数据库管理系统开发设计的一般规律。

实际上，软件开发技术是一种层次化的技术，它不仅包括工具和方法，同时也包括过程方面的内容，又称软件工程三要素，如图 9－14 所示。

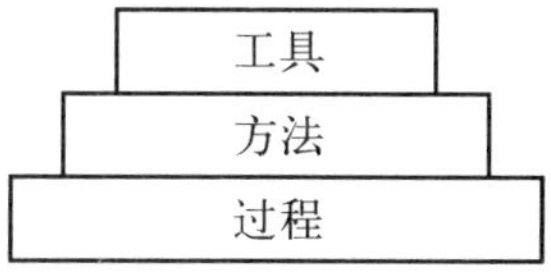

图 9－14　软件工程三要素示意图

软件工程的基层是过程层。软件过程可以看成是软件开发的一种规范化流程，它定义了软件开发中采用的方法和技术，定义了一系列步骤，并规定了每一步骤应使用的方法、应交付的文档以及为了保证质量而须采取的措施。方法层提供了开发软件在技术上需要“如何做”，即如何建立软件的技术，包括项目的技术和评审、系统和软件需求分析、数据结构定义、程序结构、算法、编码、测试和维护等，确定给出实现这些任务的技术方法，也包含建模活动和其他描述技术。工具层对过程和方法提供了自动或半自动的支持，当这些工具被集成起来使得一个工具的信息可被另一个工具使用时，一个支持软件开发的系统就建立了②，这样就形成了支持软件开发的综合系统——计算机辅助软件工程(Computer Assisted Software Engineer，CASE)。过程使方法和工具很好地相结合，从而使软件开发工作经济、准时、高效地完成。

---

① 李泽锋：《基于 OAIS 的可信电子文件管理系统的体系构建》，《情报杂志》，2010 年第 8 期，第 136—140 页。

② 李彤等编著：《软件工程概论》，科学出版社，2012 年版，第 13 页。

四、电子文件管理系统开发过程

在电子文件管理系统开发过程中，主要包括电子文件管理系统需求分析、系统设计、系统实施、系统评价等活动。之所以称为活动而不叫做步骤，是因为这些内容不完全按照时间顺序进行，不同的开发过程，其顺序不同，而且某些活动（如系统需求分析）要贯穿于整个开发过程。

（一）系统需求分析

在电子文件管理系统开发中，系统需求分析必须要有文档部门人员参与，才能提出完整、准确、具体的需求。

1. 系统需求分析的意义

在任何信息管理系统的开发设计中，需求分析都是关乎系统质量的重要环节，它是系统开发的起点，满足需求是项目建设的归宿。

由于需求分析的工具和内容与计算机软硬件距离较远，不需要掌握特别专业的计算机技术和技能，因此，很长时间里人们一直有一个误解，即认为需求分析是整个软件开发最简单的一个步骤。根据美国专门从事跟踪 IT 项目成功或失败的权威机构 Standish Group 1999 年对美国 23 000 个项目进行的研究结果表明，28%的项目是彻底失败的，46%的项目超出经费预算或者超出工期，只有约 26%的项目获得成功。而在这高达 74%不成功项目中，约 60%是源于需求分析问题，这一可怕的现象使人们不得不开始对需求分析高度重视。越来越多的人认识到它是整个软件系统开发过程中最关键的过程，也是最困难的一个过程。在 4 年之后的 2003 年公布的调查数据中，在被调查的 1.35 万个项目中，绝对成功的项目比例大大低于 50%，仅为 34%，彻底失败的项目为 15%，受到质疑的项目占所有 IT 项目的 51%。从历年的 Standish Group 报告分析看，导致项目失败的最重要原因均与需求分析有关。报告同时证实了与成功项目最密切的因素是良好的需求管理。需求分析做得好，将为整个软件开发项目的成功打下良好的基础；反之，一旦分析者们未能正确认识到用户需要，那么最后的软件就不可能达到用户的要求，或者软件无法在规定的时间里完工。

事实上，这个现象很容易解释：当软件进入编程、测试、运行以及维护阶段后，软件的质量主要取决于技术要素，因此，计算机开发人员比较容易控制软件的技术质量。而需求分析阶段尚未涉及具体的技术问题，主要是项目开发人员与用户之间的沟通，用户对于功能需求的表达大多是用自然语言，计算机技术人员则要将这些自然语言转化成为计算机能够实现的形式。在转换过程中，双方存在着技术和业务方面的信息不对称，交流就存在着障碍，使得需求分析的准确性和全面性受到影响。同时，由于种种原因，需求会在整个软件开发过程中不断更新，也就是说用户的需求是动态变化的，在开发过程中系统变更的代价与需求的变化之间可能呈几何级数增长。由于经费方面的原因，频繁修改系统比较困难，导致用户对系统满意度下降。

美国国家档案与文件署（NARA）在 2005 年宣布洛克希德·马丁（Lockheed Martin）公司中标电子文件档案馆（ERA）项目时，特别强调的一个重要理由是：该公司对 NARA 电子文件管理职责的深刻理解。值得深思的是，美国电子文件档案馆项目启动建设之前，曾经历了 7 年的需求分析，把这些需求归纳为 9 大类 33 小类 853 条，并在 2011 年 7 月进行了最终修订。① 可见需求分析的必要性和重要性。

2. 需求分析国际经验

（1）具有国际影响的 ERMS 需求标准

国际上对 ERMS（电子文件管理系统）功能需求非常重视，一般是以发布功能需求规范和标准的形式来约束 ERMS 的开发设计与维护。②

国际上有很多与电子文件管理系统相关的需求标准。1997 年，美国国防部颁布了《电子文件管理软件应用设计评价标准》（Design Criteria Standard for Electronic Records Management Software Applications, DoD 5015.2）；2001 年，欧盟推出的《电子文件管理模型需求》（Model Requirements for the Management of Electronic Records, MoReq），详细规定了电子文件管理的需求及管理元数据，具有鲜明的通用性、开放性和丰富性，被称作第一部 ED/RMS（电子文档/文件管理系统）需求报告；2002 年，"国际信息和影像管理联合会"（AIIM）启动了"电子文档、电子文件一体化管理系统功能需求"项目，更加全面而透彻地分析了集成系统的功能需求；同年，美国修订了 DoD 5015.2，颁布 DoD 5015.2 - STD（2007 年再次对 DoD 5015.2 - STD 进行了修订），英国颁布了《电子文件管理系统功能需求》；2006 年，国际标准化组织发布的《信息与文献——标准中关于文件管理要求的标准起草指南》（ISO 22310—2006），是应用于开发文件管理需求的任何机构组织的最高层次标准，以满足一致性和互操作性需求；同年，国际档案理事会制定了《电子办公环境中文件管理原则和功能要求》（Principles and Functional Requirements for Records in Electronic Office Environments, ICA - Req），澳大利亚发布了《电

① 黄玉明：《电子文件（档案）管理系统建设的需求分析》，《中国档案》，2011 年第 2 期，第 34—36 页。
② 钱毅：《电子文件管理系统功能需求规范定位研究》，《北京档案》，2011 年第 4 期，第 24—26 页。

子文件管理软件功能规范指南》,等等。这些管理系统功能需求规范在一定范围内得到了有效应用,在国际上具有广泛的影响。①

在这些需求标准中,有三个颇具影响的 ERMS 需求标准,值得我们在电子文件管理系统建设时借鉴与参照。

一是 DoD 5015.2。第一版颁布于 1997 年,2002 年 6 月进行了修订,2007 年 4 月再次发布新版。该标准自 1997 年出台后,很快为美国各联邦机构和美国国家档案馆所遵从,私营部门在选择电子文件管理软件时,也将是否遵从 DoD 5015.2 标准作为入选条件。因此,美国的软件厂商一般要花费 2 万多美元将自己开发的软件交由 JITC(the Joint Interoperability Test Command,联合交互测试办公室)进行与 DoD 5015.2 标准一致性测试,JITC 认证已经成为实际上的文件管理软件市场准入条件。DoD 5015.2 为美国各类机构 ERMS 的设计提供了坚实的基础,正如 Gable Julie 所说,"标准不是灵丹妙药或是保证书,但它对于渴望得到指导的人来说无疑是实实在在的贡献"。

二是 MoReq。它于 2001 年推出,由英国的康维尔(Cornwell)管理咨询集团召集 10 个国家的专家共同完成。2008 年,MoReq 出台了第二个版本即 MoReq2,其目标是适用于每一个欧盟成员国,这就要求它所提供的模型具有一定的灵活性,能够在不同的环境中均能够保证电子文件质量。它将系统需求划分为功能需求、选择性需求、非功能需求、元数据需求四个方面,同时在内容上保持了与最新的国际标准的一致性和兼容性。为了兼顾欧盟成员国的不同情况,MoReq2 专门设置了"第 0 章",允许成员国加入自己特殊的管理需求。MoReq2 所提供的模型具有一定的灵活性,能够在不同的环境中保证电子文件质量。②

MoReq2 改进并完善了 MoReq 的功能,除去少数明确指出的不兼容性,在概念和行文结构方面两者基本完全兼容。MoReq2 内容丰富、说明详细,是一部教科书式的规范,推出之后,在全球文件、档案管理领域引起较为强烈的反响。目前,几乎所有主要的 ERM/EDRM 系统提供商都在开展 MoReq2 的一致性项目研究,欧洲的系统购买者也将 MoReq2 的一致性需求纳入考虑范畴。虽然部分西欧国家对于是否采纳 MoReq2 仍持观望态度,但东欧国家、新加坡等一些亚洲国家以及南美洲国家都表现出极大的兴趣。加拿大的一些组织已经在文件管理系统中开始实施

---

① 参阅杨安莲:《聚焦电子文件管理前沿——国际电子文件管理研究热点及启示》,《档案学通讯》,2007 年第 6 期,第 60—64 页。

② 参见黄玉明:《电子文件(档案)管理系统建设的需求分析》,《中国档案》,2011 年第 2 期,第 34—36 页。

MoReq2 的功能需求。①

三是 ICA－Req。由于国际社会就文件管理软件的功能需求提出了不同的规范，如上述 DoD 5015.2、MoReq，2006 年，ICA 决定基于现存地区性规范，制定一套协调一致的、通用的、与文件管理的国际标准 ISO 15489 相一致的文件管理功能需求规范，ICA－Req 便由此诞生。②

(2) 国际 ERMS 需求规范的启示

国际电子文件管理系统需求研究给我国的电子文件管理系统需求分析提供了宝贵的经验和启示。

一是需求分析应遵循相关法规标准。电子文件管理的需求必须遵从国际/国家的相关法规标准。从我国的实际情况看，我国的电子文件管理系统需求必须与国家信息管理、文件管理、档案管理等相关领域的法律法规和相关标准规范相一致，要使法律法规的基本要求在电子文件管理领域得以反映。同时，要积极吸收和采纳国际标准，保证我国电子文件需求的科学性和规范性。在这一点上，以上国际知名标准规范给我们提供了可资借鉴的经验。

二是需求分析应动态更新。国际 ERMS 功能需求标准版本的多次更新，是与电子文件管理系统发展的动态性相适应的。由于信息技术环境和业务环境的发展变化很快，因此，我们在确定电子文件管理需求时，既要从我国电子文件管理实践出发，制定切实可行的电子文件管理需求，也要充分认识到电子文件管理实践发展的变化性和复杂性，及时对电子文件管理系统需求进行动态更新，保证管理系统能够实时满足我国电子文件管理实践的发展需要。

三是需求分析标准应具有全面性和通用性。MoReq2 为我们提供了一个全面详尽的电子文件管理通用需求标准，全面性和通用性正是其在国际上具有影响力的法宝。全面性和通用性要求我国电子文件管理需求的确定要顾及国家不同机构产生的不同类型、不同价值形态的电子文件。从广度上说，需求类别划分要科学，能够囊括不同类别和等级的电子文件；从深度上说，需求描述要详尽具体，揭示出不同层次电子文件的管理要求，保证可操作性。

四是需求分析应有专业针对性。DoD 5015.2－STD 是美国研制的电子文件管理系统需求标准，它始终坚持专业领域原则，明确自身的服务对象，但是这丝毫没有影响其适用面和社会影响力。从这个角度而言，在保证通用性的前提下，电子

① 杨高敏、刘越男：《国内外〈电子文件管理通用需求〉(MoReq2)研究评析》，《电子政务》，2012 年第 1 期，第 41—48 页。

② 黄玉明：《电子文件(档案)管理系统建设的需求分析》，《中国档案》，2011 年第 2 期，第 34—36 页。

文件管理需求也要充分考虑到国家信息化建设的不同领域对电子文件管理的个性化要求，适应各个领域电子文件管理的特殊要求和特定职能。①

五是考察开发商的专业分析能力。美国 ERA 系统的需求分析横跨 7 年。而我国的大多数电子文件管理系统开发时间不长，原因有两方面：一方面是软件开发商急于追求经济效益；另一方面是档案部门急于求成，急于出成果。当然，需求分析不是越长越好。在开发中要选对开发商，选择那些能认真进行需求分析，对本专业领域有较高认知程度的开发商。

3. 我国电子文件管理系统需求分析研究进展

制定并发布电子文件管理系统的功能需求规范，是解决电子文件证据作用的关键所在，也是确保各类电子文件管理系统的性能和质量的有效举措。为避免低水平重复研发现象，我国也应当尽快出台电子文件管理系统功能需求规范，尤其是适用于国家机关的系统功能通用需求规范，并通过对电子文件管理系统的质量认证、推介示范产品等措施推动实施，为电子文件管理软件供应商制定规则，为机关文件管理人员、档案管理人员和操作人员提供标准，从而保证文件在生命周期各个阶段的真实性。② 在密切跟踪国际需求规范发展动态以及汲取国际上先进的 ERMS 需求规范经验时，首先要立足于我国电子文件与档案管理实际，尤其需要关注近年来我国在电子文件管理体制、工作方法、实践基础以及行业发展等方面的情况。

近年来，我国也开始重视电子文件管理系统功能需求分析。早在 2006 年，北京市档案局就出台了《办公自动化系统电子文件管理功能需求指南》；2007 年山东省档案局颁布并实施《数字档案馆建设规程》(DB37/T 662—2007)，其第 6 部分第 2 节涉及到对数字档案馆管理系统、电子公文归档管理系统、电子文件接收管理系统、档案信息发布管理系统等数字档案馆应用管理系统的功能需求；2010 年 8 月 19 日至 20 日，在杭州召开了“电子文件管理系统功能需求研讨会”，会议邀请了浙江省档案局、杭州市信息办、杭州市委网络中心、杭州市政府信息处理中心电子文件管理方面的专家，以及多家国际、国内在电子文件管理领域知名的 IT 技术厂商，就电子文件管理系统的功能需求展开广泛深入的交流，内容主要包括电子文件管理系统功能需求规范的基本定位、框架结构、核心功能模块等。同时，还讨

---

① 参见杨安莲：《国际电子文件管理系统需求研究进展及启示》，《档案学研究》，2009 年第 4 期，第 42—46 页。

② 杨安莲：《聚焦电子文件管理前沿——国际电子文件管理研究热点及启示》，《档案学通讯》，2007 年第 6 期，第 60—64 页。

论了电子文件管理系统的捕获、分类、鉴定和处置、查询利用、存储保管、统计报表、混合文件管理、元数据管理、系统管理和安全管理等与功能需求分析密切相关的问题。

2012年国家标准《电子文件管理系统通用功能要求》(GB/T 29194—2012)正式发布，于2013年6月正式实施。该标准将对我国电子文件管理系统的开发设计起到指导作用。国家档案局2012年12月发布了《电子文件全程管理业务需求指南》，它是国家档案局《国家电子文件支撑平台系统》项目标准规范的组成部分。该《指南》阐述了建设电子文件全程管理系统的业务需求，其中包括对电子文件公务办公、机关电子档案管理、机关信息发布利用、综合档案馆电子档案管理和电子档案信息发布利用等基础应用系统的业务需求。

4. 系统需求分析的步骤

系统需求分析主要步骤为：

(1) 调查分析

调查分析是系统开发的第一个阶段，目的是为了了解机构所处的行政、法律、业务及社会背景，明确影响文件生成和保管利用需求的主要因素。电子文件管理系统的调查分析包括对机构宏观环境的调查、职能活动的调查和业务活动的调查三部分。宏观环境调查主要是对机构的主要职能、组织结构、文化和机构所处的社会环境的调查；职能活动调查是为了明确机构职能活动的执行方式和基本步骤；业务活动调查则主要是揭示电子文件与机构业务活动之间的关系，反映各业务活动的执行方式和基本步骤，为系统设计实施过程中确定文件捕获、登记、归档、处置等各环节的实践和具体方法奠定基础。

(2) 明确需求

系统需求确定阶段的目的在于明确机构对文件形成捕获、鉴定归档、整序保管、开发利用等业务活动各方面的需求，包括文件需求和质量需求。文件需求是明确机构在各项业务中需要生成和保存哪些电子文件；质量需求就是要确定如何储存和管理这些电子文件，并且以一种准确、清晰和易于技术实现的方式表达出来。围绕这个目的，采用风险分析的方法衡量机构丢失这些电子文件所面临的风险，在此基础上提出对电子文件管理的功能需求，最终为电子文件管理系统提交详细的、易于技术实现的功能需求说明。

(3) 确定管理方案

在明确机构电子文件管理的范围和基本需求之后，必须结合相关政策、实施标准等构建机构电子文件管理的整体方案。在制定方案前，首先应该明确机构现有信息系统和机构提出的系统功能需求之间的差距；其次要在充分考虑机构性质、业务活动类型、技术环境、机构文化和外部影响因素的前提下，制定相应的原则、方法和要求，保证机构采用确定的方案后能够满足其功能需求；最后，将拟采用的管理方案和机构的电子文件管理需求对照比较，查看问题解决与否。

（二）系统设计

系统设计阶段是将系统分阶段确定的方案、策略逐项转化为具体的软件系统、方法或工具等。这是一个档案管理人员与业务工作人员、软件开发人员反复交换意见的互动过程，主要工作内容包括辅助编程、制定政策和标准、划分权责、设计工作流程、拟订系统测试计划、编制系统使用指南等。

（三）系统实施

系统实施是将已经设计完成的各项工具、方法以及软件系统付诸实践，以落实包括软件在内的整个管理战略。这一过程需实现以下三个目标：第一，在保证对业务活动干扰最小的前提下，将完善的电子文件管理系统纳入机构的各个业务系统和机构各个工作人员的工作中；第二，提高机构的文件管理和查询效率；第三，间接提高机构的整体管理水平。

系统实施的主要内容包括：(1) 将系统实施的计划和日程安排通知机构员工，提示系统实施过程和实施之后可能给员工造成的影响，以及整个实施过程需要的配合；(2) 下发各项规范、标准和工作指南；(3) 执行文件的分类方案、鉴定方案、元数据管理方案；(4) 根据不同的安全级别，规定用户的权限，分配用户名和密码；(5) 实施新旧系统的替换；(6) 落实文件存储载体、文件灾难防护和恢复计划；(7) 实施一段时间后，通报实施情况。

（四）系统评价

客观、准确地评价是电子文件管理系统开发不可缺少的环节，它可以促进电子文件管理系统的完善，并根据要求确定维护方案，将电子文件管理系统存在的问题以及所带来的风险降到最低。

评价指标主要从两个方面入手：

1. 从档案工作的角度评价电子文件管理系统，即对档案工作业务需求的满足程度，对档案工作现在和将来的影响程度进行评价，如工作效率、服务质量、科学化规范化管理等。

2. 从计算机系统角度评价经济性和技术性。经济性即投入/产出，经济效益/社会效益，直接效益/间接效益等。技术性即数据量、操作界面、响应速度、系统的可靠性、处理的灵活性等。

第三节　电子文件管理系统的运行与维护

电子文件管理系统在测试与验收合格后应交付给用户使用，作为一个逻辑产品的软件系统，其运行过程中存在各种问题不可避免，其可靠性和有效性需要在系统运行及维护中不断完善。电子文件管理系统在系统运行过程中，其数据、操作内容会不断更新变化，因此，在运行阶段不仅仅需要技术上的维护，更重要的是要在运行中进行数据的导入导出与迁移、业务人员权限的分配、系统功能的扩充与完善等。IT 界一般将软件系统的运行和维护统称为“系统运维”，对于电子文件管理系统而言，其运行和维护不可轻视。

一、系统运维与系统维护的关系

系统运维有运行和维护两层含义，是在系统维护概念基础上发展起来的，只不过系统运维的概念更注重系统的正常运行，强调为了维护系统运行所进行维护与修复工作。

（一）系统维护

早期的系统维护概念针对的是软件生命周期最后一个环节，其目的是对正在运行的系统不断修正，或者为了适应环境及其他各种因素的变化，保证系统能够在比较长的时间里正常运行，满足用户的需求而对系统所做的修改、补充、完善与预防等活动。

广义的系统维护内容包括硬件维护、软件维护和数据维护，硬件维护一般是由硬件厂商负责。狭义的系统维护指软件维护和数据维护，软件与数据的维护是由软件开发商和用户共同完成，其中技术方面的支持主要由软件开发商负责，业务方面的维护由用户辅助技术人员进行。软件与数据的维护包括改正性维护、适应性维护、扩展性维护（或称完善性维护）和预防性维护。

改正性维护是指诊断和改正正在使用过程中发现的软件错误，包括修改程序代码或者改正设计结构甚至修正需求。这类错误多数是由需求分析不充分，测试数据不充分或不全面，输入的有效性、安全性控制缺陷等因素造成的。修改代码的成本最低，若要修改需求，则费用会大大增加，因此初始需求分析尤为重要。

软件在运行过程中，运行环境可能发生变化，如硬件升级，操作系统改变或者支撑平台改变等，这在日新月异的信息化时代是非常正常的，适应性维护就是不断修改软件以适应这些环境的变化。

扩展性维护是指在软件的使用过程中，系统的需求可能随着业务的改变而变更，这时需要对系统增加新的功能或者对现有功能提出改进意见。一般来说，一个系统所做的扩展性维护占整个维护的大部分。

在软件开发完成之后，为了改进应用软件的可靠性和可维护性，适应未来的软硬件环境的变化，也会进行预防性维护。预防性维护中应主动增加一些预防性的新功能，使应用系统能适应各类变化而不被淘汰，或者适应各种风险而不出现大的系统隐患。

（二）从系统维护到系统运维

从系统维护到系统运维，表明对于系统运行环节的重视，也表明对于用户参与保障系统运行与维护的重视，是对以往软件只重视研发不重视运行理念的一种修正。

我国电子文件管理部门也存在着重电子文件管理系统的研发、轻系统运行维护的倾向。机构往往会花费大量人力、物力和财力在立项论证与系统研发上。但对系统运行关注不高，造成很多系统在运行中问题不断，虎头蛇尾现象明显。

电子文件管理系统要求能在计算机环境中完成电子文件管理的全过程，能够涵盖电子文件管理的整个业务流程，因此，系统运维也是电子文件管理系统实质性部分。

二、电子文件管理系统运维模式的选择

根据电子文件管理系统的规模、功能与适用范围，可以选择不同的运行与维护模式。对于比较大型的系统，应选择专门的 IT 运维服务商负责系统的运行与维护，如美国的 ERA 系统；对于中小型的系统，可以由软件开发商、电子文件管理部门的 IT 人员以及业务操作人员共同完成，如我国地方各独立机构开发运行的各类电子文件管理系统。

（一）专门的电子文件管理系统运维服务

专门的电子文件管理系统运维服务也称完全外包运维模式，是指电子文件管理系统用户通过与专业运维技术部门签署运维外包协议，将本机构电子文件管理系统运维工作外包给该专门机构。专门的电子文件管理系统运维服务模式的优势在于可以充分利用专业运维团队的经验，能够快速定位系统故障发生的原因，如应用软件、数据库、操作系统、服务器故障等；能够及时解决系统故障，提高系统可靠

性，为电子文件管理用户提供全方位的运行与维护；同时，该模式的运维人数扩充较为容易，易于应对大规模的运维需求。但是，存在外包机构的技术人员理解用户需求和处理业务时间较长的问题，也存在外部人员管控难度大、信息泄漏风险高的问题。虽然可以通过签署安全保密协议以及制定相关物理与逻辑安全防范制度来避免信息泄露等问题，但对于电子文件管理系统这种安全性要求较高的系统来说，这种模式不是首选的运维模式。

（二）自主的电子文件管理系统运维服务

该模式是指电子文件管理系统用户专门配备自己的系统维护人员，自行负责对整个系统的运维工作。自主运维模式的优势是运维人员是本单位职工，容易管控，并且可根据机构自身需要进行能力培训，以达到系统维护人员的技术与业务技能。其缺陷在于文件档案部门人员的计算机运维能力有限，即使经过培训，也很难达到专业运维人员的运维技能，而且运维的相关专业知识培养时间较长，难以满足机构运维工作的正常进行。

（三）混合的电子文件管理系统运维服务

该模式是指电子文件管理系统用户对所拥有的一部分系统资源自行运维，同时，通过与专业运维技术部门签署运维外包协议，将所拥有的另一部分系统资源的运维工作外包给运维商，由 IT 人员和业务人员共同配合完成运维工作。这种模式可以克服前面两种模式的缺陷，充分发挥自主运维和外包运维的优势，比较适合电子文件管理系统的运维工作。如常规性的硬件与网络维护以及软件健壮性的维护交由专业运维商，系统数据等安全性要求较高的维护则由机构自行承担。

当然，由于存在两种运维人员，也增加了运维工作的复杂度，延长了运维流程，如技术架构新建或不太成熟的系统，软硬件故障较多，业务人员需要经常将故障转交给技术人员处理，增加了故障处理的环节，延长了问题解决时间。同时，也需要充分考虑内外部运维人员的职责划分和人员比例，在合理的运维成本下，既保证运维工作的顺利完成，又确保机构运维人员能够得到充分锻炼和业务提升。

三、电子文件管理系统运维框架及组织

数据库应用系统运维工作的主要内容大致相同，即综合利用各种 IT 运维支撑工具为电子文件管理系统提供运行与维护服务，确保电子文件管理系统基础设施的正常运行，如外网、内网与专网的接入服务与维护；确保电子文件管理软件系统正常、可靠、安全、高效、经济地运行，如安全管理服务、内容信息服务以及综合管理服务等。

电子文件管理系统整体的运维方案设计可以参考一般 IT 系统的运维框架，如图 9-15 所示。

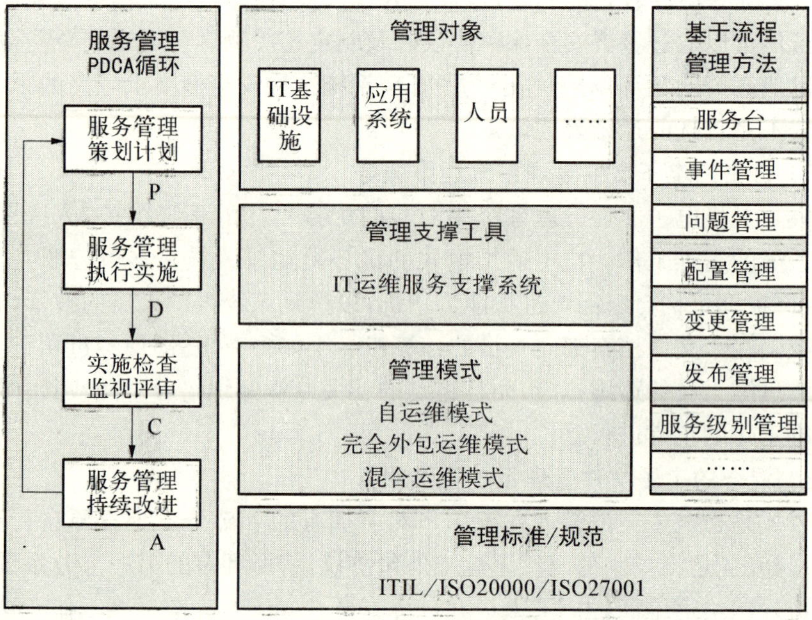

图 9-15　IT 运维服务管理框架

运维服务管理框架包括 IT 运维服务全生命周期管理方法、管理标准/规范、管理模式、管理支撑工具、管理对象以及基于流程的管理方法。其中服务管理 PDCA 循环是以全生命周期的 PDCA 循环为提升途径，体现了对 IT 运维服务全过程的体系化管理。

PDCA 最早由美国质量统计控制之父 Shewhat(休哈特)提出的 PDS(Plan Do See)演化而来，由美国质量管理专家戴明改进成为 PDCA 模式，所以又称为“戴明环”。PDCA 的含义是：P(Plan)—计划；D(Design)—设计(原为 Do，执行)；C(Check)—检查；A(Act)—行动。其核心内容是：对总结检查的结果进行处理，成功的经验加以肯定并适当推广、标准化；失败的教训加以总结，未解决的问题放到下一个 PDCA 循环里。以上四个过程不是运行一次就结束，而是周而复始地进行，一个循环完了，解决一些问题，未解决的问题进入下一个循环，这种阶梯式上升的方法称为质量管理的基本方法。

IT 运维服务管理框架以 ITIL/ISO 20000/ISO 27001 为基础，以适应各种管理模式为目标，以管理支撑工具为手段，以流程化、规范化、标准化管理为方法。

IT 运维管理组织一般由运维领导工作组和运维执行工作组构成。对电子文件管理系统来说，领导组的负责人应由档案部门的信息化主管领导担任，成员由业务部门和信息化部门具有决策权的领导或者代表构成；在采用外包模式的情况下，领导组还应包括 IT 运维服务供应商代表。执行组成员由单位信息化部门人员构成；在采用外包模式的情况下，执行组还应包含 IT 运维服务供应商参与运维的人员。

四、电子文件管理系统交付运行与用户培训

从国内外的情况来看，电子文件管理系统的研发一般采用外包的形式，由专业开发文件档案类的软件公司主持开发，国内比较著名的软件公司如北京量子伟业时代信息技术有限公司、上海中信信息发展股份有限公司等。在软件开发过程中，文件档案人员全程跟踪配合，特别是需求分析方案方面；在软件验收合格交付使用后，须要有一个系统试运行和用户培训过程。一般来说，交付使用前的技术方案可以有多种，针对电子文件管理系统的操作特点，可按下列方案进行：

第一阶段：准备阶段。拟定试运行部门，做好 ERMS 系统运行前的熟悉和准备工作。包括系统环境安装测试、系统功能操作、流程及人员岗位分工等准备工作。

第二阶段：模拟部分模块阶段。让主要业务人员对业务流程中的主要模块进行操作，包括从电子文件及其元数据的捕获开始到归档保存的全过程，注意此阶段使用的是模拟数据。

第三阶段：模拟全部模块阶段。在部分业务模块熟悉之后，开始全方位运行，特别是各个权限部门权限分配与认证，此阶段使用的仍然是模拟数据。

一般来说，模拟数据在软件设计人员进行软件测试阶段已经模拟测试过，若软件验收成功，不会有大的技术方面的问题。而运行方案中的模拟主要是让业务人员进行，业务人员在不熟悉计算机技术的情况下操作路径和计算机专业人员的操作路径有所不同，会发现和技术测试阶段不一样的问题。这个阶段若有问题，应返回软件公司修复，模拟过程仍继续进行下去，采用一边发现问题一边解决问题的办法。

第四阶段：总结阶段。各业务部门负责人和操作人员总结使用心得，建立使用、管理规范。

上述四个阶段完成，系统正式投入运行与维护。

五、电子文件管理系统运维的关键环节

电子文件管理系统交付用户使用之后，其运行过程中还有很多工作需要完善。

(一) 电子文件数据资源安全维护

针对数据安全的技术方法很多,电子文件管理系统运行的数据安全控制主要包括权限识别、数据加密、日志跟踪等。

一般的信息系统都有系统使用权限设置模块,通过权限的设置区分不同的访问者、不同的访问类型和不同的数据对象,以便分别对待。对用户使用权限进行分级一般与部门权力体系对应,通常分为四级:

一级:可以对系统的各项业务记录进行综合查询,如档案局馆长、副局馆长。

二级:可以对部门的信息进行查询,适合各个部门的负责人,如档案局馆各处处长、副处长;如果处级部门下面某个科负责的业务,还可以是科长、副科长等。

三级:可以输入各项业务的记录信息,用于各部门的业务管理人员。

四级:可以检索和查阅公开电子文件信息,用于拥有利用权限的公众。根据级别分配给相关人员不同的 ID 和 PASSWORD,而且要经常变换。

级别在系统中可以通过组织定义的形式实现,各类组织包括部门及科室,其中组织下面可定义子组织,支持多层深度组织定义,如图 9－16 所示。

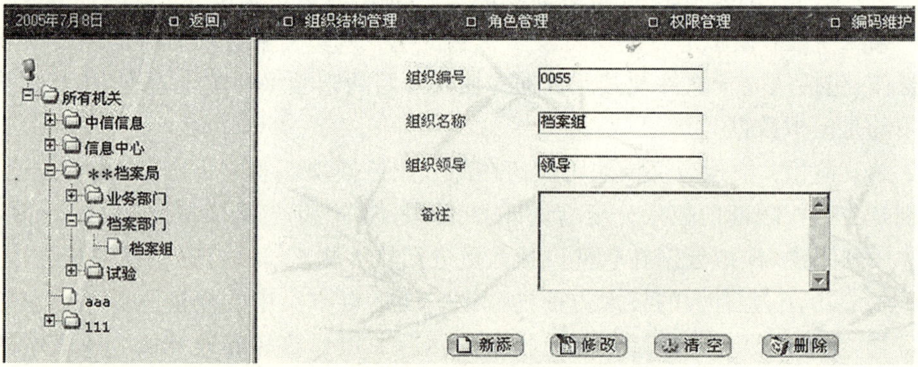

图 9－16 权限设置的组织结构示意图

另外,也可以通过角色分配的形式设定权限,使得在允许的权限范围内,最大限度地为利用者提供方便,同时也能有效地控制文件的安全。例如可以把利用者划分四种角色,每种角色都可以享受规定的便利。

1. 领导:可以通过网络任意查询各种文件,不受限制。

2. 特许人员:必须得到有关领导授权,到档案馆(室)备案以后,可以在规定的时间和范围内自由阅览。

3. 文件作者:可以自由地查看自己制作的文件。

4. 普通用户：必须向档案人员提出申请，档案人员按照规定向其开放文件目录，对于有控制规定的文件内容查阅，普通用户还要得到档案人员的许可，才能查看。

为了使利用的功能充分实现，档案部门事先要通过系统对角色具体人员进行权限设置和对数据进行控制操作，这些设置和操作也要根据有关的规定，办理一定的手续。系统通过对用户角色的划分，为每个用户使用的系统功能、利用的数据范围进行定义，保证系统的安全运行。角色定义如图 9－17 所示，不同角色人员的权限分配如图 9－18 所示。

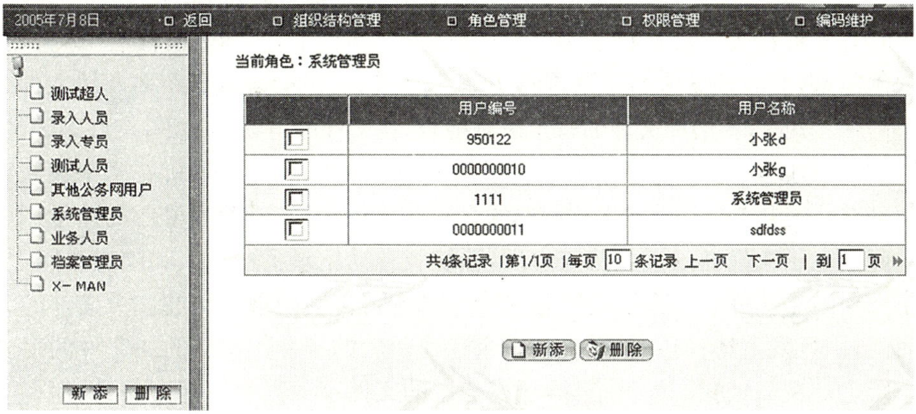

图 9－17　角色分配示意图

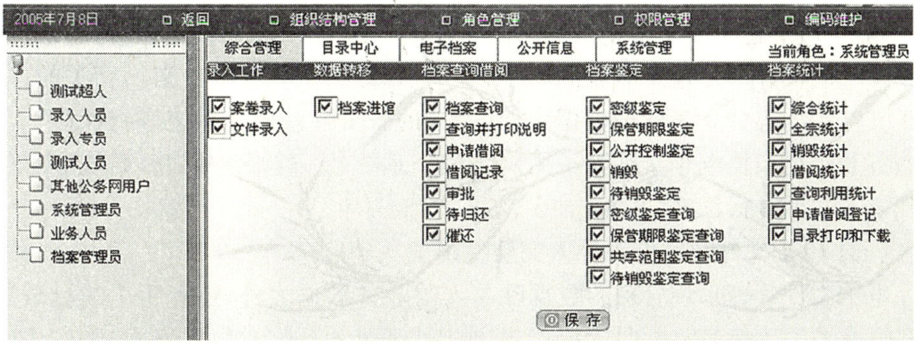

图 9－18　不同角色人员的权限分配示意图

除了权限设置以外，安全方面还要注意对涉及机密的文件进行加密操作，并且要选取合适的解密算法；根据系统日志，监视系统是否有异常，以判断其安全性等。

(二) 电子文件数字资源完整性和可靠性维护

完整性是指归档电子文件内容完整、背景信息的完整、归档电子文件整个生命周期活动记录的完整；可靠性是指内容、背景信息、生命周期活动记录都是可靠的。完整性和可靠性涉及的问题是如何确认归档电子文件的真实性，如何在运行与管理过程中防止被修改。完整性和可靠性可以通过电子文件管理系统设置的自动检查模块进行自动检查，而真实性则需要档案人员打开文件以后人工判定，如果档案人员有疑问，应该请文件形成者一起确认。

真实性检查要注意两个问题：首先，要检查内容的完整，对于静态的信息类型，如文本、影像文件应检查有无缺损；对于动态的信息类型，如声音、多媒体文件要完整地运行一遍。例如1个视频会议的多媒体录像，播放时间有1个小时，档案人员在真实性检查时只运行了10分钟就认为没问题了，实际上后面有的内容有可能放不出来，此时档案人员如果进行了真实性确认，就会导致这个多媒体文件无法真正利用。其次，要借助文件的背景信息检查，在文件的背景信息中，有许多著录项，例如文件的办理过程信息等。由于在目前的技术条件下，无法通过技术手段判定各种信息类型的电子文件从产生到归档的真实性，因此，人工判别是唯一的途径。

归档电子文件通过接收检查以后，系统就自动记录了检查人和检查时间，从此这个归档电子文件纳入系统的管理之中。系统将自动记录访问过这个文件的人员和时间，一旦发生迁移情况，系统会记录迁移前后的各种数据。例如文件的字节数是系统进行逻辑校验的一种指标，迁移前后的文件字节数有可能有差异，但在一定的范围内是正常的，超过这个范围或者没有迁移，却发现归档电子文件的实际字节数和记录的不符，就说明有问题。

相反，可靠性主要是防止人为的因素改变归档电子文件管理过程的客观性，要求在系统的设计中尽量排除人工的干预。可靠性又是和安全性密切相关的，归档电子文件的内容独立于管理数据库，其文件的安全性就要由系统进行保障。在网上服务器中的归档电子文件除了由网络操作系统的安全保护以外，系统应对这些归档电子文件进行加密。①

（三）电子文件数字资源导入完整性维护

电子文件管理系统管理的数据除了实时业务数据之外，还有历史的目录数据库和全文数据库信息。这些数据如果之前已经录入到临时数据库中，则应该将临时数据库数据导入到系统中。当然，在系统需求分析过程中，应该将导入功能加入系统基本功能需求分析中。在导入的过程中，应该进行数据检查，以免导入过程中由于操作失误而破坏或者丢失数据。

---

① 参见静安区档案局《电子文件归档及管理系统》项目研究报告。

（四）电子文件数字资源变更维护

电子文件管理系统运行过程中，所依赖的软硬件环境经常会发生变化，当某台计算机的软硬件环境变更时，可能会导致某些文件无法使用，因而文件需要在机器的软硬件环境变更时进行一些处理，即资源变更处理。

1. 如果该计算机的软硬件环境的变更不会对文件的使用产生影响或整个系统中拥有相同的软硬件平台，应立即通知使用者可以变更资源。

2. 如果该计算机的软硬件环境的变更会对某些文件的使用产生影响，无法在新的软硬件环境下运行，管理员则必须通知系统管理员进一步判断是否可以变更资源或进行迁移。

3. 如果该计算机的软硬件环境的变更会对某些文件的使用产生影响或整个系统无相同的软硬件平台，则可以将这些文件进行升级使之可以在新的软硬件环境下运行，对文件进行升级需要进行相应“迁出”和“迁入”，即迁移。

迁移是为了解决电子文件长期保存和外部软硬环境变化迅速、淘汰频繁之间的矛盾而设计的，目的是使电子文件能与外部软硬环境相适应。它包括资源变更登记、资源变更受理、迁出、迁入四个功能。

“资源变更登记”用来记录业务部门软硬件资源的变更情况，包括原环境（系统依据 IP 自动获取该计算机环境信息）、现有环境。可以及时提交环境变更信息，档案人员也可以及时接收到有关信息。“资源变更受理”由档案人员操作，可以查看环境变更的所有文件集信息，并从中选择准备迁移的文件集，给出待迁移标记。其中，“迁出”是将需要迁出的电子文件从正式目录转移至迁出目录，计算机人员可以对这些文件做升级转换工作，并将已升级转换完毕的电子文件移至迁入目录；“迁入”是自动把迁入目录下已升级转换完毕的电子文件移至正式目录，并登记迁入相关信息。资源变更如图 9－19 所示。

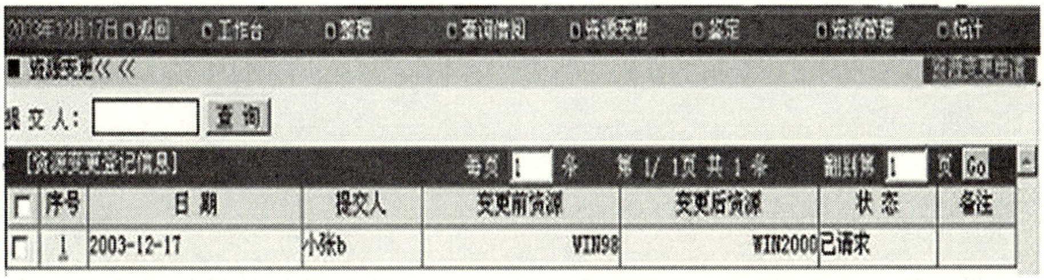

图 9－19　资源变更示意图

第十章　电子文件管理元数据

元数据是电子文件管理不可或缺的重要工具之一。在电子文件环境下，由于电子文件内容极易被删改、破坏而不留任何痕迹，为了保证电子文件信息的原始和真实，人们不得不借助元数据。元数据可以记录电子文件在形成、传递、维护、利用等运转流程中的全部情况。因此，只有在掌握元数据的基础上，才能对电子文件进行安全有效的控制，保证电子文件的完整性、真实性和证据效力，同时元数据也是电子文件信息组织、维护和检索的重要依据。

将元数据应用于电子文件管理的意义非常重大。电子文件管理元数据记录了电子文件的特征及其变化过程，是反映电子文件内容、结构、背景的全面、系统和有序的信息。元数据可用来组织和管理电子文件信息，通过计算机技术能够准确地识别、定位和访问电子文件信息；元数据可用来建立电子文件信息的数据目录和数据交换中心，维护电子文件信息数据，用户可以通过数据目录和数据交换中心等提供的信息，共享电子文件信息资源；元数据还能提供电子文件数据转换方面的信息，保障电子文件信息的长期存取。

第一节　电子文件管理元数据理论

一、电子文件管理元数据的概念

电子文件的大量涌现改变了传统的档案管理模式，需要新的技术方法和手段，元数据的出现为电子文件管理提供了新的思路。

元数据一词源于英文“Metadata”。从构词法上看，“meta”来自于希腊语，具有

“超越”的意义，作为前缀具有“自相关”的含义；“data”则指数据，可以是数字、字母和词语等。“Metadata”的字面意义为“关于数据的数据”。

元数据概念最早出现于计算机领域，是为了满足计算机网络中共享数字资源的需求而使用的。其后，在地理学、图书馆学、情报学和档案学等多个学科领域得到广泛应用。在计算机、图书情报等领域，元数据主要用于描述与标识数字资源，其主要目标是用于资源组织和资源发现。到了档案领域，元数据的概念和作用则得到进一步拓展。

(一) 元数据在档案管理中的应用

元数据在文件、档案管理领域中的应用，起始于20世纪80年代末、90年代初。就元数据的本质来说，档案界早就开始了其应用研究，如传统载体档案的著录数据就是元数据的实践应用。传统的文件管理工具，如文件登记簿、文件处理单、索引、文摘、著录卡片等都为我们提供了文件的一部分元数据，这类数据不仅描述了文件的内容，还提供了文件重要的背景信息，以助于文件管理者控制和管理文件。比如“谁”在“什么时候”、“在哪里”、“如何”使用过该文件。在传统的文件处理过程中，档案工作者通过制作索引、文件清单和其他辅助工具等又创建了新的元数据信息，用来帮助用户快速找到并理解他们要查找的文件，即使文件此时已经被转移到产生地以外的处所，也不会因此而迷失方向。

在电子文件领域，元数据在文件管理中占据了愈来愈重要的地位。在传统的档案库房中，即使我们事先没有为文件制作任何的检索工具，却依然能在档案架上逐份搜寻以发现所需的文件。然而对于肉眼无法识别的电子文件，我们就无计可施了。电子文件比传统文件所包含的元数据元素更加丰富、复杂。有些元数据元素是特地为计算机设计的。例如，在文件创建时给其赋予格式识别标识，日后计算机将能自动在相应的应用软件中打开该文件。正如我们在Windows中点击带有“w”图标的文件，计算机会自动启动Word并在其中打开该文档文件。而关于镜像数据位置的描述，则为用户选择最佳通信带宽来传输数据提供了方便。关注文件保管方面的元数据信息，如文件创建和修改日期、维护责任人等，将会对文件的妥善保存大有裨益。

对于电子文件工作者来说，元数据成了他们管理电子文件内容、背景和结构的重要工具。电子文件的元数据是动态描述电子文件各方面特征的数据，它以结构化的规范语言如实地记录了电子文件的内容、背景和结构及其变化情况，反映某文件(或文件集合)与其他文件(或文件集合)的区别与联系，便于对馆(室)藏文件的智能控制和结构化存取，也有利于用户在脱离原件的情况下对文件的存储状态与内外部特征有充分的认识。①

(二) 电子文件管理元数据概念的形成

在电子文件领域关于元数据概念的理解，目前普遍认为经历了三个发展阶段，分别为文件元数据阶段、文件管理元数据阶段以及电子文件管理元数据阶段。

1. 第一阶段——文件元数据

在文件档案领域，最先使用元数据这一术语的是联合国信息系统协调委员会1990年出版的《管理电子文件：问题与指南》，由于“关于数据的数据”作为元数据的定义太泛，所以，文件与档案工作者在将元数据引进后作了重新定义，即在该指南中，将元数据定义为：描述数据和数据系统，即数据库的结构、特征、位置等一类的数据。

很显然，该元数据定义偏重于计算机的数据库，并没有揭示出元数据在电子文件管理领域中应用的本质属性。所以，到了1997年，在国际档案理事会电子文件委员会出版的《电子文件管理指南》中，仍然将元数据定义为：关于数据的数据(Metadata is defined as data about data)。

然而，“元数据是关于数据的数据”这一概念并不容易被文件、档案工作人员所理解。因此，在实践基础上，国际文件、档案领域及各国文件档案专家、学者又对元数据定义进行了更深入的探索。

2. 第二阶段——文件管理元数据

为了使元数据在文件、档案领域有其更为专指的性质和含义，国际标准化组织第46技术委员会(信息与文献工作技术委员会)第11分会(档案/文件管理分委员会)(简称ISO/TC46/SC11)，于2001年10月正式颁布了国际上第一个文件管理国际标准《信息与文献——文件管理　第1部分：通则》(ISO 15489.1—2001)，专门定义了在文件、档案领域中应用的元数据的概念：自始至终描述文件背景、内容和结构及其管理的数据。

在该国际标准中所提出的元数据定义，将其特殊本质紧紧地与文件的多维结构：内容、结构和背景及其管理结合起来，并贯穿于文件的整个生命周期，这样元数据的定义就与文件的定义紧密地结合起来了，体现了元数据在文件、档案领域中应用的特殊性。应该说，比起之前的元数据定义，大大前进了一步。

3. 第三阶段——电子文件管理元数据

从当初元数据引进档案界最直接的用意来看，主要是为了解决数字环境中的

① 刘家真主编：《电子文件管理理论与实践》，科学出版社，2003年版，第48—49页。

电子文件管理问题。如何使元数据与电子文件管理更直接地结合起来，就成为文件、档案界致力探索的领域。国际标准化组织颁布了国际标准《信息与文献——文件管理过程——文件元数据　第2部分：概念与实施问题》(ISO 23081.2—2009)。在该国际标准中，对文件管理元数据又作了专门的定义：能自始至终地，并能在领域内与领域间支持文件创建、文件管理与文件使用的结构化或半结构化信息。

该元数据定义与2001年国际标准《信息与文献——文件管理　第1部分：通则》中的定义相比，强调了两点：一是强调了元数据的结构化或半结构化特征，在概念上更多地反映出其适合于数字环境的特性，因而在元数据的功能上进一步深化了；二是强调了元数据在文件生命周期各个阶段即创建、管理、使用中领域内与领域间的互操作性，因而在元数据反映文件生命周期各个阶段的特性上进一步深化了。应该说，经过这样的探索，对文件管理元数据的认识已由不甚深刻到深刻、不甚全面到全面了。

目前在国际文件、档案领域中对文件管理元数据已达成了共识，并以国际标准的形式加以规范，且电子文件管理元数据具有文件管理元数据所具有的一切特征。所以，在表达电子文件管理元数据时往往强调“原数据对象”——电子文件。又由于电子文件具有文件的一切本质属性，所以，电子文件管理元数据定义均直接引用国际标准《信息与文献—文件管理过程—文件元数据　第2部分：概念与实施问题》中文件管理元数据的定义。①

(三) 电子文件管理元数据的内涵

在国家标准《电子文件归档与管理规范》(GB/T 18894—2002)中，电子文件元数据的定义为：描述电子文件数据属性的数据，包括文件的格式、编排结构、硬件和软件环境、文件处理软件、字处理和图形工具软件、字符集等数据。

在这个定义中，将元数据限定为“描述电子文件数据属性的数据”，而后对其外延进行了列举说明，却没有突出元数据对电子文件的管理和组织功能。从电子文件管理理论和实践看，电子文件管理元数据还应包含其内容、结构和背景方面的其他信息，如业务办理过程、电子文件管理与利用过程、责任者背景以及电子文件之间的关联等元数据。

因此，电子文件管理元数据的定义是“自始至终跨领域支持电子文件创建、管理和利用的结构化或半结构化信息。”

---

① 参阅张正强等：《基于XML电子文件管理元数据管理标准研究》，国家社会科学基金重点项目，2010年第4卷第1篇，第3—6页。

无论是文件管理元数据，还是电子文件管理元数据，其定义均突出了对文件全生命周期的控制功能，可以说其外延是相当广泛的，囊括了有关电子文件（或文件）的一切元数据。国际档案理事会 2005 年发布的《电子文件：档案工作者实用手册》中，即从利用角度将元数据划分为技术元数据、文件元数据和档案元数据三个类别。

所谓的电子档案元数据，即指在电子档案阶段，由档案保管机构所形成的对电子档案进行智力与物理控制的著录元数据。与此相对应，所谓的电子文件元数据，即指在电子文件的现行和半现行阶段所形成的相关元数据。鉴于此，电子文件管理元数据的外延囊括了电子文件元数据和电子档案元数据，如图 10－1 所示。此外，电子文件管理元数据还包括用于形式化表述的电子文件置标元数据。但在实践中，并没有严格进行概念区分，通常所说的电子文件元数据即指电子文件管理元数据。①

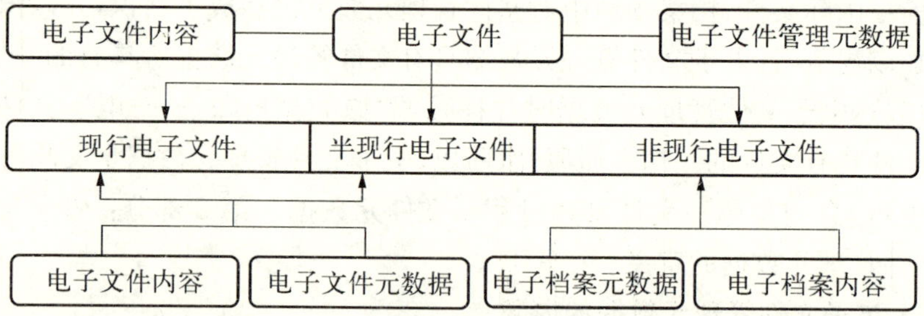

图 10－1　电子文件元数据、电子档案元数据与电子文件管理元数据之间关系模型

二、电子文件管理元数据的类型

（一）基于电子文件运动阶段划分的电子文件管理元数据类型

根据文件连续体模型，从电子文件运动不同阶段来看，当文档创建阶段结束之后，就进入了电子文件的捕获阶段。由此，电子文件管理元数据就可以划分为两种类型，即捕获节点元数据和捕获点之后元数据。所谓捕获就是指电子文件管理应用系统对电子文件进行识别、分类与标识的动态过程，而电子文件管理元数据就是在这一过程中对电子文件进行界定，使其处于业务背景之中，并对其进行自始至终的控制。

① 参阅王大青：《面向知识时代的电子文件管理元数据研究——大数据环境下基于本体的电子文件管理元数据集成》，南京政治学院上海校区博士学位论文（2014 年），第 77—78 页。

1. 捕获节点元数据

捕获节点元数据，即电子文件创建或导入应用系统时间点上所形成的元数据，也就是电子文件形成的背景信息。在电子文件捕获节点上，记录此前文件内容、创建或捕获的业务背景等元数据，包括电子文件内容、结构和技术特征信息，以及电子文件创建环境、业务环境和相应责任者的信息。这部分元数据是固化的，是与电子文档同时捕获的，捕获后不应进行修改。

2. 捕获点之后元数据

捕获点之后元数据，即记录电子文件管理活动和（组织机构职能）业务办理过程的元数据。这些元数据包含了电子文件逻辑和物理结构变化、技术属性变更，对文件利用环境的描述，文件办理情形，文件之间，以及文件与相应业务、责任主体之间各种关系的记录。

（二）基于实体划分的电子文件管理元数据类型

1. 电子文件自身实体元数据

电子文件自身实体元数据，主要是指对电子文件（或文件集合）内容、结构等进行描述的元数据，包含电子文件内容元数据、结构元数据、技术元数据等。其层级结构可分为件、组合、案卷、类别、全宗和全宗群等。

2. 责任者实体元数据

电子文件责任者实体元数据，是指与电子文件创建及其管理、利用相关的责任者（人员或机构）元数据，包括文件起草、审核、签发等责任人员、机构的相关描述信息。其层级结构可分为个人、队组、部门和机构。

3. 业务实体元数据

电子文件业务实体元数据，是指电子文件所记录的组织机构业务职能活动元数据，包括业务职能、活动和事务等相关元数据。其中包含的电子文件管理业务实体元数据，指的是描述电子文件管理相关过程的元数据。电子文件管理过程元数据贯穿于整个文件生命周期。其层级结构可分为事务、活动和职能，并可根据需要进行拓展。

4. 法规标准实体元数据

电子文件法规标准实体元数据，主要用于记录和反映电子文件所需遵循的业务规则、政策和法规，包括电子文件及其元数据创建、管理和利用的法规、制度、应用系统控制策略。其层级结构可分为业务规则、政策和法律法规。

5. 关系实体元数据

关系实体元数据，用于描述文件、责任者、业务、法规标准四类实体内部以及各类实体之间的关系。可具体分为文件之间关系、集合之间关系、文件与集合之间关系以及文件与背景之间关系的元数据等。

(三)基于属性划分的电子文件管理元数据类型

1. 标识类元数据

用于标识实体。例如,电子文件档号、URI(统一资源标识符)和收发文编号。

2. 描述类元数据

用于描述和确认对象实体。例如,电子文件题名、摘要和主题词。

3. 使用类元数据

用于描述电子文件利用条件、记录重要利用行为等的元数据。例如,电子文件使用权限和利用环境。

4. 事件计划类元数据

用于保存电子文件管理事件计划。例如,事件内容、事件执行人员和事件触发条件。

5. 事件历史类元数据

用于记录电子文件管理事件历史。例如,事件发生时间和事件内容。

6. 关系类元数据

用于描述上述各类实体关系,即"在各类实体之间或在同类实体各属性之间,一种感知到的关联",包括不同实体之间以及同一实体各属性之间关系。例如电子文件与其责任者之间关系。

(四)基于系统划分的电子文件管理元数据类型

1. 基于时间维度的划分

从电子文件所处的不同生命周期阶段看,可以将电子文件管理元数据划分为文件元数据和档案元数据。电子文件移交、归档后著录的元数据,称为电子文件的档案元数据。为进行区别,将电子文件处于现行或半现行阶段所形成元数据称为文件元数据。

2. 基于空间维度的划分

主要是从电子文件所涉及职能活动视角,将其划分为文书类电子文件管理元数据、专门类电子文件管理元数据和科技类电子文件管理元数据。可根据需要,再进行具体领域的细分。

3. 基于对象维度的划分

从电子文件呈现形式的类型看,可将其划分为文本类、图像类、音频类、视频类、数据库类和软件类等类型电子文件管理元数据。

一种类型的信息资源所拥有的元数据多少，往往与该信息资源的服务对象、信息资源的价值相关。例如，短期使用的信息资源，则不必需要拥有长期使用的信息资源那么多的元数据；具有学术价值、凭证价值与商业价值的信息资源，则需要比普通的信息资源更多的元数据。①

三、电子文件管理元数据的特性

元数据对电子文件管理所具有的重要作用，关键在于元数据本身的特性，是元数据本身的特殊性质，决定了元数据的作用。

（一）还原性

元数据最基本和最重要的特性就是它的还原性。所谓还原性是指一旦从电子文件中获取登录了元数据，那该元数据就具有了反映该文件原始记录性的性质。在电子文件管理中，当元数据系统对电子文件获取登录该文件的元数据时，就对反映该文件的原始性特征信息进行了获取，也就是将电子文件的原始性信息映射到了该文件的元数据记录；当利用该电子文件时，元数据也就同时反映了该电子文件的原始状态。所以，元数据具有还原性。

电子文件与元数据映射关系见图 10－2。从该图可以看出，元数据记录中的元数据与文件中的内容、背景、结构信息构成了一一对应的映射关系。由于具有这一关系，具有元数据记录的文件，其元数据就能完整地记录该电子文件的原始状态。因此，元数据能够还原文件，进而还原历史，保障电子文件的凭证性。

（二）结构性

电子文件管理元数据的结构化特性，也就是指电子文件管理元数据是高度结构化的数据。这种结构化表现在整体上，就是元数据之间关系是经过精心构造的，而不是任意堆砌的；表现在个体上，元数据的构成是有规则的、统一的，而不是杂乱无章的。所以，元数据是经过结构化处理的信息。仍以图 10－2 为例，如每一个元数据在构成上都分为“元数据元素”与“元数据元素值”两部分，见图 10－3。

---

① 参阅王大青：《面向知识时代的电子文件管理元数据研究——大数据环境下基于本体的电子文件管理元数据集成》，南京政治学院上海校区博士学位论文（2014 年），第 95—98 页。

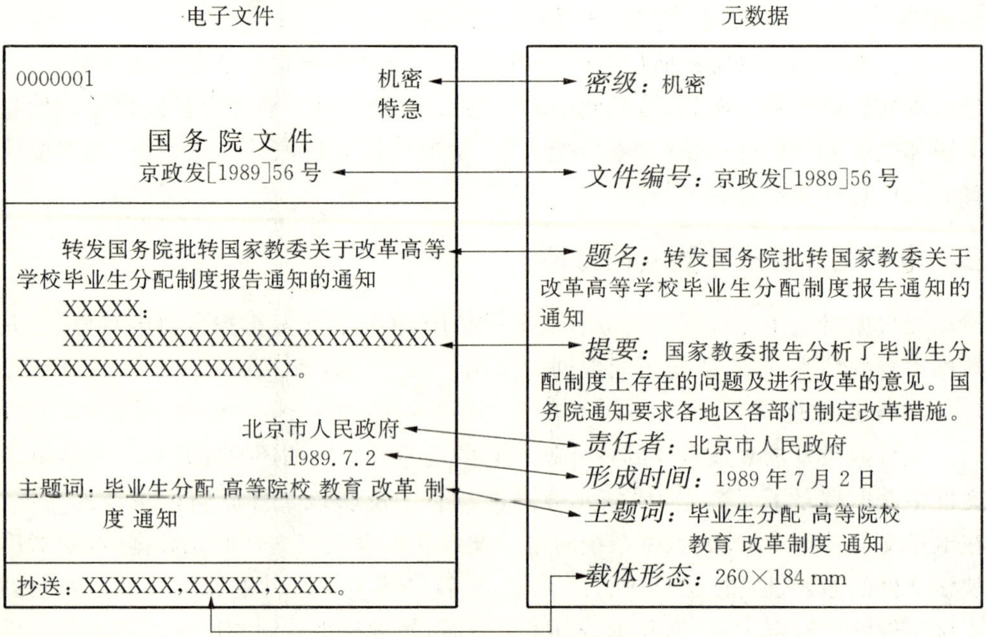

图 10－2　电子文件与元数据映射图

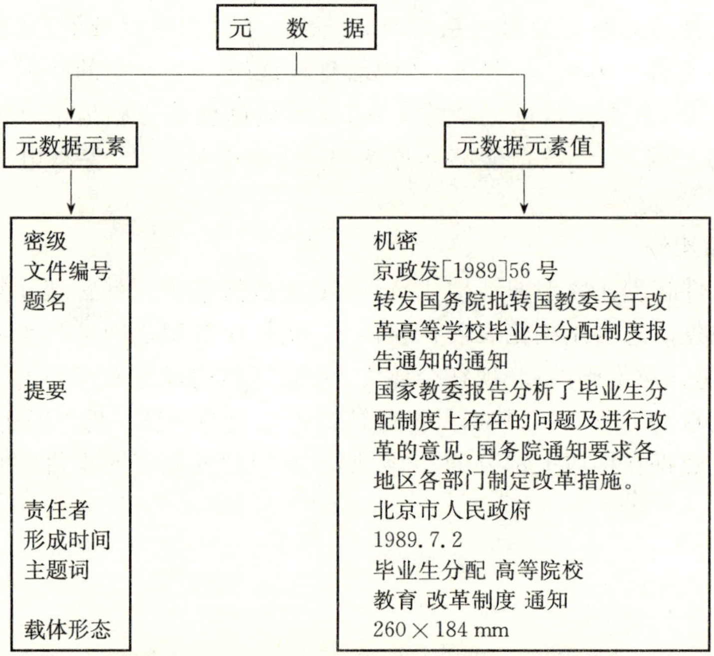

图 10－3　元数据在构成上分为“元数据元素”与“元数据元素值”两部分

这种结构化使各项元数据信息显示得清清楚楚，既便于识别又没有歧义，而在整体构成上元数据的排列顺序也是遵从于文件的原始结构顺序的。此例中的元数据信息就是按文件的原始结构顺序——密级、文件编号、题名、提要、责任者、形成时间、主题词等进行排列的。元数据这样结构化的结果，是使其能够映射电子文件结构的原始状态。

（三）跟踪性

跟踪性是指电子文件管理元数据能在电子文件的整个生命周期中，即时地、动态地获取登录电子文件的有关信息，即能在动态中保证电子文件的真实性。元数据不是简单的著录信息，它是在数字化环境中生成的数据，所以能够跟踪记录电子文件从产生一刻起的载体、设备及所用技术的变迁史，以及使用、干预该文件的整个历史过程。也就是说不论载体、设备、技术如何更新换代，不论使用者、使用人数有多少，都可以作为历史数据保存下来。年代越久远，积累下来的历史数据就越多。一个文件的产生、使用、载体、设备更替乃至销毁的历史全都可以记录在案，从而能够反映电子文件在整个生命周期的历史变更性。

（四）系统性

系统性就是指电子文件管理元数据不仅能够还原电子文件，而且能够系统地反映电子文件生成时所处的环境。就技术角度而言，元数据能反映技术环境。如果电子文件是在单机上生成的，元数据能够反映单机环境；如果电子文件是局域网系统中运作的，则能够反映局域网系统的环境；如果电子文件系统是在因特网中通信交流的，则能反映因特网的环境。就行政管理角度而言，元数据能反映行政管理环境，如电子文件产生时所必须遵循的法律法规、规章制度、政策标准等。

由于电子文件管理元数据具备以上这些特殊性质，可以说抓住了电子文件管理元数据就等于抓住了这份文件，进而就抓住了这段历史，人类的记忆就不会流失。①

四、电子文件管理元数据的作用

电子文件管理元数据，有助于对电子文件的理解、管理和利用，确保电子文件的真实性、完整性、可靠性和可用性。电子文件管理元数据的作用主要表现如下：

1. 确保电子文件的凭证价值

元数据为结构化或半结构化信息，支持在一个领域内或跨领域进行电子文件

---

① 参阅张正强编著：《电子文件管理》，解放军出版社，2004 年版，第 167—171 页。

的创建、注册、分类、利用、保存和处置。电子文件管理元数据,可用于文件和相关责任人员的确认、识别和描述;描述业务过程;描述文件创建、管理、维护和利用的应用系统;描述文件管理法规标准,将电子文件置于监控体系之中,确保电子文件的凭证价值。

电子文件管理元数据可支持数字办公环境中业务决策和业务活动的执行,并进行实时记录,支持电子文件全程管理需求,对电子文件的形成、管理和利用进行控制,为组织机构(或个人)履行其职能提供凭证价值和情报价值。

2. 保障电子文件的全程、动态管控

电子文件管理元数据可以完整地实现电子文件著录,可以系统地、动态地记录电子文件跨越时空的运动轨迹。不仅能在用户与电子文件之间建立枢纽,还能成为智能的"电子文件管理者",通过其控制作用实现电子文件的全程管理。

在电子文件或文件集合的生命周期中,随着业务办理、文件管理处置操作和利用操作的发生,不断有新的元数据被添加进去。这就意味着,随着时间推移,元数据将继续增加与业务处理、文件管理相关的信息。元数据可被追踪或者被多个应用系统重用,不仅可在电子文件现行阶段发挥作用,而且可在电子文件非现行期内发挥作用。

3. 支持电子文件的长久保存

科学的电子文件管理元数据体系是文档领域和计算机领域专家思维的直接体现,可以反映电子文件管理先进的学科理论、各类法律、法规和标准,具有较好的科学性、前瞻性和规范性,可以支持电子文件在不同环境或计算机平台之间的顺利迁移。在软件、硬件技术飞速发展的当今时代,具备可移植性的元数据对于确保电子文件的长久保存是必不可少的。

4. 支撑电子文件的科学组织、高效共享和持续可用

电子文件管理元数据可以全面而系统地描述电子文件,可以记录与反映电子文件个体之间、电子文件集合之间等的复杂关联,可以对电子文件进行分类组织,并以结构化方式实现文件与其背景之间的关联。电子文件管理元数据可以捕获和形成相关著录信息,产生目录体系和检索系统,支持电子文件知识组织和高效检索。

借助标准化的电子文件管理元数据,可以实现语义层面和语法层面互操作,保障电子文件在其生命周期中的可用性,最大限度地实现电子文件资源共享。元数据从电子文件捕获开始,描述文件内容及其与相应业务活动的关系,将电子文件置于相应业务背景之中,有利于对电子文件的理解,有利于提供多个检索入口,有利于支持用户对电子文件信息的检索与资源共享。

5. 支持电子文件的风险管理

电子文件管理元数据可以直接支持电子文件的风险管理，记录与反映电子文件的风险评估结果、安全状态等，对电子文件管理和利用实施权限控制，防范未经授权的操作与利用。

6. 支持业务活动的顺利实施

电子文件管理元数据通过对电子文件的有效控制来支持组织机构数字办公环境下业务活动的顺利实施，尤其是在组织机构结构、职能或者工作流程发生变更的情况下，电子文件管理元数据对于业务活动的持续性具有重要意义。①

第二节　电子文件管理元数据标准和研究项目简介

元数据是电子文件管理的重要工具，对其标准化是提高电子文件管理质量的重要策略。一些国家、地区、组织已经陆续出台了与电子文件管理相关的元数据标准，这些标准可以分为两类：一类是国际标准化组织直接针对电子文件管理元数据发布的国际标准《信息与文献——文件管理过程——文件元数据》(ISO 23081)；另一类是各个国家和地区发布的电子文件管理元数据标准，如英国公共文件局2002年颁布的《电子文件管理系统需求——元数据标准》，澳大利亚2008年发布的国家标准《澳大利亚政府电子文件管理元数据标准》，我国的国家行业标准《文书类电子文件元数据方案》(DA/T 46—2009)等。从已经出台的元数据标准来看，其主要内容是元数据元素集(Metadata Element Set)，元数据元素集是指需要捕获的所有元数据元素的集合，简称元数据集。这些元数据标准对元数据集中各元素的名称、作用、使用条件、相互关系、编码体系等作出较为详尽的规定。本节对当前国际和国内的电子文件管理元数据标准和研究项目作简要介绍。

一、电子文件管理元数据研究项目

(一) 美国匹兹堡大学项目

1993—1996年戴维·比尔曼主持了美国国家历史出版物和文件管理委员会

① 参阅王大青：《面向知识时代的电子文件管理元数据研究——大数据环境下基于本体的电子文件管理元数据集成》，南京政治学院上海校区博士学位论文(2014年)，第100页。

(NHPRC)在匹兹堡大学设立的科研基金项目“电子文件档案管理需求实现过程中的变量”，提出“可为业务活动接受的通信的元数据参照模式”，按照元数据所支持的功能不同，将电子文件管理元数据划分为六个层次，分别为登记层(Registration)、期限和条件层(Terms and Conditions)、结构层(Structural)、背景层(Contextual)、内容层(Content)、利用史层(History of Use)。其中登记层的作用在于确认文件；期限和条件层支持文件的安全控制；结构层记录文件的软硬件依赖性，保证文件的可读性；背景层说明文件的来源，维护文件的数据性；内容层描述文件的内容信息；利用史层记录文件产生后重要的利用情况。匹兹堡大学项目是最早研究电子文件管理元数据的科研项目，其研究成果被广为参考，澳大利亚联邦政府机关文件保管元数据标准就沿用了这种划分方法。

(二) SPIRT 项目

1998—1999 年由澳大利亚工业、研究与培训战略合作组织(SPIRT)资助，莫西那大学苏·麦克米什主持的“网络化环境中为长期管理和存取信息资源，发挥其行政、经济、社会和文化作用而建立的文件保管元数据标准”项目，制定了一个全面的、结构化的、可扩展的标准元数据集，适用于政府部门、商业部门、社会和文化机构。这个项目从元数据描述的实体对象出发将元数据分为四类：业务活动元数据、文件保管活动元数据、机构/人员元数据、文件元数据。每类实体元数据由 10 个共同的元素和自身特有的元素构成，共 51 个元素，10 个共同的元素分别是类别(Category Type)、标识符(Identifier)、名称/题名(Title)、日期(Date)、法律依据(Mandate)、地点/位置(Place)、职能分类(Functional Classification)、关联(Relation)、摘要(Abstract)、语种(Language)。如表 10-1 所示。

表 10-1 SPIRT 元数据元素集

类 型	元 数 据 元 素
业务活动	类别、标识符、名称、日期、法律依据、地点、职能分类、关联、摘要、语种、业务规则
文件保管活动	类别、标识符、名称、日期、法律依据、地点、职能分类、关联、摘要、语种、业务规则
机构/人员	类别、标识符、名称、日期、法律依据、地点、职能分布、关联、摘要、语种
文件	类别、标识符、题名、日期、法律依据、位置、职能分布、关联、摘要、语种、主题、文件形式、鉴定、控制、保存、检索、存取、利用、事件史

二、国外电子文件管理元数据标准

继匹兹堡大学项目之后，许多国家和地区开始制定适合其国情的电子文件管理元数据标准，而决定各个标准或报告的科学性则主要体现在其各自建立的元数据集。

(一) 美国国防部《电子文件管理软件应用设计评价标准》

1997 年 11 月 24 日，美国国防部发布了《电子文件管理软件应用设计评价标准》(DoD 5015. 2)，该标准于 2002 年 6 月重新修订发布，2007 年 4 月再次发布了更新版本 DoD 5015. 2 - STD。标准规定了电子文件管理软件应用系统的强制性基本功能需求，同时也规定了更为合适的非强制性功能需求。

美国国防部《电子文件管理软件应用设计评价标准》(DoD 5015. 2 - STD)中的元数据系统模型主要由七个层次构成，分别是文件实体层、案卷层、案卷计划层、文件类型层、处置说明层、案卷类别层以及终止说明层。如表 10 - 2 所示。

表 10 - 2　美国《电子文件管理软件应用设计评价标准》(DoD 5015. 2 - STD)中的元数据

类　型	元　数　据　元　素
文件实体层	主题、归档日期、传送接收类型、物理位置、文件格式、文件存储介质、创建时间、创建者、形成组织、案卷代码、文件类别代码、文件唯一标识符、用户自定义数据、相关联文件信息、后续处理、处置行为日期
案卷层	案卷规划代码、案卷标识、文件标识集、案卷建立时间、案卷永久不变时间、案卷类别代码
案卷计划层	案卷计划代码、文件类别代码、处置权限、用户自定义数据
文件类型层	文件种类名称、标识、描述、文件部署指令标识
案卷类别层	类别、标识符、题名、日期、法律依据、位置、职能分布、关联、摘要、语种、主题、文件形式、鉴定、控制、保存、检索、存取、利用、事件史
处置说明层	处置名称、处置代码、处置类型、行为类型、保管期限、处置行为描述
终止说明层	终止代码、注释、终止类型

(二) 英国电子文件管理需求标准《电子文件管理系统需求》

2002 年 9 月，英国公共文件局颁布了英国电子文件管理元数据标准，有两个部分，分别为《电子文件管理系统需求　第一部分：功能需求》及《电子文件管理系统需求　第二部分：元数据标准》。

《电子文件管理系统需求　第一部分：功能需求》明确了本标准的主要目的，决定了英国政府机构工作中电子文件管理的需求。在本部分中，该标准首先对需求的层次及结构做了规定，随后，根据电子文件管理流程列出了电子文件管理系统中的核心需求及可选需求。《电子文件管理系统需求　第二部分：元数据标准》是针对第一部分中的需求所提出的元数据元素，该部分中规定了元数据 17 个元素及其子元素，这些元素是英国政府中支持跨部门电子文件管理所必须具备的。见表 10 - 3。

表 10-3 英国《电子文件管理系统需求 第二部分：元数据标准》中的元数据

元 数 据 元 素	执 行 强 度
标识(identifier)	必要
日期(date)	必要
位置(location)	可选
权限(rights)	必要
处置(disposal)	必要
文件类型(record type)	必要
集合(aggregation)	必要
保存(preservation)	可选
形成者(creator)	必要
关联(relation)	必要
法律依据(mandate)	可选
题名(title)	必要
主题(subject)	可选
说明(description)	可选
语种(language)	可选
收件人(addressee)	只对邮件是必要的，对其他文件皆为可选
数字签名(digital signature)	该元素正在制定过程中

（三）国际标准《信息与文献——文件管理过程——文件元数据》

为了适应电子文件管理元数据的时代需求，国际标准化组织制定了文件管理元数据系列标准——ISO 23081 的 1—3 部分，涵盖了文件管理元数据的原则、元数据元素定义框架和文件管理元数据评估规则。2006 年发布的《信息与文献—文件管理过程—文件元数据 第 1 部分：原则》(ISO 23081.1—2006)明确指出：元数据可以确保电子文件的真实性、可靠性、完整性和可用性。元数据管理是文件管理不可或缺的构成部分，具有多种功能与用途。

《信息与文献—文件管理过程—文件元数据 第 1 部分：原则》主要对电子文件管理元数据建立的原则进行了标准化，该标准中的元数据进行了两层分类，分别为空间上的分类以及时间上的分类。空间上的元数据被分成五个实体，具体为文件实体、人员实体、业务实体、关系实体及法规实体；而时间上的分类，则将元数据分为捕获节点上的元数据及捕获后元数据。《信息与文献—文件管理过程—文件元数据 第 2 部分：概念与实施问题》(ISO 23081.2—2009)将电子文件管理元数据建立的原则具体化为可实际操作的体系框架。

《信息与文献——文件管理过程——文件元数据　第2部分：概念与实施》中电子文件管理元数据按照实体分为：文件实体、业务实体、责任者实体及法规实体；电子文件管理元数据按照属性分类为标识元数据、描述元数据、利用类元数据、事件计划类元数据、事件历史元数据以及关系类元数据。其元数据元素集见表10-4。

表10-4　《信息与文献——文件管理过程——文件元数据　第2部分：概念与实施》(ISO 23081-2：2009)中的元数据

类　型	元　数　据　元　素
文件实体	件、复合件、案卷、类别、全宗、全宗群
业务实体	行为、活动、职能、社会职能
责任者实体	个人、单位、部门、机构
标识元数据	实体类别、应用级次、登记标识符
描述元数据	题名、分类、提要、位置、行政、内容标识符
关系类元数据	相关实体标识、关系类型、关系日期
利用类元数据	技术环境、权限、利用、对象、语言、完整性、文件类型
计划事件元数据	鉴定、处置、保存、利用控制、权限
事件历史元数据	事件标识、事件日期、事件类型、事件描述、事件关系

该国际标准的提出是电子文件管理元数据标准研究的里程碑，作为国际标准，还推动了各个国家和地区在电子文件管理元数据领域的研究，为各个国家和地区制定和修订适合其国情的电子文件管理元数据标准提供最佳指导。

（四）澳大利亚国家标准《澳大利亚政府电子文件管理元数据标准》

国际标准《信息与文献——文件管理过程——文件元数据》的颁布对澳大利亚国家标准《澳大利亚政府电子文件管理元数据标准》的发布产生了重大的影响。该标准发布于2008年，是1999年澳大利亚国家文件档案馆发布的《联邦机构电子文件管理元数据标准》的更新版本。新的国家标准列出了机构在文件管理过程中需捕获的信息类型，以结构化的方式描述文件的标识、真实性需求、内容、结构、背景以及有效的管理需求，从而保证真实、可靠、可利用的文件的能满足业务的需要。而新版本的国家标准与旧版本的区别在于，新版本建立在国际标准《信息与文献——文件管理过程——文件元数据》的多实体元数据模型之上，允许对五个单独实体的描述，这五个实体分别为文件、责任者、业务、法规及关系实体。新标准定义了构成元数据最基本的26个元素的属性以及44个可能用于描述实体的子元素的属性。

表 10-5 《澳大利亚政府电子文件管理元数据标准》中的元数据

类　型	元　数　据　元　素	执行强度
文件实体	类别(category)	必要
	标识(identifier)	必要
	名称(name)	必要
	日期(date range)	必要
	描述(description)	可选
	行政规划(jurisdiction)	可选
	密级分类(security classification)	条件必备
	安全警告(security caveat)	条件必备
	权限(rights)	条件必备
	语种(language)	条件必备
	覆盖范围(coverage)	可选
	关键词(keyword)	条件必备
	处置(disposal)	必要
	格式(format)	条件必备
	范围(extent)	必要
	载体(medium)	条件必备
	完整性检验(integrity check)	条件必备
	位置(location)	可选
	文件格式(document form)	可选
	优先级(precedence)	可选
责任者实体	类别(category)	必要
	标识(identifier)	必要
	名称(name)	必要
	日期(date range)	必要
	描述(description)	可选
	行政规划(jurisdiction)	可选
	许可(permissions)	条件必备
	联系(contact)	条件必备
	地点(position)	可选
	语种(language)	可选

续表

类　型	元　数　据　元　素	执行强度
业务实体	类别(category)	必要
	标识(identifier)	必要
	名称(name)	必要
	日期(date range)	必要
	描述(description)	可选
	行政规划(jurisdiction)	可选
	密级分类(security classification)	可选
	许可(permissions)	条件必备
法规实体	类别(category)	必要
	标识(identifier)	必要
	名称(name)	必要
	日期(date range)	必要
	描述(description)	可选
	行政规划(jurisdiction)	可选
	密级分类(security classification)	条件必备
	安全警告(security caveat)	条件必备
	覆盖范围(coverage)	可选
关系实体	类别(category)	必要
	标识(identifier)	必要
	名称(name)	必要
	日期(date range)	必要
	描述(description)	可选
	相关实体(related entity)	必要
	改变历史(change history)	条件必备

三、我国电子文件管理元数据标准

国际上电子文件管理元数据系统经历了从项目研究到国家标准的形成，最后形成国际标准。而国际标准的出台也促进了我国电子文件管理元数据标准(系统)的建设。2006 年，安徽省档案局申请国家档案行业标准《电子文件管理细则》项目，经过研制，形成《文书类电子文件元数据方案》(DA/T 46—2009)、《版式电子文件长期保存格式需求》(DA/T 47—2009)和《基于 XML 的电子文件封装规范》(DA/T 48—2009)三个国家档案行业标准。

1.《文书类电子文件元数据方案》规定了电子文件形成、交换、归档、移交、保管、利用等全过程中元数据设计、捕获、著录的一般要求。遵照了 ISO 15489、ISO 23081,明确了电子文件元数据分面结构,将电子文件元数据分为四个实体,即文件实体元数据、机构人员实体元数据、业务实体元数据以及实体关系元数据,规定了元数据元素及其结构,给出了元数据元素的描述方法,并对元数据元素进行了详细描述。其元数据元素如表 10-6 所示。

表 10-6 《文书类电子文件元数据方案》中的元数据

类 型	元 数 据 元 素
文件实体元数据	集合层次、档号、全宗形式、立档单位、立档单位沿革、全宗档案内容介绍、全宗档案历史沿革、全宗档案整理体系、全宗档案数量、题名、主题、文件组合类型、文件编号、责任者、成文时间、起止时间、件数、页数、文种、语种、紧急程度、稿本、主送、抄送、内容摘要、附注、行文依据、覆盖范围、计算机文件属性、数字化属性、存储、电子签名、原始信息系统描述、文档创建环境
机构人员实体元数据	机构人员类型、机构人员名称、法定代表人、组织机构代码、档案馆代码、辖区范围、职能范围、个人职位、联系方式
业务实体元数据	业务类型、业务行为、行为受理时间、行为时间、行为移送时间、行为依据、行为原因、行为结果、行为描述
实体关系元数据	实体标识符、关系类型、关系、关系描述

2.《电子文件长期保存格式需求》规定了电子文件长期保存格式需求,明确了电子文件长期保存格式应具有的特征及其选择原则,列出了一些电子文件格式特征。

3.《基于 XML 的电子文件封装规范》运用《文书类电子文件元数据方案》中规定的元数据及其本身规定的封装元数据,实现了对电子文件的封装,规定了电子文件封装的结构模型,给出了封装元数据元素、结构及其描述方法,对具体的封装元数据元素进行了详细描述,确立了 XML 的技术要求、加密技术要求以及电子签名技术要求,附录了电子文件封装包的 Schema 定义和元数据索引。

第三节　电子文件管理元数据的设计与实施

一、电子文件管理元数据的设计

电子文件管理元数据设计工作主要内容包括以下几个部分。

(一) 确定电子文件管理元数据的结构

从系统结构理论视角看，电子文件管理元数据的多元功能，取决于其结构。电子文件管理元数据结构的组织，需要依据电子文件管理元数据的功能需求，明确其基本构成要素，遵循系统论的原理，科学架构，准确而完整地反映各要素之间的关系，并根据发展态势进行结构优化，以求电子文件管理元数据功能的最优化。

电子文件管理元数据的基本结构有宏观结构和微观结构之分，即元数据基本框架和各元素的具体构成。

1. 电子文件管理元数据的宏观结构

电子文件管理元数据的宏观框架，主要设计总体架构，依据元数据性质和特征进行分类组织，即电子文件管理元数据所包含的元数据类组、各元数据类组之间关系、各元数据类组的具体构成元素、各元素之间关系。

元数据类组，由若干个具有共同性质的元数据元素构成，可根据需要进一步划分子类组。例如，在戴维·比尔曼主持的美国匹兹堡大学的元数据研究项目中，将电子文件管理元数据分为文件元数据、背景元数据和利用元数据三个类组。并进一步划分子类组，即文件元数据类组包含处理层、结构层和内容层三个子类组；背景元数据类组包含条件层和业务背景层两个子类组；利用元数据类组下设利用历史层子类组。我国行业标准《文书类电子文件元数据方案》中，各层级元素总共 88 个，在第一个层次上，将元数据划分为四个类组，即文件实体、机构人员实体、业务实体和实体关系四类；在第二个层次上，明确了各类实体元数据元素的组成，例如，文件实体元数据由聚合层次、来源、电子文件号、档号、内容描述、形式特征、电子属性、数字化属性、电子签名、存储位置和权限管理等构成；在第三个层次上，根据需要，进一步明确容器型元数据的构成，例如，来源元数据由档案馆名称、档案馆代码、全宗名称和立档单位名称等元素构成。其宏观结构如图 10－4 所示。

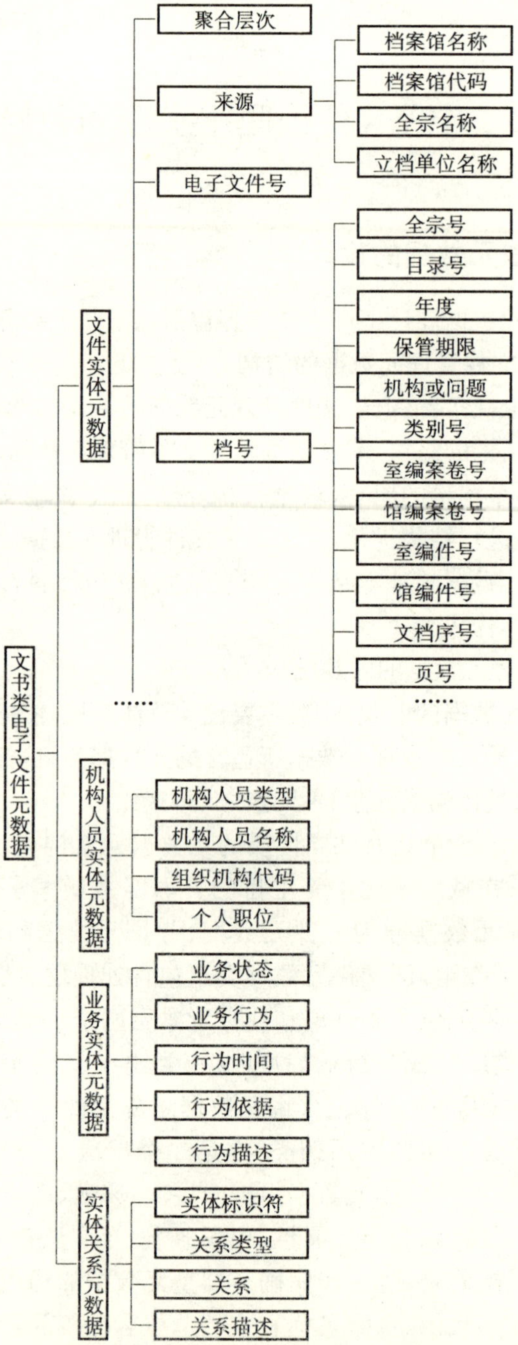

图 10－4 电子文件管理元数据宏观结构分析

2. 电子文件管理元数据的微观结构

电子文件管理元数据的微观结构，是指元数据元素的具体构成即其语义结构。元数据元素的确定是元数据管理中基础性工作，主要明确一个元素（或元素值）的语义及其相互之间关系，其微观结构如图 10－5 所示。各类元数据元素，可根据需要设置子元素。

元数据元素也称元数据单元，是指元数据所描述文件某一方面的特征。元数据元素分为简单型、容器型和复合型三种类型。简单型是指不具有子元素的元素所对应的元素类型。容器型是指具有子元素且本身不能被赋值的元素所对应的元素类型。复合型是指本身可以被赋值且在一定条件下可以具有子元素的元素所对应的元素类型。在电子文件管理元数据设计阶段，需要明确各个元数据元素的名称、标识、定义、类型、编码体系、捕获时间、捕获方式以及与其他元素之间的关系等。

一般来说，电子文件管理元数据的微观构成可划分为标识类、描述类、元素值类和关系类四个类别。

（1）标识类

① 标识符。为元素或子元素分配的唯一一组符号，即元素或子元素的机读名称。每个元素都应有唯一的名称和标识。名称是管理人员和用户识别元数据元素的依据，标识是机器识别元素的符号。名称和标识可能相同，也可能不同。

② 中文名称。以中文为元素或子元素赋予的自然语言名称，即人读名称（中文）。

③ 英文名称。以英文为元素或子元素赋予的自然语言名称，即人读名称（英文）。

④ 名称其他形式。元素名称的其他表达形式，如同义词。

（2）描述类

① 定义。用于规定元素或子元素的概念，是对每个元数据元素外延和内涵的揭示和说明。

② 目的。明确元素或子元素应用的目的。

③ 适用范围。用于指明该元素所适用的电子文件实体及其层级。

④ 元素类型。用于表明该元素是简单型还是容器型。

⑤ 必备性（或约束性）。分为必选、条件选和可选。必选，指无论何种情形必须具备；条件选，指特定环境和条件下必选；可选，则指可以自由选择。

⑥ 使用条件。使用条件即指“条件选”元素的使用前提，指明特定条件下元素或子元素的适用实体或具体的实体层级。

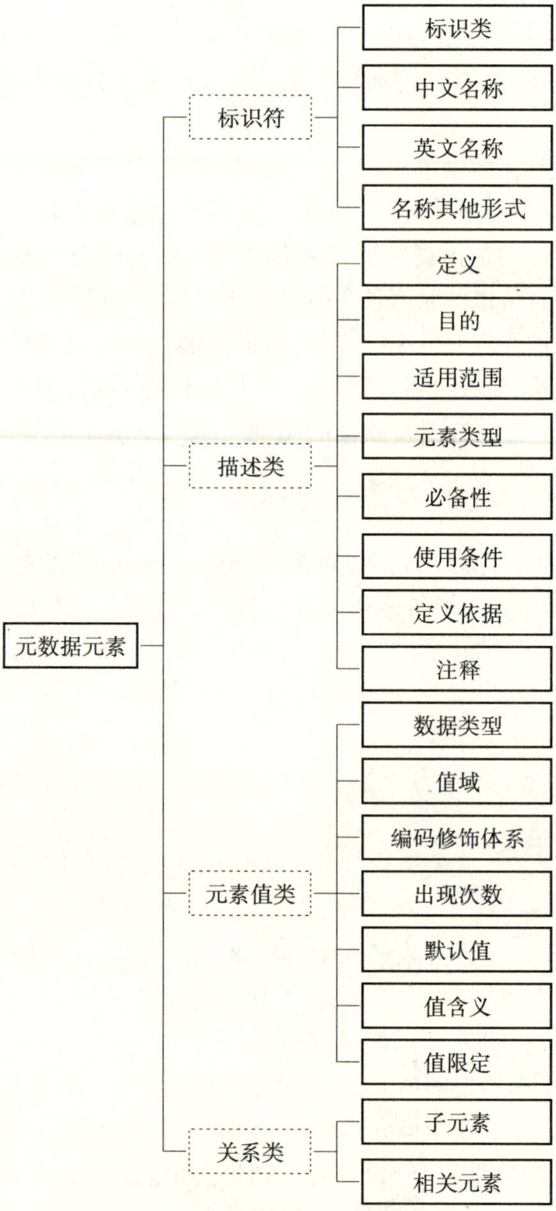

图 10－5　电子文件管理元数据微观结构

⑦ 定义依据。指明元素定义所遵循的法规、标准文献。

⑧ 注释。为理解和使用元素或子元素提供说明信息。

(3) 元素值类

① 数据类型。用于表明元素值的类型，包括字符型、数值型等。

② 值域。用于规定元素取值范围。

③ 编码修饰体系。明确元素或子元素的定义标准、控制词表或编码方案。编码体系规定了元数据元素取得的标准、规则。比如对于元素“形成时间”，其编码体系为《数据元和交换格式——信息交换——日期和时间表示》(ISO 8601—2004)，采用“YYYY—MM—DD”的格式，如果“形成时间”为“2004 年 1 月 1 日”，则表示为“2004—01—01”。编码体系可以是国际标准、国家标准、行业标准，也可以是机构自行编制的词表、代码表等。

④ 出现次数。明确元素或子元素是否可重复使用。

⑤ 默认值。除非特别声明，否则元素或子元素的取值为预先指定的值。

⑥ 值含义。用于解释与说明元素值代表的意义。

⑦ 值限定。用于明确元素取值约束条件。

(4) 关系类

① 子元素。用于明确该元素的子元素；

② 相关元素。用于表明该元素的相关元素。①

(二) 捕获电子文件管理元数据

电子文件管理系统中，电子文件管理元数据的捕获方式有三种：第一，系统自动生成；第二，人工著录；第三，人工选择，即系统提供备选值，由管理人员根据具体情况决定取哪一个。也可综合应用这三种方式。

(三) 明确元数据与文件之间的关系

元数据可以作为其描述的电子文件的一个组成部分，如网页文件的部分元数据就是用标签表示并嵌入文件中；也可以独立于电子文件存在，如数据库文件的许多元数据保存在数据字典中。如果我们要通过计算机系统对元数据加以多种应用，最好以结构化方式对元数据加以储存，精确定义每一个元数据元素。但目前大多电子文件的结构化程度不高，难以将结构化的元数据嵌入其中。而有些结构化程度高的电子文件如数据库，鉴于集中管理元数据的要求，也难以将元数据包含在

---

① 参阅王大青：《面向知识时代的电子文件管理元数据研究——大数据环境下基于本体的电子文件管理元数据集成》，南京政治学院上海校区博士学位论文(2014 年)，第 101—104 页。

文件中。所以，大多政府电子文件的元数据是独立于文件而保存、维护的，对于那些包含在文件中的部分元数据，也可以通过一定的手段以显性化的方式重新生成，另外保存。如果元数据与电子文件是分离的，那么需要通过链接等方式在两者之间建立联系。

同时，描述同一对象的元数据可能分散保存在不同地点，应在这些元数据之间建立联系。唯有如此，才能完整地说明文件或文件集合的来龙去脉。

（四）选择元数据的格式

选择元数据的格式即决定描述同一对象的所有元数据元素之间逻辑关系及其数字化表示形式。我们将描述同一对象的元数据集合称为元数据记录（Metadata Record），格式就是元数据记录的结构。国内外常见的元数据格式包括以下五种。

1. MARC格式

美国国会图书馆在1964—1968年开发研制并投入使用了书目机读目录交换格式MARC（Machine Readable Catalogue），后来国际标准化组织将其确立为国际标准，并根据技术的发展加以修订，现在的标准为《信息与文献——信息交换格式》（ISO 2709—2008）。美国政府信息资源元数据标准《政府信息定位服务》（Government Information Locator Service，GILS）将MARC作为四种元数据格式之一加以推荐。不过它非常复杂，管理人员经过专业培训才能掌握其编制方法，冗余度高，国内使用这种格式的政府机构极少，见表10-7。

表10-7 MARC格式示例

```
……
093    20040010@
200    $a关于召开三农问题工作会议的通知$f秘书处@
210    $d20040104@
336    $a文字$a. txt@
606    $a三农$x会议$x通知@
……
```

2. 关系型数据库格式

这是目前国内应用较为普遍的一种元数据格式，容易为管理人员所理解和掌握，结构化程度高。采用此格式，就可以通过在技术上较为成熟的关系型数据库方式对元数据进行存储、查询、维护。不过，由于关系型数据库格式每个字段（元素）记录的长度固定，一旦不同系统的定义不同，在交换时就会遇到很大障碍。见表10-8。

表 10－8　关系型数据库格式示例

元数据元素	元数据值
……	……
登记号	20040010
文件题名	关于召开三农问题工作会议的通知
收文日期	20040104
责任者	秘书处
媒体类型	文字
数据格式	.txt
关键词	三农　会议　通知
……	……

3. XML 格式

可扩展性置标语言 XML(eXtensible Markup Language)是用来描述元数据之间关系的格式。XML 格式的优点包括：不限定元数据元素和元数据记录的长度；具有平台独立性，不同系统之间的元数据具有可交换性；可扩展，用户可以根据自己的需要增加元数据元素；XML 文档具有树型结构，有利于表现文件集合和文件之间层次关系；与其他基于 XML 的信息资源元数据格式具有良好的互操作性等。因此，XML 元数据格式已经成为政府电子文件管理元数据的常用格式。

选用 XML 格式还有一个优势，那就是它为元数据和电子文件的紧密结合提供了可能，利用 XML 可以将元数据嵌入电子文件，实现电子文件的结构化，见表 10－9。

表 10－9　XML 格式示例

```
……
<登记号>20040010</登记号>
<文件题名>关于召开三农问题工作会议的通知</文件题名>
<收文日期>20040104</收文日期>
<责任者>秘书处</责任者>
<媒体类型>文字</媒体类型>
<数据格式>.txt</数据格式>
<关键词>三农</关键词>
<关键词>会议</关键词>
<关键词>通知</关键词>
……
```

4. HTML 格式

超文本置标语言 HTML(Hyper Text Markup Language)是用来描述元数据元素之间关系的格式。HTML 是网页编写语言，HTML 格式的元数据非常适合在万维网(WWW)上发布、传播，用户使用起来也非常方便。但是由于 HTML 只能描述简单结构的文档，不能反映文件之间的复杂关系，对于元素语义的揭示能力差，因此，HTML 元数据格式在使用上受到一定局限。见表 10－10。

表 10－10　HTML 格式示例

```
<html>
    <head>
    <meta http-equiv="Content-Type" content="text/html; charset=gb2312">
    <meta name="GENERATOR" content="Microsoft FrontPage4.0">
    <meta name="ProgId" content="FrontPage.Editor.Document">
    <title>元数据记录</title>
    <body>
    ……
    <p align="left"><font size="5"> 登记号：20040010</font></p>
    <p align="left"><font size="5"> 文件题名：关于召开三农问题工作会议的通
知</font></p>
    <p align="left"><font size="5" 收文日期：20040104</font></p>
    <p align="left"><font size="5" 责任者：秘书处</font></p>
    <p align="left"><font size="5" 媒体类型：文字</font></p>
    <p align="left"><font size="5" 数据格式：.txt</font></p>
    <p align="left"><font size="5" 关键词：三农，会议，通知</font></p>
    ……
    </body>
    </html>
```

5. 文本格式

文本格式的元数据直接由元素及其值依次组成，从形式上看像是一段文字。示例见表 10－11。文本格式传输方便、容量小、容易识读。但是计算机系统对于文本格式的处理能力差。

表 10－11　文本格式示例

……
登记号：20040010；文件题名：关于召开三农问题工作会议的通知；
收文日期：20040104；责任者：秘书处；
媒体类型：文字；数据格式：.txt；
关键词：三农，会议，通知；
……

以上各种元数据格式可以互相转化。一份元数据记录可以根据实际应用的需要，生成多种元数据格式。①

二、电子文件管理元数据的实施

（一）电子文件管理元数据实施的前提条件

电子文件的凭证价值，取决于元数据的整体性，如果某份电子文件管理元数据整体中的某一项元数据缺失，那么该份电子文件的凭证价值也可能丧失。如一份加密电子文件，在其他元数据都具备的情况下，缺少记录加密密码的元数据，那么这份电子文件就会打不开，这时，无论其他的元数据多么齐全，也无法证明这份文件的真实性。在这种情况下，该份电子文件的密码元数据，就成为该文件是否具有凭证价值的质变点。

电子文件管理元数据方案的实施一定要标准化，因为只有在标准化的情况下，才能保证元数据在实施中的整体性。否则，在网络环境中，电子文件的创建机构、发送机构与接收机构在元数据整体性上就会因各自的理解不同，各自机构所经历的经验和实践不同而对元数据的整体采取不同的选择，那么要实现电子文件凭证价值就变得十分困难。所以，电子文件管理元数据标准化是电子文件管理元数据方案实施必须具备的前提。

（二）电子文件管理元数据实施的基本方式

在电子文件管理系统中，元数据系统一般是作为标准通过设计阶段预设于电子文件管理系统中的。作为一个持续的动态过程，元数据对电子文件进行记录和管理，所有元数据与电子文件都是不可分割地关联在一起，从而保证电子文件自始至终具有凭证性。元数据与电子文件之间这种不可分割的联系，一般形象地称之为“封装”，即元数据和电子文件一起被存储、一起被传递，犹如一个信封将电子文件“封装”起来一样。经元数据封装的电子文件就具有实际的自我证明能力了。元数据封装电子文件一般有三种方式：

1. 一体式

一体式是指元数据与电子文件构成一体，两者在物理上也不分离，一起存储、一起流转、一起传递。如图 10 - 6 所示。

采用一体式，对系统设计来说相对简便。但倘若一份文件在每个处理阶段、每个步骤都要把获取登录的元数据与文件一起封装起来，那么到最后，与文件一起封

① 冯惠玲主编：《政府电子文件管理》，中国人民大学出版社，2004 年版，第 140—144 页。

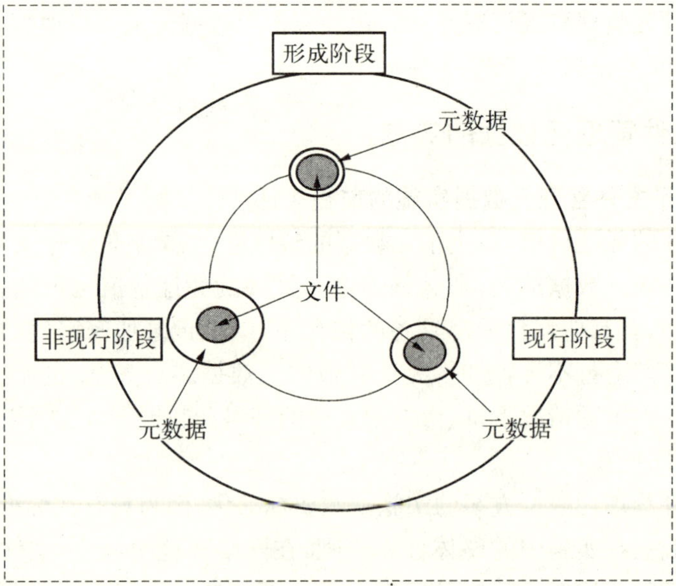

图 10－6　一体式

装的元数据的数据量就会很大。

VEO(Victorian Encapsulated Objects)是一体式封装方法的常用方式之一，是由 1999 年澳大利亚电子文件战略项目 VERS(Victorian Electronic Records Strategy)提出的，其封装特点是层层包裹。最外层是档案元数据，中层是文件元数据，最里层是编码元数据及编码的二进制内容。因为此结构类似于洋葱，俗称"洋葱式"封装。我国行业标准《基于 XML 的电子文件封装规范》就是基于 VEO 封装方法制定的。

2. 分体式

分体式是指元数据与电子文件是分离的，元数据一般存储在档案服务器的数据库中，而电子文件在电子文件管理系统中存储、流转、传递。但是，在元数据与电子文件之间采用指针，将电子文件与元数据不可分割地联系在一起。如图 10－7 所示。

采用分体式，虽然克服了一体封装式的不足，但也带来了元数据与电子文件之间连接的复杂性与管理的困难性，一旦指针出了问题，就会破坏元数据与电子文件之间的联系。

3. 混合式

综合一体式和分体式的优点，出现了混合式封装方式。混合式是指将重要的、常用的元数据采用一体式封装，而对于不常用的、反映电子文件环境的元数据则采

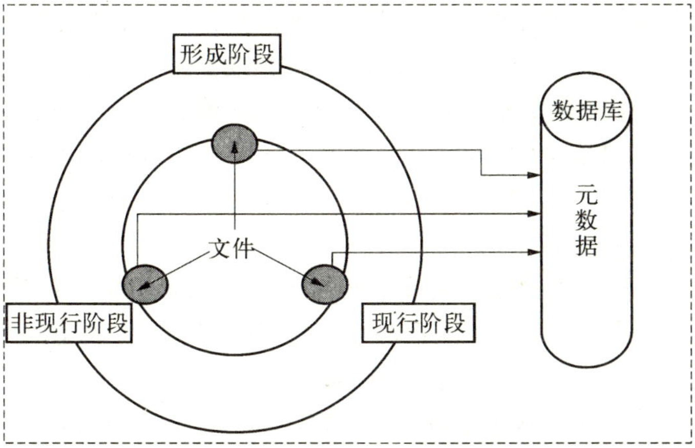

图 10－7　分体式

用分体式封装。这样既可以解决一体式封装元数据数据量过大的问题，也可以缓解分体式元数据封装的复杂性问题。①

第四节　电子文件管理元数据的集成

在当前信息时代迈向知识时代的进程中，电子文件急剧增长，需要对多元化的电子文件管理元数据进行有效的组织与控制，这就有必要对电子文件管理元数据进行集成。

一、电子文件管理元数据集成基本内涵

（一）电子文件管理元数据集成概念

在人类社会迈向知识时代的发展进程中，数字资源的集成管理和集成服务已经成为重要发展趋势。电子文件管理集成是"电子文件管理系统与其他应用系统或机制之间的紧密关联"。电子文件集成可以实现电子文件资源在不同应用系统之间进行共享，并使之置于共同框架之下、如同处于同一应用系统之中。电子文件的集成主要包括三个方面：一是建立和完善电子文件集成管理法规、政策、顶层规划和评估机

① 参阅张正强编著：《电子文件管理》，解放军出版社，2004 年版，第 172—175 页。

制，以确保不同阶段、不同类型、不同领域、不同层级电子文件的集成；二是在业务应用系统设计与开发过程中，将电子文件管理需求集成至业务应用系统需求之中；三是在所有电子文件集成服务的基础上，将电子文件与其他数字资源集成起来提供服务。

在确保电子文件安全的前提下，开展电子文件的集成管理和集成服务是切实可行的，如电子文件中心、信息中心以及数字档案馆建设中的电子文件集成管理和集成服务。

综上，电子文件管理元数据集成定义为：以集成理论为指导，通过集成战略、技术和手段等的运用，对电子文件管理元数据实施基于时间和空间维度的多元集成，并进而实现电子文件的集成组织与控制。

电子文件作为数字资源的组成部分，对其实施集成管理和集成服务，主要是利用电子文件管理元数据进行的，而电子文件实体则可以继续保持其分布式存储状态。电子文件管理元数据集成，实质上包含了元数据集成管理和集成服务两层含义。元数据集成管理，从直接含义看，是在数据层面实现的集成，而从其本质上来看，又蕴含了管理系统的集成，即在一定范围、一定层面上利用统一的元数据管理系统实现元数据的组织、控制与利用。电子文件管理元数据集成服务，则是在共同的服务平台上，从服务内容（如元数据检索、分析）和服务形式（如"一站式"档案检索门户网站）上为用户提供高效、便捷的一体化服务。支撑网络环境下分布式电子文件的集成管理和集成服务，已成为当前电子文件管理元数据的重要功能之一。因此，电子文件的集成，其实质就是电子文件管理元数据的集成。具体而言，就是要将分散、异构、多元的电子文件管理元数据作为一个整体，开展集成管理和集成服务。

（二）电子文件管理元数据集成类型

电子文件管理元数据集成依据不同的划分标准，可以分为多个类型：从时间上看，有文件元数据集成和档案元数据集成；从涉及范围上看，有横向集成和纵向集成；从集成结构上看，有宏观集成和微观集成；从集成方式上看，有列举式集成和组合式集成；从实现路径上看，有系统化集成和模块化集成；从空间上看，除了不同领域、不同门类电子文件管理元数据的集成，还有电子文件不同类型、不同层级实体属性元数据的集成。

在电子文件管理元数据集成实践中，不仅仅是某一集成方法的简单运用，而是涉及到多个集成类型和多种集成方式。例如，既有横向集成、又有纵向集成，既有宏观集成、又有微观集成，既有系统集成、又有模块化集成。

（三）电子文件管理元数据集成的理论基础

今天，在数字办公环境下，电子文件正逐步成为人类记忆、文化遗产的重要组成部分。利用计算机网络开展基于元数据集成的电子文件资源乃至数字资源整合，提供高效、便捷的集成服务，以满足人类社会对电子文件多元化的利用需求，已成为文件和档案领域一个重要的时代性课题。电子文件管理元数据集成，不仅仅是社会实践的迫切要求，也具有夯实的理论基础。

从理论上看，文档一体化管理、文件连续体理论、后保管模式、新来源观和开放档案信息系统参考模型等均为电子文件管理元数据的集成提供了理论支撑，即这些理论分别要求从时间维度与空间维度上对电子文件管理元数据实施集成。在时间维度上，关注职能活动、关注文件生命周期运动全过程的思想要求对处于不同运动阶段的电子文件管理元数据实施集成；在空间维度上，关注更为广阔的背景信息、关注“大档案”、关注全社会需求的理念要求对不同领域、不同门类、不同层级电子文件管理元数据实施集成。

国际标准《开放档案信息系统参考模型》(ISO 14721—2012)(简称“OAIS参考模型”)对于电子文件管理元数据集成具有重要的支撑作用，不仅支持电子文件管理元数据自身的集成(如图10－8所示)，而且支持和解释电子文件管理元数据与其他数字资源元数据的集成，这是由于OAIS参考模型建立的是数字资源长久保存的综合概念框架。①

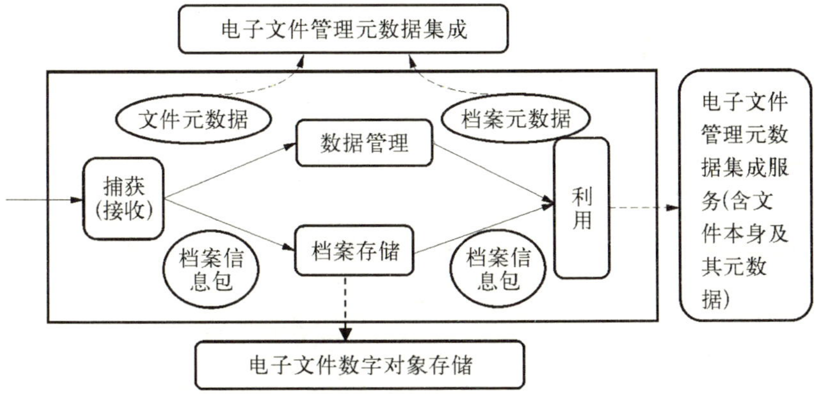

图10－8　开放档案信息系统功能模型对电子文件管理元数据集成的支撑

从当前的实践来看，文档一体化管理、档案信息资源共享、云计算平台建设、大数据技术应用等均为电子文件管理元数据集成提供了有力的现实支撑。实际上，电子文件管理元数据已经进入集成管理的发展阶段。

---

① 参阅王大青：《面向知识时代的电子文件管理元数据研究——大数据环境下基于本体的电子文件管理元数据集成》，南京政治学院上海校区博士学位论文(2014年)，第159—164页。

二、电子文件内容实体元数据集成实例

电子文件管理元数据集成类型多样，基于国际标准《信息与文献——文件管理过程——文件元数据》中的电子文件管理元数据的体系架构，可实现不同层级、不同类型实体属性元数据的集成。

电子文件内容实体是一个具有等级结构的多层次体系，在每个层级上，其实体均拥有各自的属性元数据，对各层级实体的属性元数据实施组合式集成，可以很好地促进元数据应用的便捷与高效，如图 10 - 9 所示。

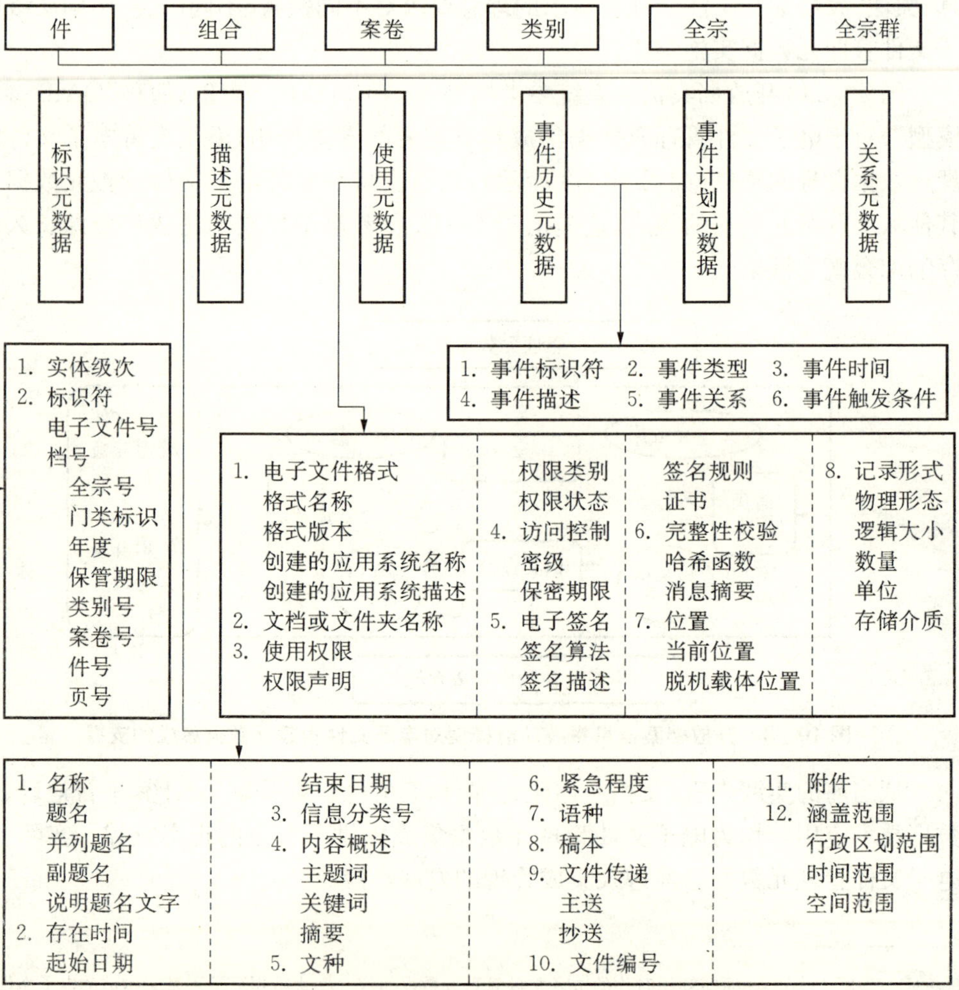

图 10 - 9 电子文件不同层级实体属性元数据的组合式集成

电子文件不同层级实体元数据集成的语义描述如表 10－12 所示。①

表 10－12　电子文件不同层级实体元数据集成的语义描述

元数据元素名称	语义描述	适用范围	子　元　素
中文名称：电子文件实体标识元数据 英文名称：Identity Metadata of Records Entity	唯一地标识和确认所描述电子文件实体的一组符号	适用于各层级实体； 必选； 不可重复	1. 实体级次 2. 电子文件号 3. 档号：全宗号，门类号，年度，保管期限，类别号，案卷号，件号，页号
中文名称：电子文件实体描述元数据 英文名称：Description Metadata of Records Entity	对电子文件实体的名称、正文等内容进行描述的信息	适用于各层级实体； 必选； 不可重复	1. 名称：题名，并列题名，副题名，说明题名文字 2. 存在时间：起始日期，结束日期 3. 信息分类号 4. 内容概述：主题词，关键词，摘要 5. 文种 6. 紧急程度 7. 语种 8. 稿本 9. 文件传递：主送，抄送 10. 文件编号 11. 附件 12. 涵盖范围：行政区划范围，时间范围，空间范围
中文名称：电子文件使用元数据 英文名称：Use Metadata of Records Entity	描述电子文件长久保存和利用的相关信息	适用于各层级实体； 必选； 不可重复	1. 电子文件格式：格式名称，格式版本，创建的应用系统名称，创建的应用系统版本 2. 文档或文件夹名称 3. 使用权限：权限声明，权限类别，权限状态 4. 访问控制：密级，保密期限 5. 电子签名：签名算法，签名描述，签名规则，证书 6. 完整性校验：哈希函数，消息摘要 7. 位置：当前位置，脱机载体位置 8. 记录形式：物理形态，逻辑大小，数量，单位，存储介质

① 参阅王大青：《面向知识时代的电子文件管理元数据研究——大数据环境下基于本体的电子文件管理元数据集成》，南京政治学院上海校区博士学位论文（2014 年），第 168—169 页。

续表

元数据元素名称	语义描述	适用范围	子元素
中文名称：电子文件事件元数据 英文名称：Event Metadata of Records Entity	对电子文件实体已经发生或计划发生的重要事件进行记录或说明的信息	适用于各层级实体； 条件选； 可重复	1. 事件标识符 2. 事件类型 3. 事件时间 4. 事件描述 5. 事件关系 6. 事件触发条件
中文名称：关系元数据 英文名称：Relation Metadata	对电子文件实体等相互之间关系进行说明的信息	适用于所有级次实体； 条件选； 可重复	1. 关系标识符 2. 关系描述

三、电子文件管理元数据集成的优势

对电子文件管理元数据实施集成，不仅仅是知识时代的社会实践需求，也是电子文件管理元数据集成本身所具备的优势使然。

1. 有利于保障电子文件的真实性和完整性。电子文件管理元数据集成，一方面可以集中管理元数据，保障电子文件内容信息的安全和长期保存；另一方面可以获取电子文件形成、运行和保管的动态信息，确保各种电子文件的真实性、完整性和可靠性。

2. 有利于提高管理效益。电子文件来源多元、形式多样，数据异构、系统异构、格式异构等现象普遍存在，电子文件数据量的激增，增加了各类组织机构电子文件管理的负担。同时，不可避免地存在着重复建设、资源利用效益不高、发展不平衡等现象。电子文件管理元数据集成能够集中管理各种资源，进行高水平、专业化的元数据管理与服务，大幅度地提高人、财、物等管理资源的利用效益。

3. 有利于提升服务能级。电子政务各类职能业务运转、决策需要数字资源的综合支撑，元数据集成实现了电子文件集成服务，避免了零散电子文件利用中的烦琐、低效，可以更好地服务电子政务建设。同时，电子文件管理元数据的集成，可以在不破坏现有档案基本管理体制、确保电子文件价值的前提下，对处于分散状态、分布于异构系统之中的电子文件管理元数据实施集成，促进电子文件服务水平发生质的飞跃。大数据应用于电子文件管理元数据集成，为数据的及时分析处理和深度挖掘提供了技术保障，提升电子文件的服务能级。

4. 有利于电子文件价值的充分实现。通过时间和空间维度的电子文件管理元数据模块化集成，扩展了电子文件关联的时空范围，有利于维护和保持电子文件之间的多维联系。元数据集成将电子文件置于更为广阔、全面和系统的背景信息之中，进行知识挖掘和知识管理，有利于电子文件价值的发现和增值，实现电子文件的知识服务。

第十一章　数字档案馆

20 世纪 90 年代以来，随着信息技术的发展，数字化生存方式更加凸显，档案信息的记录方式、存储方式、利用方式、传播方式都发生了根本性的变化，使建立在档案实体管理基础上的档案馆建设遭受巨大的冲击和挑战。数字档案馆是一种新型的档案管理模式，是档案学专业的重要知识领域，是未来档案管理的发展方向，关系到档案馆在档案事业中主体地位及其功能的发挥。为此，世界各国都在加快数字档案馆建设，取得了许多建设经验和研究理论。

第一节　数字档案馆的形成

一、数字档案馆概念源起

计算机的出现和迅猛发展，对档案工作产生史无前例的影响和推动作用。将计算机运用于档案管理始于 20 世纪 50 年代，主要应用于档案管理的自动化。20 世纪 90 年代，随着计算机技术、数字存储技术与网络技术的迅速发展，数字化时代已经来临，数字信息大量产生，给档案信息资源组织与管理带来巨大影响。1994 年 1 月玛格丽特·海兹乔姆在第二届国际人文学者与技术大会上提交了名为《电子档案馆：网络环境的集成与利用》(Electronic Archives: Integrity and Access in the Network Environment)的论文，首先提出了“电子档案馆”的概念，从网络环境下信息集成与利用的角度对之进行了探讨。1996 年戴维·比尔曼在十三届国际档案大会上作了《虚拟档案》的报告，提出了数字档案馆的构想，“现在以保管为基础的实态档案馆(Physical Repositories of Archives)将成为虚拟档案的连接点”，并建构了虚拟档案管理的元数据体系。1997 年董健民在《国外图书馆网络化发展与信息服务》一文中提到“在数字档案馆中，电子技术已使档案的保存和利用更加科学有效”。1998 年冯惠玲在《无纸收藏——〈拥有新记忆——电子文件管理研究〉摘要之二》一文中指出，“电子档案馆亦可称为‘数字档案馆’、‘虚拟档案馆’或‘无墙档案馆’，它不是一个实体机构、一个存放处的概念。”从 1996 年北京第十三届国际档案大会开始，电子文件管理研究广泛开展。同时，我国发达地区的档案馆逐步进入信息化发展阶段，档案目录数字化建设进一步深化，档案数据库系统开始应用。1999 年，为推动和促进我国国民经济和社会生活的信息化，实现信息资源共享，提高政务效率和透明度，国家启动了“政府上网工程”，有力地推进了办公自动化和电子政务的开展，也使各类政务电子文件数量激增。2000 年 5 月，国家档案局将“数字档案馆工程研究与开发”作为本年度全国重点档案科技攻关计划。至此，档案界开始了数字档案馆的研究和建设工作。

在数字档案馆的研究中，出现过虚拟档案馆(Virtual Archives)、电子档案馆(Electronic Archives)等概念。在数字档案馆、虚拟档案馆、电子档案馆的关系上，一般认为先有数字化，后有虚拟化，虚拟化建立在数字化之上，实质是探索档案馆实现现代化、信息化的表现方式。实现档案馆现代化、信息化主要分三步走：一是实现档案馆管理工作自动化，建立档案馆自动化管理系统；二是实现单个档案馆信息化，建立个体数字档案馆；三是实现档案馆整体信息化，建立完全意义上的数字档案馆环境。在数字档案馆概念的探讨中，档案界认为数字档案馆是档案馆信息化的完全表现。在档案界的探讨中早期还出现过无墙档案馆(No Wall Archives)、全球档案馆(Global Archives)、超级档案馆(Hyper Archives)等名称，这些概念和数字档案馆一词都比较接近，经常和数字档案馆混淆使用，现在数字档案馆概念已经被档案界广泛认同。

电子档案馆(Electronic Archives)是“指各种档案信息附载于电子媒介之上”①。电子档案馆较数字档案馆的提法早，随着数字化时代的到来，数字技术应用的领域越来越广泛，“数字化”比“电子化”具有更明显的时代意义和更大的发展潜力，同时也更为科学。因为数字档案馆所运用的技术不仅仅是“电子技术”，还包括其他技术，如数字技术、激光技术等。

对虚拟档案馆(Virtual Archives)的概念，学者有不同的认识和解释。如虚拟

① 张晓霞、王宇晖、王萍：《数字档案馆——21 世纪档案馆的新发展》，《兰台世界》，2000 年第 1 期，第 19—20 页。

档案馆是“利用电子网络远程获取档案文件信息的一种方式”①；虚拟档案馆是“指获取档案信息已脱离了物理实体的存在”②；虚拟档案馆是“虚拟技术与网络技术的结合，简言之，它是通过网络技术和特定软件，将时空上分散的档案馆、室连接为一体，使之成为一个有机的信息系统，对每个用户窗口而言，该系统就相当于信息量巨大、使用方便的单个档案馆，而浑然不觉原本存在的时空障碍”③等。关于虚拟档案馆和数字档案馆的界限早期难以区别，在学术刊物发表的一些文章中，一般把两者看成是一致的。实际上，虚拟档案馆和数字档案馆的概念还是有区别的，主要体现为三种不同的理解方式：第一种理解方式是从用户的角度出发，强调利用者利用档案的感觉，因为对数字档案馆的利用者来说，他们感觉不到有任何物理上的“档案馆”存在，因此，数字档案馆是“虚拟”的。以这种方式理解的所谓“虚拟档案馆”，实际上和“数字档案馆”在本质上没有什么不同。第二种理解方式是从档案馆信息资源的结构看，虚拟档案馆的信息资源主要是网络信息资源，也称虚拟馆藏；而数字档案馆的信息资源除了网络信息资源外，还有储存于档案馆的实际档案信息资源。第三种理解方式是从技术发展角度，数字化先于虚拟化，档案馆只有解决了数字化，才能进一步发展到虚拟化。

无墙档案馆(No Wall Archives)强调的是档案信息的来源和服务已突破本馆的收藏范围和读者范围的限制。这是人们对数字档案馆、虚拟档案馆等类似概念形象化的提法，概念的界定不是很严格。

二、数字档案馆概念

自从数字档案馆的概念出现以后，档案界一直针对其进行探讨。代表性的提法有：

数字档案馆是“用二进制编译的数字方式存储、处理档案信息内容，应用计算机、通讯和多媒体技术，提供电子网络检索和服务的档案信息系统”④。

数字档案馆是“一个数字化的信息系统，它把分散于不同载体、不同地理位置的信息资源以数字化的形式存储，以网络化的方式相互连接，从而提供及时利用，

---

① 吴品才：《试论虚拟档案馆与传统档案馆》，《档案学通讯》，1999 年第 3 期，第 17—19 页。

② 张晓霞、王宇晖、王萍：《数字档案馆——21 世纪档案馆的新发展》，《兰台世界》，2000 年第 1 期，第 19—20 页。

③ 薛匡勇、张照余：《展望虚拟档案馆》，《中国档案》，1999 年第 10 期，第 26—27 页。

④ 张晓霞、王宇晖、王萍：《数字档案馆——21 世纪档案馆的新发展》，《兰台世界》，2000 年第 1 期，第 19—20 页。

实现资源共享”[①]。

数字档案馆是以电子档案及其用户为对象的“一个有序的信息空间”或“一个信息系统”，数字档案馆至少应该有信息数字化、传送网络化、超越时空化特征[②]。

数字化档案馆是“一个电子化信息的仓储，能够存储大量的各种形式的信息，用户可以通过网络方便地访问它，以获得这些信息，并且其信息存储和用户访问不受地域限制。它是把包括多媒体在内的各种信息的数字化、存储管理、查询和发布集成在一起，使这些信息得以在网络上传播，从而最大限度地利用这些信息”[③]。

数字档案馆是“应用计算机及其相关软硬件技术能够对数字（或电子）档案实施有效控制和科学管理的档案馆”。数字档案馆依然是档案馆，“只不过其采用的技术方法、管理手段、管理对象等有了较大的变化”[④]。

数字档案馆是“建立在现代信息技术普遍应用基础上，利用数字化手段，以综合档案馆信息资源为处理核心，对数字档案信息资源进行收集、管理，通过高速宽带通信网络设施相连接和提供利用，实现资源共享的超大规模、分布式数字信息系统”[⑤]。

数字档案馆是“传统档案馆功能的扩大，它以统一的标准和规范为基础，将有价值的馆藏信息资源数字化和通过各种途径收集、捕获的有价值的电子文件信息，在加工处理后以数字化形式进行存贮，并以智能检索技术为手段，提供统一友好的检索界面，利用先进的信息处理技术和互联的计算机网络，向用户提供多媒体数字信息服务”[⑥]。

数字档案馆是指“以档案管理的基本原理为前提，以信息网络基础设施为基础，以数字化长期保存、资源共享与远程服务为目的，通过信息管理系统与档案网站，对由传统档案资源经过数字化转换、由电子文件归档形成的数字档案资源以及档案馆收藏的其他数字资料进行管理的新型档案管理方式，其实质是一种序化的数字信息空间，它超越了传统单个实体档案馆的界限，以数字档案馆联盟的形式和网络化服务为特征，大大提高了档案信息资源共享与开发利用的效率”[⑦]。

---

① 王宇晖：《21世纪数字档案馆发展之我见》，《档案与建设》，2000年第3期，第4—5页。
② 丁海斌：《电子文件与电子档案管理》，辽宁大学出版社，2000年版，第199页。
③ 傅荣校：《关于数字档案馆的思考》，《档案学通讯》，2001年第5期，第26—28页。
④ 蔡学美：《数字档案馆建设的几点思考》，《中国档案》，2002年第6期，第27—28页。
⑤ 李国庆主编：《数字档案馆概论》，中国档案出版社，2003年版，第9页。
⑥ 潘连根：《数字档案馆的定义及特征——数字档案馆研究之二》，《浙江档案》，2004年第4期，第7—9页。
⑦ 王芳主编：《数字档案馆学》，中国人民大学出版社，2010年版，第5页。

《数字档案馆建设指南》中将数字档案馆定义为,"数字档案馆是指各级各类档案馆为适应信息社会日益增长的对档案信息资源管理、利用需求,运用现代信息技术对数字档案信息进行采集、加工、存储、管理,并通过各种网络平台提供公共档案信息服务和共享利用的档案信息集成管理系统"①。

从总体上来看,我们可将现行数字档案馆概念分为两类,一类是广义的定义,一类是狭义的定义。广义定义中的数字档案馆主要突出一种利用环境,只是借用了档案馆这个名称,实质就是一个信息利用系统平台。通俗地说,广义数字档案馆是没有时空限制的、便于使用的、超大规模的知识中心,是一个由若干档案馆通过网络联合的总称。狭义定义中的数字档案馆是指在信息技术、网络技术、档案信息化大背景下,个体档案馆运用现代信息技术,对档案信息进行加工、存储、管理,实现档案利用服务方式的新跨越,实现档案馆的信息化。

数字档案馆是随着现代信息技术发展而出现的新型档案信息管理模式与组织形式,从发挥档案馆社会功能和信息资源建设的角度出发,建设数字档案馆首先要立足于狭义数字档案馆的建设,实现馆藏档案的数字化,再以此为基础通过网络连接,建成分布式、跨地域的档案信息服务系统。因此,我们可以把数字档案馆定义为:数字档案馆是以现代信息技术为基础,利用各种技术手段收集、捕获有价值的数字档案信息资源,并将原有的馆藏档案信息数字化,通过网络相连接,建立分布式、跨地域的有序的信息资源管理系统,为用户提供各种信息服务。

三、数字档案馆发展

数字档案馆是现代信息技术发展的产物,随着信息技术的发展,数字档案馆的管理模式、服务模式会不断发生变化。根据信息管理的结构,可以将数字档案馆的发展划分为数据型数字档案馆、信息型数字档案馆和知识型数字档案馆三个阶段,即数字档案馆发展阶段:数据型——信息型——知识型。②

(一) 第一阶段——数据型(Data)数字档案馆

这一阶段是数字档案馆的创建阶段和初级阶段,是传统档案信息资源向数字档案信息资源转变阶段,重点以档案馆信息化基础设施建设和数字档案信息资源建设为标志。目前,我国数字档案馆建设大都处在第一阶段。

档案馆信息化基础设施建设是数字档案信息资源建设以及档案馆应用系统

---

① 国家档案局:《数字档案馆建设指南》(档办〔2010〕116号)。

② 参阅朱小怡等编著:《数字档案馆建设理论与实践》,华东师范大学出版社,2007年版,第7—10页。

建设的基础和前提，是数字档案馆的技术保障，为数字档案馆建设“铺路”。数字档案馆信息化基础设施主要包括硬件设备、存储设备、软件系统、网络系统等。数字档案馆是由高新技术、电子设备、计算机技术和网络技术支撑起来的，需要加强数字档案馆硬件设施、操作系统、应用软件、海量信息存储技术等的建设，为数字档案馆建立信息化管理平台、存储平台和服务平台。档案部门可借助已有的网络建设成果和经验，以各级档案部门的局域网为基础，与政务网、互联网等相连，建立基于公务网的电子文件归档及电子档案接收应用系统，构筑政府公开信息网上报送及应用平台，推进电子文件的归档、接收、保管与利用；加强档案网站建设，建立一个满足数字档案馆功能需求的网络架构，实现档案信息资源共享。

数字档案信息资源建设是数字档案馆的物质基础，为数字档案馆建设集聚和组织“货源”。数字档案信息资源能够促进信息资源的网络化、开放化，强化信息的动态性、时效性，有助于档案信息资源的整理加工和有序组织，以及信息的及时获取和有效利用。数字档案资源建设主要有两种途径：一方面是电子文件的收集，实现增量档案电子化；另一方面是馆藏档案的数字化，实现存量档案数字化。数字档案馆通过对各种数字档案信息资源的整合，建立各级各类数字档案信息数据库，构筑一个多层次、分布式、规范化的数字档案信息资源数据库群，扩大数字档案信息资源总量，发挥各级综合档案馆综合管理的优势，提高档案信息资源的利用效率。

（二）第二阶段——信息型(Information)数字档案馆

这一阶段是数字档案馆的服务利用阶段，处于这一阶段的数字档案馆建设已初具规模，重点以数字档案信息资源规范管理和共享为标志。

由于档案信息的特殊性和保密性，以及数字档案信息资源传播的便捷性，在数字档案信息资源的管理和利用过程中，要按照信息安全等级保护要求，建立健全数字档案信息资源管理制度，确保数字档案信息资源的可靠、可用、不泄密、不被非法更改，确保档案信息安全保密、万无一失。数字档案信息资源的规范管理，就是通过建立一系列法律、法规和标准，使数字档案信息资源标准化、规范化，实现对馆藏数字档案信息资源的有效控制，确保数字档案信息资源的有序、安全、保存和利用，从而有效应对数字时代的信息风险、延续社会新记忆。

档案信息资源共享，是数字档案信息资源的优势所在，也是数字档案馆建设的主要目标。数字档案馆通过网络技术、多媒体技术、搜索引擎技术等的综合运用，根据不同服务对象和不同档案开发范围建立相应的服务平台。一般主要包括：“一是基于局域网面向档案馆工作人员和来馆利用档案人员的馆内档案利用服务平台；二是利用当地政务网建设的面向本级党政机关各立档单位的电子文件归档和档案信息共享平台；三是利用公众网建设的面向广大社会公众和进行馆际交流的公共档案信息服务平台。”①各类档案用户无论身处何时何地，都能够借助 Internet 或专网，通过一站式的服务平台，远程访问和获取分散在不同档案馆的数字档案信息，从而实现数字档案信息资源的广泛利用和共享。访问和存取的对象既可以是文本、图形，也可以是声音和图像等多媒体的档案信息。

（三）第三阶段——知识型(Knowledge)数字档案馆

这一阶段是数字档案馆发展的高级阶段，也是未来数字档案馆的发展方向，重点是以数字档案信息的智能化服务为标志。

知识是信息的升华，由信息集成和提炼得来。“从世界范围来看，20 世纪 80 年代以来，以材料和能源为主要动力的工业社会正在向以信息、知识为主要动力的社会转变，如何从海量的信息中发现信息与信息之间的关联，从而挖掘有价值的信息并转化为知识，则是新时代信息管理者的核心价值所在”②。知识管理强调借助先进的信息技术，通过现代化、智能化、人性化等技术手段，主动地为用户提供所需的、深层的信息和知识服务。

建立在信息技术基础之上的数字档案馆的大量涌现，为知识管理的实施提供了一个良好的平台。因此，知识型数字档案馆不再满足于单纯的数字档案信息提供利用服务，而是“把着眼点从信息转移到知识上（探寻、传播、理解），从建立数据库到建立知识库上”，“引导利用者从泛滥的具体信息过渡到知识甚至智慧”。③ 知识型数字档案馆就是综合运用现代高新技术，对馆藏数字档案信息资源进行知识挖掘、知识发现、知识开发，并按照一定的规则和要求进行智能化组织、整合、集成数字档案信息资源，从而为用户提供个性化、智能化信息服务，实现数字档案馆与档案用户之间的互动，提升数字档案馆的服务层次和服务水平。数字档案馆只有不断创新服务形式，深度开发档案信息资源，“深入研究发掘档案内容，对档案信息进行整合、加工、提炼，使档案信息产品具有综合性、条理性、知识性、思想性，使档案服务深化、增值”④。

---

① 国家档案局：《数字档案馆建设指南》(档办〔2010〕116 号)。

② 张斌：《角色变迁：从信息管理者到知识管理者》，《档案学通讯》，2011 年第 2 期，第 32—35 页。

③ ［加拿大］T. 库克著，刘越男编译：《电子文件与纸质文件观念：后保管及后现代主义社会里信息与档案管理中面临的一场革命》，《山西档案》，1997 年第 2 期，第 7—13 页。

④ 杨冬权：《在全国档案局长馆长会议上的讲话》，《中国档案报》，2010 年 12 月 24 日第 1 版。

第二节　数字档案馆的特征与功能

一、数字档案馆的特征

特征是一事物异于其他事物的特点，是事物的象征、标志。与传统档案馆相比，数字档案馆具有增量档案电子化、存量档案数字化、档案传输网络化、档案管理科学化、档案服务实时化、档案工作现代化等特征，如图 11－1。

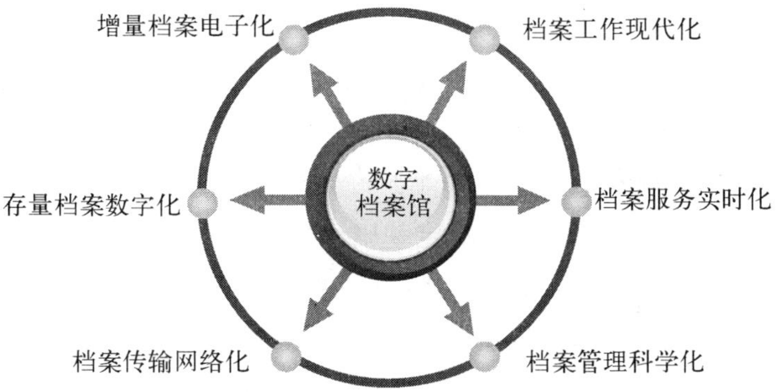

图 11－1　数字档案馆特征图

（一）增量档案电子化

档案信息资源数字化是数字档案馆的基本特征。增量档案是指在现代信息技术环境和办公自动化条件下产生的电子文件及其归档保存的数字档案资源。电子文件是数字档案信息资源的重要组成部分，随着计算机技术和网络技术的发展，电子文件大量产生，必须充分掌握电子文件信息的形成、存储、检索和传递等方面的管理理论和技术方法，使产生的有价值的电子文件能够及时收集归档，保证电子文件信息的安全。

（二）存量档案数字化

存量档案是指档案馆中长期积累、保管的档案资源。目前，档案馆保存的主要是传统载体档案，检索查找速度慢，保管、利用大都只能手工操作。为此，需要加快传统载体档案信息资源的数字化进程，运用数据库技术、数据压缩技术、数字扫描技术等手段将纸质、缩微胶片等传统载体档案信息数字化，扩大数字档案信息资源总量，改善档案信息资源结构，发挥数字档案资源处理、传播、利用的优势。

（三）档案传输网络化

网络化是数字档案馆的重要特征。如果没有网络系统或网络系统不完善，数字档案馆也就失去了它存在的意义。信息的网络传输使数字档案馆超越了时空界限，使电子文件可以通过网络传输及时归档，使用户由到档案馆查阅档案转变成可在任何时间、任何地点通过网络查阅任何一个数字档案馆的信息，从而大大缩短档案信息的传递时间以及数字档案馆和用户之间的距离，加快信息交流和反馈的速度。通过网络，可将分散在不同地理位置的数字档案信息资源组合、连接起来，综合利用。

（四）档案管理科学化

数字档案馆需要从系统的高度、全局的高度，对数字档案信息资源具体的管理方法、管理程序、管理技术和管理手段进行全面合理的规划，实现档案管理的科学化、规范化和标准化。在数字档案馆中，档案信息的组织形式从原先纸张的顺序、线性组织方式转变为直接、网状的组织方式。计算机存储为数字档案信息的直接存取提供了可能，使档案信息按自身的逻辑关系组织成相互联系的网状结构，从而为用户提供便捷、高效的检索利用奠定基础。数字档案馆中数字档案信息的组织必须采用统一的规范标准，以免造成档案数据库中信息的格式异构。此外，规范化、标准化也是数字档案信息网络传输和共享的前提，要使数字档案馆系统具有互联性和开放性，各个数字档案馆之间必须要有彼此兼容的软硬件环境，要有统一的文件格式标准、著录标引标准、元数据标准、全文数据库标准等，如此才能实现数字档案馆有效组织、控制“分布式”的数字档案信息资源，达到无缝连接和信息资源共享的目的。

（五）档案服务实时化

数字档案馆建设的重要目的之一是使用户灵活地获取和使用档案信息资源，且不受时空限制，向用户提供 24 小时不间断的远程档案信息服务。因而数字档案馆的服务模式必须以用户为中心，用户可以随时随地利用网络浏览、检索和利用数字档案馆组织的数字档案信息资源。当用户在查找、利用过程中遇到困难时，数字档案馆能够提供强大的服务功能，通过进行在线干预，帮助用户在线解决问题。

（六）档案工作现代化

数字档案馆是在传统档案馆的基础上，综合运用现代信息技术，如计算机技术、网络技术、存储技术、数据库技术、数字化技术、多媒体技术、通信传播技术等，实现档案实体管理的自动化、档案业务管理的自动化、档案保护及库房管理的自动化、档案馆办公自动化，从而实现档案管理智能化、档案工作现代化。

二、数字档案馆的功能

《档案法》第八条规定："中央和县级以上地方各级各类档案馆，是集中管理档案的文化事业机构，负责接收、收集、整理、保管和提供利用各分管范围内的档案。"数字档案馆是档案馆在数字时代的一种新的组织形态，除了具有档案馆的基本功能外，还具有一些新的功能。

蔡学美认为，数字档案馆应当具备"数字档案接收和加工的能力、有序管理数字档案的能力、保证馆藏数字档案信息可靠可信和长期可用的能力、提供多种形式信息化服务的能力、对馆藏数字档案安全保障的能力"[①]。

管先海提出数字档案馆有五大功能：(1) 档案信息聚集功能；(2) 档案信息有序化功能；(3) 档案信息检索功能；(4) 档案信息传播中介功能；(5) 档案信息贮存功能[②]。

潘连根提出数字档案馆主要功能应包括：(1) 通过多层面的信息收集，形成社会综合信息资源；(2) 海量数据存储；(3) 档案信息的有效访问与查询；(4) 档案信息的发布与传递；(5) 数字档案信息的安全保护；(6) 数字档案信息资源的系统管理[③]。

刘荣认为，数字档案馆的功能是综合性的、多层次的，主要体现在：(1) 档案信息获取和档案数字化；(2) 档案信息存储和管理；(3) 档案信息检索和查询；(4) 档案信息发布和传播；(5) 档案信息安全和权限管理[④]几个方面。

对数字档案馆功能的具体揭示，不同的学者从不同的视角有着不同的看法，综合起来主要有以下几个方面：

(一) 档案信息数字化功能

数字档案馆的建设归根到底就是档案信息化。档案数字化是档案信息化的基础，只有完成档案信息数字化建设，才能构建完整系统的档案信息资源，提供档案信息服务。数字档案馆档案信息化的当务之急是将现有馆藏档案数字化，利用信息处理技术将物理介质信息转化为数字化信息。近年来迅速发展的数据库技术、

---

① 蔡学美：《推进数字档案馆建设提升各级档案馆信息化管理能力》，《中国档案》，2011 年第 3 期，第 56—57 页。

② 管先海：《数字档案馆的建设难题》，《北京档案》，2004 年第 8 期，第 27—29 页。

③ 潘连根：《数字档案馆的功能及类型——数字档案馆研究之三》，《浙江档案》，2004 年第 5 期，第 7—8 页。

④ 刘荣：《数字档案馆的功能及其实现技术》，《档案学研究》，2002 年第 3 期，第 49—51 页。

数据压缩技术、数字扫描技术等更加有利于档案数字化这项工作的开展。

（二）多层面信息采集捕获功能

数字档案馆的信息资源库内容丰富、形式多样，除传统档案馆的馆藏外，还包括收集的电子文件和数字化档案。同时，数字档案馆具有数字档案信息捕获功能，通过网络能够捕获各种档案信息资源，既能带动民生档案的收集，丰富民生档案馆藏；又能加快特色档案的征集，收集针对性、实用性强的档案信息，将具有某主题价值或鲜明特色的档案信息资源挖掘出来加以整合，凝聚档案信息资源，建立特色档案信息资源数据库，形成馆藏特色。档案信息的捕获不仅充实了馆藏档案资源，而且使馆藏档案资源的整体结构得到了优化，馆藏档案的门类和内容越发丰富。

数字档案馆还具有数字信息采集功能，通过网络能够连接政府信息资源库、各行业专业数据库、社会公共服务网站、个人网站、数字图书馆及其他数字档案馆，动态地集成各种数字信息资源，实现多层面数字信息资源的采集。使数字档案馆的信息资源不仅只是档案信息资源，还扩展到现行文件、图书资料、社会公共信息等；信息形态包括文本、图形、图像、音频、视频等各种类型的数字信息，形成一个以数字档案信息资源为主体的社会综合信息资源数据库，实现信息资源共享。

（三）海量数据接收、存储和管理功能

数字档案馆具有接收和保存海量数据信息功能。首先，接收归档电子文件及其元数据。对于立档单位的归档电子文件实行卸载存盘接收和网络在线接收，保证电子文件的真实、有效和完整，防止电子档案信息的流失。其次，接收通过各种方式捕获的数字档案信息、网络上采集的有保存价值的数字信息。再次，数字档案馆是档案集中永久保管基地和档案信息的存储基地，从档案的管理流程上看，“凡是具有长远保存价值的档案，档案馆应是其最终的归宿。档案馆是保证国家档案财富持续积累和世代相传的组织形式”①。由此可见，数字档案馆的存储功能必不可少，它不是临时的档案信息集散地，而是海量信息存储设备，通过信息存储技术保证数字档案信息的长久安全保存。

数字档案馆是一个智能化的信息管理系统，具备强大的信息处理功能，通过数据库技术、网络技术、多媒体技术等各种现代技术来存储和管理海量数字档案信息资源。通过对收集的档案信息资源进行价值鉴定、分类整序、著录标引、组

① 王向明编著：《档案管理学原理》，上海大学出版社，2009年版，第35页。

织加工，使之成为逻辑有序的信息集合体，具有真实性、完整性和可读性，便于用户使用。

（四）数据有效访问和查询功能

数字档案馆是以用户为中心的一种服务模式，要求能够将分散的数字档案信息资源进行连接，提供操作界面简单而友好的、便于用户访问和利用的服务“窗口”，用户无须考虑信息的物理位置，可以从办公室、家里或其他任何地方，便捷地获取、访问、利用所需的档案信息；能够提供功能强大而实用的检索工具，并根据用户需求，提供不同的检索方式，优化检索程序；能够根据用户的利用需求，为用户提供文本、图像、声音、影像等各种媒体的档案信息服务，也可为用户提供实时的、针对性强的、个性化的信息服务。

随着多媒体档案信息资源和社会对多媒体档案信息需求的递增，人类将进入一个多媒体文化崛起和多媒体资源消费的时代。多媒体档案的检索，特别是基于内容的检索，是充分实现多媒体档案资源共享的必要条件，并将为数字档案信息资源的开发利用开辟广阔的前景。

（五）便捷的信息发布与传播功能

数字档案馆保存的大多是数字档案，与传统档案相比，可以依托网络的便捷性进行发布与传播。随着网络带宽和高清压缩比例的增大，数字档案的容量日趋“瘦身”，数字档案的传播手段日趋多元，传播速度日益加快，传播范围日益扩大。由此可见，数字档案馆可以实现数字档案信息的无障碍发布与传播。数字档案信息及其编研成果除借助海量存储载体和互联网发布与传播外，还可依托电视台、广播电台、移动互联终端等大众传媒走进机关、社区、企业、学校，乃至千家万户，使档案资源的开发利用如虎添翼，给人们的工作、学习、生活带来崭新的档案信息体验。

（六）系统管理与维护功能

数字档案信息在方便利用的同时，也面临着巨大的安全隐患。数字档案馆必须提高安全防范管理水平，确保档案信息资源的绝对安全。档案管理系统可以通过鉴别、加密、身份认证等技术手段，赋予不同用户不同的访问权限，存取和利用档案信息必须在有效的管理权限下进行，使用户能够安全地访问和利用存储于系统内经过许可和公开的数字档案信息，防止非法访问和利用不公开的档案信息。数字档案馆的安全包括网络系统安全、信息安全、物理安全等方面，数字档案馆必须从技术、管理和法律等方面综合考虑，加强系统的管理与维护，保障数字档案馆的系统安全和有效运行。

第三节　数字档案馆与传统档案馆、数字图书馆的比较

一、数字档案馆与传统档案馆的比较

数字档案馆是在传统档案馆基础上建立起来的，它与传统档案馆既有联系，又有区别。

（一）数字档案馆与传统档案馆的联系

数字档案馆是档案馆在数字时代的一种组织形态，它与传统档案馆的性质一致、基本职能相同。“根据《档案法》和有关文件的规定，档案馆属于党和国家的科学文化事业机构，是永久保管档案的基地，是科学研究和各方面工作利用档案史料的中心”①。档案馆的基本职能是“集中统一管理党和国家需要长远保管的档案和有关资料，维护历史的真实面貌”②，为社会提供信息服务。数字档案馆的发展是以传统档案馆为基础的，传统档案馆的一些管理原则、管理方法和管理实践，将会在数字档案馆中得以体现。数字档案馆的馆藏除保存数字档案信息外，还保存有传统档案，如纸质档案、照片档案、传统的录音档案、录像档案、唱片档案、缩微胶片等。即使是数字档案信息，一部分也是由传统档案数字化转化而来的。实际上，数字档案馆是对传统档案馆的继承和新环境的变革。

数字档案馆是档案馆的发展方向，能将传统档案馆的功能进一步增强和扩展，社会地位和社会价值进一步提高。数字档案馆的产生和发展，将会使档案馆管理水平和服务能力大幅提升，保存和再现社会记忆的功能大大增强，如同著名未来学家阿尔温·托夫勒(Alvin Toffler)所预言的那样：“除非我们毁灭地球和随之而灭亡的社会记忆，否则我们不久将获得几乎能保持全部文明记录的能力。”③

（二）数字档案馆与传统档案馆的区别

虽然数字档案馆源于传统档案馆，但是它们却分别代表着两个不同的时代，即纸质时代与无纸时代（或者叫数字时代）。数字档案馆与传统档案馆的区别主要体

---

① 陈兆祦、和宝荣、王英玮主编：《档案管理学基础（第三版）》，中国人民大学出版社，2005年版，第61页。
② 冯惠玲、张辑哲主编：《档案学概论（第二版）》，中国人民大学出版社，2006年版，第85页。
③ ［美］阿尔温·托夫勒著，朱志焱等译：《第三次浪潮》，三联书店，1984年版，第254页。

现在以下三个方面：

一是从以档案馆为中心到以用户为中心。传统档案馆是以档案馆为中心开展工作的，服务方式单一，通常是定时定地等客上门，阵地式、被动式提供服务。用户利用档案的主要方式是亲自到档案馆查找利用档案，在现场接受档案馆的各种服务，物理距离成为用户选择利用档案馆的重要因素。而数字档案馆则完全以用户为中心，因为在海量的网络信息资源中，数字档案馆的数字档案信息仅仅是用户可供选择的信息源之一，而且物理距离根本不再是用户选择利用数字档案馆的考虑因素，用户真正关心的是数字档案馆是否能为自己提供所需要的档案信息以及能为自己做些什么。因此，数字档案馆需要以用户为中心来合理配置各种数字档案信息资源，加强对用户的在线帮助，主动为用户提供服务。由此可见，传统档案馆强调的是"用户适应档案馆"；而数字档案馆强调的是"档案馆适应用户"。①

二是从以档案文献实体为中心到以数字档案信息为中心。传统档案馆十分重视档案文献实体的收藏，其物理实体馆藏量的多少往往反映着一个档案馆的规模和实力，这种以档案文献实体为中心的馆藏，也使传统档案馆的服务范围、服务能力等受到明显制约，即一方面传统档案馆因馆藏体系结构、馆藏能力的有限性，一旦用户的需求超出了馆藏范围，传统档案馆就爱莫能助；另一方面，传统档案馆的服务局限于传统档案文献这一物理单元层面和实体上，不能对档案文献所包含的丰富档案信息及相互关系进行深层挖掘和揭示，因而很难基于档案内容信息开展多种形式的信息服务。而数字档案馆，尽管传统档案文献实体作为人类社会活动的重要记录载体仍将继续存在，但保存的档案信息主要是电子档案和传统档案的数字化信息，从而使数字档案馆工作重心向建设数字档案信息资源中心转变。②

三是从以"拥有"为中心到以"存取"为中心。拥有馆藏档案文献是传统档案馆的核心要素，因为传统档案馆只有实际拥有档案文献实体，才能为用户提供查阅利用，而且实际拥有的馆藏规模也是社会评价传统档案馆的一个重要指标。数字档案馆虽然也重视自己拥有的数字档案信息馆藏，但它更强调存取能力，即数字档案馆在提供服务时，不一定必须拥有用户所需要的档案信息，它可通过网络和搜索引擎技术查找利用其他数字档案馆所拥有的馆藏数字档案信息资源来满足用户的需要，从而突破了数字档案馆馆藏范围的约束，扩大了档案信息资源的来源，增强了数字档案馆的服务能力，使馆藏的内涵有了进一步的拓展，馆藏资源从"物理实体

---

① 参阅潘连根著：《数字档案馆研究》，中国档案出版社，2005年版，第224页。
② 参阅潘连根著：《数字档案馆研究》，中国档案出版社，2005年版，第224—225页。

馆藏”演变成“物理实体馆藏＋虚拟馆藏”。同时，人们对数字档案馆关注的可能不再是它“藏有什么”，而是从它那里能“得到什么、得到多少”，因此，网络环境中数字档案馆的“存取”能力往往比它实际“拥有”能力显得更为重要。①

二、数字档案馆与数字图书馆的比较

档案馆和图书馆同属于信息管理部门，随着现代信息技术的应用，两者都在加快信息化建设步伐，走数字化之路。数字图书馆建设要早于数字档案馆，数字档案馆和数字图书馆在建设过程中面临着许多共同课题，数字档案馆可以借鉴数字图书馆的建设经验和研究成果。但是，数字档案馆毕竟不是数字图书馆，两者必然存在着一定的差异。

（一）数字档案馆与数字图书馆的联系

1. 建设目标具有相近性

图书文献信息资源和档案信息资源都是国家信息资源的重要组成部分。数字档案馆的建设目标是建立馆藏数字档案基础数据库，实现对数字档案信息资源的网络化管理，提供档案信息资源利用和社会共享服务；数字图书馆的建设目标是建立超大规模的、高质量的文献数字资源库群，通过网络向社会提供服务，实现信息资源共享。可见，两者都是在应用现代信息技术的基础上建成一个具有相当规模的数字信息资源系统，以便将分散于不同载体、不同地理位置的数字信息资源通过网络相互连接，向用户提供方便快捷的在线服务，实现信息资源的广泛共享。

2. 工作原理具有相通性

档案管理、图书管理从本质上讲都是一种信息管理或信息资源管理，其管理方法、管理手段、管理技术等具有诸多共性。20 世纪 80 年代以来，曾经研究探讨过图书、情报、档案的一体化管理问题，其原因之一就是档案馆与图书馆的工作原理相通，即都是从事信息的采集、整理、加工、存储、保护和利用等工作。数字档案馆和数字图书馆同样以数字信息为工作对象，因此，两者在工作原理方面存在着相通性，即应用现代信息技术手段收集、采集数字档案、数字图书信息，并对其进行规范性的组织、加工、存储和保护，通过网络通信技术等方式提供利用。

3. 应用技术具有相似性

数字档案馆和数字图书馆都是随着信息技术快速发展而形成的，在许多关键技术应用上是相似的，如大量并发查询、智能检索、数据挖掘、知识管理、海量数据

① 参阅潘连根著：《数字档案馆研究》，中国档案出版社，2005 年版，第 225—226 页。

存储、网络信息安全、网站建设、音频视频点播、数字化技术和多媒体技术应用等。“如果仅仅从技术角度而言,数字图书馆的特征非常接近于数字档案馆”①。数字档案馆和数字图书馆在建设过程中,都面临着许多技术问题、难题需要进一步的研究,而这些技术可以联合研究、共同开发,研究成果可以相互借鉴,加快数字档案馆和数字图书馆建设速度。

(二) 数字档案馆与数字图书馆的区别

1. 数字档案馆与数字图书馆信息资源的信息特征不同

“档案本质上是人们在社会实践中直接形成的原始记录,图书本质上是系统知识的结晶,是人类对自然及社会现象进行系统认识研究的结果。图书的内容虽涉及社会实践,但却不是对社会实践的直接记录,而是经过加工、提炼、总结后的观念性、系统性产品。简言之,档案是社会实践的记录,图书是系统认识的产品”②。档案具有原始性和真实性,是社会记忆的重要载体,这种特性使其具有凭证价值和参考价值。因而,数字档案馆维护和保障数字档案的真实性显得至关重要。图书属于知识类信息,其基本价值是参考价值。因而,数字图书馆关注的重点是数字图书信息的传播和利用。由此可见,数字图书馆建设没有数字档案馆那么多的顾忌,数字档案馆在信息资源的建设、管理、安全、利用等方面比数字图书馆有更高的要求。

2. 数字档案馆与数字图书馆的信息来源不同

数字档案馆的档案信息主要来自于档案馆接收范围内各立档单位形成的档案,档案信息来源相对固定。也可以通过征集、采集、捕获等手段收集相关档案信息,其信息内容比较明确。为此,每个数字档案馆保存的档案信息内容差异较大,重复较少。数字图书馆的信息来源较为广泛,“它突破了单一图书馆图书文献信息资源的局限,更多地来自于 Internet,其信息资源的内容尽管主体是图书文献信息资源,但又不仅仅是图书文献信息资源,它针对的事实上是整个 Internet 的信息资源,即将 Internet 上散乱、无序、海量的信息资源组织成有序的、结构化的综合信息资源库”③。由此可见,数字图书馆的信息主要来源于本馆数字化的图书文献、购买的电子期刊、电子图书、专业数据库以及网络资源等,每个数字图书馆保存的信息内容有一定的重复。

---

① 傅荣校著:《档案管理现代化——档案管理中技术革命进程的动态审视》,浙江大学出版社,2002 年版,第 340 页。

② 冯惠玲、张辑哲主编:《档案学概论(第二版)》,中国人民大学出版社,2006 年版,第 12—13 页。

③ 潘连根:《数字档案馆与数字图书馆的比较研究》,《浙江档案》,2006 年第 3 期,第 22—24 页。

3. 数字档案馆与数字图书馆的服务工作不同

数字档案馆、数字图书馆的服务工作实际上是传统档案馆、传统图书馆服务工作的延伸,因此,其服务工作的原则和模式必然要受到传统档案馆与传统图书馆服务工作的影响。尽管数字档案馆与数字图书馆的服务方式、服务手段、服务范围等会有所改变,但传统档案馆与传统图书馆在服务方面的一些本质区别依然会在数字档案馆与数字图书馆的服务中存在。

档案馆与图书馆都被称为“公共文化事业机构”,图书与档案都具有一定的公开性,但其公开性的内涵有极大的不同。对于图书来说,其大部分在出版阶段就被赋予了公开性,则图书馆具有高度的开放性,只有“孤本”、“善本”图书的阅读才受到限制,就是这一限制在图书数字化后也不复存在。对于档案来说,其大部分在文件阶段就被赋予了保密性或其他形式阅读范围的限制,则档案馆的公开性是建立在保密和时限原则之上的,具有一定密级和时限的档案其公开性受到限制,只在一定范围内公开。只有在解密和到公开期限后,才具有社会公开性,即使数字档案馆的档案信息全部数字化后仍要遵循这一原则。

图书馆面向全社会,服务范围广泛。数字图书馆更加扩大了读者的范围,任何人在任何地点任何时间都可以利用数字图书馆的文献信息;而档案的利用范围和读者的利用权限有一定的限制,并不是谁想利用就可以利用。《中华人民共和国档案法实施办法》(1999 年国家档案局第 5 号令)规定:中华人民共和国公民和组织,持有介绍信或者工作证、身份证等合法证明,可以利用已开放的档案。外国人或者外国组织利用中国已开放的档案,须经中国有关主管部门介绍以及保存该档案的档案馆同意。机关、团体、企事业单位和其他组织以及中国公民利用档案馆保存的未开放的档案,须经保存该档案的档案馆同意,必要时还须经有关的档案行政管理部门审查同意。数字档案馆同样必须遵守这些规定,对在网上利用档案信息的用户要进行严格的身份鉴定,并为之提供与其身份相应的信息服务。

图书有商品性,因而它的内容对社会大众具有吸引力。其内容可以是真实的,也可以是虚构的,有科技的,也有文学艺术的,任何人都可以走进图书馆,找到感兴趣的图书,以满足自身的需求。而档案的利用具有较强的目的性,大多为调查取证、工作查考、学术研究、编史修志等,没有明确用途的档案阅读按现有规定是不被允许的。数字档案馆这种利用目的会有所改变,但不会改变太大,休闲娱乐的信息不会太多,因而数字档案馆与数字图书馆相比在满足用户需求方面存在明显差异。

4. 数字档案馆与数字图书馆在关键技术上的差异

尽管数字档案馆与数字图书馆在许多应用技术上具有相似性,但是,由于两者在信息资源特征、信息来源、开放原则、服务范围等方面存在不同，数字档案馆在对一些关键技术的要求和设计上与数字图书馆存在差异。如在网络安全技术方面，数字档案馆比数字图书馆更强调数字信息的真实性、完整性（不可篡改性）和保密性（权限控制），因此数字档案馆对于采用病毒防治、密钥加密、身份认证、数字签名、数字水印等技术的要求就更高。数字档案馆的网络安全明显高于数字图书馆，要求局域网、政务网和互联网“三网”独立，“三网”之间必须进行物理隔离，保证数字档案馆档案信息数据库和信息管理系统的安全。同时，由于档案信息来源于不同的立档单位，形式多样、载体繁杂、数据异构现象严重，所以数字档案馆需要一些特殊的软件和数据库系统，来完成数字档案信息的转换和存储。此外，数字档案馆还需要先进的温湿度调控设备、防盗报警设备、安全监控设备、电子信息恢复设备等，为档案信息安全和长久保存提供技术支撑。

5. 数字档案馆与数字图书馆在信息安全保障上的差异

档案和图书在信息安全要求上不同。图书作为知识类信息，具有高度开放性，数字图书馆对用户利用图书信息基本上一视同仁。而档案是人们社会活动的历史记录，具有原始性，一部分涉及国家机密、个人隐私及商业秘密等。同时，档案信息还具有时效性，不到一定时限不能公开利用。档案信息的这些特性会给数字档案馆档案信息管理和开放利用造成“麻烦”，因此，数字档案馆要加强对数字档案信息的安全管理，建立健全数字档案信息相关管理制度和备份制度，保障数字档案信息的真实性、完整性、可靠性，保障数字档案信息不被非法更改和破坏，保障数字档案信息的长期保存和有效利用。此外，数字档案馆中的重要档案信息需要实行异质、异地备份，防止地震、海啸等自然灾害和突发事件给承载人类社会记忆的档案造成毁灭性的破坏。

数字档案馆既要保障档案实体不受损坏，也要保障档案内容不泄密；既要保障档案载体的长久保存，又要保障档案信息的长久可读，需要全方位地保障档案的安全。

6. 数字档案馆比数字图书馆建设成本高

数字档案馆的建设成本远远高于数字图书馆。因为图书期刊有复本，只要一个部门数字化后，其他图书馆都可以花钱购买。而档案馆保存的档案几乎都是孤本，数字化工作量大、费用高。同时，数字档案馆网络管理要求比数字图书馆高，数字档案馆数字信息存储难度比数字图书馆大，数字档案馆建设过程和运行过程中所面临的问题比数字图书馆复杂，所以，数字档案馆建设和维护成本要远远高于数字图书馆。

第四节　数字档案馆建设现状

一、我国数字档案馆建设规划

我国有目的、有计划地开展数字档案馆建设起于21世纪伊始，并得到不断推进。2000年5月，国家档案局把“数字档案馆工程研究与开发”作为本年度全国重点档案科技攻关计划下达给深圳市档案局与国家档案局科技所共同承担，并将其纳入国家档案局的“十五”计划，这也是我国第一个数字档案馆的研究与开发项目。

2001年1月颁布的《全国档案事业发展“十五”计划》提出加快档案信息化建设，研究制定电子文件归档和电子档案管理的制度与办法，积极推广国家标准《CAD电子文件光盘存储、归档与档案管理要求》，试点接收电子档案进馆，加快现有档案的数字化进程，在档案利用服务的数字化和网络化方面取得明显进展，明确将档案信息化和电子文件归档管理作为“十五”期间档案事业发展的奋斗目标，并将档案信息化建设作为“十五”期间的具体工作任务之一。在此导向下，地方各级档案行政管理部门也把档案信息化建设列入各地的档案事业发展“十五”规划。

《全国档案信息化建设实施纲要》指出，“十五”期间，全国档案信息化建设的目标和主要任务是：“本着统筹规划、统一标准、分级建设、安全保密的原则，加快档案信息化基础设施建设，加强电子文件归档和电子档案的规范化管理，推动馆藏档案的数字化和数据库建设，在部分中心城市建设示范性数字档案馆，开展公众网上查询档案信息服务，加快推进档案信息化标准体系、安全保障体系和人才队伍建设。到‘十五’末，各省、自治区、直辖市档案部门要努力建设并投入使用一批内部局域网，基本实现档案管理现代化和办公自动化；依托当地电子政务建设工程，建立为各级党政机关服务的档案目录信息中心，为逐步构建中国档案文献数据库创造条件；依托公众信息网，建立面向社会、服务公众的档案网站，逐步构建全国档案工作信息网。”《纲要》进一步提出“建设示范性数字档案馆。在总结深圳、青岛建设数字档案馆初步经验基础上，进一步在杭州市档案馆、天津开发区档案馆、江苏省电力公司档案馆等开展试点工作”。

《中共中央办公厅、国务院办公厅〈关于加强信息资源开发利用工作的若干意见〉》（中办发[2004]34号）和《国家档案局中央档案馆关于加强档案信息资源开发利用工作的意见》(档发[2005]1号)的颁布,加快了数字档案馆建设的步伐,促进了数字档案馆建设的开展。

《全国档案事业发展"十一五"规划》将"以国家档案资源建设为核心,以档案信息化建设为重点,优化档案信息资源共享环境,不断提升档案部门服务各项建设事业的能力,促进档案事业与经济社会协调发展"作为档案事业发展的指导思想;并明确提出"十一五"期间"建设较大规模的全国性、系统性、分布式、规范化的档案信息资源库群,建立一批电子文件中心和数字档案馆,实现档案信息资源社会共享"的目标。

《全国档案事业发展"十二五"规划》提出"加快数字档案馆及电子文件(档案)备份中心建设,完成国家数字档案馆建设总体规划的编制工作,对电子档案进行安全有效的管理"的目标;提出将"贯彻落实国家有关电子文件管理、数字档案馆建设的文件精神,加强以计算机网络设备和数据库为主要内容的档案信息化基础建设;根据电子文件管理和数字档案馆建设的功能要求,配备和开发档案数据库管理系统、电子文件归档管理系统、电子档案移交管理系统、数字档案信息发布利用系统等;加快推进传统载体档案数字化、电子文件接收、重要数字信息采集等数字档案资源建设;实施公共档案信息资源共享服务工程项目,打造'一站式'档案信息资源共享和服务平台,为社会提供全方位的档案信息服务;搞好电子文件(档案)备份中心建设,落实电子文件的异质、异地备份制度。各级国家档案馆加快数字档案馆建设步伐,有条件的要完成数字档案馆建设,并提供网络信息服务"作为"十二五"建设的主要任务。

2010年6月,国家档案局发布的《数字档案馆建设指南》,对数字档案馆建设的"总体要求、管理系统功能要求、应用系统开发和与服务平台构建、数字档案资源建设、保障体系建设"等方面提出了明确要求,明确了数字档案馆建设的目标、原则和内容,为数字档案馆建设提供了标准规范和建设依据。

二、数字档案馆建设内容

数字档案馆建设的内容多,涉及范围广,主要有基础设施建设、数字档案信息资源建设、应用系统与服务平台建设、档案网站建设、标准规范体系建设、人才队伍建设等方面。

(一) 基础设施建设

数字档案馆具有海量存储、并发用户多和长期接受服务请求等特征,需要稳定可靠、可扩展的运行系统作保障。基础设施建设包括档案基础工作、网络环境建设、硬件环境建设和系统软件建设等。

档案管理基础工作是数字档案馆建设的前提条件，只有加强档案的收集、鉴定、整理、存储与保护、检索等基础工作，只有管理科学、结构合理、运行规范的管理工作，才能为数字档案馆建设提供资源和工作保障。

数字档案馆网络环境建设根据用途的不同，可分为三个层次：一是档案馆内部网（局域网），主要用于档案馆内业务活动的开展；二是与政府部门相链接的政务网（公务网），主要为政府部门提供档案信息及数字档案信息的收集；三是与互联网相链接的公众网，主要为社会各界和民众提供信息查询和档案利用服务。

数字档案馆必须配备必要的硬件设备。硬件设备主要包括计算机设备（服务器、PC工作站等）、输入输出设备（摄像机、录音机、绘图仪、刻录机、电视机、打印机等）、网络通信设备（传输介质、交换机、路由器、集线器、防火墙等）、数字化加工设备（扫描仪、数码相机和数码录像机等）、海量存储设备（光盘、磁带、光盘塔、磁带库等）、多媒体编辑设备（非线性编辑系统、放像机等）、自动化办公设备（传真机、复印机、投影仪等）。

软件设备是数字档案馆运行的内核和基石。软件设备包括系统软件和应用软件，主要有计算机操作系统、数据库管理系统、编译程序、安全控制软件系统、档案计算机管理软件系统、办公软件、系统开发软件、信息处理软件、数据通信软件等。

（二）数字档案信息资源建设

数字档案信息资源是数字档案馆建设的核心。数字档案馆突破了传统档案馆纸质档案一统天下的局面，文本、图形、图像、音频、视频等各种数字档案信息资源是数字档案馆馆藏信息的主要形式。运用现代信息技术进行数字档案信息资源的集成和组织管理，为用户提供远程高效的档案信息利用服务，是数字档案馆建设的重要内容。

数字档案信息资源内容丰富、形式多样、来源广泛，主要来自四个方面：一是立档单位向数字档案馆移交的电子档案；二是馆藏档案数字化后产生的数字化档案；三是通过网络从政府信息资源库、各行业专业数据库、社会公共信息资源库中采集的数字信息；四是从互联网中捕获的数字档案信息。

（三）应用系统与服务平台建设

数字档案馆应用系统是一个可根据需求不断扩展的数字档案管理系统，应当具备“收集、管理、保存、利用”四项基本业务功能，以及用户权限管理、系统日志管理、数据备份与恢复、系统及其数据安全维护等功能。数字档案馆管理系统还应当采取必要措施保证馆藏数字档案信息，特别是由电子文件归档形成的电子（数字）

档案信息的可靠和可用。数字档案管理系统功能可以根据信息化发展和档案管理的要求而有所侧重并不断拓展。数字档案管理系统能够对所接收的各类数字档案信息进行鉴定、整序、比对、分类、存储、保护、著录、检索、利用、编研、传播等操作，使无序信息有序化，并实施有效控制和长久安全保存。数字档案管理系统能够利用网络实现档案查询、信息发布、工作交流和资源共享，为用户提供高效跨库、无缝连接的信息服务。数字档案馆管理系统应具备开放性、稳定性、易用性、安全性、可扩展性和易管理性，是不断发展和完善的信息管理系统。

数字档案馆应根据不同服务对象和现有网络结构，构建三个服务平台，即基于局域网的档案信息服务平台、基于政务网的档案信息服务平台和基于公众网的档案信息服务平台。

（四）档案网站建设

档案网站是数字档案馆面向社会的“窗口”，是数字档案馆建设的重要内容之一。档案网站是档案机构在互联网上建立的站点，是发布政府信息、提供档案信息资源集成利用服务的平台。目前，我国档案网站访问率普遍不高，大多属于静态的展示型网站，数字档案信息资源不足，栏目设计缺乏吸引力，互动性不强。为此，数字档案馆应加强档案网站建设，深度挖掘档案信息资源，抓住专业特色和优势，充分发挥档案网站的作用。

档案网站建设力求美观大方、简洁明快、功能便捷、主题鲜明，应具有科学性、知识性和美观性，充分体现档案馆神圣、凝重、休闲的文化形象，提升档案馆的社会影响力。建立信息发布系统，及时发布档案政策法规、国内外档案工作动态信息，公布开放档案，展示主题档案信息；建立面向公众的档案信息查询系统，设立特色档案资源库，便于用户对档案信息资源的检索利用；建立交流互动系统，及时收集用户的反馈意见，解答用户的各种问题，增强档案馆与用户之间的联系与互动；建立多媒体档案展示平台，利用多媒体档案内容的真实性、形式的生动性、传播的便捷性、利用的大众性等特点，以声像图文并茂的方式进行展示，提高档案信息资源的利用效率；建立手机档案馆，拓展档案网站服务功能，借助移动通讯等流行的大众传媒，方便用户随时随地访问档案网站，接收数字档案信息，拓宽档案信息的服务范围、服务能力和传播效果。

（五）标准规范体系建设

标准与法规是数字档案馆建设的重要保障。数字档案馆建设是一项技术性、开拓性强的新生领域，面对数字档案馆建设的复杂性、多样性，需要在充分调查研究的基础上，结合数字档案馆建设实际，逐步推出相关的标准与法规，确保数字档案信息资源的数据交换、长期保存和安全实用，确保数字档案馆应用系统的实用性、互操作性和可持续性，确保数字档案馆建设的规范、系统、有序。

一个完善的标准规范体系的制定，应借鉴国内外先进的标准规范，优先采用相关国际标准，吸收、参考相关行业规章制度和技术标准，适时制定国家标准规范和行业标准规范，根据本地区实际情况实时制定相关地方标准，逐步形成数字档案馆建设所需的标准规范体系。数字档案馆标准规范建设的内容，主要包括管理性标准规范、业务性标准规范和技术性标准规范。

（六）人才队伍建设

人才队伍是数字档案馆建设的关键。要通过数字档案馆建设的具体实践，培养一批在档案管理、系统开发与维护、计算机技术与网络技术应用、档案数字化加工与数字档案信息资源管理、标准法规建设与信息安全、多媒体档案编研，以及数字档案馆运行与管理等方面具有可持续发展能力的专业人才队伍。

数字档案馆建设需要档案管理专业和相关专业技术知识的人才，其中计算机软硬件技术、网络技术、多媒体技术等方面的人才十分紧缺。为了适应数字档案馆建设，在档案管理人才队伍建设中，既要强调人才队伍结构的优化，配置相应的专业技术人员；又要强调档案人员知识结构的优化，在档案管理人员中尽量培养专才，特别是兼有计算机技术应用能力、网络维护与开发能力、数字档案信息资源集成整合能力的复合型人才。此外，档案管理人员应具有创新思维，解放思想、转变观念，密切关注现代信息技术的发展，充分认识到数字档案馆建设在档案工作中的重要性和紧迫性，在实践中不断探索数字档案馆建设的新模式。

三、数字档案馆建设实例

随着电子政务和信息技术的迅速发展，电子文件大量产生，数字档案信息资源急剧增长，同时人们的生活方式、工作方式也发生了巨大的变化，这些都对档案馆工作提出了新的要求。为适应数字档案信息资源的有效管理和在线信息的提供利用，数字档案馆建设在各级国家综合档案馆率先启动。深圳、青岛是我国最早进行数字档案馆项目建设试点和规划的两个城市，并取得了大量的实践经验和理论成果。此后，北京、浙江、上海、天津、福建、江苏等地先后开展数字档案馆的规划和建设。

山东省已建成启用的数字档案馆有青岛、淄博、威海、济宁、泰安、日照、济南、烟台 8 个市级数字档案馆和青岛市崂山区、威海市环翠区等 29 个县区级数字档案馆。山东省数字档案馆于 2003 年开始建设，2008 年 12 月 26 日举行启用仪式，以电子文件管理和档案业务管理为核心，建成完善了省级档案目录、档案全文、档案多媒体等基础数据库，建立覆盖全省的分布式档案目录数据库，并依托馆内局域网、山东政务网和因特网，实现了省市两级档案馆之间、省档案馆与省直部门档案室之间的数据共享。

浙江省数字档案馆建设起步早、建设快，2009年全省已开展数字档案馆项目建设的国家综合档案馆已达到68个，占全省综合档案馆的三分之二以上。至2010年，浙江省已建成启用的数字档案馆主要有浙江省数字档案馆，杭州、宁波、湖州、嘉兴、绍兴、台州、丽水、舟山8个市级数字档案馆，杭州市萧山区、宁波市鄞州区、丽水市莲都区、上虞市、长兴县等部分县市区数字档案馆。浙江省数字档案馆建设项目于2006年启动，整个项目分二期建设，一期工程已于2009年6月通过国家档案局组织验收。浙江省数字档案馆是一个集“收、管、用”为一体的完整体系，主要包括一个网络支撑体系，三个档案信息基础数据库（档案目录数据库、重要档案全文数据库与多媒体档案数据库），三个信息中心（省直单位档案电子目录中心、省直单位电子公文接收管理中心与省级现行文件中心），两个网站（政务内网网站和公众网网站）和一个电子阅览室等建设内容。实现省级机关电子公文的网上在线接收、馆藏档案资料数字化管理与数字档案信息资源网上发布，满足用户远程利用服务的需求，为政府和社会有效提供档案信息服务。

新世纪以来，数字档案馆建设已成为全国档案信息化建设的重点，在数字档案馆的建设实践中，各地积极探索、相互借鉴、因地制宜，涌现出一批各具特色和建设经验的典型，有力地推动了数字档案馆建设的开展。

（一）深圳市数字档案馆

1. 建设规划

深圳市数字档案馆是我国第一个数字档案馆建设研究项目。2000年5月，深圳市档案馆与国家档案局档案科学技术研究所、北京科怡科技发展有限公司共同承担了“深圳数字档案馆系统工程的开发与研究”项目。2001年3月，该项目总体规划书通过了国家档案局组织的专家评审；6月，该项目又被纳入国家计委高技术应用部门发展项目。

2002年5月，“深圳数字档案馆系统工程的开发与研究”项目被列入《深圳市国民经济和社会信息化“十五”规划》，将数字档案馆建设作为政务信息化建设的重要内容，要求“建立数字档案馆系统，制定电子文件归档和电子档案管理办法，将深圳市档案馆原有各种载体的档案数字化，对档案文件实施数字化管理。与政府各部门的办公自动化系统相连接，通过互联网向政府和社会提供查阅服务，实现档案信息传输网络化、管理自动化。”

2002 年 9 月，广东省信息产业厅将深圳市数字档案馆项目列为广东省信息化建设示范项目。

2006 年，《深圳市国民经济和社会发展信息化“十一五”规划》强调在“十一五”期末，“主要政府部门和事业机构的资料数字化率达到 90%，其他机构资料数字化率在 2010 年前要增长 4—5 倍，公共服务领域信息资源的数字化、网络化应用比‘十五’期末也要有较大幅度增长。数字档案馆、数字图书馆、数字影视中心、数字化医院要扩大规模，增加数量，提高水平和应用效益。”

2006 年，《深圳市档案事业发展“十一五”规划》把“完成电子文件中心和数字档案馆建设，实现档案信息资源共享”作为“十一五”期间深圳市档案事业发展的目标之一，将“构建电子文件中心与数字档案馆一体化管理体系，确保档案信息化建设的整体效益和质量。① 完成电子文件接收管理系统建设；② 完成城建档案信息管理平台建设；③ 完成数字档案馆三期建设”，作为“十一五”期间深圳市档案信息化建设的重要任务。

2010 年，深圳市档案局在广泛调查研究的基础上，制定了《深圳市档案事业发展“十二五”规划纲要》，将“档案信息化建设与电子政务建设同步发展，各级综合档案馆初步建成数字档案馆”作为“十二五”时期全市档案事业发展的主要目标之一；并将“重点实施文件档案平台数据库工程，建设全市党政机关电子文件档案的集中管理和资源共享平台；积极推进城建档案信息化建设，构建全市城建档案管理网络和体系；各级综合档案馆馆藏文书档案以及声像档案全部完成数字化，按照国家档案局《数字档案馆建设指南》的要求初步建成数字档案馆；全市档案目录中心以及深莞惠三市‘档案目录中心’、‘政府公开信息互通平台’进一步完善；各级党政机关建立电子文件管理和利用系统，电子文件管理进一步规范”，确定为“十二五”时期全市档案事业发展的主要任务。

2. 建设步骤

深圳市数字档案馆分三期进行建设：

2001—2004 年，第一期工程建设阶段，主要对数字档案的管理、数字档案馆的运作以及传统档案的数字化提出解决方案，开发有关应用系统，建立相关的业务规范标准和各类数据库。一期工程建设主要完成以下几方面的工作：“一是基础设施的构建，如建立局域网、政务网和公众网三个层次的网络环境，以及相应的软硬件基础设施；二是进行档案信息资源建设，包括馆藏档案的数字化、各立档单位档案文件材料的接收、各种具有档案性质的专题信息资源库里的档案信息的采集，以及互联网上具有档案价值的信息的搜集；三是应用系统的开发，包括建立信息的采集、管理、利用和维护模块；四是进行标准规范建设，如制定各类管理性、业务性和技术性标准规范；五是进行人才队伍建设。”①

2005—2008 年，第二期工程建设阶段，主要以相关法规标准为依据，以政务网为平台，实现对归档电子文件档案的科学管理。2007 年 4 月，初步完成电子文件中心系统建设，并在文档服务中心投入试运行。2007 年 7 月，数字档案馆系统应用于深圳市档案馆各业务部门，在档案接收、整理、鉴定、保管、利用及数字化处理等工作环节发挥重要作用。“2008 年 1 月 26 日，深圳市档案局开发的‘深圳市数字档案馆系统(二期)——深圳市市民中心电子文件接收管理系统’项目通过由国家档案局、深圳市科技和信息局、武汉大学、深圳市信息办等专家组成的鉴定委员会的科技成果鉴定。”“深圳数字档案馆系统”项目 2008 年获国家档案局科研成果一等奖。

2009 年，进入第三期工程建设阶段，实现市属单位归档前电子文件的规范化采集，集中管理、存储与利用。2010 年，由深圳市档案局牵头承担，投资 1 700 万元的“深圳市文件档案平台数据库”数字档案馆三期工程项目成为深圳市电子政务建设的主要组成部分。项目建成后将实现全市政府机关电子文件档案的集中管理和信息资源共享。

3. 基础设施情况

2007 年 4 月，深圳市档案馆新馆正式开馆。新馆包括 1 650 m^2 的展览大厅、1 650 m^2 的文件档案接收利用大厅以及 3 300 m^2 的库房和技术用房。主要用于集中保管市属机关、事业单位办理完毕的文件并对外提供利用，举办档案展览，原址档案大厦则作为市档案馆、市城建档案馆馆藏档案的保管基地。新馆将建成数字档案馆，通过网络与档案大厦连接，成为深圳市档案文件信息的重要保管基地、社会教育基地和档案文件信息服务中心。深圳市档案馆新馆硬件配置与基础设施有了较大提升，建立了计算机中心机房及网络工作站。基础设施采用大型高速交换机、路由器并行处理的高性能服务器、易扩充的规模型集群系统、网络存储系统，建立了大型数据库、高可靠性的信息安全系统和其他相关系统等。

2010 年 6 月 25 日，备受关注的深圳市档案中心举行奠基开工仪式。深圳市档案中心项目计划总建筑面积为 120 365 m^2，其中一期建筑面积 92 278 m^2，一期总

① 傅荣校、陈荣红：《数字档案馆模式研究(二)——现阶段综合性数字档案馆建设模式初步介绍》，《档案学通讯》，2005 年第 5 期，第 59—62 页。

投资额4.5亿多元。该项目连续4年被列为深圳市重大项目。2008年还被列为深圳市重大民生项目，2013年底完工。

4. 应用系统建设

深圳市档案馆研制开发了档案数字化加工系统、城建档案管理系统、城市地下管线信息管理系统、声像档案管理系统、集成办公系统、市民中心电子文件接收管理系统等。

2005年7月，深圳市发改局批准“深圳市民中心电子文件接收管理系统”项目立项，由深圳市档案局组织项目建设。

2006年，为了提高社区档案管理水平，使档案信息更好地为社区管理各项工作服务，深圳市档案局与有关单位联合研制推出“深圳市社区档案管理系统”；同年10月，通过了市档案局组织的项目鉴定。

2007年，国家档案局批准“电子文件真实性、完整性及长期可读性的体系架构及技术实现”项目立项，由国家档案局科研所、深圳市档案局、北京市档案局、中国人民大学信息资源管理学院共同承担；2008年12月，通过国家档案局组织的专家评审结题，形成工作报告、研究报告等。

2008年，根据业务工作的发展，深圳市档案馆对“深圳市城建档案管理系统”与“深圳市地下管线信息管理系统”进行了升级。升级后的深圳市城建档案管理系统，实现了建设工程项目报建登记、档案管理业务指导、工程档案专项验收、档案整理、档案审核、档案移交、档案著录与编目排架、电子文件存放位置自动著录、档案统计、总目录与分类目录查询、编制并打印手检工具、档案查询检索、档案利用、档案销毁等档案管理全过程的计算机集成化管理。

“深圳档案”门户网站(http://www.szdaj.gov.cn)于2004年开通，截至2011年7月31日，访问总量达3 561 590人次，成为社会各界和民众了解档案工作动态、查阅档案信息的重要窗口。

5. 数字档案资源建设

2001年，深圳市档案馆就开始对各种传统载体的档案进行数字化处理。2003年，实现对归档电子文件的在线接收。至2010年，深圳市档案馆已经建设了一定规模的数据库，其中：文书档案电子目录400多万条、照片档案电子目录14万余条(涵盖了馆藏全部照片档案)，纸质档案数字化230万页、照片档案数字化近14万张、城建CAD电子文件信息近60万件、缩微胶片数字化20余万幅、录像档案数字化500多小时，馆藏文书档案将在三年内全部完成数字化。案卷级和文件级电子化目录占全部档案目录的比例全部为100%，照片和音视频档案数字化数量占馆藏同类档案总量的比例为 100%；全文数字化的档案数量占馆藏珍贵及重要档案总数量的比例为 34%（珍贵及重要档案主要指新中国成立前档案和党委、人大、政府、政协、纪检等五套班子的档案）。

2010 年 4 月 13 日，深圳市档案馆与青岛市档案馆签署互为档案数据异地备份协议，自 2010 年起对各自馆藏档案数据以磁带备份的形式，封装后每两年移交到对方档案馆的特定存储区进行异地保管，以保证馆藏档案信息安全。2010 年底，已完成文件档案机读目录 552 万条、文件档案扫描图像 563 万页、照片档案 22.7 万张、录像档案 1 148 小时的异地备份工作。

（二）青岛市数字档案馆

1. 建设规划

2000 年底，青岛市档案局提出数字档案馆建设的设想。《青岛市国民经济和社会发展第十个五年计划纲要》和《青岛市信息化建设和信息产业发展“十五”规划》明确提出，要加快建设“数字青岛”工程，建设特色鲜明的大型信息资源数据库，建设数字档案馆。国家档案局也把青岛等地列为档案信息化建设的试点城市。

2002 年，《青岛市档案信息化建设发展计划》确立“十五”期间青岛档案信息化的总体目标是：“初步实现档案信息基础设施现代化，馆藏重点档案资源数字化，电子文件归档管理规范化和档案信息利用网络化”；提出建立“安全的档案信息存储平台、可靠的档案信息传输网络平台、方便的档案信息处理及应用平台”和“档案目录数据库、档案文献数据库、馆藏照片档案数据库、多媒体档案信息数据库”等内容。

2003 年 8 月 20 日，青岛市数字档案馆举行开通仪式，成为我国第一个正式投入运行的数字档案馆。

2006 年，《青岛市档案事业发展“十一五”规划》将“实施数字档案信息共享工程，全面实现档案信息化管理，形成全市规模的数字档案馆集群。各级档案馆全部建成数字档案馆，力争把数字档案馆纳入电子政府的建设规划，更好地发挥数字档案馆的功能”作为“十一五”期间档案事业发展的主要任务。

2010 年 7 月，青岛市召开全市档案馆工作会议，结合青岛市档案事业“十二五”规划，提出“努力实现档案馆功能向‘五位一体’转型、档案资源结构由机关记忆向社会记忆转型、档案管理向网络化和资源共享转型、档案服务向公共服务转型、档案安全保障向智能化、规范化转型、档案人才结构向多层次、高效能转型”。

2. 应用系统平台建设

2003 年 8 月，青岛市数字档案馆通过了国家档案局组织的科技成果鉴定，认为："该研究课题的完成，进一步推动了我国数字档案馆理论和技术的研究、应用。课题研究成果在档案信息化建设领域达到了国内领先水平，对数字档案馆的工程建设起到了示范作用，具有较高推广应用价值"。

青岛市数字档案馆建设工作从2000年开始筹划，到2009年底历时10年，投资约1 410余万，先后完成青岛市数字档案馆(2001—2003年)、青岛市数字(电子)文件中心(2004年)、电子公文和档案信息共享系统(2008—2009年)三个项目(阶段)建设，逐步实现了馆藏档案数字化、机关文书档案在线移交及全文数字化、电子公文和档案信息网络共享三个阶段性目标，即"存量数字化、增量电子化、资源共享化"。

青岛市数字档案馆共完成了四个网络(馆内局域网、政务网、国际互联网、保密专网)、四个基本库(档案目录数据库、档案全文数据库、照片档案数据库、多媒体档案数据库)的建设与连通。已经建成数字档案信息传输平台(主要由局域网络、政府网络和Internet互联网络三个平台组成)、数字档案信息采集平台(主要包括电子目录采集平台和全文数据采集平台，承担数字档案信息的日常采集工作)、数字档案信息存储管理平台和数字档案信息应用平台(包括馆内应用平台、国际互联网档案信息发布和在线利用平台、政府网络信息服务平台)等四个综合性的软硬件平台。数字档案馆模块嵌入"金宏办公系统"，依托青岛电子政务网"金宏网"向市级、区级单位1万个电子政务用户提供服务。

3. 网站建设及运行

"青岛档案信息网"(http://www.qdda.gov.cn)自2003年开通以来，通过两次改版，经历以技术导向为核心指导网站建设和以内容导向为核心大力完善信息服务两个阶段。目前正在积极应对社会需求，强化档案网站的信息发布功能和公共服务功能，把网站打造成单位和民众依法获取档案部门政务信息、开放档案信息和档案编研成果的公共服务平台，成为青岛市档案馆服务社会的桥梁和纽带。"青岛档案信息网"设有政务公开、局馆指南、业务工作、法规标准、征集工作、教育培训、利用效果、档案动态、视频导视、照片银行、历史上的今天等栏目，并设有老青岛、青岛风情、青岛人物、青岛景观、特藏室、藏品鉴赏、历史知识库、专家文库等地方历史文化栏目，档案历史文化信息占有明显的优势。"青岛档案信息网"还开设了"数字档案馆"专栏，设有选择档案馆、类别检索、来源检索、文号检索、时间检索、专题检索、档案公布等栏目，链接全市13个综合档案馆网页及开放档案查询服务平台，用户通过网站可以查阅各种数字档案信息。截至2010年5月底，作为网站主体的政务信息和档案信息部分的访问量已接近1 861万人次，月访问量在70万人次以上，日访问量稳定在 2 万人次以上；数字档案馆月访问量接近 4 万人次，日访问量也稳定在 1 000 人次以上。

2010 年 10 月 27 日，青岛档案信息网“青岛档案历史知识库”和“青岛档案三维虚拟展厅”建成启用。它借鉴了常见知识库的使用模式，可通过进入词条实现知识的精确检索，可通过搜索词条实现扩展检索，可通过年代或某一方面进行知识浏览，并在首页设置了精彩词条、热点词条和最新词条，导引阅读浏览。网站设置了“请您评价”栏目，用户可对相应词条进行打分，填写评语，为编辑者完善修改知识内容提供参考。

2011 年，“决策参考”专题已在金宏网数字档案馆平台中得到应用，主要涉及城市建设与管理、劳动与社会保障、教育、卫生四个主题，包括青岛市、山东省、中央、兄弟省市和国外同类城市的政策性文件或信息，共包含档案文件信息 8 700 余条，用户可以借助数字档案馆平台，方便快捷地检索查阅所需档案文件的全文信息。

2011 年 7 月，在青岛市首届“档案馆日”活动上，青岛市档案馆启动了“视频点播系统”，内容涵盖 20 世纪 30 年代到目前的上万部音像资料，时长近 8 万分钟。市民只需利用市档案馆视频室内的电脑，就可在线免费阅读欣赏。

4. 数字档案资源建设

2009 年，青岛市所属 12 个区(市)档案馆中，已经有 10 个初步建成数字档案馆，形成了具有全市规模的数字档案馆集群；在全市范围内实现了档案增量电子化，市、区两级 1 000 多个机关从 2002 年开始实施纸质文件和电子文件同步整理、同步归档，电子文件归档率和向档案馆移交率均达到 100%，市档案馆接收电子文件总量达 31.6 万份。

青岛市数字档案馆 2010 年已有 1 500 万条档案目录信息，2 000 万页数字化档案全文，30 万张照片、2 万分钟多媒体档案信息，市馆数据量约为 32TB。在电子政务网上共享公开级电子文件 6 万余份，可供互联网用户查阅档案信息 300 余万条、档案专题目录 60 余个、档案专题全文 20 余个。青岛市档案馆内所有的录音、录像已全部实现了数字化。档案信息服务覆盖青岛市电子政务网和国际互联网，实现档案信息资源在档案馆之间、档案馆和档案室之间、档案室之间以及档案馆与社会之间的共享。2011 年底，多媒体档案信息已达 20 万分钟。

四、国外数字档案馆建设

数字时代的到来，凸显数字化生存方式，世界各国纷纷制定信息化发展战略，推进本国的信息化建设。数字档案馆作为信息化建设的重要组成部分,各国都在致力于数字档案馆的实践和研究工作。其中,美国、英国、澳大利亚等国家数字档案馆建设开展较早,取得了大量的实践经验和研究成果。因此,了解他们的数字档案馆建设状况和经验,对我国数字档案馆建设的进一步开展具有重要的借鉴意义。

(一) 美国数字档案馆

美国是世界上最早迈入信息化的国家,其数字档案馆建设也走在世界前列。早在1992年美国就在网络上发布了由美国弗吉尼亚大学图书馆负责设计的杰斐逊数字档案馆(Jefferson Digital Archive)。1994年1月,Margaret Hedstrom在第二届国际人文学者与技术大会上提交了《电子档案馆:网络环境的集成与利用》一文,率先提出了“电子档案馆(Electronic Archives)”的概念。美国国家档案与文件署于1998年开始对永久保存电子文件的可能性、保存技术、保存系统的功能需求进行了全面的论证和试验;并启动了电子文件档案馆(ERA)项目。2005年,美国国会同意投入3.08亿美元建设ERA系统,建设周期为6年,其目标在于永久保证联邦政府电子文件的真实,在保护隐私和敏感信息的同时保证公众的利用。ERA建立在六个核心项目上,具体是“OAIS开放档案信息系统,InterPARES永久保护真实的电子文件国际研究计划,DOCT分布式目标计算平台,NPACI全国合作的高级计算机基础设施建设,PERPOS总统电子文件操作系统,Archivist's Workbench Project档案工作平台”①,主要功能是永久保存联邦政府的电子文件,保证电子文件的真实性、凭证性、完整性,保障电子文件的安全,方便用户利用。

电子文件档案馆的设计、数据库建立过程中与20多家科研机构和IT界合作,目前已进入ERA建设运行的关键阶段,已完成数据中心和系统运营中心的建设。2008年6月,建立起联邦政府电子文件基础数据库,共保存联邦政府电子文件1.4TB;2008年12月,接收总统办公室电子文件,接收布什总统电子文件80TB;2009年12月接收国会电子文件;2011年,建立全面的电子文件档案馆;2014年所有电子文件对用户开放。

(二) 英国数字档案馆

英国是较早拥有国家档案馆网站和开展电子档案研究及远程利用电子档案的国家之一。英国数字档案馆建设的重点是电子文件管理、档案网站建设和数字档案信息的查询利用。

---

① 江涛:《美国电子文件档案馆(ERA)对我国电子文件保存的借鉴意义》,《浙江档案》,2006年第5期,第60—61页。

20世纪90年代，为了对电子文件进行保管和提供利用，英国公共档案馆实施了两项计划：一项是办公系统的电子文件计划（Electronic Records in Office System，EROS）。主要是为了更好地保护在政府公务活动中产生的具有长期保存价值的电子文件，以提供长期存取。该项计划的主要任务是制定电子文件管理指南、迁移和获取策略以及规范文件处理程序等；另一项是英国国家数字档案馆（数据集合）计划（United Kingdom National Digital Archive〈Datasets〉，UKNDA）。1995年，英国公共档案馆和伦敦大学签订合同实施UKNDA计划，侧重数字馆藏的信息服务，接收、存储、保管政府部门产生并需要永久保存的单一的结构化数据，用户通过访问网站可以查到所需的第一手资料。为了更好地保护国家记忆并满足公众对电子文件的利用需求，2003年4月2日，英国公共档案馆（British Public Archives）和皇家历史手稿委员会（Royal Commission on Historical Manuscripts）合并成立了英国国家档案馆，使之成为电子政务网络建设及数字化建设的“领头羊”。2007年，英国国家档案馆将过去1 000年来的文档实现了网络化，用户可以通过网络对馆藏档案目录和数据库进行查询并订购档案副本。

1995年，为实现UKNDA计划，英国公共档案馆与伦敦大学合作开始建立英国国家数字档案馆（National Digital Archive of Datasets，NDAD）。1998年3月，建立了PRO网站（www. pro. gov. uk），NDAD向社会开放并提供服务。2003年，英国国家档案馆建立了自己的网站（www. nationalarchives. gov. uk），部分实现了数字档案馆的功能。为了更好地满足公众对“电子政务”信息的利用需求，“英国政府从2005年开始实施《信息自由法》，这一法令确立了英国国家档案馆为政府提供电子文件管理和保护的咨询服务的权能，从而有利于中央和地方政府提高工作效率，更好地保护公民的知情权以及政务信息的透明化。正基于此，2006年11月，英国国家档案馆凭借着‘国家的档案馆全球搜索’、‘国家档案馆的数字化项目’、‘国家档案馆的学习网站’三项服务一举获得了2006年国家电子政府奖的最终提名，成为当今英国最受欢迎的五大政府网站之一。此外，2008年12月13日，英国国家档案馆发布了令世人瞩目的时事新闻：公布1915年到1977年的内阁文件，并建立了一个开创性的内阁政务公开网站，可以在线获得超过50万页的内阁会议记录和备忘录文档。”①

（三）澳大利亚数字档案馆

澳大利亚在电子文件研究方面独树一帜，取得了令世人瞩目的成就。如澳大

① 罗潆：《英国档案事业发展的新趋势》，《北京档案》，2010年第3期，第42—44页。

利亚国家档案馆、新南威尔士州档案馆、维多利亚电子文件中心等开展了电子文件保管利用、传统档案数字化、数字档案馆等研究项目。“澳大利亚的档案事业管理体制是一种以档案馆为主体,无档案行政管理机构,分散中有集中,分散与集中相结合的体制”①。早在1995年,澳大利亚维多利亚州档案馆(Public Record Office Victoria, PROV)就启动了“电子文件管理策略”(Victorian Electronic Records Strategy, VERS)项目,开始了地方电子文件管理方案的探索;2004年1月开始实施“数字档案馆项目”,2005年底完成,保存维多利亚州数字遗产,主要存储维多利亚州政府产生的符合VERS要求的电子文件和维多利亚州档案馆所收集的纸质文件的数字拷贝。1996年12月,澳大利亚颁布了《文件管理标准》AS 4390,成为澳大利亚第一个文件管理国家标准;该标准成为2001年颁布的国际标准《文献与信息——文件管理》ISO 15489的基础。2004年,澳大利亚国家档案馆颁布了《数字文件管理指南》,为澳大利亚政府机构在形成、管理和保存电子文件方面提供指导。

澳大利亚国家档案馆自1992年开展电子文件项目(Electronic Records Project)以来,逐步发展起功能完善的数字档案馆服务体系,并且引领着各州数字档案馆的发展。1994年11月,主办了题为“电子文件管理”(Playing for keepers)会议;1995年3月,出版了《管理电子文件——共同责任》(Managing Electronic Records—A Share Responsibility),提出“分布式保管”(Distributed Custody)模式,即除个别情况外,由联邦机构产生的电子文件不应在国家档案馆集中保存,而应保存在产生这些文件的联邦机构;2000年底,开展数字保存项目;2001年,针对远程用户的需求,引进档案数字化服务;截至2009年底,国家档案馆已经数字化了2 000万页的档案记录。澳大利亚国家档案馆目前使用的国家档案馆网站(www.naa.gov.au)版本发布于2007年8月,网站具有在线查询、远程利用、在线展览、在线文件存取、网上购买档案馆的相关资料、书籍等服务功能。②

(四)国外数字档案馆建设经验

通过对国外数字档案馆建设状况的介绍,得出以下几点建设经验:

1. 确立数字档案馆建设策略。数字档案馆建设是一项复杂的系统工程,需要政府统揽全局、总体规划,降低数字档案馆建设风险,减少不必要的重复建设,提高数字档案馆建设效率。美国数字档案馆建设采用的是顶层规划策略,“顶层规划是

---

① 黄霄羽主编:《外国档案事业史》,中国人民大学出版社,2004年版,第280页。

② 参阅王芳主编:《数字档案馆学》,中国人民大学出版社,2010年版,第420—425页。

一种自上而下的设计，是以国家层面为起点，进行整体设计、统一规划、战略部署，构建总体框架，确定国家数字档案馆的发展方向、基本格局和推进步骤，提供数字档案馆建设的基本指针和发展蓝图”①。

2. 制定数字档案馆建设标准规范。数字档案馆是一个新生事物，为了保障数字档案馆建设健康有序，需要建立健全相关政策法规和标准，全面规范和指导数字档案馆建设。澳大利亚特别注重标准规范的制定，颁布了国家标准 AS 4390《文件管理标准》和《数字文件管理指南》，并积极参与国际标准的研究和制定，成为国际标准 ISO 15489《文献与信息——文件管理》制定的重要组织。美国也不断地修订和完善档案信息化的法律、政策和标准，1994 年颁布《电子文件管理规范》，1996 年修订、颁布《电子信息公开法》，2000 年签署《电子签名商务法案》，2002 年签署《电子政府法》，促进了数字档案馆的建设与发展。

3. 以项目研究为先导。项目研究的开展为数字档案馆建设积累经验和知识，起到了示范作用，为数字档案馆后续建设提供理论指导和实践方案，推动了数字档案馆建设的开展。英国国家档案馆开展的一系列项目研究，如无缝流程项目(Seamless Flow)、数字连续体项目(Digital Continuity Project)和网络连续体项目(Web Continuity Project)，推进档案数字式管理模式和信息资源共享。澳大利亚维多利亚州电子文件策略项目(VERS)，探索地方电子文件管理方案。荷兰启动“数字信息的长期可读”(Digital Longevity)项目，建立数字仓储，构建文件集成管理模式。

4. 注重合作研究。欧美等国在数字档案馆建设方面注重多个部门之间开展合作，加强与政府、高校、图书馆、企业、研究机构等部门之间的合作，借鉴相关研究成果和技术，集中优势力量，增强数字档案馆建设活力。1995 年英国公共档案馆和伦敦大学签订合同实施 UKNDA 计划；澳大利亚和新西兰共同合作建立澳大利亚与新西兰联盟——澳大拉西亚，开展数字文件保存合作项目(ADRI)；美国 NARA 与美国著名军工企业洛克希德·马丁(Lockheed Marti)计算机公司合作建设 ERA 项目；“美国西北数字档案馆(The Northwest Digital Archives, NWDA)是多个机构共同完成的合作项目，参与此项目的机构有阿拉斯加州图书馆、西雅图市档案馆、西华盛顿州大学等高校和历史协会，涵盖华盛顿州、俄勒冈州、爱达荷州、阿拉斯加州、蒙大拿州的 15 个档案馆和 13 个机构的馆藏室”②。

---

① 王芳主编：《数字档案馆学》，中国人民大学出版社，2010 年版，第 385 页。
② 王芳主编：《数字档案馆学》，中国人民大学出版社，2010 年版，第 394 页。

五、数字档案馆建设存在的问题与思考

（一）数字档案馆建设存在的问题

从 20 世纪 90 年代提出并建设数字档案馆以来，在不到 20 年的时间里，我国数字档案馆建设从无到有、从点到面、从框架搭建到数字资源建设再到信息服务，逐步繁育发展起来，出现了深圳、青岛等多个数字档案馆建设经典案例，开辟了我国数字档案馆建设的新里程，建设成效显著。但作为新生事物，数字档案馆的形成和发展与传统档案馆相比、与社会信息化发展的进程相比，还显得较为“稚嫩”，还只是处于生命成长的“蹒跚学步”阶段。在“轰轰烈烈”的数字档案馆建设背后，还有许多问题值得关注。比如：

在基础理论方面，目前还相对滞后，已有的阶段性成果更多是关于建设意义和发展前景的宏观性描述，没有形成一个完整的理论体系，数字档案馆的发展更多依靠实践推进，理论支撑和指导能力有限，而且在认识和建设方向上还存在分歧。基础理论滞后已成为数字档案馆向更高阶段发展的理论瓶颈。

在数字信息资源建设方面，目前还相当匮乏，与充分满足社会利用的数字档案信息需求量相比，差距较大。数字档案馆的数字档案信息资源建设与开发利用能力普遍滞后于信息基础设施建设。近年来，各地都在加大传统档案数字化，以此为突破口，丰富数字档案馆馆藏，但仍急于求成，而且档案信息数字化也缺乏统一的规范、标准，各自为政，是否能够形成有效“链接”，提供远程利用，有待实践检验。同时，在数字档案馆馆藏中仍然存在结构单一的现象，影响利用成效，要形成覆盖人民群众的档案资源体系，任重道远。

在技术标准方面，近年来，电子文件管理和数字档案馆建设的标准研制虽然在提速，但还不够完善配套，没有相应的电子文件著录标准、多媒体档案管理标准、全文数据库标准、数字档案馆评价标准等。“在数字档案馆建设中，标准化是一个体系，是一个系统，因此对于我们来说，如何结合我国实际，迅速建立起一个适合我国数字档案馆建设的标准化体系是摆在我们面前的一个迫切需要解决的新问题”①。没有标准体系，不仅会使数字档案信息资源成为“信息孤岛”，而且有可能造成电子信息的永远消失。

在法律法规方面，《档案法》目前正在修订之中，对数字档案馆的地位、管理、利用等相关规范还缺少法律依据。数字环境下，电子档案的法律地位问题需要确定。

① 段荣婷：《我国数字档案馆的研究与建设》，《中国档案》，2002 年第 6 期，第 24—26 页。

如何对档案著作权、知识产权、隐私权进行保护，并处理好数字档案信息利用与信息共享的关系，在实践中仍是难以平衡的问题。数字档案馆建设中开发和使用的大量专业软件和通用软件，其权利归属、权利保护和权利管理等问题也日益突出。数字档案馆运行、建设中的相关法律法规不是孤立的，需要与电子文件管理问题协同解决，才能更好地保证和促进数字档案馆的良性发展。

在人才队伍建设方面，数字档案馆研发和管理过程中所需要的具有现代信息素养，能在信息技术环境下高效开展工作的人才队伍还未建立起来。面对数字档案馆的快速发展，档案工作者队伍总体上无论是在管理能力、管理经验，还是在技术运用和现代服务意识上，都难以跟上社会发展。由传统档案工作者向数字环境下的现代档案工作者转变仍是一个长期的转型过程。

在建设规划方面，国家档案局在 2010 年出台了《数字档案馆建设指南》，对数字档案馆建设的总体要求、功能要求、系统开发与平台共建、数字资源建设、保障体系建设等方面提出要求，但难以平衡和统筹规划全国范围内数字档案馆建设的布局。我国数字档案馆建设仍处于自下而上的探索阶段，基于国家战略和“顶层设计”的全国数字档案馆建设规划还处于概念目标之中。

在安全保护方面，数字档案馆安全风险问题依然突出，目前虽然采取了异质异地备份等保护措施，加强对数字档案信息和载体的安全保护。但是，立足于网络档案信息安全和数字档案信息长期保存的数字档案馆安全保障体系还未完全建立起来，各种潜在的技术安全风险和网络攻击风险时刻存在，威胁着数字档案信息的安全。

只要细致地考察一下，就可以发现数字档案馆建设的各个方面都存在着问题。这说明我们的建设经验还不丰富，与社会、与专业对数字档案馆的期望还有距离，与现代信息技术发展还不相适应，但这些问题都是发展中的问题，也是世界共同面对的问题。美国本特利历史图书馆馆长费朗西斯·泽维尔·布劳因（Francis Xavier Blouin）在中国人民大学举办的“中美数字时代档案管理研讨会”的报告中指出，“虽然我们现在面临很多挑战和问题，一时没有完善的解决方案，但是我相信通过努力与合作，也许两年以后我们便能找到更好的方法去解决这些问题”。

（二）数字档案馆建设思路探寻

在信息技术渗透日深、社会信息化发展不断加快的现代社会，建设数字档案馆是时代的必然。其建设和发展是大势所趋，不可逆转，只会强力推进，不会停滞后退。国家档案局杨冬权局长在 2010 年全国档案局馆长会议上提出，“要把数字档案馆建设作为档案信息化建设的重要任务，有计划、有步骤地向前推进，实现档案工作与信息社会的同步发展”；“各级国家档案馆要争取在‘十二五’期间把馆藏重要档案基本数字化，建立数字档案馆”。

面对数字档案馆建设和发展中存在的问题，档案学理论研究者和档案实践部门专家都在积极思考，探索、寻求解决问题的“终极之道”。或强调技术优先，或提出系统保障，或要求标准先行，或倡导“顶层设计”，各种不同的看法，各种不同的声音，各种不同的观点，汇聚成一股学术潮流，“献计献策”，共同开创数字档案馆建设道路。正是在这些实践和理论的探索下，我们才能看到李国庆的《数字档案馆概论》、潘连根的《数字档案馆研究》、朱小怡的《数字档案馆建设理论与实践》、王芳的《数字档案馆学》等著作、论文和一批课题研究成果，为数字档案馆的建设和研究提供了理论基础和知识积淀。

随着数字档案馆研究的深入，人们越来越认识到数字档案馆是一个复杂的信息系统和信息空间，包含着资源、管理、技术、制度、环境等多种相互连接、相互作用的要素；越来越认识到单纯依靠技术手段无法解决数字档案馆的协调发展问题，需要寻求一套系统、整体的解决方案；越来越认识到需要从多学科的视角，发现并思考数字档案馆建设中以前未曾关注到的问题，深化数字档案馆研究内涵；也越来越认识到数字档案馆建设问题不单是自身问题，还需要拓宽研究思路和研究视野，将其纳入社会系统中分析和探究与社会环境的协调互动，探索数字档案馆的持续发展。

鉴于此，有必要展开“数字档案馆生态系统研究”，将数字档案馆视作一个有机的生态系统，综合运用档案学、管理学、社会学、生态学以及信息学等方面的知识，深入思考和阐释数字档案馆生态系统的构成、演化、运行、调控和管理中的深层次问题。一方面考察数字档案馆各种要素之间的关系，从整体上思考数字档案馆建设中各要素的相互作用关系，克服技术的单向思维和“短板效应”，促进数字档案馆协调运行；另一方面考察数字档案馆与社会环境的相互作用关系，把握数字档案馆生态系统在社会系统中的地位和作用，同时协调数字档案馆建设中的技术因素、人文因素、效益因素和制度因素，促进政治、经济、文化、法律、教育等方面的均衡投入、协同发展，为数字档案馆生态系统的培育和可持续发展提供理论与智力支持。

第十二章　电子文件宏观管理

人类社会的每一项活动都是由历史和时代所决定的。电子文件的大量产生，给传统档案管理带来的影响和冲击是全方位的，不仅档案的收集、整理、鉴定、保管、编目、检索、统计、提供利用等档案工作的各个具体业务环节需要重新设计和组织，而且电子文件管理体制、规范、标准、技术也需要重新规划和制定，电子文件的管理机构和管理人员也需要重新定位、布局和培养。只有国家档案行政与业务主管部门承担并履行宏观管理的职能，才能协调电子文件管理的内外关系，发挥档案事业系统的整体功能，加速解决电子文件管理过程中的各种矛盾和问题，全面推进电子文件的管理水平，规范全国的电子文件管理工作，担负起保存人类集体记忆的历史使命。因此，我们不仅要研究电子文件管理工作中的各项微观具体环节，还要从总体上研究电子文件宏观管理的各项活动。

第一节　电子文件宏观管理概述

一、电子文件宏观管理的原则

（一）纳入国家档案事业管理体系之中

档案事业是以管理和开放国家档案信息资源，服务国家各项事业为宗旨的，由档案行政管理工作、档案室工作、档案馆工作等组成的一项事业系统。档案事业管理即是从宏观上、整体上管理国家档案事务，不断调解档案事业的内部关系和外部关系，促进档案事业发展，为国民经济和社会发展服务的一项工作。

电子文件虽然有自己的特殊性，但从本质上它是一种新型档案，其管理职责也是由档案部门来承担的。因此，档案行政与业务管理部门要将电子文件纳入工作计划，在档案事业管理的各个方面，全面体现出电子文件管理的要求，在承认电子文件管理特殊性的前提下，使电子文件管理与传统档案管理协调发展。

（二）要有超前性和预见性

电子文件是技术时代的产物。科学技术日新月异，信息技术在档案工作中不断地更新和发展，往往造成原有的问题还没有得到妥善解决，新的问题又会出现。即使在今天，我们所探讨形成的电子文件的一些管理理念和管理方法也会在新的技术条件和环境下加以适当调整和补充。这就要求电子文件的宏观管理必须要考虑时代和环境发生的深刻变化，要有前瞻性和预见性，能在一定程度上预测社会和技术的发展方向，并采取积极的措施。我们要在管理规划上有一定的超前性，这样才能使制定的规划、规范和标准等能够在一段相对稳定的时期内实施，而不至于在新技术发展所带来的影响面前措手不及，疲于应付，步步落后。

在纸质档案的长期管理实践中，人们逐步摸索并形成了一整套科学管理档案的经验和理论，并创立了较为完整的纸质档案管理的制度和方法，同时也走过一些弯路，付出过一定的代价。在电子文件的管理方面，我们要注重吸收国内外电子文件工作实践经验，做一些超前性的规划和研究，尽量少走弯路，少付代价。

（三）兼及电子文件和电子档案两个阶段，贯彻文档一体化原则

电子文件是电子档案的前身。文件处理部门对电子文件保管的责任意识和归档前处理，直接关系到档案部门管理归档电子文件的效能和水平。

根据“前端控制”的思想，档案馆及档案人员应在电子文件形成阶段发挥指导监督作用，而这种指导监督的依据是档案部门制定的各项制度、标准和规范。档案部门在各项标准和规范的制定上，应充分考虑电子文件形成者对电子文件保管的影响，并作出相应的规定，使他们自觉按档案主管部门制定的有关标准和规范形成电子文件，并采取各种有效措施，保证其制作、处理的电子文件真实可靠，各种数据和背景信息完整准确，并能及时归档。在纸质文件时期，我们要求文书处理人员不能使用圆珠笔和铅笔拟写文件，要求文书人员和领导不能直接在文件上拟写拟办意见和批办意见等等，诸多机关文件处理办法都体现了档案部门的管理要求。在电子文件时代，内容要求可能不同，但实质是一致的。总之，电子文件宏观管理应从电子文件生命周期的全过程考虑，对电子文件形成和处理阶段的工作进行相应的管理，以总体上体现文档一体化的原则。

二、电子文件宏观管理的基本内容

《档案法》第二章第六条以法律形式将档案行政管理部门的职责固定下来："国家档案行政管理部门主管全面档案事业，对全国的档案事业，实行统筹规划、组织协调、统一制度、监督和指导。"作为档案事业管理一个组成部分的电子文件宏观管理，也应遵循这一规定。

邓绍兴、和宝荣教授曾从"机读档案"的角度提出国家对机读档案实行宏观管理是非常必要的，各级档案行政管理部门应代表国家和各级政府执行这种管理职能，并将机读档案宏观管理概括为五个方面，即：

1. 调查研究机读文件形成状况及其法律效力问题，制定机读文件归档及机读档案管理条例或通则。

2. 会同各有关部门制定机读文件、机读档案的规格及存储档案用的磁介质的质量要求等标准。

3. 制定机读档案宏观管理的规划和计划，并组织实施。

4. 对各机关、企业、事业单位的机读档案工作进行监督、指导。

5. 对于档案馆和有关单位间在接收机读档案工作中的关系进行协调和仲裁。①

本书第二章中也提出在宏观层面上须加强对电子文件的顶层设计、风险管理和制度管理，因此，根据《档案法》对档案行政管理部门的职能规定，结合上述观点，我们认为档案行政和业务主管部门在电子文件宏观管理中应做好以下几方面工作：

1. 制定电子文件管理规划。即制定我国电子文件管理总体建设、发展的规划、目标，这个规划、目标要与国家各项事业建设发展的步伐相协调、相一致。

2. 制定电子文件管理的法规、制度和标准。即建立与健全一套完整的电子文件管理工作法规、制度和业务标准，以规范全国的电子文件管理，使电子文件管理有规可循，口径一致。

3. 协调和处理电子文件工作的内外关系，为电子文件管理创建良好的内外环境，形成人们共同关心、重视，并积极参与、配合管理电子文件的良好局面。

4. 贯彻履行行政管理权和行政执法监督权，做好电子文件管理的业务指导和监督工作，并开展调查研究，总结经验。

---

① 邓绍兴、和宝荣主编：《档案管理学》(高等学校文科教材)，中国人民大学出版社，1989 年版，第 491 页。

5. 抓好档案教育，培养和培训档案专业人才，建立一支高素质的、适应信息时代电子文件管理需要的人才队伍。

第二节 电子文件管理规划

电子文件管理规划直接关系到国家或组织对电子文件管理的总体思路、发展进程和发展水平。我国已将研究制定电子文件管理规划，作为我国档案信息化发展的重点。

一、电子文件管理规划的概念

（一）电子文件管理规划的含义

在美国1993年再版的《联邦文件管理术语手册》中，电子文件管理规划的定义是：不论文件载体形式，围绕文件的产生、维护、利用和文件处置而展开的、管理机构记录信息所需的、经计划、协调过的一整套政策、操作程序及活动。其基本要素包括：

1. 提出最新规划指南；

2. 设计、实施和分析文件工作计划；

3. 对规划实施及宣传等工作负有责任的人员进行专门的培训，使其明确职责分工；

4. 评估规划结果，确保规划的实用、高效、高质。

在澳大利亚《记录未来——电子文件管理的方针》一书中，电子文件管理规划被定义为：以组织网络为基础建立的用于管理文件和文件管理系统的规划。文件管理规划应支持机构的任务及目标，并同其他战略一样，应有自身的目标和行动指南。它应包括在总体规划中，并应有其自身的实施计划，应易于操作，易于检查修正。

实际上，电子文件管理规划是指以可靠的文件档案管理理论及其实践经验为基础，运用专业管理、行政管理和财务管理等相关管理方法与手段，制定电子文件管理目标、任务和实施方案，保证电子文件管理质量，提高电子文件管理效率，为电子文件形成者、利用者和社会提供服务。电子文件规划涉及国家层面、机构层面等不同层次的规划。

（二）电子文件管理规划的任务

电子文件管理规划的任务比较明确，即阐明工作的内容，我们要做什么，为什么要去做，如何去做。具体而言，电子文件管理规划包括的技术工作有：文件工作的标准、工作的形式、工作的目的、工作的方法，对承担技术工作的机构的管理，工作人员的配备及其待遇等。电子文件管理规划还包括如何高效地完成各项技术工作，其中涉及技术工作的目标、责任、工作原则、工作程序及决策、可能遇到的问题及对策；技术工作的具体操作，如利用、鉴定、整理、著录等的有序组织；对人财物资源的系统管理；对工作人员进行协调及专业培训。

电子文件管理规划应同机构的其他规划一样被纳入总体规划。它以提高文件管理质量和提供最佳工作方法为基础，提供极为重要的、有组织的、社会化的成果。具体表现可表述如下：

1. 提高机构行政管理的决策质量；
2. 通过组织，使各项业务活动得以顺利有效地开展；
3. 增强人们的文件工作责任意识，以期产生更大的机构效益；
4. 通过管理规划的组织，使文件管理的责任和要求与文件形成机构的法律权益和文件的社会效益达到协调一致；
5. 保障机构文件的完整性和有效性；
6. 减少机构活动证据流失的危险，改善其保存和管理的条件；
7. 文件管理机制应有助于使文件混乱或管理失误危险降到最低限度。

（三）电子文件管理规划的设计要求

电子文件管理规划是由诸多要素组合而成的，具体情况因机构或活动对象的不同而异。但一般的电子文件管理规划也有其共同之处。其共性的设计要求可表述如下：

1. 文件管理服务直接面向利用者这一思想应贯穿于文件规划的始终；
2. 文件管理者或档案管理者在委托或授权的基础上，帮助业务部门管理其文件，提供文件管理服务；
3. 管理规划应为文件管理制定组织方针和标准；
4. 管理规划应能监督并促使文件管理服务和文件管理活动的开展与业务标准相一致；
5. 管理规划应能检查和监督档案业务工作计划；
6. 管理规划将对各级各类工作人员进行文件管理办法和责任的培训。

电子文件管理规划方案的实质是以法制化、程序化、制度化、规范化、标准化的科学管理手段，强化人们的档案意识和文件工作责任感，把电子文件的形成、积累、保管、利用工作纳入到强制性的有序化预计轨道运行，由此保证电子文件质量和档案工作的质量，减少大量不必要的重复劳动，提高各部门的工作效率。①

二、国外电子文件管理规划

(一) 戴维·比尔曼的电子文件管理规划思想

早在20世纪90年代末，美国电子文件研究专家戴维·比尔曼在其所著的《电子证据——当代机构文件管理战略》一书中，就详细地论述了其电子文件管理规划的思想，并分别从电子文件管理的管理目标、战略重点、实施策略、管理对象、工作方法等方面进行了分析：

1. 管理目标——为机构的职能活动提供凭证

管理文件和档案是机构的日常工作，也是机构开展职能活动的基础。文件和档案工作者的职责就是保存记录机构职能活动、对机构乃至社会具有查考价值的重要文件。文件是“记录下来的业务活动”(也可以叫“业务活动的记录”)，是电子文件管理政策的基础。

2. 战略重点——应用系统

业务的开展和信息的交流当然是由具体的个人来完成的，但值得注意的是，个人是特定系统的成员，系统活动的成果则是规范，并可充当凭证的文件。支持机构工作和信息交流的系统有基础系统(Infrastructure Systems)和应用系统(Application Systems)之分，电子信息系统也有类似的分类。应用系统一向是传统的文件和档案管理的重心，在电子信息系统中仍然如此。

3. 实施策略——系统管理

对应用系统的管理是有效控制文件与档案的基本策略。当论及电子文件的法律地位时，我们强调只有通过良好的系统管理和规范的内部工作程序，才能够确保电子文件的法律效力，这是缩微胶片的管理中不曾涉及的问题；又如，论及电子文件的保管和存储时，没有强调载体的实体保管，而是强调了系统寿命和系统功能特点的保存，这是因为没有计算机软、硬件系统的支持，根本无法阅读一张保存好的磁盘；论及多种信息载体共存的信息系统的管理时，我们强调，纸质文件和电子文件共存不是一个反常现象，而是电子信息系统的技术多元化和可存储载体多样性的必然结果。实际上电子文件的管理也就是应用系统的管理。

① 参阅安颜：《国外电子文件管理规划简介》，《档案与建设》，1997年第11期，第48—49页。

4. 管理对象——文件内容和背景信息

要想使电子文件具有凭证意义就需要记录各种相关信息，这些信息可能存在于文件或数据库中，也可能存在于文件和数据库的利用方式中。

如果文件是特定时间的特定信息（特定业务活动的记录）的话，那么数据库系统中只有文件形成者在“当时当事”看到的数据内容方可称为“文件”。因此，只有不惜以数据冗余为代价，将文件形成者看到的信息内容拷贝下来，才能保证我们获得“业务活动的记录”。

获取机构活动的凭证是整个文件和档案管理的最终目的。因此，记录机构利用信息的方式与记录机构信息交流的内容同等重要。

5. 工作方法——文件著录

文件和档案工作者从事信息管理活动，获取、生成文件和文件的背景信息，并在这些信息的基础上决定档案的存毁。这种著录文件的方法是文件和档案管理的重要前提，是完善和发展电子文件管理的首要条件。

建议将数据管理和元数据系统——又称为信息资源目标系统或数据字典、数据目录系统等管理方法作为文件管理的首选方法。

6. 智力投资——人员培训

各个部门的工作人员对待文件工作的态度决定了电子文件管理的成败。

7. 倡导电子文件文化

文件和档案工作者可以推动形成机构内部的电子文件文化，可以建立这种文化中的规则和“礼仪”，推广成熟的信息技术。例如，文件和档案工作者可以告诉利用者，在电子文件丢失和无法利用时，可能会遇到什么问题以及如何处理，这不仅是在帮助别人，同时也是在帮助自己。①

（二）澳大利亚电子文件管理策略

就国家层面而言，澳大利亚较早就开始对其政府电子文件管理制定规划。早在 1995 年 3 月，澳大利亚国家档案馆出版了一个小册子《管理电子文件——共同责任》，该小册子颁布了澳大利亚电子文件管理策略。澳大利亚电子文件管理策略的出台，是为联邦公共部门办公自动化的计算机系统管理者与用户提供电子文件文档一体化指导。它覆盖了各类计算机系统形成的文件，无论是在个人计算机环境中形成的文件、分布式网络中形成的文件、主机数据处理环境中形成的文件、空

① ［美］戴维·比尔曼著，王健等译：《电子证据——当代机构文件管理战略》，中国人民大学出版社，2000 年版，第 73—84 页。

间数据系统中形成的文件，还是其他多媒体系统中形成的文件，均可利用该策略提供的指导进行文档一体化管理。因此，《管理电子文件——共同责任》是澳大利亚政府电子文件管理策略制定中的一个里程碑，是对电子文件管理的一个宏观规划。

1. 电子文件管理策略出台的背景

澳大利亚联邦政府在20世纪末已全面实现了办公自动化，各个部门都在实施以电子方式管理电子文件，并以电子方式向用户提供信息。传统的办公方式与信息传播管理方法正在让位于电子文件管理方法，因而，技术变革对档案馆工作人员自身的业务素质提出了挑战。在这个不断发展的信息技术环境中，为了对具有持久价值的电子文件提供存储与保存，澳大利亚档案馆不得不面对层出不穷的新问题。在这种背景下，澳大利亚档案馆提出了电子文件管理的策略，以统一电子文件的形成与管理。

2. 电子文件管理策略的主要内容

澳大利亚档案馆认为，作为一个档案工作者不仅要关心信息技术，更应关心信息技术在档案工作中的应用，以及信息技术在各个部门的文件保存中所起到的作用。作为一个档案工作者，必须站在信息技术之上注视用于证明职能活动的信息系统，以关注新的技术环境中具有凭证价值的文件的形成与保存。

电子文件管理策略由正文与附录两大部分组成，它涉及到以下问题：

(1) 与电子文件管理有关的问题；

(2) 电子环境中文件保存与责任；

(3) 电子文件管理与保存的档案政策。

澳大利亚档案馆通过电子文件管理策略，在以下几个方面为用户与管理者提供指南：

(1) 指导各部门识别自己保存的电子文件，是否具有长期或永久价值；

(2) 确定电子文件的保存期限与可存取的期限，以满足档案管理需要；

(3) 对于具有长期保存有存取价值的文件，如何识别必须被捕获的信息与元数据，以便以电子方式对永久或长期价值的文件加以维护。

在正文部分论述了以下问题：

(1) 与电子文件管理有关的背景问题；

(2) 为解决以上问题而提出电子文件管理策略的基本原理与总的要求；

(3) 电子文件的形成，电子文件管理中的重要问题；

(4) 归档的主要策略：文件价值的决定，什么是与文件有关的必要的元数据与背景信息，存取电子文件的规定；

（5）在特别情况下的迁移政策。

附录部分有以下内容：

（1）特别迁移的要求；

（2）与档案立法权有关的背景；

（3）档案/文件管理与信息技术领域间的术语使用。

值得指出的是，该策略提出，除个别情况下，由联邦机构产生的电子文件不应集中在国家档案馆内集中保存，而应保存在产生这些文件的联邦机构内，即联邦机构产生的电子文件采用“分布式保管”(Distributed Custody)。认为将电子文件保存在产生它的硬件与软件环境中，可确保电子文件的形成、捕获与长期维护。澳大利亚档案工作者对这种管理方式进行了多方面论证，认为这将比传统的集中管理方式更合理、更经济，并克服了技术淘汰等相关问题。

该策略在许多方面是与档案部门曾经采取的传统管理手段截然不同的，它已经认识到：在电子时代，电子文件的载体保管不再是保护电子文件的重点问题，电子文件管理的关键在于：识别、控制与可存取，以及对电子文件价值的维护。[①] 虽然澳大利亚档案馆后来放弃了“分布式保管”模式，但其探索价值和启发意义值得肯定。

（三）各国电子文件管理战略的特点

由于电子文件管理在建设服务政府、责任政府和效能政府，在推行电子政务的过程中扮演着越来越重要的角色，越来越多的国家如美国、英国、加拿大、新加坡等都非常重视对电子文件管理的规划工作，形成了各具特色的电子文件管理国家战略模式，如英国以搭建政策框架为先导，明确电子文件管理规范体系，并对各机构电子文件管理进行评估；美国以技术研发为驱动，致力于研究电子文件长期保存的软件系统，通过建立满足文件功能需求的文件管理系统来实现电子文件的集中保管；澳大利亚则以档案馆的联合行动为主要线索，国家档案馆等 10 多个档案馆联合发起“数字化保管动议”，建立与推广电子文件形成与管理的统一标准体系等。但是，经过深入分析可以看出，这些国家在电子文件管理战略上具有明显的共性特征，主要包括以下几方面：

1. 将电子文件管理作为信息时代政府治理与政府责任的重要内容，并纳入国家电子政务建设之中。比如英国将电子文件管理纳入负责国家信息化工作的“电子特使”(e-Envoy)的职责范围，制定并发布了《电子政务环境下电子文件管理的政

---

① 参阅刘家真：《澳大利亚电子文件管理策略》，《档案管理》，1998 年第 5 期，第 46 页。

策框架》;新加坡政府要求把电子文件管理作为电子政务建设的有机组成部分;美国将电子文件管理列入首批24个电子政务行动计划;澳大利亚则将电子文件管理作为政府绩效检查与审计的内容与依据。

2. 以保证电子文件的真实性、长久保存和公众利用为宗旨。在电子文件管理比较先进的国家中,没有一个国家将双轨制、双套制作为电子政府文件管理的主要方式,都在积极探索数字文件永久保存方式。比如荷兰2000年启动了“数字保存试验”项目,针对政府常用的电子文件类型,进行了迁移、采用XML格式和仿真三种数字保护方法的试验,评价各种方法的效果、局限性、费用及应用的可能性。美国国家档案与文件署于1998年开始对永久保存电子文件的可能性、保存技术、保存系统的功能需求进行了全面的论证和试验,2005年,美国国会同意投入3.08亿美元建设电子文件档案馆(ERA)系统,建设周期为6年,其目标在于永久保证联邦政府电子文件的真实,在保护隐私和敏感信息的同时保证公众的利用。此外,很多国家致力于建设基于信息共享的公众信息服务,通过确定框架、统一标准、创新机制、创新模式,实现文件信息互联互通。比如美国制定了《政府信息资源定位服务系统》(GILS)框架与标准,该标准同样适用于电子文件;澳大利亚基于国际元数据标准Dublin Core制定了《澳大利亚政府资源定位服务》(AGLS),文件管理元数据标准与之兼容;英国国家电子文件管理政策框架始终强调数字档案的在线服务等。

3. 规范电子文件管理系统的功能需求,将其作为保证电子文件证据作用的关键。电子文件的管理势必采用以软件为中心的系统管理方法,软件功能是否科学、完善,直接关系到电子文件的真实性、完整性与可用性。为此很多国家和地区制定并大力推动执行电子文件管理系统的功能需求标准,如欧盟制定了Moreq《电子文件管理模型需求》,美国出台了DoD 5015.2-STD《电子文件管理软件应用设计评价标准》,英国颁布了《电子文件管理系统功能需求》。这些功能需求标准在本国(或发布区域)得到有效的应用,在国际上也具有广泛的影响。

4. 以国家档案馆为中心,形成电子文件管理和服务网络。作为永久保管政府文件的专门机构,档案馆在电子文件管理链条上具有十分重要的作用。20世纪90年代中期,针对电子文件的最终归宿问题,国际上曾存在着“集中式”和“分散式”两种模式之争。20世纪末以来,各国的认识逐步趋于一致,集中管理具有永久保存价值的电子文件成为越来越多国家的共识和实践,很多国家档案馆在集中管理政府各部门电子文件和协调全国电子文件管理系统的互联互通方面发挥了核心和枢纽的作用。如美国ERA系统就旨在使美国国家档案馆捕获并保存联邦政府各部门产生的各种类型、格式的电子文件,并为政府部门及公众提供便捷、有效的利用服务，这个系统还将对各州政府电子文件的管理产生全面的示范效应。英国以电子文件从形成机构生成到通过网络接收进入档案馆的全程、无缝管理为目标，国家档案馆多年来致力于政府机关电子文件的在线捕获和在线服务，还牵头制定和推行《基于互联网的无缝连接数字档案在线服务计划》，以促进全国范围电子文件信息的共建共享。澳大利亚从最初的电子文件分散管理模式逐步转向集中管理，国家档案馆已经开始接收和管理联邦政府机关的电子文件。

5. 从政策、标准、技术、业务等多层面共同推进本国电子文件管理工作。无论侧重点是政策、技术还是标准，都会兼顾其他层面，并将多层面的需求相互集成。比如英国的政策框架中也明确了电子文件管理软件的要求，美国的 ERA 项目、澳大利亚的电子文件管理系统设计与实施规范中同样强调了相关政策、标准的重要性。

6. 立足于国际标准和基础研究成果。英国、美国、澳大利亚的电子文件管理战略都基于 ISO 15489《信息与文献——文件管理》和 ISO 14721《开放档案信息系统参考模型》，并吸纳了世界范围内广泛影响的研究成果，如 InterPARES、文件连续体理论、文件生命周期管理理论等。这样，可以使本国的电子文件管理战略尽可能多地借鉴国际经验，并拥有坚实的实践基础和理论基础。①

三、我国电子文件管理规划

我国对电子文件管理规划起步较晚，在 2000 年 12 月 10 日召开的全国档案工作会议上通过的《全国档案事业发展“十五”计划》中，才第一次就电子文件管理提出发展规划：

1. 围绕电子文件归档和管理，积极吸收、采纳、转化有关电子文件归档和管理的各类标准，并制定相应的办法与标准。在有条件的单位实现电子文件即时归档；使用 CAD 的企业，电子文件光盘存储、归档达到齐全、完整、有效。

2. 各级机关档案部门要根据档案管理的要求，加强对本单位电子文件积累、著录、归档等工作的监督、指导，保证各级机关产生的有保存价值的电子文件齐全、完整、有效。选择有条件的机关进行电子文件管理的试点，及时总结、推广经验，引导、规范机关电子文件的归档管理。

3. 探索档案馆电子文件接收、保管、利用的方法，在北京、上海、广州、深圳等地的国家档案馆开展试点工作。

4. 组织力量研究解决电子文件归档管理技术方法、电子文件科学保管技术方

① 冯惠玲等：《电子文件管理国家战略刍议》，《档案学通讯》，2006 年第 3 期，第 4—8 页。

法、电子文件远程利用技术方法、电子文件原始凭证等课题。

5. 加快现有档案的数字化进程，在北京、天津、辽宁、上海、安徽、陕西、青岛等地开展档案工作应用数字化和网络化技术的试点。建设完善一批内部局域网，有条件的档案馆要实现馆藏开放档案目录的网上查询和浏览服务。

上述五点集中反映了国家档案行政管理部门对电子文件管理的宏观指导。虽然它不是一项全面、系统的电子文件管理规则，但它针对我国电子文件归档和管理、利用中最突出的问题提出了未来开展工作的思路，具有实际指导意义，也有力地推动我国电子文件管理工作的发展。

2006 年，我国颁布了《档案事业发展“十一五”规划》，提出了今后五年全国档案事业发展的主要任务。其中之一是：“进一步加强档案信息化建设，促进档案信息资源共享”。《规划》具体提出：快速发展的社会信息化，要求我们必须加快档案信息化建设的步伐，尽快建立起以国家档案信息资源网为主体的档案公共服务体系。为实现这一目标，“十一五”期间要加大档案信息资源管理力度，规范电子文件归档、电子档案接收与管理工作，有序推进传统载体档案的数字化进程，科学整合各类档案信息资源，促进档案信息资源总量增加、质量提高、结构优化；加强多形式、多层次共享平台建设，推进服务机制创新，全面提升档案信息资源开发利用水平和公共服务能力，促进档案信息资源的共享和再利用；加快优化档案信息资源开发利用工作的保障环境，建立档案信息化的长效发展机制。

经过广泛调研和深入论证，《档案事业发展“十一五”规划》列入了“中西部贫困地区县级国家综合档案馆建设投资补助资金项目”、“全国重点档案抢救与保护专项资金项目”、“国家数字档案建设与服务工程”三个重大项目。其中“国家数字档案建设与服务工程”项目建设的总体目标是：以 3 127 个国家综合档案馆为建设对象，以分布式档案数据库建设为核心，重点建设涵盖全部馆藏档案的全国性、超大型、分布式、规范化、可共享的档案目录数据库、纸质档案全文数据库和多媒体档案数据库；建立适应国家经济建设和社会发展需要的档案信息资源共享体系；建立适应各级党委政府电子政务建设需要的电子文件归档管理和电子档案接收管理系统。项目的实施，将极大地改变档案基础工作的面貌，全面提高档案信息化水平，使档案事业发展充分适应国家经济建设和社会发展的需要，适应信息资源开发利用、政府信息公开和电子政务建设等各项工作的需要。①

---

① 毛福民：《抓住机遇　开拓创新　把中国特色社会主义档案事业继续推向前进——在全国档案局长馆长会议上的报告》，《中国档案》，2006 年第 1 期，第 6—15 页。

随着电子文件管理工作的全面推开，缺少国家层面的整体设计、统一规划、战略部署与方法指导，很难保证当代社会电子文件的科学管理、完整保存和有效利用，因此，加强顶层设计，制定和实施我国电子文件管理的国家战略非常必要。近年来，中国人民大学冯惠玲教授等对电子文件管理的国家战略进行了研究，指出我国电子文件国家战略需要搭建宏观、中观、微观三层战略框架体系，研究电子文件管理政策、制度、业务的集成策略，实施法规、管理、技术三位一体的保障体系；并本着总体规划、顶层设计、基础先行、稳步推进的方针，提出了制定和实施电子文件管理国家战略的六点建议：(1) 高度重视电子文件的管理，确立电子证据意识，逐步构建和完善我国电子文件管理的政策框架和法律框架；(2) 制定并发布电子文件管理系统功能需求规范；(3) 启动"国家数字档案馆计划"，建设国家电子文件管理体系；(4) 建立馆际互联共享体系；(5) 将电子文件管理评估纳入政府信息化评估体系；(6) 科学组织、有效推进电子文件管理的基础研究。这对于进一步推动我国电子文件管理的国家战略具有重要意义。

2009 年底，中共中央办公厅、国务院办公厅联合印发了《电子文件管理暂行办法》，规定各级国家综合档案馆负责接收和保管本馆接收范围内各单位形成的具有永久保存价值的电子文件，并依法提供利用。作为中央规范性文件，该办法兼具政策与法规的双重属性，首次在中央文件中确立了电子文件统一管理、全程管理、规范标准、便于利用等原则，并对电子文件管理的全过程予以规范，同时还建立了国家电子文件管理部际联席会议制度，负责组织协调全国电子文件管理工作。《电子文件管理暂行办法》的颁布实施是中国电子文件管理国家战略迈入起步阶段的标志性事件。

2011 年我国制定的《档案事业发展"十二五"规划》中对国家电子文件管理又进一步提出了相应的规划。其中提出的我国档案事业发展"十二五"的主要目标之一是：加快数字档案馆及电子文件(档案)备份中心建设，完成国家数字档案馆建设总体规划的编制工作，对电子档案进行安全有效的管理。在"档案信息化工作"这一主要任务中明确提出：贯彻落实国家有关电子文件管理、数字档案馆建设的文件精神，加强以计算机网络设备和数据库为主要内容的档案信息化基础建设；根据电子文件管理和数字档案馆建设的功能要求，配备和开发档案数据库管理系统、电子文件归档管理系统、电子档案移交管理系统、数字档案信息发布利用系统等；加快推进传统载体档案数字化、电子文件接收、重要数字信息采集等数字档案资源建设；制定文书类档案长期保存格式标准，研发文书类档案长期保存格式产品和转化工具并组织试点和示范；实施公共档案信息资源共享服务工程项目，打造"一站式"档案信息资源共享和服务平台,为社会提供全方位的档案信息服务;搞好电子文件(档案)备份中心建设,落实电子文件的异质、异地备份制度。各级国家档案馆加快数字档案馆建设步伐,有条件的要完成数字档案馆建设,并提供网络信息服务。

同时,电子文件管理部际联席会议牵头起草的《国家电子文件管理工作规划(2011—2015)》中也明确提出 2011 年到 2015 年中国电子文件管理工作要完成初步规划,实现六个任务:建立健全电子文件管理体制机制;加强电子文件管理法规制度建设;加快制定完善电子文件管理标准规范;规范电子文件管理技术支持系统;开展电子文件管理的认证认可工作;组织电子文件管理理论研究与技术攻关。

这些电子文件管理规划的制定为我国电子文件管理发展指明了方向,对我国电子文件管理的发展具有重大的指导意义。

第三节 电子文件管理法制化建设

一、加强电子文件管理法制建设的必要性

我国自 1988 年实施《档案法》以来,档案法制体系逐步建立和完善,从档案法律、档案法规、档案行政规章到机关档案工作各项制度,我国档案法规体系已初具规模,对建立国家规模的档案事业,强化档案的保护和利用等都具有重要意义。但这些法规制度大多数是针对传统的以纸张为载体的档案而制定的,随着档案工作向纵深方向发展,在新技术条件下,电子文件的数量日益增加,纸质档案管理的法规、制度和管理措施等不能完全适用电子文件及其管理。因此,针对电子文件管理的法制建设就显得尤为重要。其必要性表现在:

(一) 是档案工作法制建设的需要

电子文件成为国家档案财富的组成部分已不容置疑,因为它同样是人们在各种各样的社会实践活动中的记录物和伴生物,已广泛形成于公私机构、组织和个人的各种社会活动中,作为真实的历史记录,具有档案的共性,它是国家全部档案的组成部分。我国《档案法》明确规定:"本法所称的档案,是指过去和现在的国家机构、社会组织以及个人从事政治、军事、经济、科学、技术、文化、宗教等活动直接形成的对国家和社会有保存价值的各种文字、图表、声像等不同形式的历史记录"。

随着新技术的不断发展，电子文件数量的比例逐渐增大，电子文件管理的法规、制度是我国档案工作法制体系必不可少的组成部分。目前，我国国家档案管理法规体系已初具规模，正在逐步完善之中，电子文件法制建设的时机已经成熟，档案部门应抓住时机，抓紧电子文件法规、制度建设，这既是充实我国现有档案法律法制体系，也是整个档案工作法制建设的需要。

（二）是新技术条件下电子文件管理工作理论与实践发展的需要

电子计算机技术、网络技术的广泛运用，使得档案部门已不可能拒绝电子文件，面对电子文件的发展现状，电子文件管理工作迫切需要理论上的指导，促进其实践发展，避免无章可循的现象。针对电子文件的管理，电子文件形成部门与档案部门应共同制定管理办法，是集中保存，还是分布式保管？档案人员如何进行“前端介入”？如何完善归档组织工作？等等，这些都与传统的纸质档案管理有所区别。同时，电子文件对技术环境的依赖性很大，电子文件的管理是一项极其复杂的技术性工作，迫切需要通过电子文件管理的各项法规、制度的建立和实施，以防止有长远保存价值的电子文件在形成、使用、归档过程中遭受损失。在技术环境中进行的电子文件管理工作，不论从理论还是实践上都需要相应的电子文件管理法规与制度的支持。

（三）是档案工作现代化管理、档案事业进一步发展的需要

电子计算机技术在我国迅猛发展，政府机关和社会各行各业都在积极创造条件，采用电子计算机提高工作效率，加速现代化进程，档案工作也不例外。要促进档案事业的发展，必然进行现代化管理，档案部门必须加强对电子文件的管理。不光是基层档案室，档案馆最终也将成为电子文件永久保存的基地，这是档案事业发展的趋势。国外档案部门已做了这方面的尝试，如加拿大、美国、法国、澳大利亚等，均以国家法规的形式确定了电子文件的法定地位，并采用措施对电子文件进行保管。随着我国信息化建设进程的加快，电子文件的法律地位迟早会确定。

二、国外电子文件管理法制建设的发展

为了确保电子文件的完整、准确、安全和电子文件管理的高效与科学，近年来国际档案组织和许多国家的政府、档案部门非常重视电子文件管理的法制建设。目前，各国从电子文件的视角出发，或制定出专门的管理规范、指南，或将其融入国家的各项法律制度政策中，取得了令人瞩目的成就。

（一）电子文件管理的法律规范

由于电子文件及其档案管理尚处于不成熟期，目前世界各国还没有完全针对

电子文件的独立的部门法，但面对电子文件这一不容回避的问题，许多国家都在积极寻求解决办法，在有关的部门立法中增加涉及电子文件法律证据价值、安全、隐私权、获取权、知识产权等方面问题的规定，并作出相应的法律解释。

1. 关于电子文件的法律证据性

英国的《民事证据法》(1968 年)规定了计算机输出的文件视作“第一手”传闻证据可以采纳的条件(参见第一章第三节)。1984 年英国颁布的《警察刑事证据法》第 19 条第 4 款规定:“警察可根据计算机中的信息作为证据。”

在美国，1990 年美国司法部发布了关于现有的证据法如何适用于电子文件的白皮书，该书讨论了电子文件和最佳证据法则、传闻证据法则之间的关系，认为虽然“证据法对电子化归档和纸质归档的规定并无区别”，但在具体的司法规程中应该考虑到电子文件极易被复制和修改的特点。1992 年由影像和信息管理协会(Association for Image and Information Management)发布的关于电子文件法律可采性的规定对此作了一些论述，对作为法律证据的电子文件提出了三个要求：要有输入和输出文件的书面步骤；要有系统用户的培训规划；要有审查系统。2000 年美国通过了《联邦电子签名法》(Electronic Signatures in Global and National Commerce Act)，明确了电子签名、电子合同、电子记录的法律效力，使得电子签名获得与手写签名平等的法律地位，扫除使用电子技术制定、签署合同，收集和储存文件及发送通知的法律障碍。

目前，各国都在努力排除现行立法对于电子文件作证资格所构成的障碍，随着立法的完善，将会普遍认定电子文件的法律证据力。

2. 关于电子文件的安全问题

从 20 世纪 60 年代开始，计算机安全与犯罪问题逐渐引起了人们的重视，各国政府在积极采用技术防范措施的同时，还相继对此建立法律规范。电子文件的安全很大程度上是以计算机系统的安全为基础的。

美国从 1965 年就开始关注这一问题，曾由总统行政办公厅发布内部通知，要求各政府部门采取措施保护计算机安全。1970 年颁布了《金融秘密权利法》对一般个人或法人利用银行、保险以及其他金融业的计算机所存储的电子文件信息规定了必要的限制，禁止在一定时间内把有关用户的“消极信息”向第三者转让。各州针对计算机安全与犯罪都规定了相应的法律规范；至 1984 年 10 月，美国正式通过了《伪造存取手段以及计算机诈骗与滥用法》，成为专门针对计算机问题的联邦立法。1996 年 2 月 8 日，美国总统克林顿签署通过了《电信法》，再次对计算机安全问题予以法律规范。

英国有关计算机安全的立法，有 1981 年的《伪造文书及货币法》、1984 年的《资料保护法》及 1984 年的《英国警察及刑事证据法》。前两者为实体法，后者则是规定有关计算机犯罪中所存储电子文件之扣押及其证据能力的程序法。

瑞典在计算机安全立法和数据监察方面起步较早。早在 1973 年就颁布了《数据法》，对电子数据的收集、处理、复制、存储、传输、使用、修改、销毁等都作出法律规定，这是世界上第一部保护计算机电子数据的法律，它的原则受到世界各国，尤其是欧洲国家的重视。

从国际上看，1983 年国际信息处理协会(IFEP)专门设立了计算机安全技术委员会，负责制定计算机安全与犯罪的立法方法。其他一些协会，如电子电气工程师协会、会计审计师协会等也都有专门机构，从不同侧面研讨计算机安全与犯罪问题，并定期召开学术会议。

3. 关于电子文件的隐私权问题

隐私权法是规定政府机关对个人信息的收集、利用和传播必须遵守的规则的法律，旨在制止政府机关滥用个人信息，侵犯个人的隐私权。随着计算机应用的普及，政府机关的计算机中存储了大量个人信息，每一个人不同方面的数据分别存储在不同机关的数据库中。如果把各个机关的信息相互匹配，就相当于在全国范围内建立了许多个人信息资料库。网络化程度的提高，使政府机关可以方便地获取存储于不同信息资料库中的个人信息，并进行相互比较和匹配，从而得到个人的全部数据，这样便侵犯了个人的隐私权。美国在 1988 年制定了《计算机匹配和隐私权保护法》，规定了政府机关对个人信息进行计算机匹配所必须遵守的制度，以保护个人的隐私权，同时也兼顾政府机关对个人信息进行计算机匹配的需要。该法并入了 1974 年的隐私权法，成为隐私权法的组成部分。

此外，美国还制定了多项法规以保护电子隐私权，如 1968 年美国国会通过一项保护电子通信隐私权的扩展法案，最初主要是针对电话窃听，1986 年扩展到保护电子通信隐私权。1998 年，美国国会正式通过《电子通信隐私法案》，对电子通信中的隐私权加以全面限定。一些欧洲国家，如奥地利、丹麦、德国、挪威、法国、瑞典等国已经建立了综合性的保密法律，以保护在自动化系统中存储的个人数据。

4. 获取权

电子文件获取权是指公民依法享有的获取政府电子文件的权利。随着民主化进程的发展，作为公民重要私权利之一的电子文件获取权也得到了越来越多国家的关注。美国于 1996 年颁布并实施《电子信息自由法令》以保障公民电子文件获取权。该法第一次对“文件(Records)”的概念进行了界定，规定“文件”涵盖政府机构以任何格式，包括电子格式保存的文件，并规定电子文件的获取适用于《信息自由法》，要求政府机构应当提供大量的在线信息，从而保障公众获取电子信息的权利。此外，美国1993年颁布实施的《GPO电子信息获取促进法令》(GPO Electronic Information Access Enhancement Act of 1993)也要求GPO(政府印刷局)应保存电子信息，并提供自由获取，规定文件总监处要建立联邦电子信息的电子目录及促进公众获取电子政府信息及联邦政府电子信息存储的机制。

除美国外，世界其他许多国家，包括加拿大、英国、澳大利亚等都制定了信息获取法或信息自由法以保障公民获取电子文件的权利。

5. 知识产权

现代信息技术的发展和广泛应用拓展了信息资源共享的范围，却带来了有关知识产权方面的问题。为了规范社会信息活动，保证一切信息活动正常开展而不致侵扰国家、团体、个人的利益，发达国家研究和制定了一系列的信息法规，包括专利法、商标法、版权法等。

一般而言，在建立了版权保护制度的国家，被输入计算机并存储起来的信息中的相当一部分来源于已享有版权的作品。此外，一些工业、商业电子文件(如市场行情、金融、顾客等方面的信息)，不同企业掌握和分析后是要对其他企业保密的。输入到计算机中的国家档案及个人档案，一般也要保密。它们都受到知识产权法或商业秘密法的保护。

(二) 电子文件管理的规章制度

电子文件管理的规章制度是指国家或机构为管理电子文件所制定、批准并实施的，人们在从事电子文件工作中必须遵守的政策、指南、规定、程序、准则、方法的总称。

电子文件规章制度和法律规范是两个不同的概念，前者主要是由国家各级行政机关制定和发布的行为准则；后者是国家意志在电子文件领域中的表现，在我国是由全国人民代表大会及其常务委员会或其他立法机构依据国家的立法程序制定的行为规范。两者既有内在联系，也存在一定的区别和差异。

根据电子文件管理制度的作用范围不同，可将其区分为综合性规章制度和专项规章制度。

1. 综合性电子文件管理规章制度

综合性电子文件管理规章制度旨在实现电子文件全程管理，较为全面地涉及各方面管理要求的制度。其范围可以是一个机构、一个地区、一个国家甚至国际性的，其内容既有宏观的原则性要求，也有比较具体的操作性规定。这种制度对于一定范围内电子文件管理的全面、协调发展与规范化具有重要作用。

在1992年召开的国际档案大会上，成立了专门的电子文件委员会(ICA/CER: Committee on Electronic Records)，该委员会在四年的时间里出了三本电子文件管理的规范性出版物，它们分别是《电子文件项目：1994/1995调查报告》、《电子文件：文献评述》和《电子文件管理指南》。其中以《电子文件管理指南》最具影响力，该指南明确提出："支配档案的法律和策略应包括允许档案馆在电子文件领域中起干预作用，档案馆管理电子文件应视为管理不论其物质形态的所有文件一体化的一个组成部分"。严格说来，这三本出版物并不属于制度的范畴，但事实上它们成为许多国家和地区制定电子文件管理制度的重要依据和参考。

20世纪90年代以来，许多国家根据本国的实际情况，制定了各种形式的电子文件管理制度。1996年6月，澳大利亚新南威尔士州颁布了《作为文件的电子信息政策》;1996年12月，澳大利亚政府颁布了《电子消息的管理政策与实施细则》;英国制定了一项供各部委使用的《电子文件管理指南》;美国于1994年3月，由美国国家档案与文件署发布了《电子文件管理规范》。

2. 专项电子文件管理规章制度

专项电子文件管理规章制度是依照有关的法律法规和综合性电子文件管理制度的精神，针对电子文件及其管理的某一方面内容而制定的制度。这类制度主要涉及电子文件的管理程序、方法、技术等，内容一般比较具体、详细，且具有可操作性，如针对电子文件管理的工作环节，相应地制定电子文件归档制度、长期存取制度、鉴定制度、利用制度等。这类制度的制定和配套对于提高电子文件管理规范化程度是十分有效的。

在这些具体制度中，电子文件的长期存取制度可以说是世界各国普遍关注的领域。怎样才能保证电子文件的长期存取，以避免数字时代人类记忆的丢失，是当今国际档案界研究的重点课题。为此，不少国家制定、实施了相关的管理和技术要求。如北欧五国的《电子文件保护与存取》，澳大利亚的《澳大利亚数字载体存取与保护的原则》、《联邦政府网络文件管理准则》，美国的《国家战略：制定与贯彻联邦政府电子文件的产生、传输、存储与长期保存的标准》等等。其中美国的这项标准是美国国家档案与文件署、国家标准局共同进行合作研究的结果，其中许多问题是在同加拿大国家档案馆讨论后制定的，它论及了数据管理政策、数据转换政策、文件传送政策及标准的发展等问题。

2000年4月，新加坡国家档案馆制定了《电子邮件类公文归档程序与规则》，后来又制定了《政府电子文件的保管与处置》办法，对政府电子文件的定义、电子文件的鉴定和保管期限、政府电子文件移交国家档案馆、没有永久保存价值的电子文件的暂存和处置、电子文件的开放和利用等都作出了明确规定。该办法还以《通用电子文件保管期限表》作为附录。①

三、我国电子文件管理法制建设

(一) 我国电子文件管理法制建设的进展

我国于1994年2月18日由国务院发布《计算机信息系统安全保护条例》,它与相关的法律如《著作权法》、《保密法》、《标准化法》、《知识产权保护条例》、《刑法》(以上均为简称,以下同)以及其他部门法形成了一个计算机信息系统安全保护法律体系。

1996年9月,我国成立了电子文件归档与电子档案管理研究领导小组,并组织多方力量共同对电子文件归档及电子档案管理进行研究,编写了《电子文件归档与电子档案管理概论》,制定和实施了《CAD光盘存储、归档与档案管理要求》、《电子文件归档与管理规范》,对电子文件管理提出了一些规范性要求。国家档案局以及部分地区、单位根据国家标准制定并发布了一些电子文件管理办法,如国家档案局2003年公布实施了《电子公文归档管理暂行办法》、2005年发布实施了《公务电子邮件归档与管理规则》;1998年吉林省白城市档案馆制定了《白城市直机关电子文件管理暂行办法》;1999年1月上海市档案局发布了《上海市电子文件归档管理暂行办法》(沪档发[1999]1号),2005年12月又制定了《上海市电子公文归档管理实施办法(暂行)》(沪档发[2005]220号);2000年5月云南省档案局与云南省政府信息化工作领导小组办公室联合发布了《云南省电子文件归档管理暂行规定》;北京市档案局2004年10月公布了《北京市电子文件归档与管理暂行规定》(京档发〔2004〕14号),2007年1月制定了《北京市国家机关电子文件归档工作规定(试行)》等。

2008年,国务院领导对《关于加强我国电子文件科学管理的报告》做出批示,随后中办成立了《电子文件管理办法》领导小组和起草小组,起草小组由国家档案局牵头,工信部、档案局、中办秘书局、中办机要局、国家保密局、中国人民大学参与具体起草工作。2009年12月8日《电子文件管理暂行办法》正式颁布实施,该暂行办法的主要目的是规范电子文件管理,确保电子文件的真实、完整、可用和安全,保存国家历史记录,促进信息资源开发利用,推动国家信息化建设健康发展。

---

① 参阅冯惠玲主编:《电子文件管理教程》,中国人民大学出版社,2001年版,第25—32页。

这些政策、制度和办法的制定，为电子文件管理的全程规范化提供了重要的依据和法律保障。

（二）我国电子文件管理法制建设存在的问题

目前，我国电子文件法制建设存在的主要问题有：

1. 电子文件的法律地位未能得到确立

电子文件的法律地位是指电子文件是否可以作为证据使用，及在何种情况下可以作为证据使用等问题，它涉及到电子文件作为证据的合法性、可采性等方面的问题。由于电子文件具有可变性、虚拟性等特点，其证据价值和法律效力较难认定。我国于2004年8月28日通过的《电子签名法》主要针对电子商务中的数据电文及电子签名的法律效力问题做出相应的规定，但该法并不涵盖电子政务中形成的电子文件，故对于电子政务中的电子文件的证据效力目前仍缺乏法律认可与保障。

2. 电子文件管理法规制度建设滞后，缺乏统一规划

迄今为止，我国颁布的一系列的档案法规、档案行政规章及档案工作规范化文件主要是针对纸质档案的管理，而电子文件有着与纸质文件截然不同的特征，原有的针对纸质档案管理的法规制度在一定程度上无力指导电子文件的管理，但目前我国全国性的电子文件管理法律规范性文件只有《电子文件管理暂行办法》及《电子公文归档管理暂行办法》，而后者的主要目的是为了加强对电子公文的归档管理，有效维护电子公文的真实性、完整性、安全性和可识别性，但其仅适用于各地区、各部门通过由国务院办公厅统一配置的电子公文传输系统处理后形成的具有规范格式的公文的电子数据，并不适用于行政机构所生成的所有的电子公文。根据《电子公文归档管理暂行办法》的规定，对于电子公文归档范围的确定、保管期限的划分应参照纸质文件的规定，电子公文应在办理完毕后即时向机关档案部门归档，而且该《暂行办法》明确提出对于具有永久和长期保存价值的电子公文，应制成纸质公文与原电子公文的存储载体一同归档，这就是所谓的双套制的保管模式。可以说该《暂行办法》并未充分考虑电子文件的特殊性，有关电子公文归档的规定也不太利于电子文件管理。

因此，从目前来看我国电子文件管理法制建设仍存在滞后现象，而对如何构建电子文件管理法律制度尚未有统一的规划。

（三）我国电子文件管理法制建设的原则及主要内容

1. 我国电子文件管理法制建设的原则

（1）稳定性和衔接性原则

电子文件管理法律制度的建立，是为了给电子文件管理提供科学指导和参考

依据。如果电子文件管理法律制度本身缺乏稳定性，必然使电子文件管理工作迷失方向，也会使电子文件管理法律制度的威信和效力受到损害，因此，稳定性原则应该是电子文件管理法律制度建设的首要原则。而遵循这一原则，就要求我们在电子文件管理法律制度建设过程中，要以原有法律法规建设成果为基础，充分吸收现行法律法规中的合理成分，综合考虑电子文件管理法律制度的执行和实施习惯，并以可持续发展的思想为指导，注重保持随着信息化发展不断颁布或修订的新的电子文件管理法律制度，与原有的法律法规间的衔接性和连贯性。

（2）立足国情原则

电子文件管理法律制度建设必须与国家的总体发展战略、社会经济状况、文化背景及信息化发展水平等相互协调，既不能使之落后于社会信息化发展的实际需求，成为国家发展与社会进步的羁绊；也不能盲目"超前"，完全照搬抄袭发达国家的电子文件管理法律制度建设模式，导致其与国家总体发展战略相背离，与国家经济基础、社会生产力发展水平相脱离，与公众信息意识和信息价值观念不相符。电子文件管理法律制度建设应当立足国情，反映国家电子文件管理发展的现实需要，突出现阶段电子文件管理发展的重点和薄弱环节，为推动电子文件管理服务。

（3）前瞻性原则

电子文件管理法律制度建设还应该充分考虑信息技术的前沿发展和信息社会日新月异的变化趋向，使电子文件管理法律制度具有前瞻性与容纳性，以便当前已有的电子文件管理法律制度能在既定的信息政策法规体系框架内根据环境的变化和事态的发展得以及时补充和修改，也能对今后的电子文件管理法律制度建设起到导向和预示作用。

（4）国际兼容性原则

随着国家信息化的发展，其国际化、全球化趋势日渐突显，信息网络的国际互联，电子商务的全球开展，数据信息的跨国传送等等，使社会信息活动逐渐超越国界，向全球范围拓展。与国家信息化发展的国际化特征相适应，电子文件管理法律制度也应该具有良好的国际兼容性，与国际信息规则充分接轨。因此，电子文件管理法律制度建设还须以全球一体化观念作为指导，确保电子文件管理法律制度的国际兼容性，引导和促进电子文件管理法律制度建设与国际接轨。

（5）协调性原则

电子文件管理法律制度是整个国家政策法规体系的有机组成部分，与经济、科技、文化等其他领域的国家政策法规间保持着密切联系，因此我们在设计电子文件管理法律体系时，应该充分考虑其各方面的协调性。首先，电子文件管理法律制度应该与经济、科技、文化等其他领域的国家政策法规相互协调、互相促进，共同为国家整体战略目标的实现服务。其次，电子文件管理各法律制度之间要保持协调性，相辅相成、避免冲突，形成内容互相支持、映射和关联的整体。

2. 我国电子文件管理法律制度建设的内容

就目前而言，我国电子文件管理法制建设的内容主要应集中以下两方面：

(1) 电子文件管理核心法律规范的建设

电子文件管理核心法律规范建设包括三个层次：

首先是法律层面，应加快对我国《档案法》的修订，赋予档案行政管理机构对政府电子文件管理进行指导监督的权力，并增加有关电子文件管理的内容。在条件成熟之后，可考虑制定统一的《文件法》对电子文件进行全程管理。

其次是行政法规层面，可制定《电子文件管理办法(条例)》对电子文件具体的管理流程及环节进行规范。

再次是要制定专项的、具体的电子文件管理规范，包括电子文件元数据规范、电子文件归档规范及电子文件鉴定规范等。

(2) 与电子文件管理相配套的法律规范建设

主要包括个人信息保护方面的法律、电子政府法、信息公开法、保守国家秘密法、电子签名法等，以解决电子文件管理中的法律地位、信息公开与保密等方面的问题。

第四节　电子文件管理标准化建设

一、电子文件管理标准化建设的必要性

根据国际标准化组织(International Standard Organization, ISO)，1983 年 7 月发布的 ISO 第二号指南第四版规定，所谓标准是“由有关各方根据科学技术成就与先进经验，共同合作起草，一致或基本上同意的技术规范或其他公开文件，其目的在于促进最佳的公共利益，并由标准化团体批准”。我国在国家颁布的《标准化基本术语》国家标准中将标准规范为：“对重复性事物和概念所做的统一规定。它以科学、技术和实践的综合成果为基础，经有关方面协商一致，由主管机关批准，以特定形式发布作为共同遵守的准则和依据”。根据这些指导性的规定，人们把档案工作标准

定义为:“以档案工作领域中的重复性的事物和概念为对象而制定或修订的各种标准的总称;它是档案工作中有关单位和个人应当遵守的共同准则和依据”①。

就本质而言,档案工作标准是一种“统一规定”,是各有关方面需要“共同遵守”的行为准则和依据。与档案工作法规相比,它们之间既有共同点,也有一定的区别。其相同之处在于:它们都是由国家权威机构发布的,均是档案事业建设中各有关方面需要共同遵守的行为准则;强制性标准与法规一样,也需要借助国家的强制力来保证其实施。有时我们将标准与法规、制度统称为“规范”。但档案工作标准和法规在产生的基础、性质、强制力、内容等方面,是有所不同的:

1. 档案工作标准是以科学、技术以及普遍性的档案工作经验的综合成果为基础,在有关各方面协商一致的前提下制定并实施;档案法规却往往是统治阶级利益的反映,并以确认、保护和发展对统治阶级有利的社会关系和秩序等为目的。

2. 档案工作标准依据《标准化法》的规定精神,大多数是推荐性标准,这类标准是国家鼓励自愿采用的具有指导作用的行为准则;而档案法规在法定范围内是强制执行的行为规范。

3. 档案工作标准的主要对象与内容侧重于业务性、技术性领域,是注重操作性、技术性行为的统一规范;档案法规的对象与内容则侧重较宏观的方面,原则性和稳定性较强。②

档案工作标准化有宏观和微观两层含义。就其宏观含义而言,档案工作标准是一项系统工程,它不仅包括档案工作标准的制定、实施等项工作内容,还包括标准制定前的调查研究工作,标准的补充、完善、修订、废除等项管理与维护工作,以及标准化体系的设计、标准执行情况反馈信息的搜集与处理等项具体工作活动。就其微观含义而言,档案工作标准化是通过制定标准和实施标准,对档案和档案管理实行统一、简化、协调和优选等有序化管理控制,以便获得最佳档案管理效益的活动。

档案工作标准和标准化,“是档案管理的重要手段之一,是实现档案管理现代化的重要前提和基础。”③在信息社会中,由于社会文化和经济建设的高速发展,人们对标准和标准化的要求越来越迫切。世界各国政府和有关国际组织对标准和标准化工作,也因为其巨大的经济利益和社会利益的内在驱动,而日益重视。档案事

---

① 冯惠玲、张辑哲主编:《档案学概论》,中国人民大学出版社,2001 年版,第 145 页。

② 参阅冯惠玲、张辑哲主编:《档案学概论》,中国人民大学出版社,2001 年版,第 145—146 页。

③ 国家档案局综合科教司法规标准化处编:《档案工作标准汇编》第 1 册,中国人民大学出版社,1991 年版,前言。

业作为人类各项社会建设活动的有机组成部分，必须选择标准化的发展道路，这也是社会发展对档案工作的基本要求。

随着电子文件的大量涌现，电子文件工作标准化也提上了议事日程，成为中外档案工作者普遍关注的一个问题。戴维·比尔曼在《电子证据——当代机构文件管理战略》一书中指出："要想保管新的技术手段生成的大量信息，尽量采用并参与制定信息系统的标准无疑是必由之路。"①"档案工作者应设法通过各种途径和手段参与推动标准的进程，力促机构保管其活动的证据"②。

法国诺加雷女士在第十三届国际档案大会第四次全体会议所作的主报告《信息技术对档案和档案工作的影响》中，也指出机读档案的问世并不要更改档案学的原则，而是要更加注重标准和规章。"国际档案理事会的工作应优先转向标准化，无论是在机读档案方面，还是在计算机技术应用于档案方面。形成档案的标准、在开放系统和计算机数据交换情况下交换格式的标准、对各类档案业务监督的补充著录标准，所有这些标准都是必不可少的"③。

诺加雷女士强调"注重标准和规章"的思路在第十四届国际档案大会平行会议的报告"标准化——评估和展望"中得到了进一步的论证和重申。南非国家档案馆维思·哈里斯的辅助报告《电子文件法律状况的比较研究》一文中有相似的论述。哈里斯指出："对于许多档案工作者来说，最感兴趣的方面就是形成一种机制，建立一种标准，从而使电子形成的信息能够被法律所接受，这些机制和标准包括电子文件的有效性、电子签名的使用、电子文件的传输和数据的保护等。"④

上述对电子文件标准的强调性论述，充分显示了电子文件管理标准与标准化建设的必要性和紧迫性。

二、国际电子文件管理标准

国际电子文件管理标准主要有以下几方面：

(一) 文件管理国际标准

采纳 ISO 国际标准已成为文件管理标准建设（包括电子文件管理标准建设）的主

---

① ［美］戴维·比尔曼著，王健等译：《电子证据——当代机构文件管理战略》，中国人民大学出版社，2000 年版，第 166 页。

② ［美］戴维·比尔曼著，王健等译：《电子证据——当代机构文件管理战略》，中国人民大学出版社，2000 年版，第 173 页。

③ 国家档案局、中央档案馆编：《第十三届国际档案大会文件报告集》，中国档案出版社，1997 年版，第 227 页。

④ 王宇晖、姚湘征：《两届国际档案大会求同比较》，《档案管理》，2001 年第 1 期，第 41—42 页。

流方向。目前以下ISO文件管理国际标准经常为各国文件管理,包括电子文件管理所采用,分别为:《信息与文献——文件管理　第1部分:通则》(ISO 15489.1—2001)、《信息与文献——文件管理　第2部分:指南》(ISO 15489.2—2001)、《信息与文献—文件管理过程—文件元数据　第1部分:原则》(ISO 23081.1—2006)、《信息与文献—文件管理过程—文件元数据　第2部分:概念与实施问题》(ISO 23081.2—2009)、《信息与文献——标准中关于文件管理要求的标准起草指南》(ISO 22310—2006)、《信息与文献——用于文件的工作过程分析》(ISO/TR 26122—2008)。其中,《信息与文献——文件管理》(ISO 15489)是现今最知名的电子文件管理标准,由国际标准化组织于2001年发布。该标准分为两部分:第一部分称为"通则",提供用于文件保存的顶层架构。重点强调电子文件管理的益处,调整因素对电子文件管理工作的影响以及正式指定一个机构负责电子文件管理的重要性;还强调文件管理要求、优质文件保存系统的组成部分和涉及文件管理的真实过程,例如文件捕获、分类、利用、存储、访问等等都有描述。结尾部分为文件管理审计操作分析和相关的培训要求。第二部分称为"指南",针对第一部分描述的框架提出更为详尽的指导。例如,描述了文件管理政策的元素和责任声明,总结了设计和实现有效的文件管理系统的步骤;提供了文件处理和控制发展相关的实际指导,例如创建标准术语辞典、开发利用方案、创建文件的安全和访问控制、存储和处置。最后对创建监控和审计文件系统的程序,对员工文件管理培训提供了指导。此外,其他正在被使用的文件管理标准还有澳大利亚的AS ISO 15489、英国的BS ISO 15489等。

(二) 功能需求标准

1. DoD 5015.2

DoD 5015.2是美国国防部(简称DoD)于1997年发布的《电子文件管理软件应用设计评价标准》,2002年升级后,命名为DoD 5015.2-STD。该标准阐述了用于美国国防部的文件管理应用软件的功能需求,包括对系统接口的需求和文件管理应用必须支持的搜索条件,描述了文件管理最低限度的要求,也就是必须遵照执行美国国家档案与文件署的规定。DoD标准并没有集中于综合性的文件管理规范,而是具体提出选用电子文件管理软件必须遵守而又合乎需要的功能需求。因此,该指南特别专注于计算机化的文件保管环境。

2. MoReq2

《电子文件管理模型需求》(MoReq)出版于2001年,描述了用于管理电子文件的合适要求。2008年,MoReq升级为MoReq2,主要关注电子文件管理系统应当能够实现的功能，以实现电子文件的真实证据价值。MoReq2 要求任一被选用的软件都能够履行若干重要文件管理功能。为了确保电子文件的真实可靠性，文件管理机构必须能够履行这些要求。与美国 DoD 标准不同的是，MoReq2 并非仅仅关注计算机系统的操作方面，而且还描述了电子文件管理操作时应该遵循的基本要求，目的是确保电子文件能够妥善管理，不管何时均能保证存取，然后妥善处置。

（三）档案元数据标准

目前常见的档案元数据标准主要有：

1. ISAD(G)

ISDA(G)(General International Standard Archival Description，即《国际档案著录标准(总则)》)，由国际档案理事会 ICA 于 1993 年制定发布，并于 2000 年发布了第二版。ISDA(G)的目标是通过建立准确、恰当的档案著录项目，将它们组织在一个具有一致性的预设模型中，达到对档案背景和内容的鉴定和解释，并使这些档案具有较强的可用性。对档案的相关著录过程开始于文件形成之前，并且连续贯穿于文件的整个生命周期，从而确保文件的可靠性、可信性、可理解性和可持久性。ISAD(G)第二版为多级著录。档案多级著录的原则是以档案的尊重全宗理论为基础。

2. EAD

EAD(Encoded Archival Description，即《档案编码著录》)主要用于著录档案和手稿资源，包括文本文档、电子文档、可视材料和声音记录。最早是美国伯克利加利福尼亚大学图书馆发起的伯克利检索工具项目中提出的，1998 年完成了第一版 EAD 标准，主要有四部分组成，其中 EAD DTD 是该标准的主体部分。EAD DTD 是基于 ISAD(G)之上的一部档案著录交流标准。它是以通用标准语言(SGML)和扩展标记语言(XML)文件类型定义(DTD)的形式存在的。EAD2002 版在第一版的基础上新增了“实体技术”这个元素，由 EAD DTD1.0 版的 145 个元素变为 146 个元素。

3. ISAAR(CPF)

ISAAR(CPF)(International Standard Archival Authority Record For Corporate Bodies, Persons and Families)即《法人、个人及家庭背景信息国际档案规范文本》。修订和完善 1996 年第 1 版 ISAAR(CPF)是 ICA 著录标准委员会 2001 年至 2004 年间的主要任务，它为描述形成档案的法人、个人以及家庭提供了一个标准工具。在著录系统中创建既相互分离又互有联系的档案形成者的描述，为获取以及管理最有助于发现、利用和理解档案的背景信息提供了一个有效而灵活的手段。

4. ISDF

2008 年,ICA 发布了 ISDF(International Standard for Describing Functions,即《职能著录的国际标准》)第一版。其目的是为法人团体履行职能提供一致性的认定标准。职能著录意在对根据 ISAD(G)产生的文件和按照 ISAAR(CPF)产生的官方文件补充著录,因此可获取文件创建者与完成工作相关扩展信息,而不管他们是否是法人团体、个人还是家庭。

5. ISDIAH

2008 年,ICA 发布了 ISDIAH(International Standard for Describing Institutions with Archival Holdings,即《档案保存机构著录国际标准》)。该标准的发布意在将其与 ISAD(G)和 ISAAR(CPF)联合使用,从而捕获有关档案保存机构的信息,并使该信息标准化,从而支持用户访问档案馆藏。

(四) 数字保存标准

用于数字保存的最重要的规范是 OAIS,即《开放档案信息系统参考模型》,起初是由美国空间数据系统咨询委员会(CCSDS)制定,目的是为电子档案馆的组织和管理提供通用框架。此后,该模型被全世界信息管理共同体用作数字保存的有效方法。OAIS 模型提出了全方位的档案功能,包括捕获、存储、管理和访问文件。该模型也描述了数字资源归档要求。OAIS 作为国际标准《空间数据和信息传输系统——开放档案信息系统参考模型》(ISO 14721—2012),其术语和概念如今被档案和信息专业人士广泛接受。

此外,美国国家档案馆的 ERA 项目及澳大利亚的 VERS 项目也产生了一系列电子文件管理的相应标准,包括电子文件管理系统功能需求标准、电子文件长期保存格式标准、电子文件管理元数据标准等。

三、我国电子文件管理标准

改革开放以来,我国的档案标准化工作受到档案界的高度重视。1983 年 2 月国家档案局正式成立了全国档案标准化领导小组,负责组织和管理全国档案标准化工作。1986 年,国家档案局所属事业单位档案科学技术研究所建立了标准化研究室,其任务是进行标准化工作的研究并承担部分标准的研制,同时也作为全国档案工作标准化领导小组办公室,承担对标准化工作进行协调、组织、管理的职责。1989 年,国家档案局在机构改革中,成立了综合科技司法规标准化处,承担全国档案工作标准的行政管理工作,并负责组织制定档案工作标准并监督标准的实施。

1991 年 3 月，经国家档案局批准，全国档案工作标准化技术委员会成立，该委员会主要任务是受国家档案局的委托，对档案工作内的国家标准、行业标准的研究立项进行评议和审核。档案工作标准化领导机构的成立，使我国档案工作标准化建设有了统一的领导，为有计划、有步骤地开展档案工作标准化建设提供了重要保障。

档案工作标准化领导机构和组织成立以后，在国家标准化行政管理部门的领导和关怀下，经过各档案机构和广大档案工作者的共同努力，在理论研究和实践工作方面都取得了大量的成果，使我国的档案工作标准化体系得以初步构建，为电子文件工作标准化研究积累了经验。

在档案工作标准化建设中，我国档案界从社会发展的现实需求出发及时将触角延伸到新型载体档案的形成和管理之中，加强对新型载体档案形成和管理标准的研制。1996 年 2 月，国家档案局发布了《磁性载体档案管理与保护规范》(DA/T 15—1995)，作为行业标准加以实施。该标准根据当时的技术水平，规定了计算机磁带、软磁盘、录像带、录音带等磁性载体文件积累、归档以及归档后的管理与保护要求。它的发布与实施，是我国电子文件标准化工作的开始，对促进我国电子文件标准化工作的开展有重要意义。

此后，在现代信息技术普及和电子文件大量涌现的推动下，我国档案界参照和引用电子信息管理共同标准和计算机软件开发、测试等方面标准，研制和发布了一批电子文件管理国家标准和行业标准。

国家标准主要有：《CAD 电子文件光盘存储、归档与档案管理要求　第一部分：电子文件归档与档案管理》(GB/T 17678.1—1999)，《CAD 电子文件光盘存储、归档与档案管理要求　第二部分：光盘信息组织结构》(GB/T 17678.2—1999)，《CAD 电子文件光盘存储归档一致性测试》(GB/T 17679—1999)，《CAD 电子文件管理》(GB/T 17825—1999)，《电子文件归档与管理规范》(GB/T l8894—2002)，《基于 XML 的电子公文格式规范　第 1 部分：总则》(GB/T 19667.1—2005)，《基于 XML 的电子公文格式规范　第 2 部分：公文体》(GB/T 19667.2—2005)，《基于文件的电子信息的长期保存》(GB/Z 23283—2009)，《文献管理长期保存的电子文档文件格式　第 1 部分》(GB/T 23286.1—2009)，《电子文件管理系统通用功能要求》(GB/T 29194—2012)等。

档案行业标准主要有：《纸质档案数字化技术规范》(DA/T 31—2005)，《公务电子邮件归档与管理规则》(DA/T 32—2005)，《电子文件归档光盘技术要求和应用规范》(DA/T 38—2008)，《文书类电子文件元数据方案》(DA/T 46—2009)，《版式电子文件长期保存格式需求》(DA/T 47—2009),《基于 XML 的电子文件封装规范》(DA/T 48—2009)。

除上述国家标准和行业标准外,有些地区还制定了适用本地区电子文件管理的地方标准。另外,中国核工、石油、航天、航空、银行、电信、电力、钢铁等重要行业的一些大中型企业也制定了一些与电子文件管理有关的企业标准。如中国石油天然气集团公司制定了本企业的《电子文件元数据规范》、《档案数字化技术规范》和《归档电子文件格式规范》等。

此外,工信部、国家保密局、国家档案局还将制定《电子文件管理装备标准》、《电子文件存储和交换格式》(工信部)、《电子文件元数据标准》、《电子档案移交与接收办法》(国家档案局)、《党政机关电子文件管理细则》(中办秘书局)、《电子文件标识》《电子文件管理规章标准框架》(国家保密局)、《电子文件管理系统设计规范》(中办机要局)等标准。

尽管出台了上述这些标准,我国电子文件管理标准建设工作在标准的系统性、国际化程度及推广方面仍存在不足。

四、电子文件管理标准体系构成及其建设思考

(一) 电子文件管理标准体系构成

电子文件管理标准建设的最终目标是要形成一个科学、合理的标准体系。根据电子文件管理实际,我国电子文件管理标准体系可由以下三部分组成:

1. 国家标准。包括电子文件管理通用原则、电子文件通用元数据标准、电子文件管理基本术语标准、电子文件归档管理规范、电子文件移交格式、电子文件著录规则、电子文件分类方案、电子文件长期保存指南等。

2. 行业标准。包括电子文件鉴定工作规范、电子文件保管期限表、电子文件销毁程序、电子文件利用合理规范、电子文件统计管理规范、电子文件管理安全指南、电子文件唯一标识符应用规范等。

3. 指导性文件。包括电子文件管理元数据设计原则、电子文件管理流程通用规范、电子文件数字签名原理、电子文件长久保存格式标准、电子文件迁移指南等。

(二) 电子文件管理标准化建设思考

目前,我国在电子文件管理标准的制定和实施上还处于起步阶段,同时随着信息技术的发展,现在实施的标准今后也需要不断地修订,因此电子文件管理标准化建设将是一个漫长的过程。在这一过程中,我们应注意以下问题:

1. 分清轻重缓急,及时制定电子文件管理中急需的标准。建立和完善电子文

件管理标准体系不是一朝一夕所能解决的，它是一项规模宏大的系统工程。在构建这一工程时，我们首先要分清哪些标准最为重要，影响力最大。"如果不能把握判别标准重要程度的尺度，档案工作者即使想介入信息系统标准，恐怕在这方面的影响也只能是微乎其微"①。

2. 与整个档案工作的标准相衔接。电子文件管理标准是档案工作标准的组成部分，在制定过程中，应考虑与其他有关标准的衔接问题，避免发生矛盾，以维护档案工作标准的系统性。

制定电子文件管理标准应该充分考虑电子文件的特殊性，同时考虑与纸质文件和档案管理标准相衔接、相配套的问题。但是，在这样做的时候又不能一味地去迁就纸质环境下的档案工作标准。毕竟电子文件作为一种崭新的文件、档案门类，有别于传统的管理方式与方法，管理中会出现很多新情况、新问题，要求制定的标准要有突破原有管理模式的创新之处，具有前瞻性，能跟上科技发展的步伐。

3. 采用国际标准。认真研究，积极采用国际标准，已成为我国标准化工作的一项基本政策。虽然每个国家的档案和档案工作各具特色，但在电子文件管理方面有许多共性的问题。国外对电子文件的研究起步比我国早，成果比我们多，为我们制定电子文件管理标准提供了丰富的经验。采用国际标准，可以加快我国电子文件管理标准化建设速度，提高我国电子文件管理标准化建设质量，便于纳入国际发展轨道，加强与国际档案学界的交流与合作，推进我国的电子文件管理学术研究和实践发展。

4. 追踪高科技的发展，适时制定和修订标准。任何标准都是实践经验的总结，反过来又用于指导实践。事物的发展是复杂的，每一项标准的制定都应该在最能促使事物发展的最佳时间进行。电子文件管理是在高技术条件下操作，对技术设备的要求非常高。然而，电子计算机技术更新的速度非常快，每次技术设备的更新，都会对原工作标准产生影响。所以当一个标准制定过后，就需适时地修订标准，避免给新的工作环境带来困难，造成人力、资源的浪费，乃至造成管理落后的尴尬局面。

5. 与相关行业的工作标准相衔接。根据标准化的协调原则，在制定电子文件管理标准时，还应注意与其他有关专业领域标准相协调，使形成的电子文件管理标

① ［美］戴维·比尔曼著，王健等译：《电子证据——当代机构文件管理战略》，中国人民大学出版社，2000年版，第166页。

准体系成为全国文献标准体系的有机组成部分，以适应图书、情报、档案工作一体化的需要。此外，还应参与有关文书工作标准的制定工作，使档案工作和文书工作在标准化方面得以衔接和取得一致①。

6. 吸收、借鉴有关信息技术标准。戴维·比尔曼认为，根据开放系统交流模型(OSI Model)，信息技术标准可分为七个层次，每个层次都设有平台以便跨系统。档案工作者最为关注的是应用层级(第七层)的内部标准，能否吸收、借鉴有关信息技术标准，是电子文件管理标准化建设成败与否的关键之一。

① 吴宝康主编：《档案学概论》，中国人民大学出版社，1988年版，第153页。

第十三章 电子文件管理实践

电子文件的出现，带给我们的是一场信息领域的革命。长期以来，以纸质文档的运行、保管、利用规律为基础建立的管理模式和理论方法、思维模式等都不能适应这种变革性变化，“档案事业正处于一个完全被重新塑造和重新接受的时代”。这个时代不仅需要技术，更需要新的理论和方法，以便建立起在数字化环境中管理电子文件的新机制。为此，中外档案界积极迎接挑战，进行广泛的探索和实践。

第一节 电子文件管理理论与方法的探索

一、国外对电子文件管理理论与方法的探索

国际档案界注意到计算机对档案工作的影响可以追溯到40多年前。1965年在伦敦举行的第九次国际档案圆桌会议，曾将数据自动化处理列入会议的议程，但当时只有美国声称准备采用电子技术，其他与会者认为，只要常规档案依然存在，运用计算机保存档案会是件费力不讨好的事情。1968年马德里国际档案大会上曾有人呼吁，档案人员要准备迎接计算机时代的到来。1971年第十三次国际档案圆桌会议上，秘书长鲍梯埃强调现在是该确定档案部门应用计算机政策的时候了，否则各行政机关的电脑室将自行保管现代文献资料，各研究中心和各大学也将设置新型检索机构，取代档案部门。“如果档案人员对技术应用的发展漠然置之，将会导致档案职业的衰败。”此后近二十年间，由于计算机技术的影响，国际档案界对管理电子文件的呼声虽有所减弱，但并未平息下来。20世纪70年代到80年代初已有一些国家开始重视对电子文件（此时更多地称为机读档案）的管理，并采取了

一定措施，收集和管理电子文件。如加拿大公共档案馆于 1973 年成立机读档案处，收集和保管由联邦政府各部门和各机构产生的有历史价值的电子文件；每个文件有两份录制在高质量磁带上作拷贝，分别储存在温湿度受到控制的两个不同存放地；工作人员通过自动管理系统对电子文件进行监督；电子文件向公众提供服务，研究者可获得数据资料。美国国家档案馆较早研究了机读档案的管理与保存，20 世纪 80 年代初已经保存有 1 000 卷自动数据处理磁带。法国国家档案馆从 20 世纪 70 年代就研究档案馆查阅自动化，到 80 年代初建立了五个数据库，其中授勋人员数据库存储了 35 万多名授勋人员的档案材料，可随时提供这些人的出生地点、出生年月、授勋种类、简历等信息。与此同时，一些国家对电子文件的管理制定必要的法规。如 1983 年 1 月 1 日生效的芬兰新档案法，规定磁带与纸质文件具有同等的效力。分兰国家档案馆依据档案法就自动数据处理资料的保存、登记、移交、提供利用等问题，向政府机构和公共团体作出具体规定。根据规定，政府机构要向国家档案馆移交自动数据处理文件，并负担移交前的一切费用。加拿大公共档案馆为联邦政府制定信息化文件管理计划，政府各部门、各机构进行信息化文件的清理和编目，并将它们的信息化文件存储在公共档案馆的数据库内。此外，在国外还出现了一些以自动化部门的数据库为基础的档案服务部门。

20 世纪 80 年代末，随着计算机存储技术、运算速度及网络技术的突破，以及以此为基础的个人计算机的普及，电子文件开始真正崛起。作为新生事物的电子文件及其归档电子文件，其管理理论与方法的探索受到了更为广泛的重视。1988 年第十一届国际档案大会把“新型档案材料”作为中心议题。1989 年，第二届欧洲档案会议得出结论说，必须研究信息技术对档案原则和档案实践的影响。国际档案理事会 1992 年成立电子文件委员会。近些年来，各国文件与档案管理行政部门、档案保管机构、档案学术与教育机构纷纷启动和实施研究计划，探讨电子文件的性质和特征，研究电子文件及其管理理论和方法，制定电子文件的政策和标准。如加拿大不列颠哥伦比亚大学的“电子文件完整性保存”(The Preservation of the Integrity of Electronic Records)及 InterPARES 项目。前者旨在探索确保电子文件可靠性和真实性的特殊手段，及有关真实可靠文件维护和保存的管理问题；后者在前者的基础上，进一步研究并构建以数字形式形成或保存的真实文件的长期保存所必需的知识体系，为确保这些文件的长期保存所制定的标准、政策、策略等提供理论基础。再如美国匹兹堡大学的“文献保存中数据的功能要求”(Functional Requirements for Evidence in Record Keeping)项目，其主要目的是要建立一套精确定义的文件保存的功能要求，满足某个特殊机构各类法律的、行政的及其他种种需要。美国、澳大利亚、英国、丹麦、新加坡等国均已制定了有关电子文件管理的政策、规定、标准及实施办法，并付诸实施。如加拿大国家档案馆 1995 年制定了《在电子环境中管理电子文件》(Managing Electronic Records in an Electronic Work Environment)。这份指南性质的文件被认为是国家档案政策的准备。美国、澳大利亚、加拿大、英国等国的电子文件的倡导者和研究者，如戴维·比尔曼、查尔斯·多勒、玛格丽特·海兹乔姆、T·库克等发表了大量有影响的电子文件管理研究的论文(著)。可以说，从国际档案大会、国际档案圆桌会议、国际档案大会地区分会、地区档案会议，到各国文件与档案管理机构、档案学术与教育机构乃至个人，都掀起了一场电子文件探索的热潮，推动着电子文件管理理论的发展以及电子文件管理实践的展开。

二、我国对电子文件管理理论与方法的探索

我国对电子文件管理理论与方法的探索晚于国外，大约发起于 20 世纪 80 年代末，至 90 年代末期才趋于全方位广泛地展开。这既是计算机在我国社会各领域广泛、深入应用的结果，也是国外电子文件管理理论与方法探索带动的结果。“在一定意义上说，国内研究对所有观点的突破主要源自对国外研究成果的引入、参鉴和使用”。

由于社会发展和电子计算机技术自身发展的原因，我国档案管理部门在 20 世纪 80 年代初、中期才将计算机应用于档案管理实践。至 1986 年 5 月，全国只有 24 个档案馆共配置 30 多台电子计算机，从事应用研究、软件开发和前处理工作。此时的计算机使用范围还仅仅局限于对传统纸质档案的辅助管理，即在建立档案文件机读目录的基础上，实现档案文件目录的一次输入与多种方式输出，完成对档案辅助检索、统计和编制各种专题目录的功能。档案部门对计算机应用于其他各项社会管理活动如人口普查、地质勘测、企业管理所产生的机读文件和应用软件等的管理还鲜有所闻，研究上也很少。对机读档案的管理大都由生成、应用部门或国家有关部门以实体保管的方式进行。

1989 年，由邓绍兴、和宝荣主编的高等学校文科教材《档案管理学》中开创性地增设了“机读档案”一章，较为全面地介绍了机读文件和机读档案的管理，分七节：机读档案产生的历史条件、机读文件、机读文件的归档、机读档案的整理、机读档案的保管、机读档案的利用和机读档案管理体系。虽然其内容从总体上来说还是仅对机读档案的实体，即以一卷(盘)磁带(盘)为保管单位的管理，但它反映了当时人们对机读档案(文件)的认识和管理水平，其中不少结论和预测性看法至今都

没有过时。因此,《档案管理学》可以说是我国对电子文件管理理论与方法进行探索的第一个里程碑。

进入20世纪90年代以后,电子计算机应用的普及,办公自动化的深入发展,CAD、CAM的广泛应用,电子文件这一信息技术的产物已经成为不容忽视的客观事实。如何有效地对电子文件加以管理,已成为突出的社会问题,摆到了档案界面前。同时,国外电子文件管理理论的引入,也开阔了人们的眼界。由此人们对电子文件管理的关注日益增强,在档案行政与业务管理部门、档案学术研究领域及其社会相关领域形成一股社会合力,共同掀起了对电子文件管理探讨的热潮。

在档案行政与业务管理部门,电子文件归档管理得到了我国政府的高度重视。国家档案局于1996年9月18日成立以刘国能副局长为组长的电子文件归档与电子档案管理研究领导小组,下设《电子文件归档与电子档案管理概论》、《CAD电子文件光盘存储、归档与档案管理要求》、《电子文件归档与电子档案管理规范》三个研制小组。领导小组设有办公室,并挂靠在国家档案局档案科学技术研究所,负责组织具有研究能力并熟悉电子文件和档案管理的人员,开展电子文件归档及电子档案管理利用、法律效力及长期保存等问题的研究。经过三年多的努力,国家档案局电子文件归档与电子档案管理研究领导小组于1999年完成了国家标准《GB/T 17678—1999 CAD电子文件光盘存储、归档与档案管理要求》(颁布实施)、国家行业标准《电子文件归档与电子档案管理规范》(当时为报批稿)两份指导性文件,并出版了《电子文件归档与电子档案管理概论》一书。在广泛研究和实践的基础上,近几年又陆续制定了一批有关电子文件归档、电子文件管理系统通用功能要求等方面的国家标准和行业标准(具体见第十二章第四节)。2009年颁布实施的《电子文件管理暂行办法》为我国电子文件管理提供了重要的指导,依此办法成立的国家电子文件管理部际联席会议办公室成为我国电子文件管理工作的重要协调和部署机构。

在档案学理论研究方面,以中国人民大学档案学院为代表的高等学校承担起电子文件管理理论建设的主要任务。对电子文件与电子档案管理的探索成为20世纪90年代中后期以来档案学理论研究中最具活力、成果最多的一个研究领域和学术增长点。1996年9月在北京召开的第十三届国际档案大会是20世纪末国际档案界的一次盛会,也是一次具有科学和人文精神的大会,会上充分表现出对电子文件管理的关注。其中加拿大国家档案馆历史资源司档案整理处处长T·库克所作的《1898年荷兰手册出版以来档案理论与实践的相互影响》、美国档案和博物信息杂志编辑D·比尔曼所作的《虚拟档案》(亦为《实态档案和虚拟档案》)、意大利文化与环境保护部档案总局官员 A·穆勒所作的《来源原则：仍是本专业的基本原则吗?》三篇报告，深刻分析了现代信息技术对传统档案管理理论和方法的冲击，提出了许多富有创新见解的观点，对我国的档案学研究产生了强烈持久的影响，给我国档案学界带来了生机和活力。1998 年《档案学通讯》以连载的方式刊载了中国人民大学档案学院首届博士毕业生冯惠玲撰写的《拥有新记忆——电子文件管理研究》博士论文摘要。分“认识电子文件”、“无纸收藏”、“电子文件的双重鉴定”、“保护电子文件的长久性”、“电子文件利用的障碍与对策”、“电子文件时代新思维”六个部分，深入浅出地介绍了电子文件及其管理思想，是对中外电子文件管理理论的一次中国化普及，意义深远。因此，可以说第十三届国际档案大会和冯惠玲博士论文的发表是我国对电子文件管理理论与方法探索的第二个里程碑。随着信息技术在社会各个领域的广泛运用，电子文件管理工作的展开和电子文件管理研究前期理论积累影响的加深，我国电子文件及档案管理理论和方法的探索现已呈现出多层次、多领域性，形成多股研究力量。研究的范围在不断拓宽，研究的内容在不断加深，且与数字图书馆、电子商务、电子政务等遥相呼应，取得了许多理论成果，不仅在档案学期刊上每期都能见到相关的文章，也出版了多部著作，如中国人民大学冯惠玲的《电子文件管理教程》、《政府电子文件管理》、《电子文件管理国家战略》、《电子文件风险管理》和《中国电子文件管理：问题与对策》，中国人民大学刘越男的《建立新秩序——电子文件管理流程研究》，武汉大学刘家真的《电子文件管理导论》、《电子文件管理理论与实践》和《电子文件管理——电子文件与证据保留》，南京政治学院上海校区张正强的《电子文件管理》，吉林大学王萍的《电子档案管理基础》，辽宁大学丁海斌的《电子文件与电子档案管理》、《电子文件管理基础》和《电子文件管理基础教程》，广西民族大学麻新纯的《基于理性思维的电子文件管理》，四川大学姚乐野的《电子文件归档与管理》，浙江大学何嘉荪的《办公自动化系统与电子档案管理》等。这些论著对我国电子文件管理理论与方法的研究和探索起到了推进作用，也反映出我国电子文件管理的研究正在蓬勃展开。

此外，电子文件管理研究也引起了图书馆学界、情报学界的关注，他们把电子文件(更多地称“电子记录”、“数字文献”或“数字记录”)同样作为自己的研究对象之一，相关成果层出不穷。国家自然科学基金委员会和社会科学基金委员会也热诚支持这一前沿课题，仅 1999 年就分别资助中国人民大学牵头两个科研项目:“机关、企事业单位电子文件管理理论与方法研究”、“现代办公环境中的文件、档案一体化管理研究”。此后，在国家项目中每年都有电子文件研究项目获得立项。一些省市在哲学社会科学规划项目、教学改革研究项目和人文社科研究项目中也将电子文件管理列入计划，给予资金支持。

国内外对电子文件管理研究的热切关注和倾情投入，并不意味着电子文件管理理论与方法探索的终结。相反，从历史的角度看，在该领域的研究还只是开始，还有更多的未知世界有待我们去探求。通过目前的研究，中外档案界取得了许多电子文件管理理论与方法的共识，拓展了更为广阔的研究空间和研究契机，及时地参与这方面研究必将推动电子文件管理研究的进一步深入。

关于电子文件管理理论我们已在前面相关章节分别作了介绍，下面主要论述中外电子文件管理的实践与国际合作。

第二节　国外电子文件管理工作实践

现代信息技术革命起源于欧美地区，现代文件与档案管理理论、实践的许多方面也源于欧洲和北美洲地区。因此，了解欧美地区电子文件管理状况和经验，对我国进一步开展电子文件管理工作具有重要的借鉴意义。

一、美国电子文件管理实践

美国是当今世界计算机应用程度最高的国家，档案现代化管理走在世界前列，其电子文件管理状况可归纳为以下几方面：

(一) 抓住机遇，积极响应，制定政策

1993 年美国克林顿政府提出了《国家信息基础设施建设计划》(National Information Infrastruction Program, NII)，即"信息高速公路计划"，旨在为信息化社会奠定基础。此举得到了图书馆学界和档案学界等的广泛而迅速的响应。

为适应国家信息基础设施计划和配合数字化时代的到来，美国档案工作者协会(SAA)于 1995 年 3 月出版了《电子形式存贮的信息所引起的档案问题》(Archival Issues Raised by Information Stored in Electronic Form)，于 1995 年 6 月出版了《国家信息基础设施发展和实施过程中主要的档案关注点及兴趣点》(Critical Archival Concerns and Interests in the Development and Implementation of the National Information Infrastructure)。这些研究指出"档案资源是指政府、机构和团体的记录、手稿和私人文件。这些资源可能是直接数字化产生的或者是以其他媒体形式存在的记录的数字化复本"；"档案资源也应包括描述记录和限定

它们的载体和/或电子出处的信息";"国家信息基础设施应该采用长期保存记录过程中档案人员积累起来的专门知识以确保下一代能够获得今天的电子记录";"电子时代,在记录产生的同时,处理好记录的长期保护和检索是非常重要的。否则的话,一旦停止直接使用这些记录时,国家将会冒无法检索或丢失这些记录的危险"。

根据这些研究涉及到的问题,美国档案工作者协会理事会在1996～1999年的3年时间内,先后出台了一系列相关政策,如《美国档案工作者的反应:数字化影像的教育公平使用准则》(1996年11月)、《一宗起诉案所引起的档案问题从而对通用保管期限表20(GRS20)构成的挑战的声明》(1997年7月)、《数字化复制品的保护问题的声明》和《数字化环境下档案机构的版权保护问题的建议》(1997年6月)、《数字化环境下知识产权管理基本原则》(1997年10月)等。①

(二) 制定规范标准,启动管理动议,加强政府电子文件管理

为了加强对政府电子文件的管理,美国国家档案馆制定并颁布了《电子文件管理规则》、《电子文件管理指南》、《电子文件持续性格式指南》、《电子文件移交指南》等。2002年美国政府启动了"电子文件管理动议"(Electronic Records Management Initiative),该动议是美国电子政务24个动议之一,旨在为那些需要管理电子文件的联邦机构提供管理工具及指南,并能使联邦机构的各种数据类型及格式的电子文件转移至NARA,以便这些电子文件能得以保存,将来提供给政府及公民利用。该动议涉及以下四大项目,每一项目都指定一负责机构:

一是机构范围的电子文件管理。该项目由环境保护局负责,旨在为联邦机构在开发及运行电子文件管理系统时提供相应的工具。

二是电子信息管理标准。该项目由国防部负责,旨在促进政府范围内对DoD 5015.2-STD的采用。

三是将永久保存的电子文件移交给NARA。该项目旨在解决拓展NARA所能接收的电子文件格式,及联邦机构在移交具有永久保存价值的电子文件时所能使用的媒介和技术问题。

四是文件管理服务。旨在确定并定义文件管理要素及文件管理各要素的功能需求。

后两个项目均由NARA负责。此外,2004年NARA还开展了"电子文件项目",该项目强调联邦机构需迫切迎接电子文件大量产生所带来的电子文件鉴定、

① 刘静一:《美国档案工作者协会关于〈国家信息基础设施的发展和实施过程中的有关重要档案利益问题的声明〉的历史背景、由来及其内容概述》,《外国档案工作》,1999年第6期。

保管期限划分、保管等方面的挑战。该项目通过 NARA 的文件管理人员和联邦机构的一起努力，对那些按保管期限表应该被捕获的电子文件进行鉴定，以便联邦机构能够遵守 2004 年《电子政府法》的要求，即联邦机构应于 2009 年 9 月前对所有现存的电子文件划分保管期限。

（三）采取对策措施，保证电子文件长期存取

1994 年底，美国保护与存取委员会（CPA：Commission of Preservation & Access）与研究图书馆小组（RLG：Research Libraries Group）共同组建了一个数字信息档案化特别工作组，负责调研与推荐能确保数字档案长期存取的方法。1996 年，该工作组完成了《数字档案长期存取与保护的总结报告》，以印刷本与上网的方式向用户推荐。该总结报告讨论了确保数字档案长期存取必须解决的关键问题，如机构、法律、经济与技术更新等问题，并以列表方式对每一个问题提出解决的对策与措施。

为了保证政府电子文件的长期存取，NARA 制定了《国家战略：制定与贯彻联邦政府电子文件的产生、传输、存储与长期保存的标准》，并于 1998 年启动了电子文件档案馆（ERA）项目。ERA 实质上是一个用于保存及管理 NARA 的电子文件，并对纸质文件及其他馆藏整个生命周期进行管理，包括支持文件保管期限表，接收所有的联邦文件，并提供这些电子文件供公众获取的系统。NARA 希望 ERA 能够保存联邦政府不断增长的重要的电子文件，并提供长久利用。因此，ERA 的目标便是让利用者在 50 或 100 年后能利用提供给他们最好的技术查找并获取电子文件，而不论这些电子文件当初是在什么样的软件和硬件中生成的。

ERA 项目是以开放档案信息系统 OAIS（Open Archival Information System）为参考模型而建立的面向服务的系统架构，它包括四个功能模块：（1）提交模块（Submission），联邦政府机构使用这一模块将文件及元数据移交给 ERA；（2）元数据模块（Metadata），保存关于文件的数据；（3）存储模块（Repository），存储具有永久保存价值的电子文件；（4）获取模块（Access），获取文件及文件的数据。这些功能模块通过程序接口或其他中间设备相互联系，形成基于档案生命周期完整的工作流管理，从而能够有效地获取来自机构、国会、总统及捐赠者的记录，并经过一系列处理之后提供给公众、企业、联邦政府及各个部门使用。

2010 年 12 月，NARA 已经建成了数据中心（Data Center）和系统操作中心（System Operation Center），并建成联邦记录实例、总统行政办公室实例、国会记录实例、联机公共检索系统（OPA）、档案数据库检索系统（AAD）等。2011 年 9 月，ERA 的设计开发阶段结束，进入操作与运营阶段。在此阶段，NARA 制定了

《ERA 运营与维护工作草案》，主要是针对开发商在该阶段的任务进行了部署。同时，ERA 系统正式全线投入使用，大部分美国联邦机构工作人员被要求使用 ERA 系统对文件和档案进行管理与移交。2012 年 1 月，NARA 发布了《ERA 机构用户手册》(第二版)，详细描述了联邦政府部门的工作人员如何使用 ERA 系统确定电子文件的保管期限和移交电子文件。另外，ERA 也提供在线培训以及帮助页面对联邦机构工作人员的系统使用进行指导与帮助。而公众则可以通过联机公众检索系统 OPA 对 ERA 收录的电子文件进行在线访问与检索。

(四) 加强档案数字化建设，实现电子文件在线获取

除了对原生的电子文件加强管理外，美国还将实态档案数字化，并通过网络提供在线利用。

NARA 在 2007 年就制定了“2007—2016 数字化档案材料供公众获取战略”(该战略是 NARA“保存过去以保护未来：2006—2016 NARA 战略计划”的组成部分)，以期通过馆藏档案数字化使公众获取重要的历史馆藏。NARA 计划对一些选定的文件，包括研究者经常需求的那些文件进行数字化。值得一提的是，NARA 在制定这个数字化策略时特别谨记自己仅是美国这些珍贵历史证据的保管人，故在制定这个数字化策略时，NARA 在《联邦登记》及其网站上刊登了通告，广泛征集公众对这一战略草案的意见。在此期间还举行了一个公众论坛，他们收到了 300 多份意见，并根据这些意见对战略草案进行了修正，同时在进行数字化时充分考虑公众有关数字化的建议。

目前，公众通过 NARA 网站上的 AAD、ARC、OPA、网上展览等途径均可获取部分数字化的档案及原生电子文件。其中：AAD 提供来自 30 多个联邦机构及捐赠的 8 500 万份电子文件供公众获取；ARC 提供了 448 000 份数字化的档案信息供公众获取；而通过 OPA，公众可获取美国国家档案馆 ARC 中的目录数据，也可获取 AAD 中部分电子文件的全文，还可获取美国国家档案馆网站所有网页及 ERA 中近一百万份的电子文件，公众利用该系统可一站式获取所需的信息，再也无须分别从不同的数据库或档案网站或 ERA 中获取了。今后 OPA 将取代 ARC。另外，NARA 网站上按主题提供若干网上在线展览，这些展览内容丰富、说明详细，利用者均可在线获取这些数字档案。

尽管美国在电子文件管理领域取得了很大的进步，但也存在诸多问题和困惑。如在电子邮件管理方面，1994 年 3 月，NARA 曾发布了《电子邮件管理规范(草案)》，立即引起很大反响，在征求意见时各方面对此草案褒贬不一。该规范于 1995 年在全美实施，但效果并不理想。2008 年 7 月，美国总审计署(General

Account Office, GAO)的一份报告中指出，联邦机构未能有始有终地对政府电子邮件进行保管，GAO 要求 NARA 对联邦机构的文件管理加大监管力度。而在 2003 年 3 月至 2005 年 10 月期间，白宫又被曝光损失了数百万份电子邮件。

二、澳大利亚电子文件管理实践

澳大利亚在电子文件管理问题上一直持积极的态度。一些机构如澳大利亚国家档案馆、新南威尔士州和维多利亚州档案馆等一直在进行有关政策框架的研究。

澳大利亚国家档案馆在 1995 年 3 月出版了《管理电子文件——共同责任》(Managing Electronic Records—A Share Responsibility)，提出“分布式保管”(Distributed Custody)模式。该小册子被称为澳大利亚电子文件管理策略而备受世人瞩目(见第十二章第二节)。1996 年 12 月，澳大利亚政府又颁布了《电子消息文件管理政策与实施细则》(Managing Electronic Message as Records)，规定只要是联邦政府与社会需要，应尽可能长久地保留这类具有文件价值的电子消息。同年，澳大利亚的第一个有关文件管理的国家标准 AS 4390—1996 获得通过，作为一项在实践中自愿执行的法则，该标准由六个部分组成：即总则、责任、策略、控制、评价和处理保存。虽然这项标准并不仅仅针对电子文件而制定，但对这一领域仍有其深远意义。正如大卫·罗伯特(David Roberts)所指出的：“这项标准对电子文件管理已像对传统的物理文件一样作了阐述。此外，那时的电子文件并未离我们如此之近，从而成为一种特殊的文件类型，要求特殊的对待：它应被当作主流，正如现在通过电子方式进行公务活动已成为主流一样。”

近年来，澳大利亚又制定了一系列国家标准以指导包括电子文件内的文件管理，其中主要有：(1) AS ISO 15489。该标准为制定澳大利亚文件政策、程序、系统和过程以支持各种形式的文件管理提供指南。AS ISO 15489 包括两部分：《AS ISO 15489.1：文件管理　第 1 部分：通则》及《AS ISO 15489.2：文件管理　第 2 部分：指南》。第一部分为文件管理提供框架，第二部分是一个技术报告，为帮助组织机构执行第一部分所提出的框架提供实践指南。(2) AS 5090《文件管理工作流程分析》。该标准是 AS ISO 15489 的补充标准，以帮助组织机构理解他们的工作流程以便他们能确定他们文件管理的需求。(3) AS 5044—2010。即《AGLS 元数据国家标准》，用于指导在线资源著录，提高在线资源的可获取性。

新南威尔士是澳大利亚联邦建立最早的一个州。该州在 1960 年通过了它的第一部档案法，并按照档案法的规定建立了州的档案机构和档案工作制度。其档案工作一直走在各州前列。20 世纪 90 年代，新南威尔士档案署在大卫·罗伯特和文件管理办公室(The Records Management Office)的努力下，电子文件研究与管理继续处于显著的位置，相继出台了几份有影响的文件。1995 年公布的《归档未来》(Documenting the Future)，为新南威尔士公共部门的电子文件保存制定了政策和策略，为其在这一领域的一些开创性工作提供了框架。1997 年出版的《驶向未来：新南威尔士的电子文件管理》(Steering into the Future: Electronic Record Keeping New South Wales)，面向高级管理者，希望在涉及电子文件管理方面获得理解，在为新南威尔士政府推行统一的管理策略方面寻求支持。在电子文件保存方面，文件管理办公室已组成了一个项目组，致力于为新南威尔士的公共部门开展可靠的电子文件保存的实践，并正在开展一项有关电子文件的机构培训计划，以帮助机构职员更好地理解电子文件保存的概念，为有关电子文件管理政策和标准的实施获得支持。①

1996 年澳大利亚文件管理标准 AS 4390 颁布不久，新南威尔士州与澳大利亚国家档案馆联合开发了新的文件管理方法，称为"文件管理系统设计和应用手册"(简称 DIRKS 手册)。该手册为持续有效地产生、捕获和维护电子文件提供必要的工具和支持，它保证了电子文件在第一时间被产生和捕获，并且以电子文件的形式被维护和使用。现在澳大利亚政府和新南威尔士州政府的许多部门都在采用 DIRKS 手册的方法。美国、英国和法国的一些政府部门和私人组织也实验性地采用了 DIRKS 手册，效果令人满意。据新南威尔士州档案馆的托尼·纽顿博士 2000 年 10 月在国际档案理事会东亚地区分会"电子档案管理对策研讨会"上介绍说："使用 DIRKS 手册能保证电子文件和档案的及时创建和产生；保证这些文件被捕获时有元数据信息；保证文件被保存在真实、可靠、完整、安全的状态；保证实施了适当的安全和利用方面的限制；保证文件的标题使用是受控语言；保证实施了文件的处置决定；保证能够鉴定出可处置文件；保证档案和其他文件不被侵犯，保持真实、可靠性，并且在系统升级时能够被转换。"②

而澳大利亚另外一个州——维多利亚州档案馆在电子文件管理方面也取得了举世瞩目的成就。早在 1995 年，澳大利亚维多利亚州档案馆(Public Record Office Victoria, PROV)就启动了"电子文件管理策略"(Victorian Electronic Records Strategy, VERS)项目，该项目是一个关于维多利亚州公共机构电子文件管理标准、指导、培训、咨询以及项目实施的整体框架，其核心目标是确保该州公共

---

① 谢春枝：《国外电子文件研究进展》，《档案与建设》，2000 年第 6 期，第 20—23 页。

② 姜之茂：《国际"电子档案管理对策研讨会"学术观点述要》，《北京档案》，2000 年第 12 期，第 6—8 页。

机构形成和管理的电子文件的可靠性和真实性，从而提高政府公开度和责任感，有效保存数字遗产。VERS项目经历了前期论证、标准制定、试验演示、推广平台和深化发展五个阶段。

前期理论论证自1995年始，主要想法内含在1996年发布的研究报告《永久保存电子文件》(Keeping Electronic Records Forever)中。该报告有两个要点：其一，因为电子文件的寿命长于任何系统，故宜采用数据的方法取代系统的方法保存电子文件，即电子文件必须是一个能够自我描述、自我证明的对象，由内容、结构以及说明文件间相互关系、维护其证据性的背景信息构成。报告建议采用XML来描述这样的对象。其二，电子文件应在其形成的同时被捕获。这两个结论为VERS方法定下了基调。

1998年项目组开发了VERS原型系统，从实践上进一步论证了VERS的初期设想，并于次年发布了《VERS最终报告》。报告推荐分层结构为电子文件的标准格式，并对维多利亚州档案馆及该州各政府机构在电子文件管理方面的责任作出了具体的要求，指明了VERS项目未来的工作重点。

2000年4月，维多利亚电子文件管理标准出台。2003年7月推出了2.0版本。新版本包含一个标准：《电子文件的管理》(PROS 99—007)及五个规范：《规范1：保存电子文件的系统需求》、《规范2：VERS元数据方案》、《规范3：VERS标准电子文件格式》、《规范4：VERS长期保存格式》、《规范5：向PROV输出电子文件》。此外，州档案馆还提供了六个建议文档，提供VERS标准的背景信息、说明材料以及支持VERS标准和相关规范的范例，以帮助公共机构理解和实施标准。

1999年5月，维多利亚州基建局(Department of Infrastructure，DOI)从州政府的“科学、技术与创新”计划中获得了480万美元的资金，用来实施符合VERS要求的电子文件归档与管理系统，该项目被称为VERS@DOI。项目历时3年，最终建立了一个电子文件归档与管理系统，能够捕获桌面和应用软件产生的电子文件，并将它们及其元数据以VERS封装对象的格式保存起来。

2002年5月，澳大利亚维多利亚州政府斥资820万美元在州档案馆建立州VERS推广中心(VERS Centre of Excellence)，负责监督VERS在整个州政府范围内的实施。在VERS推广中心的支撑下，维多利亚州电子文件管理的水平得以持续提升。近年来，VERS在数字档案馆建设及整个州政府机构的应用实施方面得到了进一步深化发展。

此外，澳大利亚联合新西兰共同提出了“澳大拉西亚数字文件保存动议”(Australasian Digital Recordkeeping Initiative，ADRI)，该动议的愿景是澳大利亚和新西兰的所有政府机构在数字文件生成、保存和利用方面采用统一的途径，以确保重要文化遗产的问责和长期保护。这种统一性旨在提高参与者的效率、效益和互操作性。因此ADRI成员形成了标准协调框架，在数字文件生成和管理、数字文件保存、数字文件向档案馆移交、数字文件利用等方面都遵守统一的公共标准，包括OAIS参考模型（ISO 14721—2012）、文件管理标准（ISO 15489—2001）、可扩展标记语言（XML）等。此外，ADRI成员以文件连续体管理思想为指导，统一使用文件管理标准、元数据标准和分类方案，并在数字文件长期保存动议的实施层制定具体的实施办法，统一XML封装、行业用品平台、开放文件格式、迁移最小化要求、来源和真实性机制等。

三、欧洲国家电子文件管理实践

（一）英国

英国档案部门对电子文件一直保持着相对低调的姿态。但他们也承认在政府部门公务活动中产生的电子文件和纸质文件一样都是公共文件（Public Records）。

英国国家档案馆在20世纪末实施了两项计划：其一是办公系统的电子文件计划（Electronic Records in Office System，EROS）；其二是英国国家数字档案馆（数据集合）计划（United Kingdom National Digital Archive 〈Datasets〉，UKNDA）。EROS计划的目标是确保政府公共事务中产生的有长期保存价值的电子文件能够实现长期存取。该计划在各部门电子文件管理指南、文件处理程序及长期迁移和获取策略三个领域展开，1997年9月，已发布了《办公系统电子文件管理指南》（草案）。UKNDA计划是针对已组织好的数据集合，如一些调查文件和数据库等进行保存和提供利用。该计划由伦敦大学具体负责执行，英国公共文件署要求伦敦大学必须履行接收由政府各部门及公共文件署从数据集合中选取的具有长期保存价值的文件，并提供安全存储和保护的职责，负责向公众提供广泛的服务。

1996年1月，英国国家档案馆对106个部委和大单位的办公自动化情况进行了一次大型调查，获取了大量的数据，摸清了机关档案人员与信息技术部门的关系、文件档案管理在办公自动化系统中的地位、电子文件的应用、信息技术与文件管理的远景规划等一些重要情况。国家档案馆的研究人员认为，英国政府部门产生的电子文件呈现指数曲线增长的势头，电子文件将逐步成为馆藏中现代档案的主流成分，如果不及时抓好电子文件管理工作，将会形成一个可怕的“黑洞”。为此由该馆馆长亲自牵头成立了一个由政府主要机关信息技术部门负责人参加的跨部委性质的领导小组，负责对电子文件管理工作的整体组织协调，研究制定电子文件管理指南，电子文件鉴定、接收和保管办法，电子文件接收和利用的长期战略等，到1998年，已推出了《电子文件管理指南》。该指南由方针政策、技术要求、管理办法和组织保证等方面的内容组成，以供各部委“对照检查”的形式推行。①

此外，ISO 15489也被英国采纳为国家标准。2001年英国还专门针对电子文件管理颁布了《电子文件管理的电子政府政策框架》，明确提出政府部门要对电子文件的归档进行全面控制与全程管理，各级政府机构必须制订方案建立起电子文件管理系统，确保电子文件归档管理的有效实施。

(二) 法国

法国国家档案馆当代档案中心主任米切尔·康承女士曾提出：一项关于保管一般电子文件和特殊数据库的“康斯坦司”计划早在1978年就已制定，但直到1982年才开始真正执行。该中心到1992年已接收了5 230个数据库，大约450万盘磁带，每五年重新复制一次。

(三) 德国

德国对电子文件的管理主要依据DOMEA 14标准。该标准是为无纸化办公编制的德国政府机关和事业单位电子文件管理和归档的推荐性标准，用于指导电子文件的流转和归档。DOMEA由三个部分组成：一是《组织大纲2.1——计算机辅助公文处理和电子归档》，它规定了在政府和企事业单位中电子文件和电子档案管理的原则性内容，是政府机关和单位电子文件处理、传输和归档的基石；二是扩充标准，共计11个，详细地规范了电子文件管理的方方面面；三是《要求目录2.0》，是从事档案管理软件认证的基础。DOMEA规范了电子文件从形成、流转、传输、利用电子信箱发送、接收、转发给相关员工、办理、立卷、向电子档案室归档、移交档案馆的过程，电子案卷立卷类目的定义，在电子文件中电子签名的使用，电子文件格式的转换，电子信箱管理等，以满足电子文件管理的完整性、真实性、合法性要求。DOMEA的基本管理要求包括：坚持来源原则，电子文件也要组卷；先建电子案卷，再往里存放电子文件；移交时电子文件进行格式转换并更新电子签名，DOMEA规定将电子文件转换为NC(Non-CodedInforma-tion，未编码信息)格式；电子档案向档案馆移交前先交拟移交目录；电子时代各档案机构功能基本不变等。经过多年的修改和完善，DOMEA已成为欧洲国家重要的电子文件和电子档案管理标准。②

---

① 参阅王良城：《英国公共档案馆的电子文件管理工作》，《中国档案》1998年第1期，第40—41页。

② 赵屹、陈晓辉：《从国际实践进展看电子文件管理两大核心问题》，《档案与建设》2010年第10期，第4—9页。

(四) 瑞典及北欧国家

瑞典国家档案馆早在 20 世纪 70 年代中期就宣布电子文件具有“官方文件”性质，与传统纸质文件具有相同的法律地位。自那时起，它一直在监督制定政府机关进行长期保管及最后向档案馆移交的规则。

当瑞典行政部门开始产生电子文件之后，政府成立了一个以国家档案馆馆长为主席的委员会，调查这项现代技术所涉及的档案方面的诸多问题。由于委员会的工作，电子文件从其产生时起就被看作为“文件”。委员会的调查产生了几个报告，1976 年的报告宣布电子文件具有与纸质文件相同的地位，应移交国家档案馆保存，并与其他档案一样服从同样的利用规则，以适应新闻自由法所规定的自由利用。

北欧国家在 1993—1996 年间完成了一项旨在提高各自国家档案馆电子文件可利用性的联合计划。这一计划包括以下各个部分：开发软件使平面文件形式的数据库文件转化成关系数据格式；调查转移到公共档案馆的电子文件系统利用的可行性；分析需长期保管的电子文件的不同整理方法。报告确认欧洲档案馆至今只接收了第一代电子文件，一般为政府数据库。

1997 年北欧联合体 5 个国家(丹麦、芬兰、冰岛、挪威、瑞典)的国家档案馆联合组建的工作组出台了报告《电子文件保护与存取》，对电子文件管理提出了一些具体的管理要求和技术要求，成为北欧五国档案机构的指南性文件。

(五) 俄罗斯

尽管俄罗斯一些法律要求电子文件移交和保存到州档案馆中，但效果非常有限。大多数档案馆由于缺乏资金及人力，不愿意或没有能力接收电子文件。苏联的解体也增加了这个问题的难度。即使是电子文件产生机关的档案部门，也无充足的资金保管过期的电子文件。

俄联邦国家档案局下属有 2 000 多个档案馆与文件中心。文件移交档案馆之前，保存在各部门档案室中，但这些档案机构只利用传统纸质文件，尚未解决电子文件的接收问题。

俄罗斯国家档案馆正面临两难选择：或开始电子文件的中央存储与保管，或让其留在原机关，但这样做可能会导致电子文件的损坏。到 20 世纪末，大部分州及地方部门档案馆还未提供对电子文件的大量存储与长期保管。①

---

① 参阅董永昌、何嘉荪主编：《电子文件与档案管理》，百家出版社，2001 年版，第 128—129 页；邵正萍：《电子文件在欧洲——欧洲国家电子文件管理的文献评论》，《中国档案》，2000 年第 2 期，第 43—45 页。

美国、澳大利亚、英国等国家电子文件管理实践大致反映国外的一般情况，新的发展有待我们继续关注。通过介绍，我们可以得出下面的结论：

1. 电子文件的产生和使用已是一个普遍的事实，各国都保存有一定种类和一定数量的电子文件，但各国档案部门参与电子文件管理的程度有较大区别，在管理电子文件的知识和经验方面，各国也相距甚远。

2. 澳大利亚、美国等在电子文件研究和管理方面处于领先地位，但也存有诸多方面的不足，不能完全满足电子文件有效管理和利用的需要。随着信息技术的发展和应用程度的提高，该领域的探索将会逐渐深化。

3. 我国在传统档案管理领域有自己的历史经验，并在宏观管理国家档案事业方面走在世界前列，而在电子文件管理标准及规范的建设方面，及对信息技术在档案管理领域的应用和电子文件管理方面还有待进一步加强。

第三节　我国电子文件管理实践

电子计算机的应用在我国迅速发展，政府机关和社会各行各业都在积极创造条件，采用电子计算机提高工作效率，加速现代化的进程。面对日益增多的电子文件和电子档案，我国档案部门在积极进行理论探讨的同时也在采取措施，推动电子文件管理实践的发展。

一、我国电子文件管理的成就

在国家档案局的指导以及社会各方面的支持和积极参与下，我国电子文件管理实践在不断发展，主要表现在：

(一) 电子文件管理工作在全国展开

我国电子文件管理工作已经在全国范围内开展。早在国家档案局电子文件归档与电子档案管理领导小组在制定和实施《CAD光盘存储、归档与档案管理要求》、《电子文件归档与管理规范》过程中，就已有计划、有组织地选择一批先进企事业单位开展试点工作，总结经验、推广提高，同时与上海市政府、杭州市政府、云南省政府、广东省政府、国务院秘书局等单位联合在办公自动化网络中进行试点。

之后，我国档案事业发展“十五”规划、“十一五”规划、“十二五”规划都对电子文件管理进行了宏观规划，同时颁布实施了一系列电子文件管理标准及法规制度，为我国电子文件管理全面开展提供了重要的指导。目前，各省、市在档案事业发展计划中都将“电子文件归档管理、电子档案移交与接收”作为工作的重要方面，并制定电子文件归档及管理的制度、办法，开展电子文件/电子档案的接收与管理工作。

（二）传统档案数字化建设速度加快

档案数字化是指利用数据库技术、数据压缩技术、高速扫描技术等技术手段，将纸质文件、声像文件等传统介质的文件和已归档保存的电子文件，系统组织成具有有序结构的信息库，以满足社会的需求。传统档案信息数字化是档案信息化建设的一项重要内容，也是运用先进技术手段管理档案信息资源的开始。早在2002年11月，国家档案局、中央档案馆印发的《全国档案信息化建设实施纲要》中就明确提出要积极推进档案数字化进程，并提出首先在中央档案馆、中国第一历史档案馆、中国第二历史档案馆，以及北京、天津、辽宁、上海、江苏、安徽、广东、重庆、陕西、青岛、杭州等省、市档案馆开展档案数字化工作试点，实现馆藏重要全宗纸质档案和照片、录音、录像档案的数字化，并在馆内建设数字化综合应用平台。其他有条件的档案馆也要进行这方面的研究和探索。2006年制定的《全国档案事业发展“十一五”规划》中明确提出要根据“统一领导、标准先行、利用优先、分步实施”原则，有序推进传统载体档案数字化进程。2011年，《全国档案事业发展“十二五”规划》提出将“加快推进传统载体档案数字化、电子文件接收、重要数字信息采集等数字档案资源建设”作为主要任务。近年来，各地档案馆都将馆藏档案数字化作为一项重要工作来抓，并取得了显著的成效。

（三）档案馆网站建设全面铺开

我国档案网站建设始于20世纪90年代中期。早在1996年，我国就已有部分档案馆开始建立自己的网站，如北京市档案馆和安徽省档案馆等。1999年1月，随着政府办公网络化、自动化、电子化趋势的加剧，由中国电信和国家经贸委经济信息中心主办、四十多家部委的信息主管部门共同倡议发起的“政府上网工程”在北京召开了启动大会，揭开了1999年“政府上网年”的序幕。政府机构开始有组织、有计划地建设网站，档案网站建设由此大量开始建设。1999年，河北省、吉林市、山东省、海南省档案网站建成；2000年，天津市、湖北省、四川省、宁波市、青岛市、深圳市档案网站建成；2001年，辽宁省、黑龙江省、浙江省、福建省、云南省、哈尔滨市、南京市、杭州市、广州市档案网站建成；2002年，江苏省、陕西省、成都市档案网站建成。

2002年11月，国家档案局、中央档案馆印发《全国档案信息化建设实施纲要》，明确提出：各省、自治区、直辖市档案局馆都要建设和完善局域网，并且与当地政务网联通。到"十五"末，各省、自治区、直辖市及主要中心城市档案局馆力争全部建立局域网；省以下档案局馆的局域网建设以北京市、天津市、江苏省为试点，80%的区县市档案局馆建立局域网并与当地政务网联通。该文件对我国档案网站建设起了积极的促进作用。2002 年 12 月，国家档案局网站正式开通，这是我国档案事业发展中的一件大事，对我国档案网站建设起到了积极的促进作用；2003 年，内蒙古自治区、安徽省、广东省、重庆市、大连市、长春市档案网站建成；2004 年，厦门市、沈阳市、济南市、武汉市、西安市档案网站建成；年底，第一历史档案馆和第二历史档案馆网站开通；2005 年，山西省、江西省、河南省、湖南省、广西壮族自治区、贵州省、西藏自治区、甘肃省、青海省、宁夏回族自治区、新疆维吾尔自治区档案网站建成。目前，我国档案网站的覆盖率已经达到较高数值。如 2006 年 12 月，在全国 364 个省级和地市级综合性档案馆中，有 209 个档案馆网站能正常浏览，占总数的 57.4%；到 2010 年，由各级政府系统的档案局和档案馆建成的档案网站有 400 多个。①

目前，我国档案网站公布的信息一般包括：本馆情况、馆藏简介、查档指南、政策法规、读者园地、兰台动态、档案论坛、相关链接、政务动态、社会热点等。与国外档案馆网站相比，我国档案馆网站在网页设计、网站信息内容建设及服务方面还有诸多不尽如人意的地方，还需进一步加强这些方面的建设。

(四) 积极开展机关数字档案室建设

近年来，随着我国基层档案工作规范化的推进和社会信息化整体进程的加快，数字档案室已成为城镇、社区和机关单位档案信息化建设的重要目标。

2004 年，青岛市档案局率先制发了《青岛市数字档案室建设标准》，确定了市委办公厅等 24 家机关档案室为试点单位，要求各试点单位将机关数字档案室建设纳入机关信息化建设的总体框架。2007 年，上海金山区、青浦区、松江区等在上海市档案局的规划和指导下，对本区下属的一级指导机关进行数字档案室的全面推进和建设，在数字档案室管理系统普及和电子文件在线指导归档等方面积累了丰富的经验。2009 年，浙江省档案局《浙江省机关数字档案室建设规范》试行，在全省范围内大力推动数字档案室建设进程。其中，杭州市萧山区对机关单位档案信息化建设进行了大胆尝试，在教育、医院、法院等机关单位创建了数字档案室，并在标准制定、系统推广、制度规范等方面取得了一定成绩。

2011 年，我国制定的《全国档案事业发展"十二五"规划》要求：在试点基础上

① 参阅陈晓辉、赵屹：《我国档案网站建设情况综述》，《档案学研究》2013 年第 4 期，第 55—63 页。

推动机关电子文件管理工作，加强对在办公区域相对集中的机关事业单位建立文件档案管理中心。之后，我国一批国家部级单位及北京、上海、杭州等地的市级机关也相继开展了数字档案室试点工作。这些地区数字档案室建设工作为我国机关数字档案室建设积累了宝贵经验。2013 年 8 月 2 日，国家档案局在总结山东、江苏、浙江等地经验的基础上，编制了《数字档案室建设指南》征求意见稿（档办函[2013]165 号），提出了数字档案室的概念、原则、建设内容和要求，为全面推动数字档案室的建设提供了依据和基础。但从总体看，我国机关数字档案室建设和运行还处于初级阶段，还有许多问题急需解决。

（五）数字档案馆建设全面铺开

数字档案馆建设已引起国家档案局的高度重视，有关方面在积极推进和实施。2000 年 5 月，被誉为我国"第一个数字档案馆"的深圳数字档案馆建设正式立项，由深圳市档案局、国家档案局科研所和北京世纪怡科公司共同承担。2001 年 2 月，国家档案局专门邀请了"国家数字图书馆工程"领导小组组长孙承鉴介绍"国家数字图书馆工程"研究与建设情况，以借鉴经验。自 2002 年以后，杭州市数字档馆、天津市泰达区数字档案馆、江苏电力公司数字档案馆等项目相继开展，数字档案馆建设全面铺开。2003 年 8 月，青岛市数字档案馆率先投入运行。2010 年 6 月，国家档案局发布《数字档案馆建设指南》，从总要求、系统功能要求等五个方面对数字档案馆建设进行了叙述和说明，为其规范建设提供了重要依据。2011 年 1 月，数字档案馆建设被列为全国档案事业发展"十二五"规划的发展目标。

（六）电子文件中心建设积极探索

2004 年 10 月，安徽省在全国率先启动了省级电子文件中心建设，旨在保存数字遗产，永久保存在电子政务和办公自动化环境中生成的电子文件及其完整性、真实性、有效性；实现资源共享，为党政机关办公、决策，为公民和社会组织提供信息利用服务；降低行政成本，提高政府效能，协助打造透明政府和问责政府。在大量深入消化吸收国际前沿研究成果的基础上，安徽省电子文件中心建设项目结合我国电子政务、办公自动化和文件、档案管理实际，设计了基于 OAIS 架构的系统功能模型、信息模型和业务模型，研制了基于 ISO 23081 架构的文书类电子文件元数据方案，定义了电子文件存档格式 11 项需求，开展了资源建设和利用体系建设，目前正在逐渐形成有中国特色的电子文件管理体制、机制、业务方法和技术路线。安徽省电子文件中心建设项目被国家档案局列为信息化试点单位。此后，江苏、天津、上海、山东、广东、四川、陕西等省市档案部门也开展了电子文件中心建设和电子文件管理工作，取得了一定的经验。2007 年 4 月国家档案局主持召开了全国电子文件中心建设经验交流会，交流电子文件中心建设的情况和经验。会议认为，电子文件中心建设为建立有中国特色的电子文件管理体系找到了一种形式，是新形势下电子文件管理工作在体制、机制上的一个创新。档案部门开展电子文件中心建设，能够更好地实现文档一体化的管理理念，保证电子文件、电子档案的真实性、完整性与有效性；电子文件中心也从制度层面扫除了档案馆提前接收电子文件进馆的障碍，有利于国家档案馆更好地履行科学整合各类档案信息资源的职能。

(七) 大力推进电子文件(档案)备份中心的建设

为了确保电子文件(档案)的安全及长期可读，国家档案局2008年就要求各级档案馆通过建立异地备份库等形式，对本级重要档案及电子文件实行异地备份，并对重要的电子文件实行异质备份。2009年，颁布实施的《电子文件管理暂行办法》中提出：有条件的各级国家综合档案馆应当根据国家灾害备份的要求，建立本地电子文件备份中心或者异地备份库。同年，浙江省率先开展了电子文件和数字档案登记备份工作，建立了档案与电子文件登记备份中心，以保证现行电子文件和数字档案的安全。该备份中心建设为全国各地档案部门电子文件(档案)备份中心建设提供了参考和借鉴。2010年10月15日，全国档案馆电子文件(档案)备份中心建设现场会在辽宁省电子文件(档案)备份中心举行，国家档案局副局长李明华强调各地档案部门应将电子文件(档案)备份中心建设纳入本地区"十二五"档案事业发展规划，在"十二五"期间开展电子文件(档案)备份工作。2011年，《全国档案事业发展"十二五"规划》中明确提出要加快电子文件(档案)备份中心建设，落实电子文件异质、异地备份制度。近年来，我国上海、北京、山东、四川、海南、陕西、广西等地纷纷启动电子文件(档案)备份中心项目建设，并取得了较大的进展。

上述几方面是我国近年来电子文件管理发展的主要实践成就，除此之外，档案界在计算机网络环境下文档一体化管理系统的设计、电子文件管理人员的培养以及电子文件管理的各环节做法等方面都有一定的提高，已建立电子文件管理的基本框架。只有看到这些成就和进步，才能充满信心，不断进取，开创电子文件管理工作的新局面。

二、我国电子文件管理存在的问题

虽然我国电子文件管理取得了一些成绩，但"我们又不得不承认，当前我国数以亿计的电子文件不同程度地处于失控、失存、失信、失用、失密的状态之中，亟待引起政府和社会各方面的高度重视，并采取有效措施"①。我国当前电子文件管理存在的问题主要有：

（一）电子文件管理长远规划不足

我国的电子文件管理举措大多着眼于眼前的业务需要，忙于补缺、堵漏，欠缺面向未来的整体设计。这使得我国电子文件管理一直定位为一项事务性工作，而不是一项战略资源的配置工作，与电子文件国家战略资源的地位严重不匹配。在宏观层面，国家各部门出台的众多政策法规标准多系形势所逼，盘点起来虽然总数不少，但从各个业务领域的平均数量来看则相对稀少，规范措施也不配套，容易顾此失彼，造成许多控制点的真空。在微观层面，对电子文件进行控制管理的单位大多是在信息化过程中，经历了教训之后才开始管理，很少能够未雨绸缪、全面防控。

电子文件管理长远规划不足，也导致了各地区、各机关电子文件管理工作仍然具有强烈的自发性和分散性特征，缺少国家层面的整体设计、统一规划、战略部署与方法指导。在电子文件管理方法尚不确定的初期，应该采取自上而下的路线，以获得政策框架、规范体系的实践基础。而只有当科学方法逐渐成形，才可采取自下而上的路线，以便在总体成本较低的情况下迅速提升整体水平。目前，我国电子文件管理尚处于方法不确定的初期，故顶层设计就显得尤为重要，但电子文件管理多以基层单位、地方层面分散探索为主，总体上呈现的是"自下而上"的特征（这种特征一直延续到 2009 年底《电子文件管理暂行办法》出台前）。

（二）电子文件管理技术方法功能简单

与国外相比，我国电子文件管理规范及实践中应用的技术方法都存在明显简单实用的倾向。比如，欧盟电子文件管理功能需求标准 Moreq 有 150 多页，美国国家档案与文件署"电子文件档案馆"项目的功能需求多达 853 条，而我国电子文件管理软件厂商的功能需求条款不足百条。虽然简单实用的管理方法给实体管理的操作带来眼前的便利，但也埋下了诸多隐患，包括管理的随意性大、效率低下等。更为重要的是，这种方法体系的基本特征和基于计算机系统管理方法体系的基本要求相背离，以此为基础不可能设计出精良的电子文件管理软件，国产软件乃至产业扶持计划也就无从谈起。②

（三）电子文件流失严重

人类历史文化和社会记忆的传承，相当程度上依赖于文件的归档和档案的留

---

① 冯惠玲、赵国俊等著：《中国电子文件管理：问题与对策》，中国人民大学出版社，2009 年版，第 13 页。

② 刘越男：《我国电子文件管理的现状、问题与对策》，《电子政务》，2010 年第 6 期，第 10—16 页。

存。中华文明连绵五千年从未中断，就得益于保管文献、收藏档案、记录历史的优良传统。目前，我国在电子文件管理方面规范不够，电子文件的真实性、完整性、可读性存在较大隐患，甚至已经导致了一部分电子文件流失。中国人民大学信息资源管理学院 2007 年对中央机构的调查显示，在已经产生电子文件的单位中，18.4% 的单位没有留存任何电子文件；79.6% 的机构没有采用任何措施存留数据库、电子邮件、多媒体文件、网页文件等类型的电子文件。2010 年 6 月，在对省一级档案馆的调查中显示，我国省一级档案馆已有过半的档案馆开始接收电子文件，但这些进馆的电子文件以行政文书类为主，且格式多种多样，各地差异较大，大多数档案馆接收的电子文件元数据不完整，有近一半的档案馆曾遭遇过文件信息不完整、不可读现象，有 23.1%的档案馆曾发生查找不到文件，19.2%的档案馆曾遭遇文件内容不可信，7.7%的档案馆曾发生过电子文件的丢失。与 2007 年课题组对 29 个省、市级综合档案馆的调查结果相比，存在文件不可读情况的档案馆在三年时间里比例增加了两倍。①

电子文件的完整保存与长久可读，关系到国家文化遗产的留存和文化软实力的提升，关系到民族历史记忆的延续。电子文件的流失将给国家和民族的历史文化造成重大损失。

（四）电子文件证据效力无法保障

电子文件是一个机构在开展电子政务、电子商务或其他电子化业务中产生的凭证性记录。它是支撑一个机构业务活动顺利开展的基本工具，更是证明一个机构业务活动合法性的重要凭证。

在许多国家，电子文件的证据效力已得到法律认可，而且法律强制政府机构和企业有效管理电子文件，以保留业务活动证据。在 1998—1999 年美国司法部针对微软公司的诉讼案件中，诉讼双方向法庭呈送的 3 000 份证据大多是电子邮件。美国司法部一位高级官员说，电子邮件正是这次诉讼的一场革命。2002 年 7 月，美国颁布了《萨班斯——奥克斯利法案》，被布什称为“自罗斯福总统以来美国商业界影响最为深远的改革法案”，对在美上市公司的文件留存提出了严格要求，通过审计文件来审计企业行为，从而达到加强监管、防止欺诈的立法宗旨。如果企业不按规定保存文件，可能面临司法诉讼、高额罚款，亦会导致名誉受损。2006 年，摩根士丹利公司因未按规定保存电子邮件，而被美国证交会罚款 1 500 万美元。

---

① 刘越男、杨程婕、熊瑶、张喜波：《我国省级、副省级档案馆电子文件移交进馆及管理情况调查分析》，《档案学通讯》，2011 年第 4 期，第 7—12 页。

当前我国各政府机关、企事业单位大量生成、使用电子文件，却不重视电子文件管理，或者不能科学管理电子文件，致使电子文件失去应有的可信度和证据力。据中国人民大学信息资源管理学院电子文件管理课题组调研，73.6%的中央和国家机关及其直属企事业单位承认，其生成的电子文件无法独立发挥文件的证据效力。我国某大型国有企业在涉外诉讼过程中，因不能像外国企业（诉讼对方）那样提供大量、系统、可信的电子文件，导致的经济损失高达 5 000 万元以上。

文件是政府向人民证明其民主执政、依法执政，从而赢得人民信任和支持的重要依据，政府执政的合法性必须有完整的体系予以记录和证明。如果不能保障电子文件的法律证据效力，当政府部门受到公众质疑、面对争议和诉讼时，就会因为无法提供充分的证据而处于不利的境地。

（五）电子文件安全问题堪忧

国家许多核心部门的电子文件具有秘密性，一旦泄露将严重损害国家利益、威胁国家安全。如 1991 年、2003 年两次伊拉克战争中，美军截获了伊拉克大量含有军事秘密的电子文件，加速了伊拉克的溃败。1999 年英国情报机构军情六处(MI6)一份海外秘密情报人员名单被网上曝光，英国海外情报机构因此遭受重创。

我国电子文件管理安全问题同样令人担忧。许多单位由于没有规范的电子文件管理措施，工作人员可以随意从单位信息系统上查阅、拷贝电子文件，并将其擅自带出单位，易造成秘密文件被有意或无意地泄露。如某重要军工部门一名科研人员外出，随身携带的电脑中存储有绝密电子文件，幸被海关截获；某科技集团一位技术人员私自将存有秘密电子文件的笔记本电脑和移动硬盘带回家中，结果几天后家中失窃，笔记本电脑和移动硬盘被盗，多份秘密文件资料失踪。电子文件网络泄密事件同样触目惊心，据国家计算机网络与信息安全管理中心提供的资料，网络泄密案件已占总泄密案件的 1/3，我国政府网站的安全指数仅为 35%。

（六）电子文件信息资源开发利用能力较低

开发利用电子文件资源，让公众享受成本低廉、质量上乘的信息服务，是新时期加强政府服务能力建设的重要途径。许多国家以各种形式加强政府信息资源的开发利用，充分挖掘和发挥电子文件信息资源的价值。

相比之下，我国电子文件开发利用率较低。由于得到有效控制和科学管理的电子文件总量较少，电子文件开发利用的深度和广度与信息化先进的国家差距较大。除了一些政府机关网站和区域性电子文件中心（大部分设在档案馆内）集中存储并有限度地提供部分现行电子文件为政府机关和社会服务外，其他有计划地开发利用极为少见。不仅政府电子文件的社会利用率低，政府机构内部也因为各机构之间的利益分割、协调困难,无法充分共享电子文件。据北京信息办 2004 年的调查,北京市各机关内部共享的数据(相当一部分是电子文件)约占总数据的45%,各行业系统内纵向共享的数据只占 36%,跨行业部门横向共享的数据仅为7%。即使在一个机构内部电子文件也经常因管理不当而无法查阅。

电子文件开发利用水平低下,不仅降低了信息资源的价值,也削弱了政府高效服务的根基,制约服务型政府的构建。①

第四节　电子文件管理的国际合作

电子文件的管理涉及到许多方面,如果对其研究仅局限于某一个部门、某一个行业、某一个地区,可能会得出片面的甚至支离破碎的结论,难以全面地解决电子文件的管理问题。特别是在电子文件迅速增长并普及各个领域、其技术寿命已越来越短的情况下,若不尽快解决这一问题,对人类的记忆会造成极大的摧毁。在这种情况下,通过国际会议、国际组织,相互交流看法,制定规划,进行广泛的国际合作和交流,营建电子文件管理的国际合作圈,其意义显得十分重要。"全球范围内成文信息及人员的交流,数字网络的建立,以及相互提供利用的深化,不仅是专业共同的事情,而且也是为使这个星球适应生存而做出的重大贡献。"②

一、国际档案大会对电子文件管理的关注

科学技术的迅速发展不仅为档案工作现代化提供了技术保证,而且对档案工作本身造成了影响,产生了许多新型的档案材料。对此,自 20 世纪中叶以后,历次国际档案大会都十分关注,多次予以研讨,已成为探讨电子文件现象和电子文件管理的国际阵地。

1972 年在前苏联莫斯科召开的第七届国际档案大会,重点研讨了新技术在档案馆中的应用。这届大会从理论和实践两个方面探讨了档案工作现代化的必然性和实现途径。代表们首先从理论上阐述了现代科技发展给档案工作带来的深刻影

① 冯惠玲、赵国俊等著:《中国电子文件管理:问题与对策》,中国人民大学出版社,2009 年版,第 13—24 页。

② 国家档案局、中央档案馆编:《第十三届国际档案大会文件报告集》,中国档案出版社 1997 年版,第 65 页。

响，这种影响将波及档案自身、档案馆日常管理和提供利用等多方面，新技术在档案馆中的应用正是这种影响的必然结果。为了帮助各国开展现代化管理，代表们建议成立一个专家工作小组，任务是研究计算机技术与档案管理相结合，并编制技术术语词典。

1976年在美国华盛顿召开的第八届国际档案大会，着重研讨了“档案工作中的技术进步”。与会代表就机读文件、档案计算机管理、档案保护技术现代化等一系列问题展开讨论和交流。在讨论中，无论是对档案工作中的技术进步及其影响的具体描述，还是有关适应新技术发展要求的设想和建议，都具有重要参考价值。

1984年在联邦德国波恩召开的第十届国际档案大会，集中探讨了新形势下各国档案馆共同面临的新挑战以及应付挑战的有效办法。面对档案馆承担的任务日益繁重与档案馆人力、物力和财力资源有限的矛盾，与会代表一致认为现代技术的应用是解决矛盾和应付挑战的重要方法之一。他们强调采用先进的缩微复制、修复和自动化技术和设备，尽管这样做可能费用较高，但如果使用得当，实际上能使档案馆做到“少花钱，多办事”。代表们还根据本国的经验和成就，论述了充分运用现代技术（包括计算机技术、缩微技术、温湿度控制技术和纸张去酸技术等等）管理档案和保护档案，是应付挑战的有效和现实途径。这表明国际档案界充分认识到现代技术对档案工作发展所具有的重要价值和现实意义。①

上述几届国际档案大会着重研讨的是档案工作中现代技术的使用，而到了1988年，在法国巴黎召开的第十一届国际档案大会开始把现代技术应用于档案工作的结果——“新型档案材料”作为中心议题。这届大会全面探讨了有关新型档案的所有问题：首先在明确新型档案定义、类型和共同特点的基础上，归纳了新型档案的收集原则、范围和方法；其次在系统论述新型档案保护要求、设备和技术手段的同时，补充介绍了新型档案保管人员的培训形式和方法；最后在肯定新型档案对档案开发和利用具有积极影响的前提下，客观分析了新型档案在开发和利用中存在的现实困难。通过研讨，与会代表达成如下共识：各国应增进对新型档案的了解，努力实现新型档案的安全保管、保护和有效利用；各国档案教育应增加新型档案的内容，提高档案人员适应新型档案管理需要的能力和素质；在新型档案管理上加强国际合作，设法制定有关国际标准，推动各国新型档案管理的协调和标准化。这些共识体现了国际档案界对新型档案及其对档案工作的影响有着深刻认识。值得一提的

---

①　参阅黄霄羽：《国际档案大会关于现代技术和新型档案的研讨》，《中国档案》，1996年第6期，第24—25页。

是，本次大会还通过了《第十一届国际档案大会建议书》。该《建议书》指出：

1. 采取各种措施，以推动档案界内外对新型档案日益增长的重要性与价值的认识，以及对新型档案的保存和提供配备适当资材的绝对必要性的认识。

2. 由国际档案理事会会同其他职能非政府组织，在联合国教科文组织的资助下，继续就新型档案的形成、收集、挑选、分类、编目、保护、修复和提供（利用）进行研究并发布指令。

3. 在其他非政府组织的协作下，就下述问题的可能性进行研究：(1) 建立与新型档案有关的技术信息中心，以适应各级、各地理区域档案馆的需求；(2) 建立一个网络，与已经运转的这类新的中心相连接。

4. 从事档案专业培训的负责人：(1) 将新型档案的行政与技术处理纳入其教育大纲；(2) 通过讲座、强化训练，同其他专业机构和组织对人员进行继续教育。

5. 国际档案理事会声像档案委员会（ICA/CAV）对口述史和口头传说项目予以不断的注意和专业上的援助。

6. 鉴于新型档案或其所含信息的收集、保护、复制和提供向档案馆提出尖锐的司法和行政问题，为便于各国起草制定相应的法规文本，国际间须作一致的努力。

7. 大会希望，多边和双边的援助与合作要扩展到提供用品，以帮助发展中国家收集和提供新型档案。①

1992 年在加拿大蒙特利尔召开的第十二届国际档案大会，中心议题是“信息时代的档案工作者职业”。会议认识到，档案工作者的主要任务是根据久经考验的档案原则，保障电子载体信息的完整可靠。会议指出：“信息时代给现代社会带来了许多机会。对于档案工作者的职业而言，它表现了基本挑战。该职业面临在社会上开展管理大量现存信息体系中寻找其位置的任务，所有机关、企业单位凭借这些信息取得成功，在现代社会中，档案人员必须找到各种方法以确保职业存在的意义。”

1996 年，在我国北京召开的第十三届国际档案大会，围绕“本世纪末的档案工作——回顾与展望”这一主题进行了深入广泛的研讨，将“信息技术对档案和档案工作的影响”作为中心议题之一。会议对西方发达国家在档案实践中管理机读档案的特点，以及对档案馆各个层面的挑战都做了论述，并提出诸如“后保管模式”、“新来源观”等富有创新见解的思想。其中的主要思想和观点已在前文中引用论

① 参阅王德俊：《第 1～12 届国际档案大会学术讨论概述》，《档案学研究》，1996 年第 1 期，第 37—39 页；第 2 期，第 65—67 页。

述。大会还设了电子文件分会场，对电子文件的产生、定义、特点及归档管理等问题进行了探讨。

2000 年 9 月，在西班牙塞维利亚召开的第十四届国际档案大会，主题是“新千年与信息社会中的档案”。大会第一次全体会议以电子文件为议题，交流了一篇主报告、四篇辅助报告。

第一次全体会议主题报告是西班牙塞维利亚档案馆 Magdalena Canellas Anoz（简译为 M·C·阿诺斯）所作的《全球化背景下电子文件的管理与利用》，报告对有档案性质的电子文件的概念和范围界定、电子文件生命周期内档案工作者的作用和职责、电子文件的保护及对具有档案性质的电子文件提供利用的方法进行了论述。

第一次全体会议的辅助报告共有 4 篇：第一篇辅助报告是美国加利福尼亚兰德公司杰夫·罗森伯格（Jeff Rosenbergr）的《电子文件的保护和迁移问题》。报告认为信息技术的一个重要特点是更新迅速。从一代技术发展到另一代技术的周期越来越短。为避免过去产生的文件信息的丢失，就必须对其进行转换，或对其进行复制，或重新产生。在过去 50 年里，由于某些信息没有及时转换或者迁移到新的系统中去而无法挽回地失去了。现在，有必要就数据或电子文件的迁移对文献学的影响进行研究，同时也有必要对确保电子文件保护利用的技术和方法进行研究。

第二篇辅助报告是南非国家档案馆维恩·哈里斯（Verne Harris）的《法律、证据和电子文件：对世界周边国家的战略展望》。报告提出对于许多档案工作者来说，最感兴趣的方面就是形成一种机制，建立一种标准，从而使电子形式的信息能够被法律所接受。这些机制和标准包括电子文件的有效性、电子签名的使用、电子文件的传输和数据的保护等。此外，该文也对法律框架基本相同的欧盟国家和其他国家的有关情况进行了比较。

第三篇辅助报告是意大利的克劳迪娅·萨尔米尼（Claudia Salmini）的《信息技术和用户服务》。该文就新技术革命对于档案用户的影响进行研究。除了对于什么样的技术进行研究外，还要研究什么样的技术能够满足用户的需求。

第四篇辅助报告是加拿大不列颠哥伦比亚大学的露西娅娜·杜兰蒂（Luciana Duranti）的《技术变革对档案理论的影响》。报告对技术革命会怎样地改变档案理论进行了探讨，提出技术的变化使得我们更加强调传统的档案理论、来源原则、文献学，这正是传统档案理论的基础，应成为所有的数据系统的基础。①

---

① 参阅李海英：《研究什么，讨论什么——第十四届国际档案大会主题概述》，《中国档案》，2000 年第 4 期，第 42—43 页。

2004年8月，在奥地利维也纳召开的第十五届国际档案大会，主题是“档案、记忆和知识”，其中“档案”意指过去，但档案能向未来提供“知识”，而连接过去与未来的则是“记忆”。大会围绕这一主题，共组织了三个方面的议题研讨：第一方面的议题是：档案与记忆；第二方面的议题是：档案与知识；第三方面的议题是：档案与社会。其中第二个议题——“档案与知识”研讨的若干专题涉及电子文件管理问题，主要有：(1) 文件生命周期全过程处理的档案数字化系统；(2) 建立集成化的档案文件管理系统；(3) 智能元数据与未来的档案；(4) 国际文件管理标准(ISO 15489)：内容与实施；(5) 档案网站的开发与利用；(6) 数字化图像处理与技术；(7) 在档案著录系统实施国际档案著录标准：经验与观点。

在多个报告会和专题研讨会上，代表们频繁听到“Integration”或“Integrated”，即“集成”一词，目录集成、数据集成、信息集成、多媒体集成、数据库集成等已成为数字档案馆建设和档案网络操作性研究的重要内容，数据的真实性(Authenticity)和可利用性(Accessibility)是这一问题的难点；文件与档案集成管理系统(System)、集成管理项目(Program)、集成管理方法(Approach)、集成管理模型(Model)、集成管理过程(Process)、集成管理术语(Terms)成为电子文件管理问题或文件管理最佳实践专题报告会的若干议题；文件和档案集成化管理软件系统成为软件商产品营销的理念。荷兰国家档案馆电子文件管理专家Hans Hofman作了题为“管理电子文件的统一模型(A Unified Model for Managing Records)”的报告。Hans Hofman参加了多个国际合作项目，将国际项目的研究成果和研究方法集成，提出电子文件的统一模型。该模型以ISO/TC46/SC11文件和档案管理委员会制定的文件管理国际标准及其元数据标准草案为基础，采用文件连续体管理模式，应用加拿大哥伦比亚大学电子文件真实性长久保存的流程模板、国际档案理事会编制的档案著录标准、OAIS数字化实体参考利用模型，对文件和档案管理的合作与责任分工提出了合理化建议和可操作的步骤，为电子政务和电子商务环境下档案化文件真实性和可靠性的长久维护提供了最佳实践和实施指南。

“标准与最佳实践”是大会相关平行会议的一个主题，分多个专题探讨档案专业发展的国际标准和最佳实践，这在国际档案大会中还是首次。作为电子政务和电子商务发展的必然结果，文件管理国际标准ISO 15489得到国际各行各业的广泛认可，澳大利亚、新西兰、英国、法国、美国等国均已采用，并将其列为文件管理的国家标准。目前在检索工具方面，大部分欧洲国家如英国、法国、瑞典、德国、西班牙、意大利等均采用国际档案理事会编制的档案著录通用规则(ISAD(G))和档案规范记录国际标准(ISAAR—CPF,第二版 2004 年出版)进行档案的著录,目前,用于档案著录的 EAC(Encoded Archival Context,档案编码背景信息著录)和 EAD(Encoded Archival Description,档案编码著录)在北美使用较多。ISO 15489 文件管理标准、ISO/PDTR 23081 文件元数据标准草案、档案著录标准是元数据形成、提取、捕获和打包的自动化工具,巧妙地使用和再使用元数据可以满足多种多样的档案化管理用途。研讨会上了解到国际档案理事会(ICA)正在与 ISO 国际标准化组织合作,将会有更多的档案专家介入 ISO 标准的制定。

葡萄牙国家建筑和纪念性建筑部的档案数字化保护和利用项目的建筑遗产目录信息系统从 1996 年开始启动,通过档案整理与著录、档案数字化和原件缩微数字化编目等保护措施,促进建筑文件的传播和利用,减少对档案原件的利用,保护建筑档案原件。该项目最近构建了电子文件管理系统,预计实现对数字和传统格式真实性文件的长久保存和档案化控制。

此次大会上还颁布了标准《电子文件管理业务指南》、国际标准《信息与文献——文件管理》以及电子文件元数据管理标准等,由此可见,档案与电子文件的标准化已得到了国际档案界的普遍重视。

2008 年在马来西亚吉隆坡召开的第十六届国际档案大会,主题为"档案,治理及发展:描绘未来社会"。其中"档案"部分的会议议题就包括电子文件从生成到鉴定的管理及电子文件保管。Kelvin Smith,Laura Millar,Hmalatha Romasamy 分别对联邦制国家电子文件管理的策划及执行问题、电子文件管理培训问题及马来西亚国家档案馆电子文件管理的情况进行了介绍和分享。

2012 年在澳大利亚布里斯班召开的第十七届国际档案大会主题为"变化的环境",下分"可持续性"、"信任"、"身份认同"三个分主题。"可持续性"这一主题的报告包括克里·莫伊尔(Kerry Moir)的《数字紧迫性:追踪并站在数字革命的前沿》、卡伦·安德森(Karen Anderson)的《联合档案教授的虚拟实验:为数字化学习建造一个数字实验室》、库尔达·艾斯(Kuldar Aas)的《资源系统数字档案馆向无缝整合方向的发展》、罗伯特·佩姆(Robert Pymm)的《专业教育:数字世界中的趋同性与不同点》等。这些报告深刻阐述了档案工作在信息时代受到一波又一波技术浪潮的冲击下,必须保持可持续发展和与时俱进;档案在数字时代要得以延续,档案工作者必须有所作为,彰显出他们在这个瞬息万变的时代里的重要价值。"信任"及"认同"主题中有几篇报告涉及电子文件管理,如凯瑟琳·丹(Kathryn Dan)作的题为《为了档案的长期保存将可持续提高项目与机构的文件保护相结合》的报告,及谢丽(Sherry Xie)等的《数字文件国家战略:加拿大和中国的故事》等。

除了国际档案大会以外，国际档案大会地区分会、国际档案圆桌会议、各个国家召开的国际档案学论坛等，近年来都把电子文件管理作为研讨和交流的重点之一。各种国际性会议关于现代信息技术和电子文档管理研讨取得的成果，对推动国际档案界在该领域的交流合作、协调发展，加快各国档案工作现代化步伐具有深远意义。

二、国际档案理事会对电子文件管理的规划

国际档案理事会（ICA）是非政府间的国际档案专业组织，是世界范围内档案发展方面唯一的咨询机构。国际档案理事会于 1950 年 8 月在法国巴黎成立，它鼓励在国际会议和研讨会上开展理论探索，支持在发展中国家组织培训，还通过规划，协调、促进世界档案事业的发展。

国际档案理事会多年以前便开始关注电子文件，并且已经制定了具有普遍指导意义的管理规范。联合国教科文组织与国际档案理事会实施的大型研究项目《文件与档案管理规划》（RAMP）已将视角投向电子文件的研究，早在 1984 年就发表了其调查试点成果报告《机读文件的档案鉴定：RAMP 研究与准则》（RGI/84/WS/27）。1992 年国际档案大会上，ICA 成立了专门的电子文件委员会。电子文件委员会在四年的时间里出版了三本管理规范性质的出版物。

第一本出版物是《电子文件项目：1994/1995 调查报告》，旨在促进信息共享并强调委员会应关注的问题。报告介绍了电子文件方案的组织与法律框架、方案结构、技术规范、所含信息和利用规则等。

第二本出版物是《电子文件：文献评述》。

第三本出版物是《从档案角度管理电子文件的指南》（即《电子文件管理指南》），是电子文件委员会的重要成果。《指南》第一部分第一章讨论了信息技术的变化及其在技术、机构组织和法律方面对档案管理的影响；第二章对一些基本的概念进行了定义，如：档案是机构和个人在发起、实施和完成的活动中产生或接收的记录信息，包括足以对活动能提供证明的内容、背景和结构，而不考虑其形式和媒介；第三章提出了实现电子文件生命周期管理的策略：档案馆应参与到电子文件整个生命周期的管理中，应确保文件的真实、可信及可保存性，必须对电子文件实施鉴定和管理，必须把保存和利用结合起来以确保电子文件的可用可读；第四章就第三章提出的策略在组织机构、法律和技术方面的应用进行了研讨。《指南》第二部分明确阐述了档案与电子文件管理的技术方法。1996 年在北京召开的国际档案大会上，ICA 电子文件委员会又扩充完成了《指南》的第二部分，制定了一套旨在

指导档案馆致力于电子文件管理的原则。该部分对元数据的选取，电子文件的鉴定、挑选，电子文件的保护等具体方法进行了战略指导，对世界各国档案工作者都有很强的指导和借鉴作用。①

1995年4月，ICA在我国广州召开了一次执(行)委(员)会会议。会议一致同意，国际档案理事会有必要制定一个战略计划，“以便为该组织所进行的各项主要活动提供一个框架，更有效地使用其有限的资金，使ICA的全体会员和有关人员了解我们的工作目标和如何达到这个工作目标，以及为1996年新上任的ICA主席提供帮助。”此后经过多次研讨，1996年在第十三届国际档案大会上通过了《国际档案理事会1996—2006年期间的战略计划》(AG/96/10)，该战略计划包括序言、任务说明、对ICA的分析、ICA进行活动的环境、展望：2006年的ICA、战略计划的方向等六个部分。其在战略计划方面具体指出了ICA任务中所包括的一系列战略性活动，它是ICA长期活动的项目表，共13款39条。在第5款中，集中指出对电子文件信息管理所要“采取的行动”，确保现代档案馆在现代文件保管中的主要作用。具体内容为：

“6.5.1 确定处理电子文件的理论依据和实际做法，并通过教育与试点推广。

标准：制定、检验并推广有关的标准与做法，如著录标准等。

6.5.2 以已建立的档案标准为基础，对各种载体的现行文件进行统一管理。

标准：研究和制定培训计划。”

此外，在其他条款中也涉及到ICA在电子文件管理方面将采取的行动。如第6款“电子技术”中指出：“支持电子技术在档案馆内的应用，支持对档案馆的更新，以发挥其最大作用。”第11款“档案理论”中提出：“促进档案理论的发展，以及在解决目前出现的下列三个问题的应用情况，即大型管理机构中文件的鉴定、电子文件网络和实体档案、电子文件等。”②

三、国际档案界电子文件管理合作项目——InterPARES

InterPARES(The International Research on Permanent Authentic Records in Electronic Systems——“永久保护真实的电子文件国际研究”，或译为“在电子系统内保存可信文件的国际研究”)项目是一项大型的跨国合作研究项目。该项目是电

---

① 参阅牛金芳：《论电子文件管理的基本框架》，《上海档案》2001年第2期，第17—19页。

② 国家档案局、中央档案馆编：《第十三届国际档案大会文件及报告集》，中国档案出版社1997年版，第274—283页。

子文件管理领域跨国研究的代表性项目，现对其研究情况作简要介绍：

(一) InterPARES 项目的由来

InterPARES 项目是在“保存电子文件完整性”研究项目(Preservation of the Integrity of Electronic Records，简称 UBC 项目，1994—1997)的基础上发展而来的。UBC 项目是由加拿大不列颠哥伦比亚大学图书、档案与信息学院 Luciana Duranti 博士与 Terry Eastwood 教授共同承担的项目。在项目研究过程中他们一直与美国国防部文件管理特别工作组紧密联系与合作。UBC 项目分为两个子课题，一个是现行电子文件的管理，另一个是非现行电子文件的管理。前者为研究的第一期工程，后者为第二期工程。

现行电子文件的管理是对怎样保证现行电子文件形成的可靠性，如何在保存这类电子文件过程中维护其真实性、完整性的理论与方法进行探讨。第一期工程已取得了研究成果，它确定了能完成以上要求的文件管理软件的各项要求，开发出了这类软件，并将该软件运用到美国国防部信息系统之中。

非现行电子文件是指那些并非在每天业务工作中都需要它，但由于它具有管理价值、法律凭证价值与史料价值而必须加以保存。实际上就是我们认为的已归档的电子文件——电子档案。1998 年 6 月，在 NARA 资助下，当研究人员聚集在华盛顿进行第二期工程的课题研究时，他们认识到当前的合作不能满足课题要求，合作还要扩大，需要吸收更多的国家共同对这一问题进行攻关。同时为了更明确地表达他们的研究目的，他们将 UBC 项目改名为 InterPARES 项目。因而，华盛顿会议也就成了 InterPARES 项目的第一次会议。1998 年 10 月，他们接着在意大利港市卡利亚召开了 InterPARES 项目的工作计划会议，并于 1999 年 1 月正式启动该项目。该项目从启动至今共包括四个阶段，分别为 InterPARES 1、InterPARES 2、InterPARES 3、InterPARES 4，前三个阶段的研究已经完成，2013 年第四个阶段即 InterPARES 4(即 InterPARES Trust)正式启动。

(二) InterPARES 项目的研究目标

InterPARES 项目的负责人认为，无论是新媒体还是电子文件，从档案学的观点看，鉴定文件真实性与完整性的原则是不会改变的。仅靠技术是不能完全解决真实性电子文件的长期保存的，长期保存真实的电子文件的理论与方法还必须以文件自身的性质与存在的意义为主。因而，这就要求档案工作与其他学科的研究者合作，在非技术领域(如人文科学、数字图书馆等)，对许多有关案例进行观察与分析，以制定长期保存电子文件的策略、政策与标准。

因而 InterPARES 工程的目标是以档案学为工具，对以电子方式形成的文件的长期保存展开理论研究与技术方法的探讨。在此研究的基础上，论述长期保存真实性的电子文件的策略、政策与规范，并对其长期保存的方法进行指导。可见InterPARES项目响应了档案界对真实电子文件持久保存的理论与方法的研究要求。由于这个问题的复杂性，为便于研究，InterPARES 工程被分解为四个相关领域展开研究。①

(三) InterPARES 1 情况简介

InterPARES 1 侧重于研究形成机构不再需要的真实的电子文件的保存问题。这些电子文件主要是在数据库及文件管理系统中生成及保存的文本文件。该阶段研究的目标是要制定真实电子文件永久保存必需的理论及方法论，故这一阶段的研究重心在于制定能够确保真实电子文件永久保存的模板、政策、策略及标准。为实现这一阶段的研究目标，该阶段的研究主要包括以下四大领域，每一领域都有各自的研究目标、研究问题：

领域 1：真实性

研究目标：确定评价及保存电子文件真实性的概念需求。主要涉及的研究问题主要有：

(1) 所有的电子文件所共同具备的要素有哪些?

(2) 哪些要素可以让我们对不同种类的电子文件进行区分?

(3) 在这些要素中哪些是可以允许我们随着时间的推移仍可对电子文件的真实性进行确定的?

(4) 可以允许我们随着时间的推移确定电子文件真实性的要素，是否和那些允许我们即时(即在电子文件最初形成或转移的时间点)确定电子文件真实性的要素是相同的?

(5) 这些要素是否可以从它们当前的位置转移到更易于保存并仍能维护其有效性的地方?

真实性研究小组制定了一个电子文件分析模板及两套真实性需求，一是基准需求，以支持电子文件在移交给保存者之前的真实性假设；另一是底线需求，以支持电子文件移交后其真实的复制件的形成。该研究小组的主要的研究发现有：

(1) 电子文件是深深植根于它们形成时的背景中的，这些背景包括：司法行政背景、来源背景、程序背景、记录背景及技术背景。

---

① 刘家真：《保存电子文件的国际合作》，《档案管理》，2000 年第 1 期，第 42—43 页。

(2) 大多数现代文件系统都是电子文件及纸质文件的复合系统。

(3) 很少有明确的措施被运用于确保电子文件的真实性。

(4) 确定电子文件真实性的措施一般都是程序性的。

(5) 长期保存真实电子文件的唯一途径是对这些电子文件制作真实的备份件。

(6) 档案著录是归档电子文件集合集体真实性保障的最佳方式。

领域2：鉴定

研究目标：要决定电子文件的鉴定是否应该基于传统文件鉴定相同的或不同的标准，及数字技术是如何影响鉴定方法论的。这一部分的研究问题主要有：

(1) 数字技术对鉴定有什么影响？

(2) 可检索性、可读性、功能性及研究需求对鉴定有哪些影响？

(3) 文件的介质及物理形式对鉴定有什么影响？

(4) 电子文件在其存在过程中何时应该被鉴定？

(5) 电子文件在其存在过程中是否应不止一次被鉴定？如果是，那么何时进行这些鉴定？

(6) 谁应该负责电子文件的鉴定？

(7) 真实电子文件鉴定的标准及方法有哪些？

鉴定研究小组的主要成果是进行了文献综述，对真实性研究小组提出的真实性评估的概念需求、电子文件鉴定模式相关的程序及方法进行了研究。主要的研究发现是：

(1) 电子文件真实性评估对电子文件鉴定是非常重要的。

(2) 保存的可行性决定对电子文件的挑选是非常重要的。

(3) 电子文件应在其生命周期的早期进行鉴定。

(4) 电子文件鉴定过程中对鉴定决定的监督是非常必要的。

领域3：保存

研究目标：制定真实电子文件的保存方法。研究的问题主要有：

(1) 长期保存的方法、程序、规则有哪些正在使用或被制定？其中有哪些符合领域1中确定的真实性概念需求；需制定哪些长期保存的方法；哪些方法应遵守特定行业或机构背景中的标准、规则、指南？

(2) 被保存的电子文件的真实性保障的程序方法有哪些？以哪种方式档案著录可以作为电子文件真实性保障的方法？以哪种方式形成的鉴定及获取报告可被允许用于电子文件真实性保障？当电子文件为保证其真实性而跨越技术的界限

（如复制、迁移）时，有哪些程序用于确定这些电子文件？

（3）保存的电子文件的真实性保障的技术方法有哪些？

（4）真实电子文件保存所需的介质及存储要求的标准和原则有哪些？

（5）真实电子文件长期保存的责任有哪些？

保存研究小组的主要成果是对电子文件领域当前的保存实践进行了调研，产生了数字信息存储介质白皮书，及制定了真实电子文件保存中涉及的活动的模式。他们主要的发现有：

（1）就其本身而言，电子文件是不能被保存的，只有复制它们的能力能被保存下来。

（2）技术不能决定电子文件长期保存的解决方案。

（3）档案需求决定问题，档案原则须确定每一技术解决方案的正确性及充分性。

（4）保存问题的解决方案本质上来说是不固定的。

这一阶段产生了大量的研究成果，包括真实性的概念需求、真实电子文件的鉴定及保存方法等，所有的研究成果已经编撰成书——《真实电子文件长期保存：InterPARES项目研究成果》（The Long-Term Preservation of Authentic Electronic Records：Findings of the InterPARES Project）。

（四）InterPARES 2 情况简介

该阶段研究的主要目标有：（1）是为了理解、体验交互式信息，系统中生成与保存的文件，及它们在艺术、科学、政府部门现行与潜在的用处。（2）制定确保这些文件由文件形成者能保证它们的准确性、可靠性和真实性。（3）制定挑选出来的文件能确保真实文件，能被确认、控制和维护的方式长期保存的方式。（4）制定挑选出的文件的真实性能得到长期保存的方式及策略。（5）确定及/或制定适合确保文件形成的准确性、可靠性、真实性的电子基础设施设计的政策、元数据及工具的实施细则。（6）制定评价适合上述目标的先进技术的标准，同时尊重文化的多元性及多样性。

该项目包括以下领域：

领域 1：文件形成和文件保存的过程性质

该领域的研究问题主要有：

（1）在线艺术、科学、政府活动过程中会形成或接收及保留哪些类型的文件？基于什么目的？现在有哪些类型的电子文件被生成以完成这些活动？这些文件形成的目的是否有发生变化？

(2) 每一种活动中传统的文件形成过程的本质和属性是什么？数字技术的应用是否已经改变了这些本质和属性？如果是，如何改变？

(3) 在传统及数字环境中这些过程所形成的文件特征及要素有哪些？每一种要素的功能及每一种特征重要性是什么？具体地说，每一活动中文件所蕴含的权威性的体现是什么？它对知识产权的实施及责任的分布有哪些启示？

(4) InterPARES 1 所采用的文件的定义是否适用于这些过程所生成的所有的或部分的文件？如果能，考虑到这些文件中所蕴含的文件性质的不同，我们如何识别及说明、定义所确认的必要的要素？如果不能，是否有可能改变定义以当文件跨越人类活动时识别文件以维持理论的一致性？换句话说，我们是否应该关注除当前古文书学及档案学所考虑的那些要素外的其他使一份文献成为一份文件的要素？

(5) 当政府及企业开展电子服务并进行基于更有活力的以网络为基础的陈述及信息交换的业务活动时，他们是否忽视捕获这些业务活动发生的足够的文件证据？

(6) 向更具有活力的开放式的信息交换转换是否会模糊责任，并改变电子交易参与者的法律义务？

(7) 文件形成者传统上如何决定他们文件的保管期限并在每一活动的背景下去执行这一决定？文件保管的决定和实践是如何异于个人或机构的形成者的？数字技术的运用是如何影响他们的决定和实践的？

领域 2：可靠性、准确性及真实性概念

研究的问题主要有：

(1) 在艺术、科学及政府活动背景下，文件可靠性的含义是什么？在哪种程度上在这些活动过程中形成的电子文件可被认为是可靠的？为什么？哪些形式要求及形成控制将使得我们认为它们是可靠的？

(2) 每种活动背景下文件准确性的含义是什么？在哪种程度上这些活动过程中形成的电子文件可被认为是准确的？为什么？哪些形成控制将使得我们认为这些文件是准确的？

(3) 每种活动背景下文件真实性的含义是什么？InterPARES 1 所采用的文件真实性定义与这些活动中所形成的文件及越来越复杂的数字技术的应用有多大的相关度？

(4) 这些活动中所形成的文件可能被推定为是真实的基础是什么？如果缺少这种推定，它们的真实性如何确定？

（5）这些文件跨越时空转换时对它们的真实性的影响是什么？对转换过程采取哪些控制措施将确保这些文件能继续被认为是真实的？

（6）UBC-MAS 项目及 InterPARES1 所制定的可靠性、真实性概念需求是否适用于 InterPARES 2 中所研究的文件？

（7）电子业务的参与者是否共享有关交易条款及其影响的可靠准确的信息？在当前电子服务传递动议中交易的可靠准确的文件有哪些？

（8）颁发有关文件形成时文件性质的指南的后果是什么？

（9）文化差异、言论自由、隐私权将如何在这些指南中得以体现？

（10）哪些技术及知识工具将帮助形成者形成随着时间的流逝仍能被真实地保存的文件？

（11）被审查的文件的形成、利用及保存存在哪些法律及道德上的责任？

领域 3：鉴定及保存方法

研究问题主要有：

（1）InterPARES 1 所制定的行政及法律文件鉴定的概念、方法及模式，是否适用于 InterPARES 2 中的艺术、科技及政府活动中生成的文件的鉴定？

（2）InterPARES 1 所制定的行政及法律文件保存的概念、方法及模式，是否适用于 InterPARES 2 中的艺术、科技及政府活动中生成文件的保存？

（3）哪些保存范式可适用于任何活动及技术？每种活动所形成的特定类型的文件需要哪些保存范式？

（4）每种活动所形成的真实的数字文件的鉴定及保存需哪些元数据？

InterPARES 2 主要采用建模的方法，建立了 IDEF0（Integrated Definition Function）模型、数据流图表（Data Flow Diagrams，即 DFDs）、统一模型语言（Unified Modeling Language）、实体关系图表使用案例及业务过程模型等。

（五）InterPARES 3 情况简介

InterPARES 3 全称为“Theoretical Elaborations into Archival Management（TEAM）：Implementing the Theory of Preservation of Authentic Records in Digital Systems in Small and Medium-sized Archival Organizations”，即对档案管理的理论阐述：将数字系统中真实文件的保存理论运用于中小型档案机构。

该项目的研究目标：是为了使那些负责保存政府、企业、科研、艺术及娱乐、社会及/或社区活动中形成的数字文件的中小型公共与私有的档案机构及项目能够长期保存真实文件，以满足他们的权益人及社会对于他们过去文件需求的要求。

研究问题主要有：

(1) 哪些规章制度、政策制定主体需要关注数字保存的重要性？影响他们的最佳方式有哪些？

(2) 我们如何来使现有的有关数字文件保存的知识适用中小型档案机构或项目的需求和环境？

(3) 这些档案机构或项目应如何及何时为数字保存做准备？

(4) 如何将数字文件的保存与档案机构可能负责的其他任何数字实体的保存区别开来？

(5) 哪些数字文件，无论是即将由中小型档案机构或项目保存或已经被保存的，是目前最需要关注的？它们的形成、管理及/或保存最紧急的问题及主题有哪些？

(6) 这些档案机构或项目与文件形成者建立关系的性质和特征有哪些？

(7) 这些档案机构或项目应制定哪些政策、策略及程序，以便能对它负责的数字文件从生成到保存进行控制？这些行政手段需依靠哪些因素(如特定的责任框架及管理结构)？

(8) 这些机构文件的长期保存需制定哪些行动计划？

(9) 特定文件的行动计划是否对同一国家同类型的机构、个人或社区所形成并保存的同类型的其他文件有效？

(10) 特定文件的行动计划是否对其他国家或文化同类型机构、个人或社区所形成并保存的同类型的其他文件有效？

(11) 特定文件或系统的行动计划是否可脱离其形成或保存机构及背景而有效存在？

(12) 中小型档案机构或项目中需制定数字文件保存政策、程序及行动计划的人员应具备哪些知识与技能？

(13) 文件专业人员在面对日益快速发展的科技变化时如何保持其数字保存知识的更新？

该项目制定了适用中小型档案机构或项目的政策、策略及程序，特定案例分析的行动计划、最具风险的材料的标准、保存行动成功度评价模式、数字保存的理论及方法论体系等。

(六) InterPARES 4 情况简介

InterPARES 4 全称为“Trust and Digital Records in an Increasingly Networked Society”，即日益网络化社会信任与数字文件。

项目的背景：个人及组织机构正日益在互联网高度互联并容易被攻击的环境下生成、存储及获取文件。人们信任银行、电话公司、医院、政府等机构保存并维护他们的数字文件/数据等。但是，这些文件实际上保存在哪里，他们是如何被管理的，他们多长时间内会提供给他们利用，人们并不清楚。这是一个“大数据”的时代，对这些似乎无害的文件的开发以形成可被用于其他目的数据并不总是高尚的。由此产生的问题就非常明显：这些数据能否值得信任？产生数据的文件是否值得信任或可追溯的？它们是否完整？它们是否真实？它们如何产生及由谁产生的？它们如何存储并被如何评判的？谁可获取它们？它们安全度如何？组织机构意识到如果他们要被那些做决策的人及他们的客户、公众信任，他们的数据及文件是他们的数字资产，需要被有效地管理。

研究目标：制定理论及方法框架，以支持有关托付给互联网的数字文件的政策、程序、规章制度、标准的制定，从而确保公众的信任植根于良好治理、强有力的数字经济及连续的数字记忆的证据。

研究的焦点将是组织机构（包括非营利性的及营利性的）与特定用户群体（公民、客户、读者、学生等）之间的关系。用户群体将主要关注他们对在互联网上所形成的及/或存储、获取的文件的信任程度；组织机构则关注他们建立及维护这种信任。该研究将形成保存在社会化媒体及云端的数字文件的新知识，及识别、保护在全球化互联环境下隐私与获取，秘密与透明，知识权与遗忘权之间平衡的新知识。它将提出法律变革及其他基础框架变革措施、政策、程序与实践模版，及互联网提供者存储、管理数字文件的系统功能需求。

该项目包括 5 个研究领域：

基础设施：该领域主要考虑系统架构及相关的基础设施等问题，因为这些问题会影响那些在线环境下保存的文件。主要包括：云类型及可靠性；协议类型等。

安全：安全领域考虑与在线数据安全相关的文件问题。包括：安全方式（加密、分片、软件迷乱等）；数据泄露；网络犯罪；分享服务器的风险；治理；审查；风险评估；备份等。

控制：控制领域不同于安全领域，它关注的是在线环境下数字材料的管理问题。它强调的主题有：数据的真实性、可靠性及准确性；元数据的完整性；保管链；保管期限划分及处置；迁移与获取；知识控制及获取控制。

获取：主要研究开放获取/开放数据；知情权/遗忘权；隐私；问责；透明。

法律：主要考虑如下主题：法律特权；法律保留；证据链；审判时证据的真实性

认定等。

该项目将形成在线保存及从各种固定或移动设备上获取的数字文件的新知识。这些知识,将由一组国际的学者及专业人士形成,也将形成用于识别及保护隐私与获取、秘密与透明、知情权与遗忘权之间平衡的可共享的方法。这些方法反过来也将能促使与电子证据、网络犯罪、身份、安全、电子商务、知识产权、电子发现及隐私相关的法律建议的合作。该项目的研究成果也能有助于政府及其他权益相关人制定专门针对网络的新的法规模式或现有的统一法的持续发展等法律变革。①

(七) InterPARES 的合作与项目意义

InterPARES 项目是一个重要的国际研究创举,是多学科、多国的合作研究。为开展在电子系统中形成的真实电子文件的长期保存的理论与方法研究,国际上的档案学学者、计算机工程学学者、国家档案馆及私人产业的代表将长期开展合作。同时,该项目还吸收了投资机构、政府部门、协作部门与学术机构参加。无论是社会团体还是个人都可以成为该工程的研究成员,共同围绕电子文件问题以全面协作方式开展研究。

加拿大社会科学与人文科学研究会、美国国家历史出版物与文件委员会、美国国家档案与文件署、意大利国家研究会以及其他许多国家档案馆共同承担了对这一研究项目的资助。InterPARES 研究群体由加拿大研究组、美国研究组、欧洲研究组、意大利研究组、亚洲研究组与 CENSA 研究组组成。参加这一研究工程的国家与地区有:加拿大、美国、意大利、荷兰、瑞典、芬兰、德国、法国、葡萄牙、英国、爱尔兰、澳大利亚、中国和中国香港,他们分别以研究组的方式参加该项目的研究,并分别承担各自的研究任务。

InterPARES 项目在调研和数据分析过程中积累了宝贵的经验财富:所收集信息的丰富性,用于收集数据、分析数据以及从数据中提取知识的方法的合理性,跨学科的、国际方法的丰富性和深入性。在文件保管过程中,必须记录文件的基础结构和上层结构所发生的重大变化,InterPARES 项目提供了记录这些变化的方法并且探讨了这些变化对保管真实材料的意义。

InterPARES 如同人类基因工程、上层空间大气研究工程一样,是人类针对全球共同关注的重大问题的研究,其实际意义是巨大的。它的成就主要体现在以下三个方面:首先,该项目设计了可靠的文件管理系统;其次,该项目为保证文件从形成到终结整个过程的真实性,制定了严格的安全措施和控制程序;最

① InterPARES Project: http://www.interpares.org/.

后，该项目为克服现有系统过时指明了可靠方法。随着 InterPARES 研究的深入，该项目将继续证明这样一种观点：不采取全程管理的眼光，就不可能保管电子文件。①

① ［加拿大］露西娅娜·杜兰蒂、肯尼斯·迪波多著，焦红艳译：《InterPARES 国际研究项目》，《山西档案》2001 年第 3 期，第 9—13 页；刘家真：《保存电子文件的国际合作》，《档案管理》，2000 年第 1 期，第 42—43 页。

主要参考文献

一、著作

[1] 陈兆祦、和宝荣、王英玮:《档案管理学基础(第三版)》,中国人民大学出版社,2005 年版。

[2] 陈兆祦:《当代档案学文库(第一卷)》,中国档案出版社,1999 年版。

[3] 陈兆祦:《当代档案学文库(第二卷)》,中国档案出版社,2001 年版。

[4] 陈兆祦:《中国档案管理精览》,中国档案出版社,1997 年版。

[5] 陈智为等:《档案管理学(第三版)》,中国人民大学出版社,2008 年版。

[6] 邓绍兴、和宝荣:《档案管理学》,中国人民大学出版社,1989 年版。

[7] 丁海斌:《电子文件与电子档案管理》,辽宁大学出版社,2000 年版。

[8] 丁海斌:《电子文件管理基础》,中国档案出版社,2002 年版。

[9] 丁海斌、赵淑梅:《电子文件管理基础》,中国档案出版社,2007 年版。

[10] 丁海斌、卞昭玲:《电子文件管理基础教程》,辽宁大学出版社,2011 年版。

[11] 董永昌、何嘉荪:《电子文件与档案管理》,百家出版社,2001 年版。

[12] 冯惠玲:《档案文献检索》,高等教育出版社,1999 年版。

[13] 冯惠玲:《电子文件管理教程》,中国人民大学出版社,2001 年版。

[14] 冯惠玲:《政府电子文件管理》,中国人民大学出版社,2004 年版。

[15] 冯惠玲、张辑哲:《档案学概论(第二版)》,中国人民大学出版社,2006 年版。

[16] 冯惠玲:《电子文件风险管理》,中国人民大学出版社,2008 年版。

[17] 冯惠玲、赵国俊等:《中国电子文件管理:问题与对策》,中国人民大学出版社,2009 年版。

[18] 冯惠玲、刘越男等：《电子文件管理国家战略》，中国人民大学出版社，2011年版。

[19] 冯惠玲：《电子文件管理100问》，中国人民大学出版社，2014年版。

[20] 傅荣校：《档案管理现代化——档案管理中技术革命进程的动态审视》，浙江大学出版社，2002年版。

[21] 国家档案局、中央档案馆：《第十三届国际档案大会文件报告集》，中国档案出版社，1997年版。

[22] 国家档案局：《第十四届国际档案大会文集》，中国档案出版社，2002年版。

[23] 国家档案局：《电子文件归档与电子档案管理概论》，中国档案出版社，1999年版。

[24] 国家档案局外事办公室：《永久保护真实的电子文件国际学术报告会报告集》，中国档案出版社，2003年版。

[25] 韩玉梅：《外国现代档案管理教程》，中国人民大学出版社，1995年版。

[26] 何家弘：《电子证据法研究》，法律出版社，2002年版。

[27] 何嘉荪、傅荣校：《文件运动规律研究——从新角度审视档案学基础理论》，中国档案出版社，1999年版。

[28] 黄霄羽：《外国档案事业史》，中国人民大学出版社，2004年版。

[29] 金波等：《数字档案馆生态系统研究》，学习出版社，2014年版。

[30] 李国庆：《数字档案馆概论》，中国档案出版社，2003年版。

[31] 李泽锋：《基于OAIS电子文件管理系统体系研究》，中国出版集团、世界图书出版公司，2010年版。

[32] 连志英：《公民获取政府电子文件信息权利保障研究》，中国出版集团、世界图书出版公司，2014年版。

[33] 刘家真：《电子文件管理导论》，武汉大学出版社，1999年版。

[34] 刘家真：《电子文件管理理论与实践》，科学出版社，2003年版。

[35] 刘家真等：《电子文件管理——电子文件与证据保留》，科学出版社，2009年版。

[36] 刘越男：《建立新秩序——电子文件管理流程研究》，中国人民大学出版社，2005年版。

[37] 柳新华：《电子公文写作：制作·传输·处理》，中国纺织出版社，2010年版。

[38] 麻新纯、徐辛酉:《基于理性思维的电子文件管理》,北京理工大学出版社,2013 年版。

[39] 马长林、宗培岭:《档案馆信息化建设探论》,上海社会科学院出版社,2006 年版。

[40] 潘连根:《数字档案馆研究》,中国档案出版社,2005 年版。

[41] 唐跃进、张美芳:《档案保护技术实验教程》,中国人民大学出版社,2013 年版。

[42] 王芳:《数字档案馆学》,中国人民大学出版社,2010 年版。

[43] 王健:《电子时代机构核心信息资源管理》,中国档案出版社,2003 年版。

[44] 王萍、宋雪雁:《电子文件管理基础》,清华大学出版社,2006 年版。

[45] 王向明:《档案文献检索》,上海大学出版社,2001 年版。

[46] 王新才:《档案学研究进展》,武汉大学出版社,2010 年版。

[47] 吴宝康:《档案学概论》,中国人民大学出版社,1988 年版。

[48] 吴宝康:《论新时期档案学与档案事业》,中国档案出版社,1997 年版。

[49] 吴筑清:《CAD 文件管理和 CAD 光盘存档》,中国标准出版社,1999 年版。

[50] 薛四新、彭荣、陈永生:《档案信息化应用系统建设》,机械工业出版社,2006 年版。

[51] 杨公之:《档案信息化建设导论》,中国档案出版社,2001 年版。

[52] 姚乐野、黄存勋:《电子文件归档与管理》,西南交通大学出版社,2004 年版。

[53] 张照余:《档案信息网络化建设研究》,中国档案出版社,2001 年版。

[54] 张照余:《档案信息化理论与实践》,中国档案出版社,2007 年版。

[55] 张正强:《电子文件管理》,解放军出版社,2004 年版。

[56] 赵屹:《档案信息网络化建设》,北京图书馆出版社,2003 年版。

[57] 赵屹:《数字时代的文件与档案管理》,中国出版集团、世界图书出版公司,2014 年版。

[58] 中国首届档案学博士论坛论文编委会:《21 世纪的社会记忆》,中国人民大学出版社,2001 年版。

[59] 周耀林等:《公文管理教程》,辽宁大学出版社,2013 年版。

[60] 朱小怡等:《数字档案馆建设理论与实践》,华东师范大学出版社,2007 年版。

［61］朱玉媛：《档案学研究进展》，武汉大学出版社，2007年版。

［62］［美］尼葛洛庞帝著，胡泳、范海燕译：《数字化生存》，海南出版社，1997年版。

［63］［美］谢伦伯格著，黄坤坊等译：《现代档案——原则与技术》，中国档案出版社，1983年版。

［64］［美］阿尔温・托夫勒著，朱志焱等译：《第三次浪潮》，三联书店，1984年版。

［65］［美］戴维・比尔曼著，王健等译：《电子证据——当代机构文件管理战略》，中国人民大学出版社，2000年版。

［66］International Council on Archives，Committee on Electronic Records. Guide For Managing Electronic Records From an Archives Perspective，ICA studies 8，Paris，France. February 1997

［67］Stielow，Frederick. Building Digital Archives，Descriptions，and Displays：a How-to-do-it Manual for Archivists and Librarians. New York：Neal-Schuman Publishers，2003

二、标准

1. 国际标准

［1］《信息与文献——文件管理　第1部分：通则》（ISO 15489.1—2001）

［2］《信息与文献——文件管理　第2部分：指南》（ISO 15489.2—2001）

［3］《信息与文献——标准中关于文件管理要求的标准起草指南》（ISO 22310—2006）

［4］《信息与文献——文件管理过程——文件元数据　第1部分：原则》（ISO 23081.1—2006）

［5］《信息与文献——文件管理过程——文件元数据　第2部分：概念与实施问题》（ISO 23081.2—2009）

［6］《信息与文献——用于文件的工作过程分析》（ISO/TR 26122—2008）

［7］《信息与文献——信息交换格式》（ISO 2709—2008）

［8］《空间数据和信息传输系统——开放档案信息系统参考模型》（ISO 14721—2012）

［9］《信息技术——元数据元素的规范与标准化》（ISO 11179）

2. 国家标准

［1］《CAD电子文件光盘存储、归档与档案管理要求　第一部分：电子文件归

档与档案管理》(GB/T 17678.1—1999)

[2]《CAD电子文件光盘存储、归档与档案管理要求　第二部分：光盘信息组织结构》(GB/T 17678.2—1999)

[3]《CAD电子文件光盘存储系统的一致性测试》(GB/T 17679—1999)

[4]《CAD电子文件管理》(GB/T 17825—1999)

[5]《电子文件归档与管理规范》(GB/T 18894—2002)

[6]《基于XML的电子公文格式规范　第1部分：总则》(GB/T 19667.1—2005)

[7]《基于XML的电子公文格式规范　第2部分：公文体》(GB/T 19667.2—2005)

[8]《中国档案机读目录格式》(GB/T 20163—2006)

[9]《基于文件的电子信息的长期保存》(GB/Z 23283—2009)

[10]《文献管理 长期保存的电子文档文件格式　第1部分：PDF1.4(PDF/A-1)的使用》(GB/T 23286.1—2009)

[11]《信息与文献——文件管理　第1部分：通则》(GB/T 26162.1—2010)

[12]《信息与文献——文件管理——文件元数据　第1部分：原则》(GB/T 26163.1—2010)

[13]《信息与文献 信息交换格式》(GB/T 2901—2012)

[14]《党政机关公文格式》(GB/T 9704—2012)

[15]《电子文件管理系统通用功能要求》(GB/T 29194—2012)

3. 行业标准

[1]《磁性载体档案管理与保护规范》(DA/T 15—1995)

[2]《档案著录规则》(DA/T 18—1999)

[3]《归档文件整理规则》(DA/T 22—2000)

[4]《纸质档案数字化技术规范》(DA/T 31—2005)

[5]《公务电子邮件归档与管理规则》(DA/T 32—2005)

[6]《电子文件归档光盘技术要求和应用规范》(DA/T 38—2008)

[7]《缩微胶片数字化技术规范》(DA/T 43—2009)

[8]《数字档案信息输出到缩微胶片上的技术规范》(DA/T 44—2009)

[9]《文书类电子文件元数据方案》(DA/T 46—2009)

[10]《版式电子文件长期保存格式需求》(DA/T 47—2009)

[11]《基于XML的电子文件封装规范》(DA/T 48—2009)

三、管理文件

[1]《中华人民共和国电子签名法》(2004 年第十届全国人民代表大会常务委员会第十一次会议通过)

[2]《中华人民共和国政府信息公开条例》(中华人民共和国国务院令第 492 号)

[3] 中共中央办公厅、国务院办公厅:《国家信息化领导小组关于加强信息安全保障工作的意见》(中办发〔2003〕27 号)

[4] 中共中央办公厅、国务院办公厅:《电子文件管理暂行办法》(中办国办厅字〔2009〕39 号)

[5] 中共中央办公厅、国务院办公厅:《党政机关公文处理工作条例》(中办发〔2012〕14 号)

[6] 中共中央办公厅、国务院办公厅:《关于加强和改进新形势下档案工作的意见》(中办发〔2014〕15 号)

[7] 国家档案局、中央档案馆:《全国档案事业发展"十五"计划》(档发〔2001〕1 号)

[8] 国家档案局、中央档案馆:《全国档案事业发展"十一五"规划》(档发〔2006〕4 号)

[9] 国家档案局、中央档案馆:《全国档案事业发展"十二五"规划》(档发〔2011〕1 号)

[10] 国家档案局、中央档案馆:《全国档案信息化建设实施纲要》(档发〔2002〕8 号)

[11] 国家档案局:《电子档案移交与接收办法》(档发〔2012〕7 号)

[12] 国家档案局:《数字档案馆建设指南》(档办〔2010〕116 号)

[13] 国家档案局:《数字档案室建设指南》(档发〔2014〕4 号)

后　记

20世纪中叶以来，以计算机技术为核心的现代信息技术革命浪潮席卷全球，特别是20世纪80年代以后，信息技术的发展日新月异，呈现出信息传递、交换的网络化、高速化、双向化、多媒体化，信息存储的大容量化，信息处理的实时化与智能化等趋势，"云计算""大数据"已成为当今信息技术发展的时代引擎和社会标志。同时，信息技术的影响和应用也愈加普遍、深刻，正广泛渗透到人类活动的各领域，推动着人们工作方式、生活方式、思维方式发生史无前例的变革。信息技术的迅猛发展和广泛应用不仅改变了传统的档案管理方式和手段，也为档案工作领域提供了新的管理对象——电子文件。作为现代信息技术影响下的管理革命和记录革命的产物，电子文件这一新生事物以其无可争议的生命力成为记录社会、传递信息、留存记忆的重要工具和未来社会文件的主导形态。电子文件管理也因此成为档案界无法回避的时代问题和紧迫任务。

面对现代信息技术发展所带来的新型文件形态，档案工作者责无旁贷，"必须经受这一巨大变革所带来的关于社会记录利用能力、管理能力和保存能力的严峻考验"；必须担当起对电子时代社会记忆的管理职责，使人类活动的真实记录在电子时代得以延续，使命光荣而又艰巨！档案工作者只有迎接挑战，加强对电子文件形成捕获、鉴定归档、整序保管、开发利用等方面管理理论、方法与技术的学习，深刻领会管理对象变化所导致的管理方法、管理模式和管理思想的变革，充分掌握电子文件的形成和运动规律，才能驾驭电子文件，重塑电子时代的职业形象。

近20多年来，电子文件管理的理论研究和实践探索一直是档案学领域的学术增长点、事业促进点，它汇聚了档案学者和档案工作者的聪明智慧，已凝结成档案学的一门分支学科和核心课程。这门学科以电子文件和电子文件管理为研究对象，探讨电子文件的运动规律，及其组织管理的理论、方法和技术，是一门综合性、应用性较强的专业课程。目前，电子文件管理的理论、方法、技术虽然存在诸多不成熟之处,但其重要地位日渐突显。

本教材作为"十二五"普通高等教育本科国家级规划教材,是在金波、丁华东编著的普通高等教育"十一五"国家级规划教材《电子文件管理学》(以下简称"十一五"规划教材)基础上修订完成的,旨在系统阐述电子文件及其管理的基本理论、基本方法与相关技术。编写中,我们在保持"十一五"规划教材整体结构的基础上,对教材内容作了进一步更新、充实、调整和完善。

一是在编写理念上,突出课程的基础性、战略性和前沿性地位。我们充分认识到在信息技术迅猛发展背景下,电子文件管理的理论与实践知识已成为档案学专业教学内容的重中之重,它不仅关系到电子记忆的保护与传承,关系到档案学科的建设与发展,更关系到档案学专业人才培养的转变与突破。因此,从基础性、战略性和前沿性立场思考电子文件管理学的引领地位,探索并组织教材的编写,是本教材的基本思路和立足点。

二是在体例设计上,精心安排,努力建构系统的电子文件管理学内容体系。本次修订,在调整、整合"十一五"规划教材部分章节的同时,新增加了"电子文件的形成与捕获"、"电子文件管理系统"两章,不仅使教材内容更丰富,也使教材内容体系更加完备。全书由绪论和十三章组成,紧扣电子文件的特点和管理规律,强调各环节之间的内在联系及其知识介绍的循序渐进,体现出前端控制和全程管理的思想,也体现出宏观与微观的有机结合。

三是在内容组织上,充分吸收融合电子文件管理的前沿成果,努力保持教材内容的时代性。在系统梳理、吸收 20 世纪 80 年代以来中外档案界电子文件管理理论研究和实践探索最新成果的基础上,本教材以国家电子文件管理规范和政策为依据,结合电子文件管理实际,对电子文件管理的基本理论、方法和技术进行了系统阐释,注重传统档案管理与电子文件管理、管理理论与实践操作、理论研究与实践经验的有机结合,以增强教材的现实指导力。

四是在编写方式上,融知识整理与知识创新于一体,努力提高教材的创新价值。本次教材在编写组织上,除"十一五"规划教材的作者外,增加了新的编写力量,他们近年来在电子文件管理研究方面都各有建树,其加入有力地促进了教材编写的创新力度。在编写中,我们努力做到知识整理与知识创新的有机统一,既融汇中外电子文件管理的新思想、新理论、新方法、新技术、新经验,也汇聚编者自身的研究成果和研究思考,努力增强教材的学术思想性,使教材的学术性与实践性相得益彰。

本教材的结构框架由金波、丁华东设计,金波、丁华东、于英香、连志英、杨智勇、张茜参与编写。其中，绪论、第一章、第七章、第十章由金波修订；第二章、第四章、第五章、第六章、第八章由丁华东修订；第三章由杨智勇撰写；第九章由于英香撰写；第十一章由金波、张茜修订；第十二章、第十三章由连志英修订。全书由金波、丁华东主编、统稿。

“十一五”规划教材《电子文件管理学》出版后，被全国多所高校采用，得到档案界同仁的肯定和好评，也对教材提出一些建设性意见，为教材的修订提供了进一步完善思路；教材撰写修订中，作者参阅并引用了中外电子文件管理研究的诸多文献和成果，为教材内容的丰富深化奠定了理论和实践基础，注入了思想活力和创新源泉；教材出版中，得到了上海大学出版社的大力支持。付梓之际，一并致谢。

由于作者学识水平有限，本书定有疏漏和舛错之处，恳请读者批评指正，以期今后进一步完善。